·格致人文读本·

主编↗陈恒　　策划↗王秦伟

苏格拉底之城

古典时代的雅典（第二版）

[英] J.W. 罗伯兹（J.W.Roberts）／著
陈恒　任荣　李月／译

格致出版社　上海人民出版社

编辑的话

《易》曰："观乎天文，以察时变；观乎人文，以化成天下。解天之文，则时变可知也；解人之文，则化成可为也。"对"人文"的关注和反思，无论中外和古今，是人类文明史上"永恒"的话题。然而20世纪以来，人类往往因掌握了引领时代发展的科学技术而沾沾自喜，物质生活日趋丰富的同时，精神活动空间却日趋褊狭。反映在学科教育上，即教育趋向职业化、工具化，无法传递人文关怀、人性之美。耶鲁大学教授安东尼·T.科隆曼(Anthony T.Kronman)认为，人文教育的本质就是通过阅读伟大的文学和哲学作品而去"探究生命的意义"。今天，我们重提人文学科，再次发掘人文学科的魅力和价值，目的也就在于为久浸于科技文明喧嚣的读者，营造一方"解人文，思自我，通古今，知天下"的精神家园。

当今的人文学科，超出了传统意义上文史哲的范畴，涵盖了艺术学、教育学、语言学、社会学、考古学等各个专业。学者对人文学科旨趣、致思方向和思维方式的探讨，使得人文科学的知识体系更加宏大，研究对象愈发复杂，研究方法日趋多样。近年来人文科学的发展，更是取得了举世瞩目的成就。为方便读者便捷、有效地了解古今中外杰出的研究成果，我们遴选了20世纪以来人文研究领域中兼具学术性和普及性的经典著作，汇集为"格致人文读本"，其内容涵盖了人文及社会科学理论的探讨和各领域的具体研究，且每一种都有相对独立的研究范围和专业性，但又不同于普通的专业教科书,兼具可读性和学术性。

"心理东西本自同,文明新旧总相宜。"我们希望以这套丛书的出版为契机,为广大高等院校师生和爱好中西文化的社会大众,提供开拓视野的路径、思考与批判的平台、点染启迪心灵的气韵,进而在整个社会,尤其在高校中培育深厚的人文精神滋养。

目　录

前 言

又出版一本有关古典时代雅典的书或许真需要说出其正当性理由来。该书的 viii
正当性理由必定是其尝试对苏格拉底时代的雅典做出全面的论述。就是要研究雅典常见的各种现象之不常见之处，诸如民主、戏剧或哲学等，但不确定性也在增加。无论如何，解释不同问题之间的相互关系是值得去尝试的。假如不从这样或那样的侧面研究，将不可能让读者更加信服。比如，最早在狄奥尼修斯剧场表演的那些戏剧，如果不研究与其相关的那些早期观众——研究剧本的创作、研究剧本的篇幅、研究剧本的发展、研究剧本的期望，等等诸如此类的问题，就几乎不能够解释这些剧本。此外，雅典人之所以吸引我们，主要是因为他们极富天才的创造力，而且也因为他们与我们之间的差异。假如雅典社会奇怪的特征或者比奇怪更糟糕的特征给我们现代读者留下了深刻的印象（比如上层妇女的部分与世隔绝，或者上层社会的同性恋，或者奴隶制度），而又是孤立地研究这些问题时，雅典人与我们之间的差异或许比事实上的差异要大得多。

试图简明扼要地——主要是同步地——研究雅典这样复杂的城市会遇到很多困难。因为涉及很多话题，要想不犯错误都是困难的。我对于一些比较著名的话题论述得多一些，一些重要的话题或许会论述得少一些。关于其他一些不能回避的话题能少说就少说，但有一些必须说，有时甚至是以各种方法来加以说明。我希望在该书论述结束时能够构建出一幅条理清晰的、甚至是令人信服的历史画卷。

因为相互关系是如此之多，所以存在风格上的风险——不断重复的风险。为了减少重复的数量,我已经精心编制了索引,读者可以方便地使用索引。描述雅典的某些特征而又不参考别人已经描述过的东西,这几乎不可能,但我会尽量不在书中任何地方对雅典进行先入之见的论述。第二章或许可以证明这种最困难的事情
ix 是怎样的情况:在论述了公民概念和政治权利概念之后,要处理的是各种各样的其他基本的事情——非公民身份、人口"数字"、社会结构、财产和税收——以致其余各章在很大程度上只能研究雅典公民的非物质生活了:研究他们的政治和帝国主义,研究他们的教育和宗教,研究他们的艺术和思想。

我在写作时心中一直惦记读者,希望让他们读到有条理的译文,诸如企鹅古典丛书中的译本,在接下来的章节里,我会提供许多有关知识文献材料来源的参考(第7—8页有罗列①),特别注意那些更容易得到的材料。我尽量表达出一些观念:我心目中的雅典形象是如何被建构出来的。与此相反的是,我也希望这副形象将有助于理解那些富有特色的作者或作品。

读者没有看过甚至没有读过剧本,而通过其中的一些话语来理解当时的雅典,必定存在一些明显的局限。同样,通过一些话语的描述来让读者理解那些他们没有看过的地貌、建筑或绘画,也存在明显的局限性。大量的图片有助于解决问题,但毕竟不能取代本人的亲自观看(大量同样的情况也存在于在雅典舰队中划桨、参与血祭以及雅典生活中那些无数的其他特征,不参与就难以理解)。同时,也可以达到某些目的——有一些事情可能会鼓动读者去观看和阅读那些仍旧可以看到和读到的东西。

文中所提到的全部地名都会在地图中标注出来。所有的时间都是公元前,除非特别说明。

正确拼写希腊人名、地名是不容易的。我自己偏好尽可能地用希腊语音译,希望这不会给一般读者带来不便。比如,我会在名称开头时使用K而不是C,在名称的结尾时使用ou而不是us。为了有助于音译一般词语的发音,索引中的大多数长元音字母上都标注长音符号。每一个e都是发音的。因此aretē押韵的词不是beat的发音,而是be的发音,更标准的是bay的发音,polītēs有三个音节。

我要感谢的人有:詹姆斯·豪沃思(James Howarth)先生、彼得·布伦特(Peter Brunt)教授和摩西·芬利(Moses Finley)爵士(古典教师联合协会的奠基者),因为特别是他们使我确信,适当风格的希腊史仍旧是值得我们注意的;我要感谢我参阅

① 此处的页码指原书页码。——译者注

过的数量众多的著作与文章的学者，感谢那些同事与学生，因为他们提供了信息与观念；我要感谢牛津大学奥列尔学院（Oriel College）的研究员和教务长一个学期的盛情款待；我要感谢西蒙·霍恩布洛尔（Simon Hornblower）博士的无私帮助；我要感谢我父母、妻子的耐心和鼓励，以及各个方面的帮助。

补充：13 年之后，我很高兴有机会进行修订并做许多其他方面的改动，包括那些睿智的评论者所提出的一些建议。

致　谢

图 5、图 6 使用了 H.A.汤普森(H.A.Thompson)、R.E.威彻利(R.E.Wycherley)的《雅典阿格拉》(*The Athenian Agora*)第 14 辑中的图版 4、图版 5，并得到了雅典美国古典研究学校所出版的"雅典阿格拉"丛书的许可。图 7 得到韦登菲尔德与尼科尔森(Weidenfeld & Nicolson)出版社所出版的 R.J.霍珀(R.J.Hopper)的《卫城》(*The Acropolis*)的许可，以该书第 90 页的图片为基础所作。

导　论

一想到公元前5世纪雅典的文化，就会促使这样的问题产生：我们是否拥有足 1
够的证据——文学的、铭文的、考古学的——来使我们进入据说我们是受惠于他们那些人的生活，其中特别是民主、悲剧、喜剧、政治史、道德哲学、数学、天文学、图画空间和帕特农神庙。如果不参考雅典的文化背景，那些思想上的革新、艺术上的创造都是不能得到充分解释的，不过假如我们羡慕其中许多文化产品，看看我们究竟是怎样研究这种文化的，这将是有启发意义的。

公元前5世纪雅典生活中重要的经济情况和政治情况并不是难以再现的，但困难的是再现先前几个世纪的历史线索，因为我们缺少或几乎没有这方面的当代材料。迈锡尼文明的毁灭开始于希腊黑暗时代（约公元前1100—前750年），在人口和生活水平方面形成了鲜明对比，文字消失了，与近东诸强国也失去了联系，自身也黯然失色；但在公元前二千纪末期，希腊人已经在爱琴海岛屿和安纳托利亚海岸的伊奥尼亚（Ionia）定居了，一直到北方的艾奥里斯（Aiolis）。不久之后，多利亚希腊人也向东推进，一直到达伊奥尼亚的南部。在古风时代（大约公元前750—前480年），在与近东重新接触的刺激下，文明之火在希腊东南地区重新燃烧起来。雅典及其周围地区以阿提卡（Attike，或称为雅典地区）著称，这个地方在黑暗时代免受外国占领，但也遭受人口、生活水平的下降。雅典本身也不再是一座城镇：仅仅是一群村庄围绕在城堡或卫城周围。不过，早在公元前1050年，雅典就与塞浦路斯恢复了接触，并把铸铁的方法引进到雅典，大约在同时，考古学也能够证明雅典开始了一种革新——出现了陶瓶装饰的几何风格。古风时代早期，人口就开始增加并扩散了。卫城周围的村庄也开始联合成为城镇了。城镇逐渐发展为阿提卡的政

2 治、司法和宗教中心。大约早在公元前700年,雅典的保护女神雅典娜的神庙就在卫城上建立了。尽管大土地所有者仍旧占支配地位,不过这里也开始出现城邦了,或者是雅典人的政治社团或“城市”。他们几乎全部是农民,他们在土地上的辛苦劳作哺育了人口。由于生存取决于农业的连续生产,那些已经富裕到能用剩余农产品交换盔甲的农民必须随时准备放下锄头或者鹤嘴锄,拿起矛与盾,准备战斗。

在公元前6世纪开始,到立法者梭伦时代,一个庞大的农业社会开始向民主进步,尽管这个进步不太稳定,这就是向阿提卡的农民—士兵的目标——或者是某些工匠—士兵的目标——进步,这个目标就是要分享先前只被大地产所有者贵族所享有的政治权利(妇女不享有任何政治权利)。尽管梭伦在阿提卡建立了一种使小农享有政治权利的制度,但他没有能够阻止庇西特拉图(Peisistratos)和他儿子希庇亚斯(Hippias)一段时期的独裁统治;但到公元前6世纪末期,在公元前508年,克里斯提尼(Kleisthenes)发明新的制度——五百人议会,为雅典公民大会准备会议议程,这个机构的权力在不断增加。农民—士兵还到不了贵族那样富裕的程度,但并不像那些最穷的雅典人,他们能够负担起自己的盔甲。甚至最贫穷的雅典人也顽强地保护他们的独立,梭伦实际上也规定使任何雅典人沦为奴隶或债务奴隶都是非法的,因此那些拥有大量土地的贵族想要来自近东的金属和奢侈品,他们就必须用自己土地上的剩余农产品来交换这些东西,他们也需要进口奴隶从事不太劳累的固定劳作,除了季节性的劳动外,这个季节能给他们的雅典同伴带来一点好运气。同时,伴随着繁荣和他们对产品需求的不断增加,雅典工匠也需要小规模的、固定的此类奴隶劳力。这些农业奴隶、工业劳力从爱琴海北部、东部地区被带到雅典,奴隶贩子也出售奴隶。

阿提卡的土壤瘠薄,这特别适合种植橄榄、葡萄、无花果和大麦,比种植小麦要好得多,伴随着人口的不断增长,雅典需要进口小麦。可以用橄榄油,更重要的是用阿提卡南部的劳里昂(Laureion)出产的银来购买小麦。劳里昂银矿资助了三列桨战舰的建造,这使雅典在公元前480年赢得了萨拉米斯战役,十年之后,雅典在陆地上的马拉松打败了波斯。马拉松战役和萨拉米斯战役的胜利鼓舞了雅典人,他们继续领导反波斯的海军联盟,这个联盟逐渐发展为纳贡的帝国。当雅典同盟者逐渐成为纳贡的属臣时,雅典人本身则进一步向直接民主制发展,这一过程由厄菲阿尔特(Ephialtes)和伯里克利在公元前462/前461年彻底完成(雅典年是从每年的仲夏到次年的仲夏计算的)。

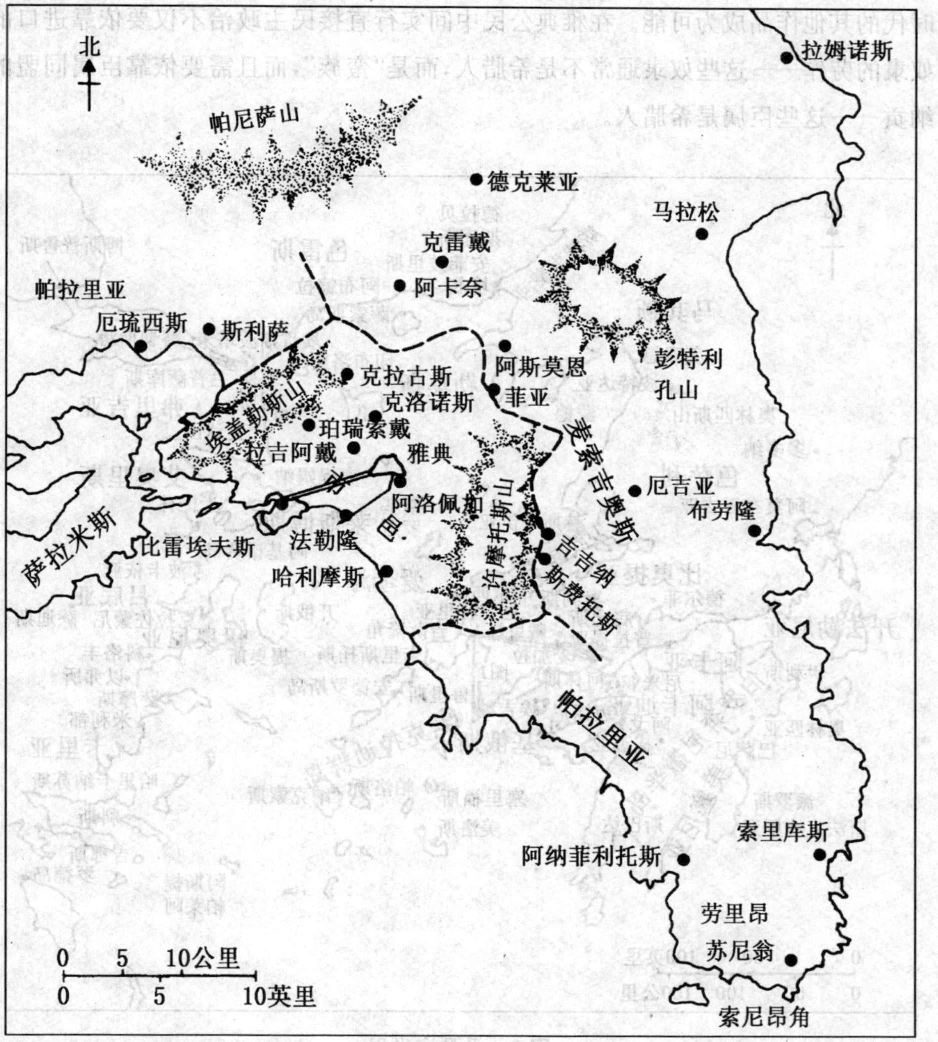

图 1　阿提卡地区

在直接民主下，权力是由公民大会决定的，公民大会由几千位雅典人组成，这是由那些资格合格的全部公民中出席大会的人构成的，是那些能够做也愿意做的人构成的。雅典不断增加对进口奴隶的使用也进一步促进了民主政治的发展：没有奴隶的充分劳作，雅典人就没有足够的自由进行公共服务。同盟的贡赋也促进了民主政治的发展。这不仅可以用来支付战舰的费用，而且在航海季节中可以用来支付桨手的费用，桨手中大多数是雅典人；支付航海服务费用后，又可以支付市民服务，一般是从陪审官开始。此外，贡赋的储存也使建造帕特农神庙和伯里克利时代的其他作品成为可能。在雅典公民中间实行直接民主政治不仅要依靠进口的奴隶的劳作——这些奴隶通常不是希腊人,而是“蛮族”,而且需要依靠臣属同盟的纳贡——这些臣属是希腊人。

4

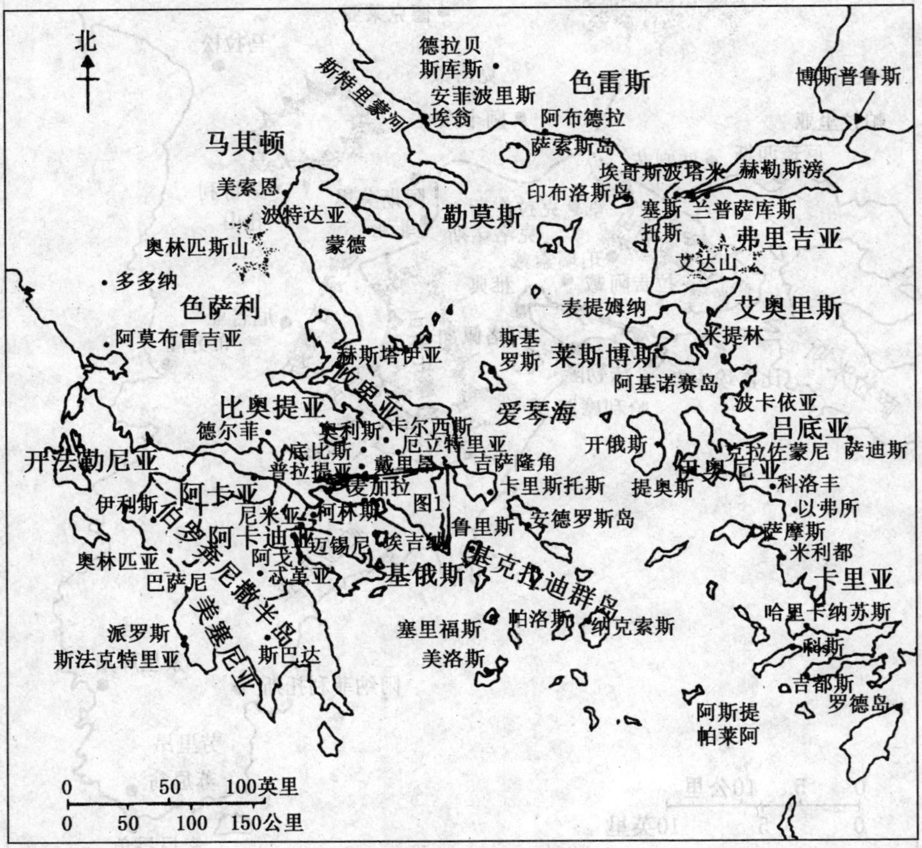

图2 爱琴海世界

尽管大多数雅典人在阿提卡拥有祖传的份地,但也有一些依赖于城镇的工匠并没有份地。自梭伦时代以来——他鼓励雅典人从事工匠职业(Plutarch, *Solon*, 22.1)——没有哪位雅典农民愿意离开土地变为依赖于城镇的工匠,因此,不断进口的蛮族奴隶和不断迁移来的希腊工匠对手工商品的不断需求都促进着这一行当的发展。这些移民通常被称为“外邦人”(metics),构成了雅典人口中的第三部分,所享有的地位处于当地的雅典人和奴隶之间。越来越多的奴隶和外邦人的到来加强了当地雅典人作为城邦全权公民的概念。在这个过程中,外邦人在手工业制造中的地位变得越来越突出,而贫穷的外邦人则成为舰队的桨手。

雅典帝国力量的不断壮大让斯巴达同盟警觉起来，也预示着伯罗奔尼撒战争的爆发（公元前 431—前 404 年）。尽管遭受严峻的瘟疫，伯里克利死去了，同盟城市米提林（Mytilene）也发生了起义，但雅典还是在大量的斯巴达人入侵中存续下来。公元前 425 年，她从斯巴达手中获得派罗斯（Pylos），但在来年又失去了北部的安菲波里斯（Amphipolis）。公元前 421 年，即战争的第十个年头，所谓的《尼西阿斯和约》（Peace of Nikias）带来了暂时的和平。

5

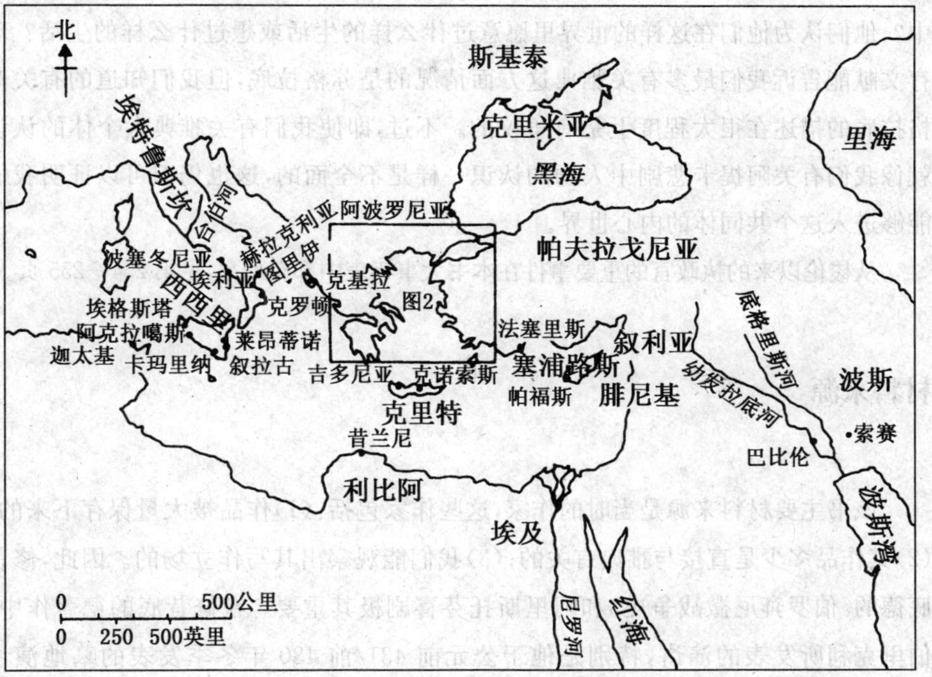

图 3　地中海世界和近东地区

在阿西比德（Alkibiades）的影响下，雅典不久又挑起了新的敌对情绪。公元前 415 年，雅典派大军远征西西里岛。主要是由于指挥官尼西阿斯（Nikias）的无能而失败了，两年之后这支远征军被毁灭了，到这时，斯巴达已经在阿提卡建立了永久基地。波斯现在开始为伯罗奔尼撒舰队提供资助。雅典同盟摇摇欲坠，食物供应也遭到了威胁。公元前 411 年，投票的结果是废除了民主制，建立寡头制（少数有钱人的统治），但次年就恢复了民主制。雅典在困境中表现出极大的耐力，并赢得了几场海战。不过，雅典最终于公元前 405 年在埃哥斯波塔米（Aigospotamoi）被击败了，被迫于次年投降。在斯巴达的同意下，寡头制再次取代民主制，但于公元前 403

年再次恢复民主制。

多亏了历史学家修昔底德,我们拥有了伯罗奔尼撒战争前二十年的许多可靠的、大量的细节,但修昔底德是为有思辨力的希腊人写政治军事史。我们想知道的东西都是修昔底德心目中假定雅典人已经知道的,修昔底德把这些东西当作是与论述主题无关痛痒的。我们这本书的目的是描述公元前5世纪雅典在取得和平艺术成就方面的社会、经济背景,是要描述这些成就本身,同时看看我们究竟曾在多大程度上深入到雅典人的思想和情感之中。他们认为他们生活在什么样的世界之
6 中?他们认为他们在这样的世界里愿意过什么样的生活或想过什么样的生活?现存文献能告诉我们最多有关雅典这方面情况的是苏格拉底,但我们知道的有关苏格拉底的描述在很大程度上是有争议的。不过,即使我们有关雅典人个体的认识就像我们有关阿提卡悲剧中人物的认识一样是不全面的,这也仍旧可以证明我们能够进入这个共同体的内心世界。

从梭伦以来的执政官的重要事件在本书大事年表中都有列举,见第254—255页。①

材料来源

7 该书主要材料来源是当时的作家,这些作家包括:(1)作品被大量保存下来的;(2)其作品多少是直接与雅典有关的;(3)我们能观察出其写作立场的。因此,修昔底德的《伯罗奔尼撒战争史》和阿里斯托芬喜剧极其重要。在修昔底的德著作中,伯里克利所发表的演讲,特别是他于公元前431/前430年冬季发表的墓地演讲(2.35—46)和最后的演讲(2.60—64)都是需要特别注意的。假如我们能够把墓地演讲这些精妙的词语和情感转化为社会和政治现实,那么我们或许就可以声称更好地理解雅典了。假如我们能够说明雅典人笑什么,为什么会笑,我们也可以同样声称更好地理解了雅典。

当时的公共铭文同样是非常重要的,诚然这些铭文篇幅不长,所谓老寡头(Old Oligarch)的作品也是如此,该文作者肯定是一位寡头,但他写作这部作品时可能并不老。(本书所引用参考的铭文见R.麦基斯[R.Meiggs]和D.路易斯[D.Lewis]主编的《希腊历史铭文选集》[*A Selection of Greek Historical Inscriptions*],本书缩写为

① 此处指原书页码。——译者注

“ML”。可以在 C.W.福纳拉[C.W.Fornara]编辑、翻译的《从古风时代到伯罗奔尼撒战争结束时代》[*Archaic Times to the End of the Peloponnesian War*]一书中找到一些最重要文献的译文。)

现存的索福克勒斯和欧里庇得斯悲剧是从神话中获得情节的,也没有明确说明所谈及当时的人物与事件,但这些戏剧为我们提供了了解当时雅典人思想中的激情与理智的内容。像喜剧诗人一样,悲剧作家不断地为获奖而竞赛,因此也必须注意要勇敢地面对流行的信仰。希罗多德的《历史》所记录波斯战争的历史一直到公元前 478 年春天,几乎没有明确提到后来的事件,这部作品似乎是在仅仅比公元前 414 年略早一些时间最终发表的,并提供了当时雅典传统思想的大量证据。

由拉姆诺斯的安提丰(Antiphon of Rhamnous)、安多基德斯(Andokides)、吕西亚斯(Lysias)写的或归于他们名下的现存演说——不管写就的东西是自己还是别人演讲的,或者是演讲后重写的,或者是为学生写的范文(比如归于安提丰名下的《四联剧》[*Tetralogies*])——类似于现存的那些戏剧,他们在创作戏剧时心中是有大量观众的,演讲通常要面对的是数百位有主见的陪审员。或许有时要小心谨慎 8
地奉承大量听众,但总是要小心谨慎地尊重听众的风俗习惯。

柏拉图和色诺芬有关苏格拉底的作品类似于老寡头的小册子,也类似于修昔底德的《伯罗奔尼撒战争史》,作者在创作这些作品时,心中的目标读者是私人的。我们是否相信柏拉图忠诚地保存了历史之中苏格拉底的思想与个性,这并不重要,重要的是他肯定给了我们大量有关雅典生活的各种信息。色诺芬的作品在哲学方面的价值是有限的,但他的作品特别是他的《苏格拉底回忆录》告诉了我们大量有关雅典生活的信息。

除了考虑那些大约几乎是当代的材料外,还必须考虑其他方面的材料,此前此后的材料都要考虑到。因为诗歌在雅典教育中起着非常重要的作用,从荷马、赫西俄德到埃斯库罗斯这些诗人对希腊思想的形成都起着重要作用,非文献的神话也起着同样的作用。因为公元前 5 世纪的演说词保存下来的并不多,我们必须使用公元前 4 世纪的演说词——伊索克拉底、伊萨奥斯(Isaios)、德莫斯提尼、埃斯基因斯(Aiskhines)、莱库古(Lykourgos)、徐珀莱德斯(Hypereides)、戴纳库斯(Deinarkhos)的演说词——尽量弥补我们在公元前 5 世纪法律方面知识的不足。相关的文献还有亚里士多德的《雅典政制》(*Constitution of Athens*),该书的第一部分简明扼要地叙述了到公元前 5 世纪晚期的雅典的政制史,第二部分详细叙述了亚里士多德时代的雅典政制。亚里士多德的《伦理学》、《政治学》、《诗学》、《修辞学》不仅提供了大量信息,更重要的是有很多睿智之见。

后来大量的作品或许也保存了许多有价值的证据。这种说法特别符合普鲁塔克的《希腊罗马名人传》——伯里克利、阿西比德以及其他人的传记,这也符合第欧根尼·拉尔修(Diogenes Laertios)的《名哲言行录》以及雅典奈乌斯(Athenaios)的《餐桌上的健谈者》。波桑尼阿斯(Pausanias)的《希腊纪行》记述了雅典的建筑,对于考古发现是一个非常有价值的补充。

除了考虑保存至今的建筑遗址外——神圣的和世俗的、公共的和私人的——还要考虑范围广泛的考古材料,包括雕塑、彩绘陶瓶和钱币。不过,考古学关注的不仅仅是那些残存的建筑和物品——不管是珍贵的还是低劣的,更重要的是关注这些建筑和物品的背景和内涵,实际上关注的是"平常的"景观。

第一章 乡村和城镇

从严格意义上来说，雅典自治政治社区或城邦由公民，即在全部雅典人口中少 9
数享有特权的人组成。我们或许会说，“雅典决定……”，古希腊谚语也提到，“雅典人决定……”，这里指的是公民决定，而不是雅典所有成年人的决定。

从地理上说，希腊社区通常由城市聚居地（asty，阿斯托，即市邑）组成，它们修建在能够承担防御功能的山丘（akropolis，卫城）周围，距离海洋很近，但也并非特别近。在其周边则是围绕的领地（khora，城郊），它们的边界通常由海洋或山脉构成。在这之外则是其他社区的领土。雅典的情形也是如此，只是它与麦加拉（Megara）的边界并不是山脉。

雅典城围绕被称为“卫城”的环形城堡发展而来，距其港口比雷埃夫斯港（Peiraieus）4 英里。其周边领土阿提卡地区大致呈三角形状——三角形北面始于基塞龙山（Kithairon）的东南坡，沿帕尔奈斯山（Parnes）山顶一直到拉姆诺斯北部海岸线的一点，东面则从那一点往南直到苏尼翁海角（Cape Sounion），第三面则折向西北至基塞龙山。按照希腊标准，超过 900 平方英里的区域才算是城郊，但阿提卡甚至苏尼翁距雅典城都不到 30 英里，距海洋也不到 15 英里。

在公元前 5 世纪中期以前，阿提卡还没有出现像雅典和比雷埃夫斯那样人口稠密的城镇和乡村。到公元前 6 世纪末期，克里斯提尼已经将乡村阿提卡分割成 100 多个有着自住居民的享有管理权的“德莫”（demes）或村庄。这些乡村德莫原先就有定居者，它们在规模上有很大的差异，其中最大的是阿卡奈伊（Akharnai）（Thucydides，2.19.2，克里斯提尼也将雅典城分成五个德莫，并且重新构建了行政区）。

阿提卡的自然资源并不十分丰富。雅典周围有一些平原,例如位于许迈托斯(Hymettos)的平原、位于埃盖勒斯的平原(Aigaleos,特里亚平原)和位于彭特利孔山的平原(Pentelikon,马拉松平原)等,不过这些平原的土壤比较疏松。此外,阿提卡地区雨量稀少,境内没有大河。雅典有凯菲索斯河(Kephisos)经过,另一条河流经厄琉西斯(Eleusis),同时还有一条溪流至少浇灌了马拉松平原的部分地区,但这些河都不能保证大范围灌溉或航行,因此那里很少有适于养马甚至喂牛的饲料。驴和骡通常被用来载重。绵羊和山羊的羊毛和毛发被用来纺织,它们还能提供羊奶,而这些羊奶又可被制成奶酪。许多小农场主或农民饲养着家禽和猪。只有实力最雄厚的地主才养得起马(出于运动或军事的目的)或耕牛、奶牛等役畜之外更多的牛。

图 4　雅典(约公元前 400 年)

大量可耕地都被用来种植谷物,但即便如此,到公元前 5 世纪中叶,阿提卡地区收获的谷物是否能够喂养当地一半以上的人口还是个疑问。在这些种植的谷物中,在疏松土壤中更易于生长的大麦要比小麦更为常见,因此大麦饼和麦片粥是当地饮食的重要组成部分。市场导向型农业生产盛行，雅典周边地区尤盛。暖冬使作物生长期格外地长。如果不是鱼的适度供给，当地饮食可能在很大程度上以素食为主。对大多数雅典人来说，吃肉是件非常稀罕的事，他们通常只有在公共祭祀的集会上分享祭品时才能吃到肉食。

历史上阿提卡的森林采伐业非常发达。帕尔奈斯山南坡的烧炭业十分活跃，造船用的木材则不得不通过进口。许迈托斯的灌木丛为蜂群提供了栖息之地，它 11
们所产的蜂蜜在功能上与现在的糖类似。橄榄、无花果、葡萄是当地盛产的水果。橄榄油是当地烹饪的重要食材，也是油灯耗材。它也被涂抹在身上。阿提卡油类产量充足，部分可用于出口。

油类和葡萄酒通过陶罐进行储存和运输，而阿斯莫诺(Athmonon)和雅典周边其他地区可为生产红陶陶罐提供充足的黏土。彭特利孔西边的矿场生产取之不尽的大理石。在经济上发挥着更大作用的是劳里昂的铅矿和银矿。和矿场一样，它们是社区的财富，对社区繁荣起着非常重要的作用。比雷埃夫斯是极好的天然良港，这里除了主要的坎达罗斯港(Kantharos)外，东面还有两个小港。

当雅典同盟和斯巴达同盟在公元前431年爆发伯罗奔尼撒战争时，大部分雅典人依然居住在乡村，但战争伊始的几年向所有关心此事的人显示出，到那时为止，相比乡村，雅典人更依赖海洋。乡村的生活方式大部分与最初形成宗教庆典日程的生活方式相同，这也在很大程度上构成了城市的文化生活。有一些绅士农场主虽然住在雅典，但他们在乡下却拥有大量资产，由奴隶监工监督奴隶进行劳作，不过大多数农民都是小土地持有者，他们或许只拥有一个奴隶(希腊语"georgos"[播种者]涵盖了很宽的社会阶层，包括绅士农场主、辛勤劳作的农民和承租农场主)。雅典并不认可长子继承权，它倾向于将祖先传下来的众多土地不断分割，其结果导致了一些财产难以维系一个家庭。

对所有种植谷物的人来说(几乎所有人都会种植一些大麦——很可能在他们种植的橄榄树或葡萄树的行间)，劳作时间从10月开始。只有随着秋天雨季来临，耕地才成为可能。接下来便是两到三个月的繁忙耕种期，在这期间，土地必须被犁好，种子也必须在冬天最寒冷的时刻来临之前及时播种。1月、2月没有什么农活可做。春季万物复苏，5月收获，6月打谷，7月、8月又是农闲时间。接着是采摘葡萄和无花果的时候，随后又是橄榄季。

乡村和城镇的紧张关系是历史经常探讨的主题之一，雅典也不例外。农场主改进方法的失败是保守主义的一个迹象，这一迹象注定了城市革新会饱受非议。

12 希腊语中的“城市”(asteios)和“乡村”(agroikos)也有“机智”和“粗鄙”的意思。对于机械辅助设备的依赖或许会夸大我们对雅典人厌恶长途跋涉的印象。安多基德斯(Andokides, 1.38)对雅典农场主一次从雅典到劳里昂大致 26 英里的步行行为没有做出任何评论。考虑到他们出行并不是在一年中最繁忙的两个时段,或许他们准备远行是为了参加一次重要的首脑集会。另一方面,由于他们并不生活在城市里,他们一定会对许多在大会里讨论的问题的背景缺乏认识。“我们不知道的事情很多。”阿里斯托芬的《和平》(*Peace*, 618)中的农场主齐声说道。我们可以猜想很少有农场主敢在大会中说话,他们的无知、服饰和粗鲁的言语将暴露出他们是多么荒诞可笑。由于很少有农场主可以自给自足,而且那些友好的邻居并不能经常供给他们所匮乏的物资,大部分农场主不得不时常在城市里从事商品买卖。一个阿里斯托芬喜剧中的农场主(*Assemblywomen*, 817ff.)就提到要卖掉自己的葡萄,并前往城市市集或广场购买大麦麦片。不过农场主在广场很容易被反应灵敏的市民欺骗。

雅典城最初由卫城和它南面的一个定居点构成。到公元前 5 世纪,城市生活中心位于广场,这是一个地处亚勒贝哥斯(Areopagos)或阿瑞斯山(Ares)与艾瑞丹诺斯河(Eridanos)之间的区域,这表明它在公元前 6 世纪早期就已被选定为主要广场。勾勒出公元前 6 世纪以来广场区域以及城市其他区域公共建筑的历史进程是可能的,而这样做也可使我们洞悉公众关注和优先考虑的事项。

当雅典规模依然很小时,广场成为市民正式和非正式的会场,它容纳了主要的行政建筑、一些神殿以及许多商铺,同时它的音乐或舞蹈区还上演戏剧、演奏音乐、举行体育比赛。那些行政建筑坐落于广场西侧克洛诺斯·阿格莱奥斯(Kolonos Agoraios)山脚下,它们最早可追溯到梭伦时代。梭伦在公元前 594 年的改革未能避免独裁统治的威胁,并且在那个世纪下半期的大部分时间里,雅典人受到了僭主庇西特拉图的统治,而在他于公元前 527 年死后,他的儿子希庇亚斯继续着这种统治(希腊僭主主要是通过篡权,或是通过家族继承继位的统治者,不一定残暴)。

在公元前 522/前 521 年,当他成为执政官或者是主要的行政官时,庇西特拉图的孙子和同名者庇西特拉图在广场西北角的十二神灵的圣坛献祭。它坐落在圣路的南面,从广场的西北角对角线穿至东南角(泛雅典娜节是雅典纪念雅典娜的主要
13 节日,节日的重要组成部分是沿着圣路列队行进至卫城)。圣坛是一个避难所,也是距离测量起始的地方(Herodotos, 2.7.1)。雅典人铺设了一条水渠,将水引入到

广场东南角新建的泉水房。这种运输水的公共供给比私人掌管的水井更易受人欢迎。在西南角的大型建筑被认为是一个露天法庭。

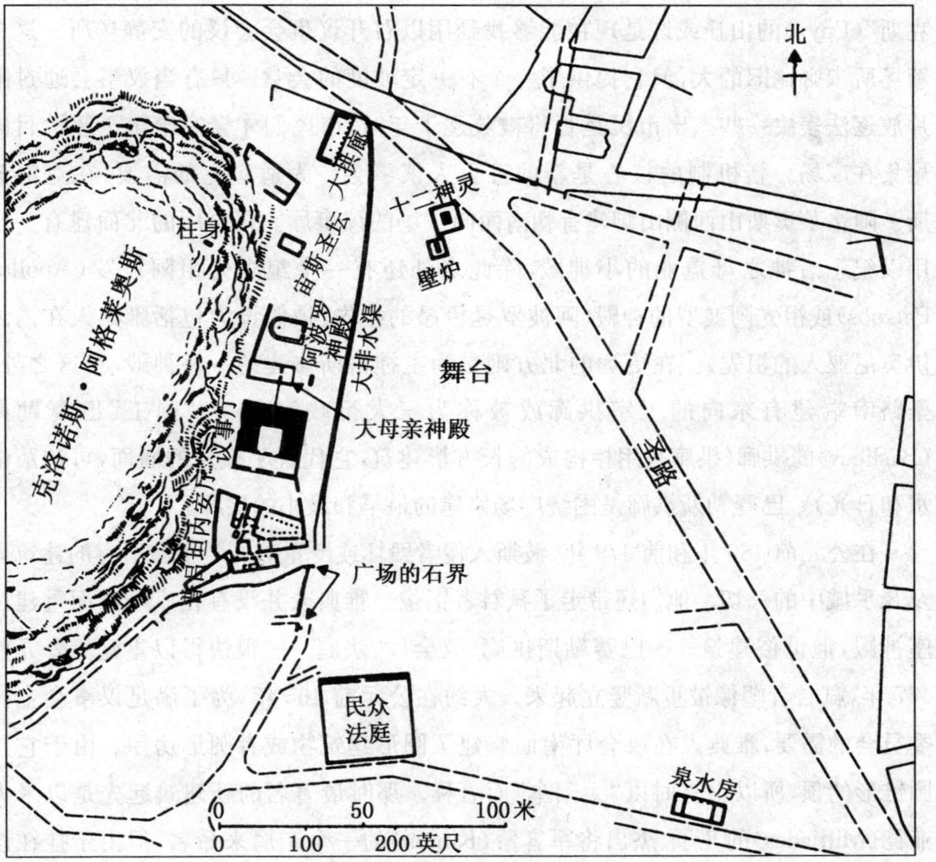

图5　广场(约公元前500年)

公元前514年,哈莫狄奥斯(Harmodios)和阿里斯托吉顿(Aristogeiton)暗杀了希庇亚斯的兄弟喜帕库斯(Hipparkhos)。他们也打算杀死希庇亚斯,但他们在计划还未实施前就被处决了。公元前510年,暴政由于受到斯巴达国王克里奥门尼(Kleomenes)的武力干涉结束了。接下来的两年是贵族之间的争斗。公元前508/前507年,克里斯提尼在议事会打算行动之前确立了"适度"民主。舞台附近竖立的铜像就是用以纪念这两位弑君者的。

城市广场被当成圣地,现在它被大理石构成的边界划分开来。从法律意义上说,那些杀人犯或犯有其他各种可恶罪行的人是不能来到这里的。从广义上说,城

市广场不仅仅是一个广场，而且还是整个商业区所在，它包含了凯拉米克斯
14 (Kerameikos)大部分地区或者远至西北角的陶瓷工人住所。广场西面有一个巨大的石制水渠，它可将地表水引入艾瑞丹诺斯河。距广场西南1/4英里远、被称为“尼克斯”(Pnyx)的山丘或许是现在能够找到用以召开议事会会议的安静场所。这个新场所未必比旧的大，但它提供了一个有一定坡度的会堂。只有当议事会通过陶片放逐法表决一些杰出市民是否将被放逐十年时，市民们才会完全出于政治目的聚集在广场。新机制的核心是新的五百人议事会。为适应它的需要，在克洛诺斯·阿格莱奥斯山西侧山脚建有朝南面向广场的议事厅。议事厅的北面建有一座用以纪念诸神之母盖亚的小神殿，除此之外还有一个纪念先祖阿波罗(Apollon Patroös)或祖先阿波罗的神殿(阿波罗是伊昂的祖先，被假设为包括雅典人在内的伊奥尼亚人的祖先)。在更远的北方则是为主神宙斯修建的一座神殿，在这之外，圣路南端建有东向的王室拱廊或被称为三大行政官之一、“国王”巴赛勒斯(Basileus)的拱廊(拱廊是用栏构成的长方形建筑，它代替了很长的墙面，可遮蔽雨水和日光)。巴赛勒斯拱廊是围绕广场修建的最早和最小的拱廊。

在公元前480年和前479年，波斯入侵者毁坏或严重破坏了卫城所有的建筑以及几乎城中的一切。他们还带走了弑君者铜像。雅典人并没有在广场西面重建三座神殿，但世俗建筑——巴赛勒斯拱廊、议会厅、法庭——很快得以重建。公元前477年，弑君者塑像被重新竖立起来。大约在公元前465年，为了满足议事会主持委员会的需要，雅典人在议会厅南面修建了圆形建筑物或者圆形房屋。由于它是圆锥形的顶，所以它有时以“太阳伞”而著称。那时最著名的新建筑起先是以米太亚德(Miltiades)的儿子、杰出将军客蒙(Kimon)的一个亲属来命名，但由于挂在该建筑墙上画板的关系，它最终以柱廊或画廊闻名。它坐落在广场北面，面朝南。到目前为止，只有西端被发掘。

在公元前476年从波斯手中夺取了斯特里蒙河上的埃翁(Eion-on-Strymon)后，客蒙本人被允许在广场北边竖立三座赫耳墨斯(Hermes)像，之后不久，它又被修成另一个拱廊，即赫耳墨斯拱廊，该拱廊位于画廊与巴赛勒斯拱廊之间。(赫耳墨斯是旅行者之神、找寻幸运之神、诡计多端之神，他的塑像可以在整个雅典和阿提卡地区看到。他的头和阳具被刻画得惟妙惟肖，从长方形柱身伸出。手臂只是残肢，腿没有显示。)客蒙还在广场种梧桐树。更重要的是他从斯基罗斯(Skyros)带回了假想中的雅典英雄忒修斯(Theseus)的尸骨，并将其埋葬，但在提塞翁(Theseion)用以安置尸骨的处所却至今未能找到。

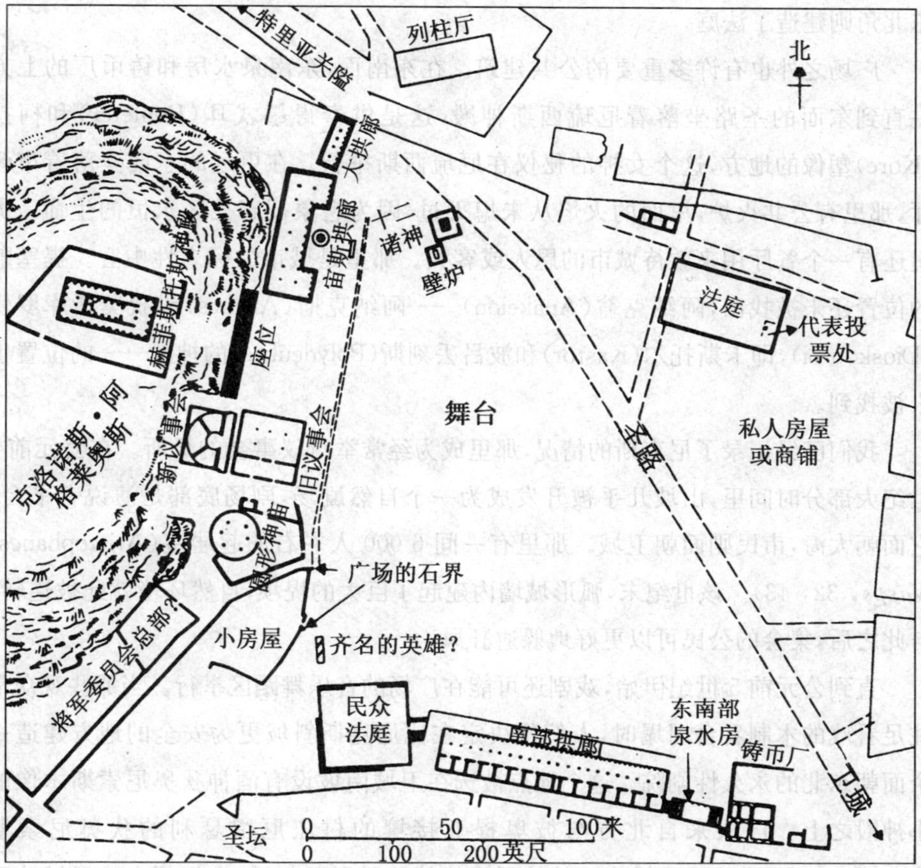

图 6　广场(约公元前 400 年)

在公元前 450 年雅典人反对波斯人的战争停止后不久,就在公元前 449 年雅典人与波斯达成正式和平之后,伯里克利的兴建计划开始了。这个计划主要集中于卫城的美化,而已开始的位于克洛诺斯·阿格莱奥斯的山上的赫菲斯托斯神殿(Hephaisteion)修建工作则被迫中断了。然而,位于圆形房屋西南的一个新建筑竣工了,那里或许曾作为将军委员会的总部,现在则属于最重要的地方行政官总部。在那个世纪最后三十年间,广场出现了大量全新的建筑。在广场西南角宙斯的旧神殿所在位置,解放者宙斯的新拱廊被建立起来。此外,广场南面还修建了并不令人印象深刻的新拱廊。它包含 15 个房间,每个房间包含 7 个躺椅,被处理商业规则的地方行政官委员会使用。原议会厅的西面修建了新的议会厅,原来的屋子则用来存放档案。广场西南角某处还修建了第一座齐名英雄纪念碑,它的名字被授予了克里斯提尼将公民划分成的十个“部落”。在东南角新建的建筑或许是铸币厂。

15

16

东北角则建造了法庭。

广场之外也有许多重要的公共建筑。在东南面,东南泉水房和铸币厂的上方一直到东面的圣路坐落着厄琉西斯神殿,这是供奉得墨忒耳(Demeter)和柯拉(Kore)塑像的地方,这个女神的秘仪在厄琉西斯举行。在更远的东面坐落着市政厅,那里有公共火炉,里面的火焰从未熄灭过,因为它象征着社区永恒的生命。那里还有一个餐厅用来款待城市的恩人或客人。那里是城市的标志性中心。提塞翁的位置还未被找出,阿纳克翁(Anakeion)——阿纳克斯(Anakes)或狄奥斯库罗伊(Dioskouroi),即卡斯托尔(Kastor)和波吕丢刻斯(Polydeukes)的神殿——的位置也未被找到。

我们已经记录了尼克斯的情况,那里成为经常举行议事会的场所。在公元前5世纪大部分时间里,山坡几乎被开发成为一个自然剧场,剧场底部是演说者平台,它面朝大海,市民则面朝卫城。那里有一间6 000人左右的起居室(Aristophanes, *Wasps*, 32, 43)。该世纪末,弧形城墙内建起了巨大的堤坝,自然环境就此被逆转。自此之后,集会的公民可以更好地躲避狂风。

直到公元前5世纪伊始,戏剧还可能在广场的音乐舞蹈区举行。当那些观众常驻足看戏的木制看台坍塌时,人们便决定在比尼克斯斜坡更为安全的地方建造一个面朝东北的永久性剧院。这个地点被选在卫城南坡设有酒神狄奥尼索斯木像的小神殿之上。自从来自北方与彼奥提亚接壤的村庄厄留瑟利的狄奥尼索斯(Dionysos of Eleutherai)被庇西特拉图或他的儿子引入之后,人们便在这里城墙后面的层级台阶上载歌载舞对其敬仰推崇。公元前5世纪的剧院只有一些区域留存了下来。这可能是一个简单的建筑,它由俯视台阶的成排木椅构成,有可以容纳合唱队表演的舞台(orkhestra)——演员表演的低舞台,在这之后是木头舞台建筑(skene)。与此同时,剧院的东面建有(或重建有)小剧场,这是雅典第一个有屋顶的建筑,它被用来举办音乐会和音乐比赛。小剧场的锥形屋顶建立在由90根柱子支撑的大致呈长方形的梁上。

伯里克利建造计划中的主要工程是建在卫城的新的处女雅典娜神庙(我们称之为"帕特农神庙"),以及前往卫城的巨大入口——山门(Propylaia)。帕特农神庙的修建工作始建于公元前447年,全部用彭特利克大理石(Pentelic marble)修建,主
17 体结构直到公元前438年才完工。当时受人膜拜的塑像是菲狄亚斯(Pheidias)用很多黄金和象牙制成的雅典娜像。第二年开始修建山门,它也是全部用大理石修建的,但由于伯罗奔尼撒战争,这个修建工作在公元前432年后中断了。公元前420

年，卫城西南堡垒上建立起了雅典娜胜利女神小神殿。卫城第三个重大建造工程是我们称之为“厄瑞克透斯”(Erekhtheion)的复合神殿，它的建造工作从公元前421年开始大约一直持续到公元前406年(厄瑞克透斯［Erekhtheus or Erekhthonios］， 18

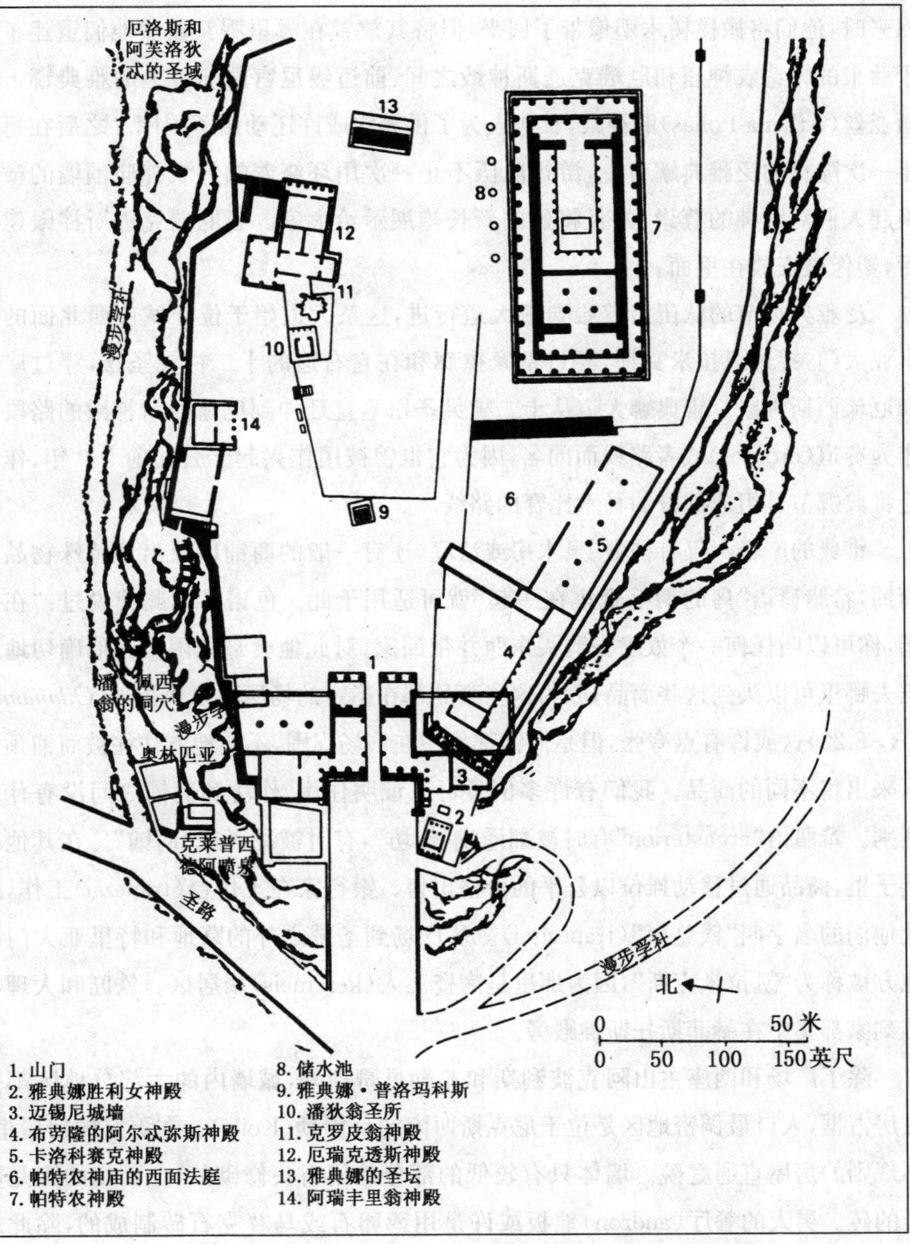

1. 山门
2. 雅典娜胜利女神殿
3. 迈锡尼城墙
4. 布劳隆的阿尔忒弥斯神殿
5. 卡洛科赛克神殿
6. 帕特农神庙的西面法庭
7. 帕特农神殿
8. 储水池
9. 雅典娜·普洛玛科斯
10. 潘狄翁圣所
11. 克罗皮翁神殿
12. 厄瑞克透斯神殿
13. 雅典娜的圣坛
14. 阿瑞丰里翁神殿

图7　卫城(约公元前400年)

一位雅典神话中的国王，他是大地之子，由雅典娜抚养，他的坟墓被认为是安置在厄瑞克透斯神殿中)。雅典最崇高的器物(Pausanias，1. 26. 6)是雅典娜的原始橄榄树木塑像，它是城邦守护者，被认为是从天堂降临的。公元前480年，雅典人将它带离了雅典，以逃避烧毁了卫城所有建筑的波斯人的破坏。当雅典人在公元前479年回来时，他们将橄榄树木塑像带了回来，但将其放置在哪里呢？显然他们重建了位于后来的帕特农神庙和厄瑞克透斯神殿之间、前迈锡尼宫殿旧址上的雅典娜·波丽亚丝(Athena Polias)旧神殿，雅典人为了供养它或许还动用了国库。之后在每四年一次隆重的泛雅典娜节上，游行队伍不止一次用环绕着帕特农神庙围墙的横条唤起人们对女神的尊崇，并且将她的新长袍展示给大家。当厄瑞克透斯神殿建造后，塑像被安放在里面。

泛雅典娜节的队伍沿着雅典娜大道行进，这条大道始于位于城市西北面的特里亚大门，穿过凯拉米克斯，经过皇家拱廊和在它右边的十二神灵圣坛，穿过广场和厄琉西斯神殿。雅典娜大道从十二神灵圣坛笔直延伸到厄琉西斯神殿的路段因作为赛道(dromos)或者路线而闻名，因为它也曾被用作兴起于公元前560年、作为泛雅典娜节日组成部分的马术比赛的路线。

雅典的广场不仅有神殿、泉水房或法庭，还有一般的商铺以及出售特殊物品的商铺，希腊谚语"鸟的羽毛聚集在一起"就可适用于此。色诺芬就此曾说过："在广场，你可以叫任何一个奴隶去购买东西并带回家，对此他会毫无困难。他确切地知道去哪里可以买到这些商品，因为这些商品都在指定的场所可以获得。"(*Oikonomikos*，8.22)这或许有点夸张，但是商铺都集中在广场周围，不同地方往往被商铺预订下来出售不同的商品。我们有许多例子可以证明住房、作坊和商铺之间没有什么区别。希腊语"ergasterion"有时被翻译成"作坊"，有时被翻译成"商铺"。在其他的例子里，商品通过移动摊位以公平的价格出售。银行家在工作台(trapezai)工作，因此他们的名字叫"钱兑商"(trapezitai)。从广场到圣域之外的墓地和特里亚大门的地方被称为"凯拉米克斯"，因为那里是陶瓷工人(kerameis)聚居区。铁匠和大理石雕刻家都集中在赫菲斯托斯神殿旁。

除了广场和两座主山阿克波利斯和亚勒贝哥斯外，城墙内的大部分地区都被
19 住房占据，人口最稠密地区是位于尼克斯西南的科伊勒(Koile)。在更好的房屋里，不规则的房屋直通庭院。墙体只有较低的部分是用石头修砌的，上面用的则是晒干的砖。男人的餐厅(andron)地板或许是用鹅卵石或马赛克石砖制成的，除此之外，其他的地板都是黏土制成的。一些房子有两层楼高。屋顶是木制的，上面铺有

防雨的陶瓦。卫生设施大多采用化粪池。街道狭窄而弯曲。用我们的标准来看，个人的污秽与公共财富形成了奇怪的对比。

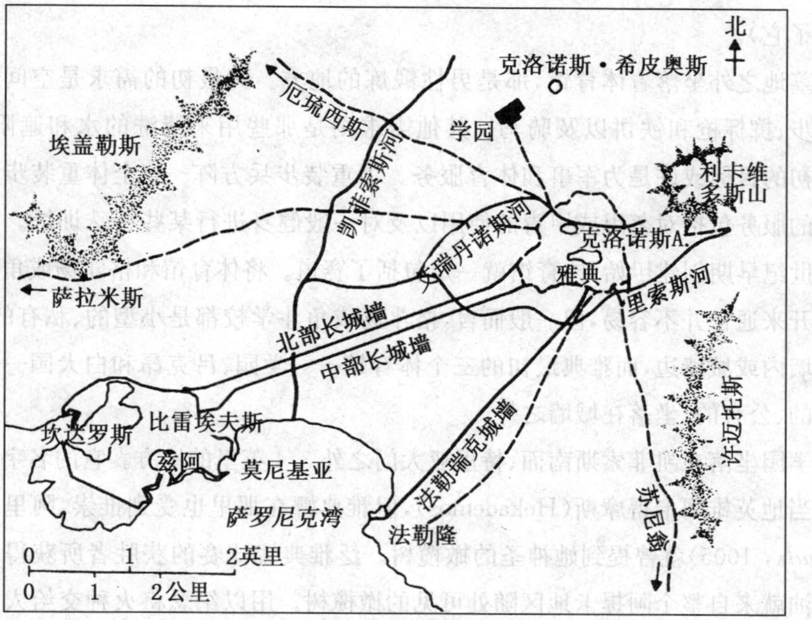

图8　雅典和比雷埃夫斯

在房屋之外是4英里长的城墙。由于地米斯托克利(Themistokles)的建议，在公元前479年在普拉提亚打败波斯后，雅典人匆忙加高了它的高度。墙体两面包含有好几块巨大的、形状完好的石块，中间核心部分使用的是较粗糙的一些石头。墙体之上砌有砖块，这又进一步使墙体增加到了一个未知的高度。为了修建城墙，雅典人使用了任何可以获得的石头，包括被波斯人拆除后的建筑材料甚至墓石。这些石头被用在墙上，而不是前线堡垒或阿克波利斯的防御工事，但这些正保卫着社区的安全。与此同时，地米斯托克利说服雅典人完成了比雷埃夫斯港的防御工事。在公元前450年早期，城墙通过两堵长墙延伸至大海，北面那堵墙一直延伸到比雷埃夫斯港墙的北面，南面则到法勒隆。后来，或许当法勒隆海湾不再作为港口使用时，两堵墙之间又修建了第三堵墙，它们相互平行，与北墙相距183码。雅典和波斯 20
之间的生命线现在被彻底封闭了。

城墙里有15扇大门，其中特里亚大门(后来被称作“迪普利翁门”)是最让人印象深刻的。在许多大门之外，社区为旅行者修建了圆形洗浴室。从大门开始的路两边坐落着墓地。墓地最集中的地方位于城市西南面圣地特里亚和伊里亚大门之外。凯拉米克斯延伸到了斯托克利城墙之外,并包含了国家公墓(Thucydides, 2.34.5,之所以称呼其“神圣大门”是因为前往厄琉西斯的神圣大道穿过了它)。

墓地之外坐落着体育馆,那是男性锻炼的地方。其最初的需求是空间——为了跑步、掷标枪和铁饼以及骑马。其他需求则是那些用来清洗的水和遮阳的树。其最初的目标或许是为军事和体育服务。为重装步兵方阵——全体重装步兵——提供的服务包括对盔甲或甲胄的使用以及对一般健身进行某些特殊训练。自公元前 6 世纪早期创建伊始,体育馆就一定包括了赛道。将体育馆和格斗场或角斗学校区分开来通常并不容易,但一般而言,格斗场或角斗学校都是小型的、私有的、坐落在城墙内或城墙边,而雅典最初的三个体育馆——学园、吕克昂和白犬园——都是大型的、公有的、坐落在城墙之外。

学园坐落在凯菲索斯南面、特里亚大门之外 3/4 英里的地方。它的名字源于无名的当地英雄阿卡得摩斯(Hekademos),但雅典娜在那里也受到推崇,阿里斯托芬(*Clouds*, 1005)就曾提到她神圣的橄榄树。泛雅典娜比赛的获胜者所获得的罐装橄榄油就来自整个阿提卡地区随处可见的橄榄树。用以纪念将火种交给人类的泰坦普罗米修斯和赫菲斯托斯的火把比赛就开始于学园(Pausanias, 1.30.2)。客蒙在画廊的后面安排好所有通向学园的水渠。吕克昂是献给阿波罗·琉凯奥斯(Apollo Lykeios)的,它位于东城墙之外,在艾瑞丹诺斯河发源地的旁边。正如学园一样,它也足够大,可用来进行骑兵表演和征召军队。即便对古人来说,“白犬园”一词的词源也是晦涩难懂的。体育馆位于南面伊利索斯之外,那里的主神是赫拉克勒斯。白犬园缺少其他两座体育馆的标准。最后,这个体育馆像有着拱廊的广场一样成为了社会中心。

雅典西南 4 英里处坐落着比雷埃夫斯海角和它的三个自然港湾:兹阿(Zea)、东
21 面的莫尼基亚(Mounykhia)以及西面最大的坎达罗斯。每个港湾都设有船库,但兹阿是主要的海军基地。这座城镇最初被规划成长方形,这是由米利都的希波达米斯(Hippodamos)大约在公元前 450 年作出的。当地集市延伸至莫尼基亚的西面,它有着令人讨厌的名字“希波达米娅”(Hippodameia)。国际市场或恩波里翁(Emporion)坐落在坎达罗斯的北边和南边。它那里有重要的公共建筑,例如伯里克利谷物市场、阿菲托波里斯(Alphitopolis)或长柱廊以及作为商品样品展示地的狄格玛(Deigma)。自从港湾的使用期限成为税收的重要来源后,恩波里翁就被严格管

控起来。许多以划桨或木匠为职业的城市贫民一定会选择暂住在比雷埃夫斯港，那里的政治一定特别民主。这个城镇到公元前 411 年时有了自己的剧院(Thucydides，8.93.1)。雅典商人也住在那里，大量外邦商人同样住在那里。那里吸引贫穷市民的东西也吸引着贫穷的外邦人。在那里，非希腊裔居民群体都被容许保留自己的宗教仪式。

第二章 人口、财产与税收

22 包括妇女、孩子在内的雅典公民仅仅占阿提卡半岛大约一半的人口。所有其他永久性居民要么是外邦人,要么是奴隶(Thucydides, 6.27.2)。

这三种人口构成要素中最著名的当属公民了。我们会以讨论这个题目开始,在论述妇女、外邦人和奴隶之后,又会返回到这个题目。

雅典公民是那些自由民男性的后代,这些男性后代被他们父亲的德莫接受为成员,需要满足下面两个条件:

1. 他们的父母双方都是公民——至少他们的母亲是公民。公元前451/前450年(雅典年份大约从仲夏到第二年仲夏,我们时常并不清楚一个特殊的事件究竟发生在希腊年份的哪一个部分,因此有了这种年份标示的概念),伯里克利颁布法令强制推行这一条件。没人清楚颁布这个法令的背景是什么,这条法令大概并不是追溯性的法令,或者至少不会剥夺那些因混杂婚姻而出生孩子的公民权;要不然的话,客蒙是不能担任将军的。可能的情况是,公民已越来越关注为他们的未婚女儿找到一位可靠的丈夫,因为公元前5世纪50年代雅典的死亡率是不低的,而人们又厌恶独身;但似乎更加有可能的是,颁布这个法令的目的是保护和确保种族身份,大概这时雅典面临着不断增加的不同种族的外邦人。贫穷公民和富有外邦人之间的通婚所带来的相互便利是很容易理解的,因此这种现象变得越来越常见。另外,雅典人——官员、军队和殖民者——与同盟城市之间不断增加的联姻也将导致越来越复杂的婚姻和联系(无论颁布这条法令的目的是什么,一个必然的结果是提升公民妻子和母亲的地位)。

2. 他们已经到达17岁。因为出生证明没有保留下来，年龄问题会存在争议。吕希斯(Lysis)和蒙客诺斯(Menexenos)这两位少年大约是同一年纪，但我 23
们并不知道他们谁更大一些(Plato，*Lysis*，207c)。

假如德莫认为他们满足这两个条件，那么对于这两个年轻人来说所存在的问题仅仅是让议事会确信他们也满足第二个条件。那些被德莫和议事会接受的人的名字会被记录在德莫的登记册中。

公民身份分享权利，也承担义务，但雅典人(通常也是希腊人)并不像我们一样在权利与义务之间进行明确的划分。在古风时代，公民身份与在重装步兵方阵中服役彼此紧密联系的观念开始出现。我们认为陪审服务是一种义务，但古典时代的雅典却认为这是一种权利，原来是因为这种服务赋予权利，后来是因为这种服务也赋予工资。不管是被当作权利还是被当作义务，下面这些活动是公民所拥有的：出席公民大会并发表演讲(无需特别邀请)；在公民大会上投票；担任公职或陪审员；承担大量的经济负担，比如以礼拜仪式而著称的经济义务，还包括三层桨战舰司令官的经济义务——每年都要指挥三层战舰或战船。此外，在公民身份和土地占有之间有着悠久的联系：只有公民能够拥有土地或住房，而大多数人要依赖土地谋生。最后，只有公民有资格分享不常有的免费谷物分配，比如公元前445/前444年埃及国王普萨梅提库斯(Psammetikhos)(Plutarch，*Perikles*，37.3f.)所赠送的礼物可能就被免费分发了，或者城邦在公元前423/前422年所做的免费分发(Aristophanes，*Wasps*，717)。

甚至是那些能够满足父母身份和年龄状况这两个条件的当地自由民男性，也不是完整意义上的公民：他们是“其他公民”(politides)，不是“雅典公民”(politai)，他们不能够做上一段里我们所列举的事情。受尊敬的已婚妇女(这里所使用的“受尊敬的”应理解为“上层社会的和中层社会的”，这是针对那些要外出劳作的下层社会妻子或寡妇而言的，因经济需要她们必须这样做)不享有她们丈夫那般的活动自由。她们参加一些节日，这包括她们自己的向得墨忒耳和她的女儿塞斯摩弗洛斯(Thesmophoria)献祭的三天秋天节日，彩色陶罐展现了那些戴着狄奥尼索斯假面具来崇拜女性的狂迷状态(在索福克勒斯的《埃勒克特拉》[*Elektra*，911f.]中，埃吉索斯[Aigisthos]不允许她的继女离开家门，“即使是祭祀也不行”)。不过，她们参加狄奥尼索斯剧场活动是不频繁的(Aristophanes，*Women at the Thesmophoria*，395ff.，450f.)，因为可以肯定阿里斯托芬对男观众在发表演讲。她们出席亲朋好友的葬礼。她们在女佣的陪伴下购买个人用品，但并不购买家用物品，这个任务落到男奴隶或女奴隶身上(Lysias, 1.8, 16)。一般对于妇女来说,如果没有某种借口而离开家的话,是不正常的行为。

24 "为什么,"《地母节妇女》(789ff.)中的合唱队问道,"每个人都讲过一大堆毁谤女人的话,说我们是男人的祸水,一切祸水——吵嘴、打架、令人伤心的事情,导致动乱的内讧乃至战争,无一不由我们引起。可是如果我们真是祸水,你们为什么要娶我们?你们为什么要禁止我们出门,禁止我们向外眺望,怕被人看见?你们为什么这样热心地把祸水看守起来?"①

这反映了实际情况吗?不管是喜剧方面的材料还是悲剧方面的材料,都不能说服我们的是:当她们的丈夫不在家时,这些令人尊敬的妻子不会走亲访友。无论如何,这些太太们是不会空闲的。忙碌的丈夫把操办家务的事情交给了妻子,就像伊斯霍马库斯(Iskhomakhos)在色诺芬的《家政论》(*Oikonomikos*, 7.3ff.)中所解释的——他对家务的叙述——这是对财产的管理。要把原毛纺织为衣服和床上用品,要把小麦制作成面包,要准备食品过冬。妻子也必须为她的孩子、丈夫准备不时之需(Aristophanes, *Lysistrate*, 16ff.)。让妻子与世隔绝的癖好反映了保持家庭忠诚度意志,从而让妻子与别人通奸变得更加困难。吕西亚斯(Lysias, 1.33)在其演讲中列举出公民妻子通奸行为引起的异议,这种行为所带来的孩子父亲身份不确定的后果是极其严重的。

未婚的女孩所受到的隔绝比她母亲所遇到的隔绝更加严格,这是为了保证她们的贞洁。这就是父亲们在他们女儿很年轻的时候就把她们嫁出去的部分原因,出嫁的年龄通常在14—18岁之间。阿里斯托芬在《吕西斯特拉忒》(Lysistrate, 596f.)中给出的另一部分原因是:"女孩的机会是不多的,假如她没有抓住这个机会,就没人会娶她了。"不过,"假如她没有抓住这个机会"这些词语并不一定被认为是暗示着雅典新娘可以选择自己的新郎。至少她的第一任丈夫根本不是由她自己选择的。对雅典妇女而言,从其结婚开始操办家务到其去世,其一生的大部分时间都从属于父亲或丈夫或是其他男性亲属。雅典婚姻在本质上是两个家庭之间所缔结的神圣的订婚协议,接下来就是由男主人(kyrios)——通常是她的父亲——把新娘交给新郎。

妇女在家庭中部分被隔绝,与政治生活则彻底隔绝,但这并不意味着丈夫不尊

① 译文见《古希腊悲喜剧全集》第7卷《阿里斯托芬喜剧》,张竹明译,译林出版社2007年,第340页。——译者注

敬妻子。花瓶上的绘画和墓地石碑上的浮雕都表明，夫妻之间的相互尊重和关爱是很常见的。欧里庇得斯在《阿尔克斯忒斯》(*Alkestis*)中生动地描述了理想的家庭。无论如何，把雅典妇女描述为“二等公民”是非常恰当的。欧里庇得斯(*Medeia*, 232ff.)通过美狄亚(Medeia)之口所总结的情况大体就是受人尊敬的雅典妇女的地位(尽管美狄亚本人在科林斯几乎不享有这样的地位)，如下：

首先，我们必须用金钱购买
一个丈夫，而比这更糟糕的是，
他反而成了我们的主人。这里
最重要的问题还要看我们挑选的
是个好人还是个坏人。因为，离婚 25
于我们女人是不名誉的，
我们又不能拒绝一个丈夫。
其次，在进入一种新的风俗和习惯里时
一个女人必须成为先知，
懂得在父家时没学过的本领，
如何最好地和自己的丈夫相处。
如果我们成功地做到了这一点，
丈夫接受婚姻的约束，命运便是
值得羡慕的；否则还不如死了。
一个男人如果对自己家里的人厌烦了，
他可以走出去散散心里的烦闷，
或找朋友或找一个同年辈的人。
可是我们女人就只能指望一个人。
男人们说我们女人安居家中
没有生命危险，他们却要拿枪打仗。
这句话没有道理：我宁愿手持盾牌
三次上阵，而不愿意生一次孩子。①

有几点要特别注意。第一，风俗表明新娘应有与她父亲地位相匹配的嫁妆。

---

① 译文见《古希腊悲喜剧全集》第4卷《欧里庇得斯悲剧》(中)，张竹明译，译林出版社2007年，第461—462页。——译者注

不过这个嫁妆肯定不能归她的丈夫控制,是她分享父亲的财产,用作她的生活费用。不过新郎对嫁妆的多寡就像对新娘的美德一样感兴趣。第二,在婚姻期间,丈夫是妻子的主人:妇女是不能签署主要契约的,也不能在法庭上陈述自己的案情,妻子只能够通过她的丈夫进行此类活动。在孩子出生后的十天内,由丈夫来决定是把新生儿纳入家族还是遗弃。第三,尽管妻子在她家庭的帮助下能够与她的丈夫离婚,她必须在执政官面前写下证言。这个社会在很大程度上是不允许妻子与丈夫离婚的。我们只知道公元前5世纪的一个案例:西帕勒特(Hipparete)试图与阿西比德离婚(Plutarch, *Alkibiades*, 8.5)。第四,正派的妻子离开家的次数要远远少于丈夫,当丈夫在家举行宴会或酒会时,这就全部是男人的事情了,只有舞女或奥罗斯女孩(aulos-girls,奥罗斯是像双簧管一样的乐器)可以愉悦他的客人;除了她的丈夫外,她几乎是看不到其他称心如意的男人的(酒会通常以酩酊大醉、举止失措而结束,女主人对此并不在意)。第五,假如妻子与人通奸并被发现,由于前述原因,法律会严肃地对待,要求丈夫与她离婚,尽管法律允许他与自己的女奴隶和不管他在哪里发现的高等妓女(hetairai,像色诺芬《苏格拉底回忆录》[*Recollections*, 3.11]中的狄奥多特[Theodote])或下等妓女(pornai)享有绝对的自由(但不允许他与外邦妇女享有此类自由)。第六,妇女处于二等地位的根本"原因"通过美狄亚的最后言辞表达出来:因为战争从没有远离尘嚣,失去(死亡或被奴役)的可能后果是如此可怕,以致战士是这个社会最受人尊敬的成员,被赋予全部特权。

也有大量不同的证据——文献的(诗歌的、历史的、修辞的、哲学的)、法律的、
26 考古的、神话的——是关于雅典妇女地位的,但文献方面的证据都是上层社会的作家为男人们写的。公元前5世纪晚期的诗歌证据主要是戏剧方面的,不管是悲剧还是喜剧都可以考虑进来。阿里斯托芬现存的喜剧显然是根植于当代生活的,但索福克勒斯和欧里庇得斯的悲剧似乎是以一个已经逝去的时代为背景,但在一定程度上也反映着当代生活。刚刚所引用的美狄亚演说词与迈锡尼时代的科林斯的密切程度远远不如与古典时代雅典的密切程度。

在希腊文学中,比喜剧和悲剧更古老的是歧视女性的传统,这至少可以追溯到赫西俄德(比如其著作《工作与农时》,375)。不过,如果认为在这种传统影响下的所有这些作品都代表着作者深思熟虑的观点,那也是错误的。欧里庇得斯戏剧中的两个英雄人物伊阿宋(Jason)和希波吕托斯认为,假如没有妇女帮助而男人能够生孩子的话,那就更好了,尽管一般想法大概是更接近《独目巨人》(*Cyclops*, 186f.)中合唱队领唱所表达的观点:"但愿永远没有女人生到这世上来——除非只是给我

的。”在埃斯库罗斯(*Eumenides*，657ff.)和欧里庇得斯(*Orestes*，552ff.)的作品中我们都可以看到一种标准的观点:母亲所做的只是接受和抚育父亲的种子而已。

正派的雅典女孩所能取得成就的主要有三个领域——结婚、操劳丈夫的家务、做母亲。成为女神或男神的祭司的人并不多:任何时候只有40或40多个女祭司。吕西马克(Lysimakhe)担任雅典娜·波丽亚丝女祭司达64年之久,尽管她不是一位政治人物,但却是一位著名的公共人物。伯里克利在公元前431/前430年的墓地演讲结束时,与妻子离婚,与雅典最著名的妇女米利都的阿斯帕西娅(Aspasia of Miletos)生活在一起,他简明扼要地又自相矛盾地确信,男人不管以什么目的谈论阿斯帕西娅,至少都会认为她是雅典那些刚刚成为寡妇的妇女中最荣耀的。(在每一个战争季节结束后,那些在战争中为祖国战死因此证明自己是优秀的人,要在国家公墓上举行公共葬礼,选举出杰出的公民,对他们发表演讲。这种仪式的作用——大多数时间里需要这样的演讲——可以确保补充那些愿为城邦牺牲的人不至于枯竭。)即使是上层女孩所接受的教育也是微乎其微的,当她结婚时,她的年龄大约仅仅相当于丈夫年龄的一半。作为已婚妇女,她应该把时间花在陪伴年轻的儿子、未出嫁的女儿和她的奴隶身上(在墓地碑刻上,逝去的妇女通常被与奴隶女孩画在一起)。假如她的丈夫几乎没有什么奴隶,她本人就要做那些“奴隶”的活儿。就像家庭主人和母亲一样,她的丈夫也会评估她所做事情的价值。他需要一个稳定的经济基础,也需要一个或两个儿子(一个可能会死去或在战争中阵亡)来保持香火,他感觉也有责任为共同体至少生养一个女儿(假如他不富裕,他可能不 27
想要更多的孩子)。婚礼上所进行的风俗程序是这样进行的——“我把女儿交给你,为合法地生育子女”。同时,分享友谊的活动在很大程度上是缺乏的。对男人来说,他不必为谋生而烦恼,在和平时期,男人的主要活动是政治方面的,在广泛意义上,男人“依属于城邦”。除了公共宗教活动领域外,妇女不参加这些活动,对此我们所知甚少,因此能加以评述的也不多。她们几乎注定是愚昧的。根据色诺芬的说法(*Spartan Constitution*，1.3):

> 在希腊各地(在斯巴达各地则不然),将要成为母亲的女孩要在适合的风俗环境里培养,吃最简单的饭菜,很少吃精美的食物;她们根本不饮酒,即使饮用的话也要用水稀释。人们期待女孩模仿工匠久坐不动地生活,在那里静静地纺织羊毛。

在雅典城,正派的女孩和母亲在大多数时间里都待在房屋里属于妇女的那部分地方(gynaikonitis),让我们震惊的是,这地方狭小、阴暗又不卫生(一些乡村的房间比较大)。假如她们苍白(白底黑色人物画像的陶器赋予妇女以白色的皮肤,这是写实主义的)、虚弱、胆怯、伤感,这一点都不奇怪。依照我们的标准,她们缺少教育、营养不良、运动太少。这种制度要求在方方面面把妇女培养成制度所需要的,但只有一个方面是例外。

希腊男人确信在性生活方面,妇女比男人能够获得更多的快乐,这一说法很古老,可以追溯到赫西俄德文献(Hesiodic corpus, fragment 275)。根据欧里庇得斯笔下伊阿宋(*Medeia*, 569f.)的说法,妇女认为当她们的性生活处于兴旺时,她们具有各种优势。雅典男人认为大多数妇女在自我控制(sophrosyne)这一最关键的美德方面是不足的。一般相信,妇女在性欲望方面的贪婪使她们处于危险状态。必须要用婚姻来驯服妇女,然后加以观察——甚至在第一个孩子出生以后也是如此。男子的荣誉主要依赖女性的自我控制。

正派女孩和妇女隔绝,与此相伴随的是上层孩童和年轻人生活中的摔跤(palaistra)和体操馆盛行,这有助于使上层社会的男子同性恋这一现象出现,以现代标准来看有点惹人注目,但希腊人则不这么想。

雅典所欣赏的这些习俗在斯巴达(Xenophon, *Spartan Constitution*, 2.12—14)、伊利斯(Elis)或底比斯(Thebes)并不被认可,这些城邦高度重视军事教育的重要作用。在雅典,军事教育是上层社会最突出的一个特点,这也是大量讨论这个问题的一个原因,但被讨论最多的共同体的特点或许并不是最重要的。

28 柏拉图在以雅典将军拉克斯(Lakhes)命名的对话中,通过这位将军之口说,城邦的公务人员是如此之忙,以至于他们忽略了自己应该关注的事,这包括抚育他们的儿子。就像我们将要看到的,似乎大约在14—18岁之间的年龄阶段,这似乎是他们的姐妹正准备结婚的时间,而这些上层社会的雅典年轻人(meirakia, neaniskoi, ageneioi,男孩、青少年、年轻人)所做的事情仅仅是参加摔跤和进体操馆。他们早已以孩子(paides)的身份参加摔跤,年纪大约在7—14岁之间,但通常在奴隶护卫(paidagogoi)的监管之下,并且是与其他年长的孩子分开的(Plato, *Lysis*, 206d)。这些年长的孩子在其年龄的敏感阶段是不允许有女孩相伴随的,他们很快成长,不再有他们的奴隶护卫了,父亲也忽略了他们。在这样的环境中,他们或许会把他们的注意力转向男童,但他们也需要与一些成年男子保持伙伴关系。当他们处于被认为最有吸引力的年龄阶段时,这些雅典孩童会下意识地寻找那些他们自己能够模仿的人——事实上是为取代他们的父亲。同样,那些18岁到大约30岁之间的男子，假如恰巧他们已经结婚的话，他们不能够从他们妻子那里得到更多的智力友谊，假如他们没有结婚的话，他们也是不能够由自己那个阶层的女性来陪伴的。此外，就像我们将要看到的，雅典精神是竞争性的，因此对男子，特别是对那些优秀的男子来说，要在自己这个年龄阶段或这个阶层形成友谊是非常困难的。因此，他们会在自己这个阶层中在那些更年轻的孩童中寻求羡慕。

因此，在摔跤或体操馆这样充满激情的氛围中，就铸造了爱(erastes)与被爱(eromenos)的纽带。这样的纽带或许会把年轻人与孩童联系在一起，但更容易、更通常的情况是把男子与年轻人联系在一起。因为在一些更加彻底的异性恋社会里，追求爱人是不受谴责的，但期望被爱者不要轻易答应，更不用说引诱别人的追求了。年轻人不久将成为一名公民和士兵。不过，他自己会以成功男子为榜样，那些成为榜样的男子则尽力让自己在这些人眼中更加优秀。很显然，在这样的关系中存在教育的可能性。但随着孩子成长发育，长出胡子，成为户主时，这样的关系也趋向于不复存在了。对于长相漂亮的上层社会男童而言，正常的情况是经过这几个阶段：首先是被爱者阶段，接下来是爱者阶段，最后成为一名丈夫。陷入第一个阶段而不能自拔是不正常的，也是令人鄙视的，尽管在第二个阶段可以坚持一些时间，就像他们在索福克勒斯戏剧中所做的。在阿里斯托芬的《蛙》(Aristophanes, *Frogs*, 52ff.)中，狄奥尼索斯承认被激情重创了一下。“为女人?”赫拉克勒斯(Herakles)问。“不!”“为孩子?”“也不是!”“为男子?”“哎呀!”“你一直在伴随克里斯提尼。”(克里斯提尼是著名的阴阳人。)

这是追求的合理秩序。《蛙》(*Frogs*, 113, 291, 739f.)中表明了普通男子对妇 29
女的兴趣。与此形成对比的是，阿里斯托芬本人在《马蜂》(*Wasps*, 1023ff.)和《和平》(*Peace*, 762f.)中断言，尽管他在喜剧方面取得了成功，但他并没有变得狂妄自大，以至于去参观摔跤场，向男童提出要求。

在摔跤场和体操馆永远能见到那些裸体男童，这种身体在雕塑方面以理想主义手法表现出来。女性雕塑也是经常见到的，但直到公元前5世纪中期，几乎所有的塑像都是裹着衣服的，几乎总是比在自然状态中所看到的有更强壮的肩膀和窄窄的臀部。实际上，女性雕塑或许并不早于帕特农神庙东山墙的“狄俄涅和阿芙洛狄忒”(Dione and Aphrodite)，该雕塑现藏于大英博物馆。在涂鸦艺术和众多烧制精美的陶罐上的美丽之人(*kalos*)，通常情况下是男性多于女性，这一点也不奇怪，因为雅典上层社会都认为英俊的年轻男子比漂亮的女子更加卓越。虽然年轻的男运动员或许是这个共同体的理想，就像我们这个社会流行的电影女星一样，但在男子之间的异性行为是正常的。不遵守夫妻之间的忠诚是平常的。就像美狄亚所说,当丈夫在家里待腻的时候,他总是能够外出。在阿里斯托芬的《吕西斯特拉忒》(*Lysistrate*)中,妻子反抗丈夫的性罢工比在实际生活中产生的作用更有效。

这种两性之间和同性之间的关系模式对于现代人来说是陌生的,但在另一个庞大的、有活力的社会里则可以找到极其相似的模式——这就是 15 世纪的佛罗伦萨。

要我们来界定雅典公民女儿的地位是困难的,要界定外邦人的地位也是困难的。大概在克里斯提尼时代,外邦人(指那些已经变动居所的人,移民)的身份首先在雅典法律中得到界定。到公元前 5 世纪末期,外邦人在雅典待上一个多月,只要交一种叫的“外邦人税”(metoikion)的人头税,就可以要求成为外邦人,男子每个月交 1 德拉克马(drakhme,参阅第 253 页①),不在丈夫家里或儿子家里的女子交半个德拉克马(假如有 15 000 名外邦人的话,每年从他们身上收取的税收将达 30 塔兰特[talents])。公元前 4 世纪,色诺芬(*Revenues*, 2.1)总结说,与公民相比较,外邦人的地位是这样的:“到目前为止,除了从他们为希腊诸城邦所提供的服务中抽取款项外,他们还贡献外邦人税。”可以肯定的是,外邦人必须在其所居住的德莫登记,尽管他在这里既没有土地,也没有房屋。他正式的登记名是“某某人居住在德莫的某某处”。也可以肯定的是,外邦人需要一位公民作为庇护人(prostates),不然的话也可能受到迫害,被惩罚为奴隶,但保护人的作用与所登记的德莫之间的关系
30 以及出席法庭的情况则是模糊的。最后,如果不交税的话,外邦人是不能够在阿格拉(Agora)进行贸易的(Aristophanes, *Akharnians*, 896; Demosthenes, 57.34)。

外邦人因其身份而被给予的主要利益是他能够出席雅典法庭。地方行政长官的事务主要就是关注外邦人,由官员(Polemarch)主持法庭审理一些涉及外邦人的案件,诸如迫害和一些有关不动产和遗产的案件,也把其他一些案件转交给其他适当的法庭。假如有外邦人被杀害的话,人们期待他的最亲近的男性亲属在巴赛勒斯面前采取恰当的起诉,就在雅典娜神像外面不远处的法庭进行审理,这里是审判意外杀害公民的地方。尽管杀害公民是要偿命的,但似乎把谋杀外邦人与意外杀害公民归入一类,这所带来的惩罚只是流放而已。就这点而言,外邦人和其他外邦人甚至和奴隶相比较,其处境好不到哪里去。

原则上,外邦人可以自由崇拜自己的神灵,到公元前 429 年,对色雷斯女神本狄

① 此处指原书页码。——译者注

斯(Bendis)的崇拜已经得到官方认可。男女外邦人都参加泛雅典大游行(the Panathenaic procession),但似乎不参加祭祀。他们之中有部分人参加赫菲斯托斯的节日,即赫菲斯托斯节。假如外邦人不够富裕,他们可以在感恩礼拜仪式制度的帮助下,例如能够在狄奥尼索斯的节日即勒纳节(Lenaia)上作为演出者(khoregoi)提供服务获得报酬而参加某些节日。他们也可以在勒纳节合唱队中跳舞。富有的外邦人有缴纳一种名叫“战争税”(eisphorai)的额外税收。尽管不要求他们在三列桨舰队或骑兵中服役,但那些足够富有的外邦人则被要求在步兵中服役,通常在保卫战时如此。比较贫穷的外邦人在舰队中充当桨手。“共同体需要外邦人,”老寡头(Old Oligarch, 1.12)说,“因为技巧的多样性,也是因为舰队的多样性。”尽管他也说(1.2)他们是牵动船桨的雅典普通人。修昔底德(Thucydides, 1.143.1)通过伯利克里告诉雅典人,假如雅典的敌人通过提高更高的薪金来引诱他们的同盟桨手,这对雅典来说是一件非常可怕的事情,“我们自己的公民和居住在外面国家的异邦人都登上舰船服役,还不是他们的对手的话,那就不能不是一件十分危险的事了”①(这里所指的“联盟”、“同盟”、“联合”通常是说雅典海军同盟,这有时也被称为“提洛同盟”)。关于雅典桨手的招募与训练,我们几乎一无所知。

大多数外邦人是来自附近城邦的希腊人,但关于色雷斯人、弗里吉亚人、吕底亚人、叙利亚人和其他蛮族的情况则是不清楚的(Xenophon, *Revenues* 2.3)。是什么吸引这些人来到雅典的?一些是政治必需的放逐者、牺牲者,但大多数是自愿来到这里的,目的是分享人口众多、港口繁荣所带来的经济利益。毫无疑问,还有一些人来到这里是考察是否适合移居。当他们愿意时,所有人都可以自由地离开。

外邦人所涵盖的范围比较广泛,从知识分子到桨手,可以提供各种各样的产品和服务。更加重要的是,他们与手工艺和商业有着密切的关系。他们当中的大多 31
数人制作或贩卖某种物品,但只有少数雅典公民做这样的事情。

外邦人似乎控制着大型制造业、海外贸易和银行业。他们能够拥有自己的奴隶,但他们不能够拥有自己的土地和房屋,这或许会妨碍外邦人的商业运作,因为他们不能以土地为担保进行借贷。一代人所取得的商业成功会造就下一代人的良好教育与职业成功。富有的叙拉古人凯发洛斯(Kephalos)就被伯里克利劝导移民到雅典(Lysias, 12.4)。他在比雷埃夫斯的盾牌工场几乎雇用了 120 名奴隶(12.19),这使他成为外邦人中最富裕的人。他三个儿子中的一个儿子吕西亚斯,在

---

① 译文见《伯罗奔尼撒战争史》,徐松岩译,广西师范大学出版社 2004 年,第 76 页。——译者注

公元前 403 年恢复民主制度后,成为了一位成功的演讲稿撰写人——是外邦人而不是公民获得这样的认可,这是极其伟大的成就。柏拉图《理想国》开篇就表明,这个家族至少加入雅典最高层的知识分子团体了。另一方面,尽管他对公元前 403 年恢复民主有很大的作用,但授予吕西亚斯公民权的法令因技术性原因而被阻止(*Constitution*, 40.2)。根据老寡头所说(Old Oligarch, 1.12),外邦人是有演讲自由的,但这也被理解为他们应该维持一个低调的形象。在前面已经引用的演说中,欧里庇得斯通过美狄亚之口说(*Medeia*, 222):"外邦人必须完全遵守共同体的规定。"

那么雅典人是如何看待移居制度的呢?修昔底德、老寡头和色诺芬都认可外邦人的作用。阿里斯托芬很友好地对待他们:就像制作美味的面包不能缺少面粉和麸子一样,雅典不但需要公民,也需要外邦人(*Akharnians*, 507f.)。如果不考虑公元前 451/前 450 年伯里克利法律的话,他还是肯定地宣称(Thucydides, 2.39.1),雅典在驱逐移民的行动中千万不要求助于斯巴达。

不过,就像老寡头(Old Oligarch, 1.10)所表明的一样,可能一方面承认外邦人的作用,但另一方面则鄙视他们。那些声称土生土长的或者在这片土地上长大的雅典人肯定会鄙视那些没有土地的移民,特别鄙视那些来自为雅典提供奴隶地区的人。

伴随奴隶的释放或解放,外邦人人口中非希腊人的比例在不断增加。被释奴成为外邦人。在其主人生前被释放的奴隶,极有可能必须让他的主人成为他的庇护人,否则就有被主人起诉的危险。非常普遍的现象是,奴隶依靠自己的积蓄从(他的主人那里)购买自由,与主人"分开住"。偶尔也会发生这种情况:共同体会释放一群奴隶,甚至给予他们选举权,比如公元前 406 年在阿基诺赛(Arginousai)海战
32 中战斗的奴隶,人们认为那些承担最重要服务的人处于社会底层是不和谐的(Xenophon, *Greek History*, 1.6.24; Aristophanes, *Frogs*, 33, 191, 693f.)。奴隶也能够通过揭发诸如叛国或亵渎神灵这样令人憎恶的罪恶而获得自由。

在雅典人看来,外邦人的地位与蛮族血统相关联,即使不是奴隶的话。与"手艺人"(banausia)这个词语关系更加密切,这个词语大致意味着通过一种手艺谋生,与之形成鲜明对比的是那些绅士般的农夫。

严格地说,外邦人就是陌生人。"外邦人"这个词语含义广泛,包括"外国人"、"外邦友人"、"雇佣兵或雇佣水手"等。除了那些获得许可的移民外,雅典还允许那些短期居住在雅典的外国人成为外邦人——商人、工匠、旅行者、知识分子等等——以及同盟的桨手,这些桨手为舰队划桨,但冬天则待在家乡。比较典型的是

雅典船员，这由贫穷的公民、贫穷的外邦人和同盟水手构成，但比例究竟如何，我们不得而知。根据修昔底德的说法(1.121.3)，公元前432年，科林斯代表团在斯巴达同盟大会上宣布：“雅典的雇用力量远远大于本土力量。”如果这种说法比较夸张，但也不是属于不能接受的那种说法，修昔底德著作中(7.63.3)另一个证据也表明这种情况是可能的，据信这种结果是可靠的，需要6 000人才能完全满足公元前431年雅典所拥有的300艘航海战舰的人员装备(Thucydides 2.13.8)，其中半数人员是外邦人，就是同盟雇用军意义上的人；但雅典从没有同时拥有300艘海上三桨战船。我们或许可以认为在伯罗奔尼撒战争头十年期间，自航海和战争季节一开始，就有数千位外邦人到来，这些同盟者大多居住在比雷埃夫斯港口，希望能在舰队中被雇为桨手。雅典文献所描述自己的轻武装部队的场景要远远多于对这些人的描述，这一点也不奇怪，但在阿里斯托芬的《蛙》中写道：“快乐的秘仪者歌队啊，神圣的太阳，高空的光明，仅仅照耀我们身上，我们怀着神圣、洁净的目的，沿着生活的正路向前走。对本地人与陌生人一视同仁。”(Aristophanes, *Frogs*, 456ff.)①在雅典的同盟者与雅典人涉及法律争执时，将通过雅典和同盟城市之间所达成的程序来解决，但任何其他外邦人都不享有雅典法律地位。

外邦人所拥有的社会地位处于公民和奴隶之间。大多数奴隶属于公民或者外邦人的家庭，但一些是神殿奴隶，一些属于社会团体。一些奴隶是家养的，但大多数是进口来的。奴隶来源非常广泛，这包括色萨利(Thessaly)、色雷斯、斯基泰、弗里吉亚、卡里亚(Karia)和帕夫拉戈尼亚(Paphlagonia)等地。因战争、海盗、绑架、父母的贪婪或贫穷(Herodotos, 5.6.1)而落入奴隶贩子之手就会成为牺牲品。至少在到达雅典时，其中大多数人是不会说希腊语的。自梭伦立法以来，雅典禁止令公民沦落为奴隶。但对于那些没有庇护人的外邦人或者那些没能缴纳人头税的外邦人，或者发现任何以公民身份出现的外邦人，都可以作为法律处罚降为奴隶。

我们知道公元前414年的一些有关奴隶价格的事情，若有人恶搞厄琉西斯秘仪 33
或者拙劣模仿雅典的赫耳墨斯(Herms of Athens)，他的财产将被充公并被出卖。这些细节记录在10块石板上长长的铭文中，这些石板被叫作“石碑”(stelai)，竖立在厄琉西斯神殿里，这有时也被称为“阿提卡石碑”(Attic Stelai)。一位名叫科菲斯多罗斯(Kephisodoros)、居住在比雷埃夫斯港口的外邦人至少拥有16个奴隶，其中

① 译文见《古希腊悲喜剧全集》第7卷《阿里斯托芬喜剧》，张竹明译，译林出版社2007年，第49页。——译者注

15个奴隶的价格被保存下来。两个叙利亚奴隶售价最高:301和240德拉克马。三个色雷斯妇女售价分别是220、165、135德拉克马。一个年轻的卡里亚儿童售价仅仅72德拉克马。那些每天工作所得不足1德拉克马的奴隶是谁也不愿意购买的。

根据老寡头(Old Oligarch, 1.10)的说法,从衣着或外表上很难分辨出奴隶(或外邦人,或被释奴)和中层公民、下层公民。就已知道的那些人们都可以从事的职业来说,衣饰的相似性并不会让人惊奇:就像我们在厄瑞克透斯神殿建筑上所记述的,公民工匠和奴隶工匠同工同酬。外表的相似也不必大惊小怪:良好的外表和上层阶级之间是有联系的——这种联系在一定程度上或许应该归功于良好的生活环境和食物。

奴隶能参加开坛日(Pithoigia),这是春天狄奥尼索斯节的第一天(比较Euripides, *Bakkhai* 421ff.),假如是希腊人的话,能够被正式介绍加入厄琉西斯秘仪。不过,他们不能使用雅典的三个体操馆(Aiskhines, 1.138):允许他们所认为的劣等人种分享由体育活动所带来的身体恩惠和道德恩惠是不和谐的。家生奴隶可能并不会接受太多的教育。从法律角度而言,奴隶比牲畜好不到哪里去。刚刚提到的老寡头那个段落记载,殴打别人的奴隶是非法的。这类行为将会遭到冒犯性进攻的起诉,这种冒犯首先由梭伦确认下来。更不用说杀害别人的奴隶是合法的事情了。也不允许主人杀害自己的奴隶,假如他杀害了自己的奴隶,他至少可以对其所犯的罪行进行涤罪(Antiphon, 6.4)。假如奴隶受到较小伤害而没有被赔偿,奴隶除了可以在提塞翁神殿寻求避难,或者在亚勒贝哥斯的复仇女神或欧墨尼得斯(Eumenides,即复仇三女神)那里寻求避难(Aristophanes, *Knights*, 1312),奴隶在这里寻求第三方来购买。假如逃跑的奴隶被捉到,可以再打上烙印。奴隶不能够在法庭上申诉,也不能够作为证人出现;但假如奴隶的主人是诉讼一方,奴隶或许仅仅可以作主人关键行为的证人,假如诉讼双方都同意,在理论上这是可能的,在拷打下询问奴隶——以抵消奴隶对主人的恐惧——并记录他的供词以便在后来的庭审中出示。似乎很少能达成这样的协议,似乎也没有证据表明一个世纪时间里
34 (约公元前420—前320年)在法庭辩论上出现过这类证据。与陶片放逐法相比,诉讼程序的结果将更加不确定。

公共奴隶的社会地位似乎接近外邦人的社会地位。他们是卑微的公务员:公共书记员,为议事会服务,也帮助那些销售者和收款者(地方官的两个委员会);其他书记员、公共行刑者、铸币厂的工人和300名斯基泰弓箭手,大约在公元前450年被首先输入,以维持公民大会、议事会和法庭的秩序,这些人驻扎在亚勒贝哥斯山。

私人所拥有的大量奴隶从事家庭事务。在大家庭里，男性奴隶承担门卫、管家、厨子和奴隶护卫的角色。女性奴隶则清理房间、从水井和公共喷泉取水、粉碎谷物、揉面和烤面包、纺织和编织，还有做保姆的职责。不管是男性奴隶还是女性奴隶都要购买家庭用品或伺候主人吃饭。男性奴隶陪伴男主人上街，女性奴隶陪伴女主人上街。假如奴隶的主人从酒会(symposion)上返回，奴隶必须要打着灯笼或火炬，因为那时没有路灯。包括军事远征的那些长途旅行，要携带行李，大概奴隶用扁担挑着这些行李。在家庭里所雇用的男女奴隶，他们之间的性生活是受到控制的，允许他们有孩子是对好奴隶的一种犒劳(Xenophon, *Oikonomikos*, 9.5)。

地位高的女性奴隶中的一小部分提供私人娱乐：舞女和奥罗斯女孩(可以供奴隶主租借，在晚上提供歌舞表演)，不过这些人完全不同于妓女。

就像我们已经知道的，祖先传下来的土地会被再分割。阿提卡半岛上的许多田产很小，以至于一年到头也不能养活一个奴隶；在两个最忙的季节反而还要依赖雇用奴隶劳工或自由劳工。不过，可以肯定的是，所有那些可能负担起一位女仆或一位额外奴隶的都是这样做的。农业奴隶的绝大部分必定是集中在数量不多的那些大地产里，这些大地产通常由分散的农场组成——这些农场总面积一般不超过70英亩大，并由农场主的奴隶警察来监管。

除了那些为共同体从事书记的奴隶外；还有一小部分受过教育的奴隶同样从事银行工作和商行工作。

许多奴隶工匠在作坊工作。我们知道的这类最大的作坊是他们的父亲遗传给外邦人兄弟吕西亚斯和波勒马库斯(Polemarkhos)的盾牌作坊。他们的奴隶劳动人手将近120人：伯罗奔尼撒战争时他们的产品供不应求。几乎所有的工业作坊都是非常小的——几乎很难把这些作坊与它们所依附的房屋区分开来——如果这些作 35
坊实际上并不属于这些房屋。色诺芬(*Recollections*, 2.3.3)通过苏格拉底之口说，那些能负担起这样做的人会购买奴隶来帮助他们的工作。据推测，个体经营的工匠希望能够赚足够的钱来购买一个奴隶，把这个奴隶培养为自己的工作伙伴，他们最终在退休时能依靠这些收入生活。吕西亚斯写的一篇演讲中(Lysias, 24.6)，一个跛脚商人说："我没有能力购买一个奴隶来接管我的生意。"没有证据可以说明作坊雇用许多奴隶来尽力削价并与那些比较小的对手来竞争。人们还没有领会劳动分工所带来的好处。

奴隶工匠有时和他们的主人外出一起并肩工作，就像外邦人石匠西米阿斯(Simias)和他的四个奴隶一起并肩在厄瑞克透斯神殿工作一样。这五个人所获得的报酬是一样的,不过所有的工资都归西米阿斯所有。在有些地方,与主人分开住的其他奴隶工匠或许能够有自己的选择,每天缴纳给主人固定的报酬,而且允许他们拥有他们所能获得的传统的钱财,或许他们希望在这个过程中通过积累钱财来购买自由。相当的价格将是奴隶自己被取代的代价。压低他们自由竞争对手的价格并不存在什么危险,因为他们必须向他们的主人缴纳固定的报酬。色诺芬(*Recollections*, 3.11.4)通过苏格拉底之口,把奴隶工匠归入靠土地和房屋作为收入来源的阶级。

另外一个投资奴隶的途径是购买奴隶,其目的是以固定的工资让企业主来雇用。据说尼西阿斯(Xenophon, *Revenues*, 4.14)拥有1 000个奴隶,他把这些奴隶以每天1奥伯尔(obol, 1/6德拉克马)的价格出租给矿主,承租人供应这些奴隶的衣食,更新那些伤亡者。假如像1 000个奴隶这样高的数字是可以相信的话——很显然色诺芬是期待他的读者相信这一数字的——则毫无疑问这是我们所知道的最高的奴隶数字。这是可获利润的投资形式,因为起先购买这些无特殊技能的奴隶不超过140德拉克马,当这些奴隶老了而不能工作时,只不过替换罢了。不过,企业主很可能并不乐意彻底购买奴隶。此外,也没有奴隶主压低价格与雇用自由劳动者竞争的迹象,除非在不断雇用人手的地方,就像在矿山里,在这里从来没有听说过自由劳动者。奴隶和自由劳动者之间的正常的经济关系在阿里斯托芬的《蛙》(*Frogs*, 167ff.)中得到生动的说明,死人将愿意减轻奴隶克桑西阿斯(Xanthias)身背狄奥尼索斯行李的重担,只要狄奥尼索斯愿意支付死人两个德拉克马工钱。换句话说,自由劳动者愿意做一件奴隶的工作,只要自由劳动者满意他所获得的报酬。

劳里昂矿山里成千上万的奴隶在工作。城邦拥有这些矿藏,并租借特许权。不管在什么样的特许权下工作,承租人都需要奴隶的帮助,不管是自己所拥有的奴
36 隶还是从像尼西阿斯一样大的奴隶主那里租借奴隶。(劳里昂的工作环境是非常恐怖的,尽管在古代世界里的其他矿山也不过如此。矿工使用原始工具在狭窄的、昏暗的、不透气的巷道里工作。在地面,来自冶炼厂的气体毁坏了周围的植被,是否存在女子公司这类安慰场所,我们不得而知。)

最后,我们可以确定的是,存在海员、码头工人和搬运工这样的服务阶层。

雅典奴隶制度的情况大概就是如此。这至少也引起了四个问题。

第一,雅典是如何依赖奴隶制度的?我们没有听说奴隶起义的一个原因是奴隶的数量没有超过自由民(free people),尽管奴隶的数量或许超过了自由人(free men)。柏拉图认为(*Republic*, 578de),富人及其家庭危险的处境是在某处与他们的50个或更多的奴隶相隔离,不过下层雅典人中是没有奴隶的,中层雅典人所拥有的奴隶也不过一个或两个。奴隶制度分布广泛与其说是事实,不如说是想象中的东西。依靠奴隶来生活的梦想类似于在摸彩中获得大奖的希望,与其说是实现某种目的,不如说是广泛意义上的娱乐。同时,假如丧失奴隶的话,很显然共同体将失去很多的税收,这些税收先前来自对劳里昂矿山许可权的租赁,这将使这个共同体中全部最富有的人面临着生活水准的巨大下降,更不用说他们的妻子了。激进民主不可能幸存下来:富人先前自由自在地生活,可以把大多数时间放在城邦事务上,现在则必须把精力集中在他们的家庭事务上;穷人先前是全权公民,现在将要沦落到接近奴隶地位的处境。

第二,雅典人是怎样对待他们奴隶的?尽管老寡头(Old Oligarch, 1.10)的观点是在雅典奴隶中间存在极大的特许权,尽管柏拉图的描述(*Republic*, 563b)是只要你一瞥他的母邦就会怀疑是由民主构成的,民主是如此极端以致那些买来的男女奴隶几乎像购买他们的人一样自由,我们几乎不用怀疑在雅典就像在其他地方一样也会存在腐败权力的倾向。这个事实不用充分考虑,那就是似乎没有谁害怕雅典奴隶会起义。一个原因刚刚已经给出了:奴隶比自由民少。并且雅典奴隶的处境是完全不同于斯巴达希洛人的处境的。另一方面,希洛人的数量也是超过自由民人口的。出生在阿提卡的、讲希腊语的奴隶是一小部分。那些与他们的家庭与传统相分离的、讲着不同语言的人们是不会轻而易举地联合起来起义的。

不过,奴隶会逃亡。雅典颁布法令的一个正当理由是——这个法令在伯罗奔尼撒战争爆发之前实行了一些年头——把麦加拉的公民排除在雅典的阿格拉之外、排除在雅典帝国的港口之外,这是因为麦加拉为逃亡奴隶提供庇护(Thucydides, 1.139.2)。在阿里斯托芬的《云》(*Clouds*, 6f.)里,伴随每年一度的伯罗奔尼撒入侵,斯特瑞普西阿德斯(Strepsiades)自语说:"因为许多原因诅咒你,战 37
争,这包括我现在不能惩罚我的奴隶。"假如没有别人殴打奴隶,奴隶肯定会被他的主人殴打。大概在公元前413年,永久性的伯罗奔尼撒柱(Peloponnesian post)在德克莱亚(Dekeleia)树立的那一年,"2 000多名奴隶逃亡了,其中绝大多数是有技术的奴隶"(Thucydides, 7.27.5)。假如这些逃亡者对自己是否会得到伯罗奔尼撒奴隶主或比奥提亚(Boiotian)奴隶主的善待一点把握也没有,这恰恰强烈证明他们的不满。即使我们认为一半的逃亡者是矿山工人,但仍旧有10 000名别的奴隶在那里,他们的处境并不是很可怕。显而易见,家庭奴隶的逃亡是最困难的,在一些情况下几乎没有逃亡的任何倾向。新近购买的家庭奴隶被女主人像欢迎新娘一样用干果和无花果迎送到家里,这种姿态并不是虚伪的。阿尔克斯忒斯的奴隶把她当作母亲(*Alkestis*, 769f.)。最后,因为奴隶是分开住的,因而有获得自由的希望。因此,这样的奴隶是没有起义或一点逃亡动机的。

第三,雅典人是如何看待这种奴隶制度的呢?在阿里斯托芬的《蛙》(*Frogs*)里,奴隶克桑西阿斯("生姜"之意)代表的是勇敢、聪明,在一定程度上又是忠诚的。在柏拉图的《美诺篇》(*Menon*, 82ff.)里,苏格拉底实际上或许已经对他曾经感兴趣的数学失去兴趣了,他现在要做的是测试美诺没有受过教育的小奴隶对几何的理解力。不管试验是否就像柏拉图所认为的那样,这是存有疑问的,但可以肯定的是,不是普通家庭都具备理性的(像荷马的特洛伊人一样,奴隶能说希腊语仅仅是为了便利交流,这并不暗示蛮族奴隶因任何原因而做得不好,除不知道语言外)。我们因此感到困惑的是,大多数雅典人是怎样设法使自己相信奴隶制度是天然的,因为所有的(并且仅仅是)蛮族在本质上是奴隶。"蛮族人是奴隶,但希腊人是自由人。"欧里庇得斯悲剧中的人物伊菲革涅亚(Iphigeneia)如是说(*Iphigeneia in Aulis*, 1401)。

起先,"barbaros"仅仅意味着"不说希腊语",但随着波斯君主在公元前 6 世纪中期开始不断侵犯安纳托利亚(Anatolia)的希腊城市,而当公元前 6 世纪末期雅典走向民主政治时,这个术语逐渐开始意味着"非希腊人的",暗含着"不能自控"的意思。这很容易使人们相信像波斯大王这样绝对君主的臣民本质上是奴隶。此外,波斯战争胜利的结果加强了这一观念,这一观念来自公元前 750—前 550 年之间的古风时代希腊殖民者在地中海沿岸的经验,这种经验就是,蛮族在勇气和文化方面是劣于希腊人的。而且,波斯人所过的生活是不断削弱自尊和进取的生活,最后几
38 乎全是奴隶。最终的正当理由毫无疑问是自然的原则,这个原则便是赋予权利。

假如仅仅蛮族在本质上天生就是奴隶,那么希腊所要遵循的是不要使其他希腊人成为奴隶。尽管柏拉图(*Republic*, 469bc)得出了这样正确的结论,但大多数雅典人不这样做。公元前 427 年,公民大会在克里昂(Kleon)的建议下投票表决,处死起义城邦米提林的全部公民,让妇女、儿童成为奴隶(Thucydides, 3.36.2)。这个决议第二天被推翻了。但公元前 416 年,执行了一个类似的决议,而且其正当理由更加站不住脚:米提林人在危机时刻脱离了雅典同盟。据我们所知,米洛岛只是在和平时期拒绝加入同盟。

人们可能猜测,雅典贫穷的自由人会对奴隶的竞争感到憎恶,因此在公民大会

上表达出来；因为几乎不用怀疑的是，奴隶劳动的存在不仅会降低他们的收入，也会延长他们的劳动时间。但这种情况并没有发生，部分原因是他们确信帝国的利润将继续通过向在舰队中的桨手提供报酬而增加他们的收入，也间接地通过担任公职而增加收入。为了确保这些事情，他们几乎会做任何事情来为其行为辩护，这包括处死雅典人、奴役雅典人。并且，人们或许会在公民大会上作有偏袒的辩护，如色诺芬所说的（*Education of Cyrus*，7.5.73）："人类普遍化不变的风俗是，当一座城市在战争沦陷时，公民的人身和财产属于占领者。"

在雅典有一些思想家和诗人，他们向势利行为、民族主义、种族主义发起挑战。"只有一个东西，"欧里庇得斯《伊昂》（*Ion*，854ff.）中的一位人物说，"给奴隶带来耻辱的就是'奴隶'这个名词。一个诚实的奴隶在任何方面都不逊色于自由人。"在欧里庇得斯的一个残篇中："我把诚实的人算入我的朋友行列，即使他生活在世界其他遥远的地方，甚至我从没有看见过他。"这些情感反映了那些被称为"智者"的巡回教授的某些学说。希庇亚斯相信所有的希腊人是天然的亲属关系、友好关系，假如不是这样，全人类（Plato，*Protagoras*，337cd）会被当作是神授的或者是因袭的，仅仅是因为这些法律或风俗是普遍得到遵守的（Xenophon，*Recollections*，4.4.19）；因此大概的情况是，他否认任何特殊城邦的法律和风俗是特别优良的。智者安提丰（Antiphon，44，fragment B，column 2）说："我们知道并尊重我们邻居的法律；我们既不知道也不尊重那些远离我们而居者的法律。就此而言，我们彼此之间互为蛮族，因为在本质上我们大家在各个方面同样都可以互为蛮族或希腊人。"与此形成鲜明对照的是，苏格拉底似乎毫无迟疑地接受了奴隶制度。

第四个问题是：奴隶制度是怎样影响雅典人对其他事务的态度的？

首先，把那种从别人身上赚得报酬是丢脸的旧有观念添加到通常由奴隶来完成工作是丢脸的新观念中，这进一步混淆了对社会各个阶层所做的不同贡献的评 39
价。通常让人羡慕的生活方式是从地产上获得足够多的收入，可以负担起重装步兵的全副甲胄（假如没有马匹的话也可以），还要有闲暇参与政治活动。继承地产对于那些有思想的人而言似乎是不值得赞扬的成就，但那些继承地产的大多数人还是想方设法使自己确信是优秀于同类的。非传统的生活方式是受人鄙视的。行动者——雅典的政治家和军事首领——毫无疑问自认为优于那些没实用技能的诗人和哲学家。他们当然也认为自己是优于商人和工匠的。工匠的职业是"机械的"，机械的职业从本质上说是久坐的、室内的职业，极有可能涉及火的使用。这样的职业在一些人看来是身心两方面都虚弱和不健全的人从事的（Xenophon，

Oikonomikos,4.2)。色诺芬通过苏格拉底之口谴责铁匠、木匠和皮匠在极大程度上是“奴隶似的”,因为他们忽略了美、善和正义(*Recollections*,4.2.22)。在作坊内,奴隶所做的是不太需要技术的工作,但这个事实一般情况下并不会影响上层社会对手艺活的看法。对工匠生活的这种谴责并不是对所有体力工作的谴责:欧里庇得斯和阿里斯托芬表达了对那些在自己的土地(autourgos)上劳作的小农场主的敬佩,在一定程度上,至少乡绅享有这种敬佩,假如柏拉图和亚里士多德不享有这种敬佩的话。不过,这也容易发展为这样一种谴责。修昔底德所赞赏的公平标志之一——这个标志因其是上层社会的一员而显得越发引人注目——城邦的力量依托于桨手训练有素的技术。上层社会成员非常愿意担任将军,或者至少担任三层桨战船的司令官,尽管他们中间的大多数都倾向于柏拉图在《法律篇》(*Laws*,706a—707c)中所发表的不友善的观点。

其次,共同体中存在大量的奴隶——并不是所有这些奴隶都是愚昧无知的蛮族——这个事实可以不断提醒人们:只有城邦的海军和军事力量是站在城邦的公民和他们的家庭以及共同的命运之间。对传说中的特洛伊女王赫卡柏(Hekabe)的奴役是当下可能性的一个象征。这种对身份彻底的不确定有助于解释大量的雅典道德说教的悲观强调。梭伦曾说:“在死之前,没人能得到幸福。”(Herodotos,1.86.3)很少听说最后的东西首先出现,一般强调最先的东西最后出现。

再次,实际的和潜在的奴隶主和奴隶之间的差别是如此之大,以至于可以帮助解释公民大会里所说的大量有关雅典和它的臣属同盟之间那种直截了当的关系。
40 有关奴隶的这种非常重要的事实,似乎是奴隶必须履行主人的命令,因此有关臣属同盟的重要事实是他们必须履行雅典的命令。

假如我们能够确定构成雅典人口的不同因素数量情况,这将大大加强我们对雅典的理解。但不幸的是,这种可能性从不存在。得到了公民和外邦人的大概数字,我们就可以考虑一些相关问题了,这些数字来源于修昔底德著作的第二卷,它们是:

1. 在伯罗奔尼撒战争爆发时,这时的雅典有300艘适宜航海的三列战舰(比较阿里斯托芬的《阿卡奈人》[*Akharnians*,545]),大概每年也有同样多的三列战舰司令官,每年大约有75位其他富裕的人需要承担主要节日的社会义务。不要求谁在一年之内承担一次以上的社会义务,或者在两年之内承担一次以上的节日社会义务(Demosthenes,20.8),或者三年之内承担一次以上的三列战舰司令官(Isaios,7.38)。因此,肯定有1 000多名富裕的公民。这个数字乘以 4(考虑到妇女、孩子和不再管理家务的老人),我们得到的礼拜仪式人数或者上层阶级的人数至少是 4 000 人。这个阶层或许与梭伦的五百斗等级(Pentakosiomedimnoi)、骑士等级(Hippeis)、轭牛等级(Zeugitai)、贫民等级(Thetes)四个等级的最高数字相呼应。

2. 与梭伦的骑士等级相对应的是,我们或许可以确信的是,这些中上层中的大多数人被要求负担一些较小的节日社会义务,把他们的家庭计算在内的话,这个阶层的人数大概是 15 000 人。

3. 雅典有 1 000 名骑兵(Aristophanes, *Knights*, 225),新兵从梭伦的头两个阶层中最合适的人中招募。

4. 公元前 431 年,雅典所拥有的有效重装步兵——一种野战军——的数量是 13 000 人。穿戴重装甲胄打仗是需要很大体力的,因此我们可以确定,梭伦等级中前三个等级年龄在 20—49 岁之间的人适合被征召为重装步兵,许多人是不适合现役服务的。现在可以算出梭伦前三个等级年龄在 20—49 岁之间的总人数了,我们必须考虑 1 000 名骑兵、大约 2 000 名不适合现役服务的、大约 1 000 名需要排除在外的人(年龄在 50 岁以下的那些需要负担社会义务,即充当议事会委员或者行政长官的人)。我们得到的数字是 17 000 人。

5. 公元前 431 年有 16 000 名预备役人员,这些人可用于安置在边境堡垒或者 16 英里或者更远一些的城墙那些地方。这些任务由"最年轻的"(18 岁和 19 岁)、"最年长的"(50—59 岁之间)和外邦人重装步兵来完成。考虑到上述所得到的数字是 17 000,人口统计学家认为最年轻的、最年长的合计在一起不会超过 5 000 人的。无论在哪种情况下,肯定会有 8 000 名外邦人重装步兵(参阅下述第 9 条)。这 16 000 人数由 5 000 名最年轻者及最年长者、2 000 名不适合 41
现役服务的人、1 000 名排除在现役服务外的人以及 8 000 名外邦人重装步兵构成。17 000 人加上 5 000 人,我们得到的数字是年龄在 18—59 岁之间的人数 22 000 名。这个数字乘以 4 的话,我们就得到梭伦前三个等级的总人数是 88 000 人。

6. 公元前 431 年,大多数雅典人在乡村都有住房,但这并不排除其中一些在雅典或比雷埃夫斯有临时性住房,或更好的住房。

7. 要估算出贫民等级这个等级的人数是非常困难的。我们不知道作为农场主、佃农、帮手生活在乡村的贫民等级的比例,也不知道住在比雷埃夫斯或雅典旅馆里的贫民等级的比例。我们不知道雅典水手中贫民等级所占的比例或者贫民等级参加水手的比例。我们不知道贫民等级的出生率或者城市抚养他们的比率、从贫民等级到轭牛等级的比例。不过,合理的推测是,贫民等级的数量几乎和其他三个等级的数量总和差不多。

8. 我们知道公元前 445/前 444 年,有 14 240 名雅典人(我们或许可以推测其中绝大多数是贫民等级)接受了普萨梅提库斯所提供的谷物。这个数字乘以 4,大致是 57 000 人。总的数字肯定会更高。阿里斯托芬的《黄蜂》(*Wasps*,707ff.)或许暗示了瘟疫之后的贫民等级的人数是 20 000 名,但其中或许包括了比较贫穷的轭牛等级。

9. 至少有 3 000 名甚至更多外邦人重装步兵上阵作战(Thucydides,2.31.2)。毫无疑问,这 3 000 名重装步兵包括在 8 000 名预备役之内(参阅上述第 5 条):外邦人重装步兵通常情况下并不上阵作战。将这个数字扩展 2.5 倍,人数将是 28 000 名。

10. 我们必须牢记老寡头(Old Oligarch,1.12)有关海军依靠外邦人的说法,以及大多数自由人将成为"贫民"的事实,因此这样推测至少是合理的:贫民外邦人的数量和重装步兵的数量一样多。

从现在起,我们主要关注市民,首先要关注的是市民所取得文化成就的社会和经济背景。

对于土著居民来说,最重要的问题是:"我的亲属是谁?"在公元前 5 世纪的雅典,这个问题仍旧是很重要的,尽管没有先前那么重要。

在公元前 6 世纪末,克里斯提尼立法建立了一种包括 139 个德莫的新组织结构,每一群包括 30 个"三一区"(trittyes,每三个区域里有十个三一区——城市、海岸和内陆)和十个"部落"(phylai),每个部落均由三个三一区构成(从每个区域里各取一个三一区)。每个部落都以阿提卡的英雄来命名。大多数三一区都由它们之间主要的德莫或仅仅用那个德莫来命名。

42 **三个部落的三一区列表**

	V阿卡曼提斯	VI奥奈伊斯	VIII希波索提斯
城　市	克拉古斯	拉吉阿戴	比雷埃夫斯
海　岸	索里库斯	特里亚	厄琉西斯
内　陆	斯费托斯	佩迪埃司	德克莱亚

罗马数字表明每个部落在官方系统中所处的位置:厄里克绥斯(Erekhtheis)、

埃吉斯(Aigeis)、潘狄俄尼斯(Pandionis)、勒昂提斯(Leontis)、阿卡曼提斯(Akamantis)、奥奈伊斯(Oineis)、柯克鲁皮斯(Kekropis)、希波索提斯(Hippothontis)、爱昂提斯(Aiantis)、安提奥奇斯(Antiokhis)。阿卡玛斯(Akamas)、奥奈乌斯(Oineus)和希波斯昂(Hippothoön)是忒修斯的儿子,忒修斯是潘狄翁(Pandion,雅典神话中的一位国王)和海神波塞冬(Poseidon)的儿子。克拉古斯(Kholargos)是伯里克利的德莫,拉吉阿戴(Lakiadai)是客蒙的德莫。"Pedieis"意味着"Plainsmen",这隐藏了阿卡奈的三一区和德莫。

乡村三一区似乎是先前一直存在的单位,有时海岸的三一区和内陆的三一区是邻近的一个部落的,就像在阿卡曼提斯一样。另一方面,乡村的德莫肯定是先前就存在的单位,现在它们履行自己的政治功能。德莫人每年选择自己的主席或首领。主席召集和管理德莫的公民大会,并且他维持着德莫的注册。德莫对于城邦的意义,就像地方对于国家、小宇宙对于大宇宙一样。在乡村的许多雅典人见识不广,但那些有政治野心的人则急于在雅典的议事会作为代言人。为了保持新部落,自然也是为了使新部落群体保持在大致相同的规模,克里斯提尼实行德莫成员的世袭制,并且不受居住地变动的影响。

尽管克里斯提尼改革有着重要的社会意义,但他并没能改动自古以来就存在的亲属关系结构。就此而言,家庭是基本的单位,由主人、女主人、孩子、年老的父母、奴隶、动物和持有的地产构成。许多家庭的主人把他们的出身追溯到一个常见的,或许是传说中构成氏族(genos)的祖辈。比氏族更大是另一个世袭群体,这个群体与所在地的联系更加紧密——胞族(phratria,兄弟关系)。最后,很多胞族或许构成了四个古老的阿提卡或伊奥尼亚部落中的一个。据称,这四个部落是由伊昂的儿子建立的,伊昂本人则是阿波罗的儿子。

克里斯提尼改革之后,亲属关系结构的意义主要在宗教方面。不但亲属关系这一让人困惑之源不再属于胞族,而且成员身份或许也不再是公民身份的一个必要条件了。另一方面,胞族名录也仅仅是记录公民妻子和年幼儿子地位的东西罢 43
了(Isaios, 8.18f.)。胞族的主要节日是阿帕托里亚节(Apatouria)或者叫父亲聚会节,这个节日持续三天。在这个节日里,胞族成员聚集在一起崇拜祭拜宙斯·发勒丢乌斯(Zeus Phratrios)、雅典娜·发勒特里亚(Athena Phratria, Plato, *Euthydemos*, 302d)。在第三天,这一天的名称大概是以剪年轻人的头发这一象征性动作命名的,同胞们对上年出生的儿子要成为成员进行表决,对新进"成熟"年轻人(大约16岁)成为成员进行表决,对刚刚结婚的妻子成为成员进行表决。

就像我们已经知道的，只有公民才能拥有土地，土地是公民的主要生活来源。大土地所有者还涉及特权与责任。

梭伦把雅典从贵族政治转变为财权政治——一种分等级的寡头政治形式。先前担任高级职务的资格取决于出身，而自那以后则取决于从土地财产上获得的收益。梭伦把公民群体划分为四个等级，厘定这四个等级(或者说是阶层审定)所根据的是干的或湿的谷物(medimnoi 或 metretai，麦斗，这是容量单位，分别大约相当于 1 又 1/2 蒲式耳和 8 英国加仑)、葡萄酒和橄榄油的数量(梭伦只考虑农业财富，而且仅仅是农业财富的这几种形式，这告诉我们许多有关公元前 6 世纪初期雅典经济的情况)。那些富裕到土地可以产出 500 麦斗或更多的人，梭伦称之为“五百斗等级”——一种新的繁荣或许产生了一个新术语。那些土地产出在 300—500 麦斗之间的人是骑士等级，那些土地产出在 200—300 麦斗之间的人是轭牛等级，那些土地产出少于 200 麦斗的人是贫民等级。

划分这四个等级的主要目的是根据等级来决定担任主要公职或行政职位的资格。根据设想，只有最富裕的人才值得信赖，不会贪污公款，因此梭伦规定共同体的主要财政官职——雅典的司库——只能从第一等级中抽出；而且所有主要的行政官员、九位执政官大概只能从前两个等级中抽出。此外，最高法庭和亚勒贝哥斯议事会(The Council of the Areopagos，法庭开会的地方，因此这样称呼)，其成员是先前退休的执政官。有迹象表明，在公元前 5 世纪各个等级还是需要考虑到的，但自公元前 458 年起，执政官和亚勒贝哥斯已经失去了先前对将军和一般陪审法庭所拥有的重要意义，执政官职位以及亚勒贝哥斯的职位对轭牛等级开放了。另一个要注意到的迹象是一个法令的修订案(ML，49)，它详细说明了新殖民地成员身份应该对轭牛等级和贫民等级开放。

在伯罗奔尼撒战争刚刚爆发时，据说雅典每年的公共收入大约是 1 000 塔兰特，由来自海外的 600 塔兰特(包括臣属同盟所缴纳的贡赋)和来自国内的 400 塔兰
44 特税收构成。国内这 400 塔兰特的收入则包括劳里昂采矿经营权以及矿区土地使用费的价格，使用共同体所拥有的土地、财产所获得的租金，比雷埃夫斯市场所征收的港口税(征收 1%的进出口税)，外国人在阿格拉的贸易税，诉讼费(这笔钱是由原告和被告双方就这个案件所支付的，在案件中原告要寻求自己的利益；双方的费用都要交给陪审委员，但获胜一方的费用将由败诉的一方来偿还)和罚金，出卖没收财产所获得的收益和人头税。

另外两个国内收入来源则具有更大的社会意义：战争税、社会义务(liturgies)。

战争税是一种特别的税收，由公民大会表决和对财产进行征收。但财产的种类是什么？是不是仅仅对土地财产进行征收？外邦人拥有豁免权吗？这些都不清楚(Lysias，12.20)。梭伦在过去可以忽略那些不是农业所带来的财富，但到伯罗奔尼撒战争时代，情况则不一样了。税收的基础是个人对其应缴纳税收那部分财产估价后的申报(没有有关土地财产或别的财产的公共注册机构)。自公元前428年起，在伯罗奔尼撒战争期间，每年大概要进行四次有关特别财产税征收的表决。公民憎恶那些侵犯他们自由的直接税收，我们或许可以认为人们极不愿意缴纳这些税收，但他们不一定就像我们一样把这当作一个非常沉重的负担。

另一个国内收入的来源(对我们来说)是一种非常让我们好奇的社会义务制度(leitourgia，公共服务)。对我们来说似乎很新奇，这是因为这种税收制度所做的事情是我们现代税收者所没有想到的事情——让税收者对他们的纳税行为感到骄傲。在理论上，在很大程度上也是在实际中，雅典那些最富有的人是愿意在自己最大的能力范围去履行各种公共服务的，而不愿意依据法律的字面意义来行事(Lysias，21.5)。这些公共服务可以是军事方面的，也可以是民用方面的。一个军事方面的公共服务是三列桨战舰司令官。被任命为三列桨战舰司令官的公民在一年内至少是名誉上的雅典战舰指挥官(像议事会委员和陪审员一样，年龄是不必达到30岁的)。将军分配给这位公民一艘三列桨战舰(一些战舰的状况比其他战舰好，一些战舰和其他战舰相比一看就知道逊色很多，Thucydides，2.24.2)及其装备。三列桨战舰司令官的职责是使战舰处于良好的状态，征募和训练船员，尽管不需要给这些船员支付薪水和伙食。三列桨战舰司令官是公共义务中花费最大的项目，有时会花费接近一个塔兰特。在伯罗奔尼撒战争开始的初期，将军每年大概任命300位三列桨战舰司令官，这些司令官在战舰方面的花销每年大约为雅典节省100塔兰特。

市民方面的公共义务似乎全部与宗教节日有关。这包括节日联欢费(arkhitheoria)、体操馆费(gymnasiarkhia)、公餐费(hestiasis)，尤其是捐助(khoregia)。联欢官负责领导和赞助要去观察国外宗教节日的代表团——观察四个泛希腊节日中的 45
一个，这些节日在奥林匹亚、德尔菲(皮提亚运动会[Pythian games])、尼米亚(Nemea)、伊斯摩斯(Isthmos)进行，或者去阿波罗的诞生地提洛岛观察。体育官负责训练和支付一个赛跑队来参加部落之间的火炬赛跑，这是泛雅典娜节、赫菲斯托斯节、普罗米修斯节的一个组成部分。公餐官负责在泛雅典娜节或狄奥尼索斯节上款待他的部落。

资助人(khoregos,字面的意思就是合唱队领队)负责招募、训练、支付或定量供应资金(Old Oligarch, 1.13)、供应服饰:15 人的悲剧合唱队、24 人的喜剧合唱队、15 人的酒神合唱队或者一群出征舞蹈者。不管是哪一种情况,尽管这种在宗教服务方面公开竞争的概念对于我们来说似乎是奇怪的,但资助人与其他资助人为了获得在不断竞争。出征舞(pyrrhic dances)是战争舞蹈,这种表演需要很大的力量来挥动重装步兵的矛与盾,由还没有长胡须的年轻男子和少年在泛雅典娜节上表演。酒神赞歌(dithyrambs)是一种颂歌,起先是为了崇拜狄奥尼索斯在泛雅典娜节上歌唱的,也是在城市酒神节(由来自十个克里斯提尼部落中的每一个男子合唱团和少年合唱团歌唱)、阿波罗的塔尔盖利昂节(Apollo's festival of the Thargelia,由来自五对部落中的每一个男子合唱团和少年合唱团歌唱)上歌唱的,或许也在赫菲斯托斯节、普罗米修斯节上歌唱。最后,资助人要负责勒纳节和城市酒神节上的悲剧、喜剧合唱队。记载城市酒神节上获胜者的铭文有一部分被保存下来,这份名录曾有一段时间是完整保存的。我们能够看到如下固定的信息顺序:

1. 执政官(日期是执政官执政的年份命名);
2. 少年酒神赞:获胜的部落和资助人;
3. 男子酒神赞:获胜的部落和资助人;
4. 喜剧:获胜的资助人和诗人;
5. 悲剧:获胜的资助人和诗人,获胜的主角,主角并不一定是获胜诗人担当。

尽管在各个城邦,著名的诗人有时也写酒神赞,但这些人的名字没有记录下来。

就像三列桨战舰司令官对于战舰知之不多或者是一窍不通一样,资助人对音乐或舞蹈或许也是外行;所需要的东西必须充足,这样才可以获胜。我们或许可以比较一下伦敦市长(Lord Mayor of London)举办让人难忘的就职游行的决定。色诺芬(*Recollections*, 3.4.3f.)通过苏格拉底之口评论野心勃勃的资助人,尽管"对合唱
46 队的训练和歌唱是外行,但他无论如何会尽力发现在这些活动中谁表现得最好",结果是当每一次他是资助人时,他的合唱队都获胜。根据普鲁塔克的记载(*Nikias*, 3.3),富裕的尼西阿斯时常获胜,从没输过。

戏剧演出者必须是公民,只是在勒纳节上为例外,在这种情况下,戏剧演出者可以是外邦人(在这里也只有外国人可以在合唱队里跳舞)。在部落活动的情况下,诸如在城市酒神节上的酒神赞比赛上,或者是在聚餐时,戏剧演出者是由他们

的部落来任命的，否则将由行政官员来任命，如执政官在城市酒神节上任命戏剧演出者负责戏剧比赛。

特殊的戏剧演出者究竟是如何从那些有资格的人中选出的，我们不得而知。或许会发生错误：一个人或许是不适合的，或者和任命他的时候所认为的富裕程度相比是不够富裕的。在后一种情况下，矫正的办法可以通过相关行政官员主持的陪审法庭所做出的调整，也可以通过机械的交换办法，所凭借的方法是，假如A被任命履行社会义务，但又考虑到B比A能更好地履行这个职责，那么A可以通过履行社会义务职责或者交换财产来向B发起挑战（这种制度的存在表明当时没有财产的公共注册制度）。假如B没有采取任何行动，则由尽责的行政官员支持陪审法庭审理调整方案。

在城市酒神节上需要20位戏剧演出者来支持两场酒神赞比赛，这些戏剧演出者在先前一个节日后的一个月内就被部落任命了，但新执政官就职的话，就不在这个月内任命，要再等三个月。在仲夏时节执政官一任职，他就接受酒神赞的戏剧演出者作为负责整个节日的行政官员，也监督诗人、乐手或演奏者挑选抽签工作，诗人或乐手不必是雅典人。诗人本人可以训练也可以不训练合唱队。戏剧演出者现在有八个月时间来准备这一切。在部落官员的帮助下，戏剧演出者必须从他们的部落里选择50名歌手，并任命其中的一位为领班（Demosthenes，21.60）。如果歌手是少年，这必定会给那些本来不想管的父亲带来很大的压力（Antiphon，6.11）。那些有天赋的歌手所提供的服务受到极大欢迎。这些被选中的人需要一个屋子，在这间资助人的屋子里（Antiphon，6.11）进行训练。显然，合唱队成员在训练期间是免于军事服务的。

资助人花费在自己（他本人作为表演的参与者也会出现）和他的合唱队队员身上服饰金额的多寡程度将会影响比赛的结果，部分原因是涉及的人数更多，维持男子酒神赞合唱队的费用比维持悲剧合唱队的费用要大得多。获胜的资助人代表他的部落接受青铜三角鼎——一个三条腿的大釜。他或许会自己花费钱财把这尊鼎树立在纪念碑上，并配以适当的铭文。公元前476年，诗人基俄斯的西蒙尼德斯 47
(Simonides of Keos)成为成功的资助人，并且创作了三幅哀歌体对句铭文。以现代英语散文翻译如下：“雅典的执政官是阿戴芒图斯（Adeimantos），这时安提奥基德（Antiokhid）部落赢得了精美的三角鼎；色诺菲鲁斯的儿子阿里斯提德（Aristeides son of Xenophilos）是拥有训练有素的50人合唱队的资助人；因为训练的辉煌伴随着西蒙尼德斯，他是列奥普勒佩斯（Leoprepes）年高80岁的儿子。”三足鼎大街（The Street of the Tripods）从东端的狄奥尼索斯剧场到议事会执行委员会会厅排列着此类成功的证明。

巴赛勒斯为勒纳节任命七位戏剧演出者,执政官一上任就会为城市酒神节任命八位戏剧演出者(*Constitution*,56.3)。像 20 位戏剧演出者一样,这八位戏剧演出者也有八个月时间进行准备。这些戏剧演出者有责任为合唱队的 15 名成员或 24 名成员以及乐手负责,假如戏剧演出者本人不是诗人的话,还要为他们的训练者负责,但不必为演员的招募、训练、薪金和服饰负责。

每年大约有 100 项市民公共义务需要履行,平均每项公共义务所需要的花费不少于 1 000 德拉克马,这就是说共同体通过这种方法每年可以获得至少等同 16 塔兰特的财物。在一份为自己所做辩护的演说中(Lysias, 21),一位年轻人描述了他在公元前 411—前 402 年十年的时间里在公共义务方面非同一般的巨大花销。假如我们接受他的数字,并把这个数字拦腰砍去一半,我们可以得到在城市酒神节上 28 位戏剧演出者在比赛中的花销接近 7 塔兰特:

少年酒神赞	1 500×10=15 000
男子酒神赞	5 000×10=50 000
喜剧合唱队	1 600×5=8 000
悲剧合唱队	3 000×3=9 000

合计=82 000÷2=41 000 德拉克马

要评估出共同体在这些比赛中直接的花销是比较困难的,但也不是一点可能都没有。酒神赞三足鼎是昂贵的,但不能确定的是,在雅典获胜的酒神赞诗人是否会像在别的地方一样获得公牛。所有参加比赛的戏剧诗人都会获得酬金(Aristophanes, *Frogs*, 367,我们不知道具体数量)。获胜诗人是不是仅仅得到常春藤桂冠这样的奖赏,我们不得而知。假如——因为这是有可能的——安提斯特节(The festival of the Anthesteria)上的喜剧主要演员或主要演员之一仅仅在几个星期之前进行遴选,似乎这些演员排练的时间和合唱队相比也是比较短的。另一方面,尽管
48 直到公元前 4 世纪,演员的重要性使诗人的重要性黯然失色,但演员一直受赠很多,大概报酬也不菲。获胜悲剧主角奖品的价值是不清楚的。

戏剧演出者类似于祭司和女祭司一样的著名公共人物,不过并不是政治人物——至少不是一位戏剧演出者身份的政治人物。老寡头(The Old Oligarch, 1.13)视公共义务体系为一个整体系统,是把财富从富人向普通人转移的办法。把捐助认为是中产阶级的一种津贴或许是更加精确的。贫民把几个月时间用在排练

索福克勒斯合唱队颂歌的歌词与舞蹈上，这是难以想象的。

每年都需要大量的合唱队成员——单单城市酒神节就需要 1 165 人(500＋500＋120＋45)。每年都要经历几个月的训练会有助于形成一个非常高雅的观众群体，因为这个群体包括大量先前的合唱队成员，这些成员记得他们学习过的台词和他们受到过的训练。

这些公民公共义务体系达到了目的。色诺芬(*Reminiscences*, 3.3.12)通过苏格拉底之口说："无论在什么情况下所形成的城邦合唱队，比如我们派往提洛岛的一个合唱队，任何别的地方的合唱队都是无法与其比拟的。"

如果只是把公共义务资助者的热心赞助当作确定无疑的虔诚和慈善，那将是天真的想法。这种制度反映了这个社会的竞争精神。大多数富裕的雅典人都会受到荣誉这一诱饵的诱惑。和我们现代纳税人把他/她缴纳的税收纳入国家财政这个大桶里后就区分不了是谁的贡献不一样的是，古代的这些资助人是能够看见他们的花费的，并为这一成果感到骄傲。他们的作用类似于我们今天的投资公司。野心勃勃的资助人希望获得辉煌成就，也希望赢得大众的喜爱，这有助于确保他们在公职选举中获胜，或者假如需要的话，可以在陪审法庭审判中被宣告无罪。吕西亚斯(Lysias, 25.13)所写的一篇演讲中的一位被告说，"我在共同体身上花费更多钱财的原因是要你们认为是我比较好，当某些不幸降落在我身上时，我本人可以在法庭上进行更好的陈述"。

假如在现代法庭上，一位富裕的人竭尽全力叙说我为国家贡献了多少税收，做了多少慈善事业这样的主题，这将是令人奇怪的。让我们感到欣慰的是，主审法官认为此类证据是不相关的，在任何情况下，我们感到善意的迹象和好运的迹象几乎是同样的东西。在吕西亚斯(Lysias, 26.4)的另一篇演讲中，该文的主旨认为在公共义务方面的巨大花费是一种手段，通过这种手段，人民的敌人可以赢得人民的信任。一般来说，雅典人宁愿把钱财尤其是那些新获得的钱财归结于好运气而不是神的眷顾(显而易见，人的命运是多变的)，但只要富人把足够多的钱财花费在共同体和穷人身上，穷人就会满足。《圣经》里寡妇一文钱的故事(Mark, 12.41—44)除苏格拉底外，可能会没人欣赏。[①]

---

① 耶稣对着银库坐着，看众人怎样投钱入库。有好些财主，往里投了若干的钱。有一个穷寡妇来，往里投了两个小钱，就是一个大钱。耶稣叫门徒来，说："我实在告诉你们，这寡妇投入库里的，比众人所投的更多。因为他们都是自己有余，拿出来投在里头。但这寡妇是自己不足，把她一切养生的都投上了。"见《马可福音》，12.41—44。——译者注

49 其他雅典人对财富的这种态度对雅典上层社会的自尊而言是幸运的。与其说城邦的力量在于1 000名骑兵和13 000名重装步兵,不如说在于桨手。真实情况是,虽然将军们——他们也是希腊最大海军的舰队司令——是上层社会的成员,但上层社会中的大多数成员不管是在战争中还是在辩论中,都不是突出的。他们所能够做的是多花费钱财来维护桨手划动战舰,或者为大众娱乐提供钱财,就像普鲁塔克所认为的(*Perikles*, 11.4),他们当中很多人"不是没有教养的"。

仅仅是像老寡头(Old Oligarch, 1.13)一样的批评者会这样看待酒神赞比赛、戏剧比赛以及对参与这些活动的人的基本培训:在这样的环境里,富人必须为穷人唱歌、舞蹈付钱。这也引起了有关表演特性的问题、有关共同体参与艺术的问题。这16塔兰特——假如是这个数字的话——并不是为举办数量众多的文化活动而在市民公共义务方面募集到的钱,还有火炬比赛和盛大宴会,但就像我们已经看到的,超过1/3的钱被用来举办一个节日上的各个文化比赛。此外,在勒纳节上还要加办戏剧比赛,在塔尔盖利昂和泛雅典娜节上要举办酒神赞比赛。行政官员、戏剧演出者、诗人、培训者和表演者这些在工作的人是为了使他们的神灵更加辉煌,这至少在名誉上是真实的,但和雅典的这些神灵相比,其他的神灵更加容易得到满足。

第三章　激进民主制

法律

由克里斯提尼在公元前 508/前 507 年引入的法律为公民确立了一种我们称之 50
为“适度”的民主形式，这与厄菲阿尔特在公元前 462/前 461 年所引入的“激进”民主形成了鲜明对比。

根据亚里士多德的记载(*Politics*，1279b. 17—19)，当政治权力被控制在那些没有许多财富，换句话说穷人手里的时候，你们就会拥有与寡头政治相对立的民主。在雅典，从寡头制到民主制的转变是通过两次和平变革——克里斯提尼改革和厄菲阿尔特改革——完成的。公元前 462 年，由于反对厄菲阿尔特的建议，客蒙曾经授命指挥重装步兵前往斯巴达，协助斯巴达人攻占了叛乱奴隶的据点。在客蒙离开的岁月里，厄菲阿尔特在伯里克利的帮助下采取措施剥夺了亚勒贝哥斯政治上非常重要的合法权利，与此同时，他还加强了五百人议事会、民众法庭或公众法庭的权利。后来客蒙极不体面地回到雅典，又因反对这些改变而遭到放逐；再后来，厄菲阿尔特就被暗杀了。

关于激进民主制的重要事实是：所有公共政策的主要问题都是通过常规或额外安排的议事会(Ekklesia)投票解决的。所有出席尼克斯会议的声誉良好的公民都有权利进行投票。五百人议事会(Boule)为公民大会制定会议议程，但我们很难说议事会控制了公民大会，因为传统认为，公民大会只能就议事会已做出初步决议(probouleumata)的事项签署敕令，不过由于公民大会可修改和拒绝任何这样的决议,并要求议事会起草提交带特定条款的初步决议,这些决议通常是被遵从的,并不特别受限。

对民众来说,生活在代议民主制体系下是很艰难的事,他们每隔五年左右要为
51 代表他们和其他 50 000 选民、任期刚刚结束的代表(或在会上提名的继任者)投票,或为一批可替代的候选者投票,以感受直接的民主。在雅典,对外政策、财政和法律等事务都是通过数千人参加的露天会议决定的,其中不乏一些相当复杂的事务。

由于会议都是露天举行的,因此它们可能有时被暴雨打断。在和平时期,如果有重大议题要讨论,总计会有 6 000 人(许多会议所需的法定人数)出席。即便是最铿锵有力的演说家,如何使他的声音被听众听见仍是一个问题,因为演说者要从一个很低的平台向位于他们前面山坡上成千上万的人进行演说。到了公元前 5 世纪后半期,每年大约有 40 场会议。重大事项可能要花费两天时间才能得到解决(Thucydides, 1.44.1)。

所有会议都从净化仪式开始。接着,当天的主席指示议会和民众的传令官宣读临时决议。如果临时决议不仅仅是引出问题,还给予了建议,那么主席接下来就会要求与会者举手表决,以确定公民大会是通过还是否决这项决议。之后他会指示传令官询问谁想发言,如果临时决议只是引出问题的话,他也会这么做。所有的公民都有权利发言,但我们可以肯定,只有少数具有天赋和自信的人才敢于享用这些属于他们的特权。这对相貌英俊、富裕和出身良好的人是有帮助的,但即便拥有这些优势,一个人在信息获取不充分的情况下,讨论技术问题也是不明智的(Plato, *Protagoras*, 319bc; Xenophon, *Recollections*, 3.6)。在葬礼演说中,修昔底德(2.40.2)借伯里克利之口区分了部分能够阐释政策的人和许多能对之进行判断的人。那些经常演说并有一批追随者的人被称为"演说家",在雅典,他们是与职业政治家最接近的人。他们在议事会上的演说在很大程度上决定了国家政策,然而他们通常没有公职,因而他们的数量如地方行政官一样无法统计。但这并未使他们就此不负责任:他们的威望依赖于他们所建议的已被证实的政策。修昔底德(8.1)记载了公元前 413 年议事会对演说者的愤怒,那些演说者加入了阿西比德的阵营,最终促使了远征西西里灾难的发生。对于任何一名政策被采用的演说者来说,如果他的政策是失败的,或许都会被指控为欺骗民众。即便最具说服力的演说者也处于不安定的生活中:尽管一场议事会或许决定采用他的政策,但在另一场组成成员不同的议事会中,他的政策或许就会被否决,而且他无法依靠任何党派的支持。党派最关心的事情是"某某人和他的朋友"。

如果我们希望知道在议事会上发生了怎样的争论，那么最好的方法便是看修昔底德（无疑是受到限制和改动过的）在当时的背景下对克里昂和狄奥多图斯（Diodotos）关于米提林（3.36—49）的第二次争论，以及尼西阿斯和阿西比德关于西 52
西里远征（6.8—26）的第二次争论的看法。伯里克利是最伟大的演说家：喜剧诗人欧波利斯（Eupolis，fragment 102），在伯里克利去世多年后写道，“他是给听众留下深刻印象的独一无二的演说家”。尽管修昔底德给我们提供了两三场他在公民大会所作的演说（第一场演说见 1.140—144，最后一场见 2.60—64，传说中的演说见 2.13），但他并没有提供对手的演说。

伯里克利死于公元前 429 年，可能死于瘟疫。他作为“人民的拥护者”或者贫苦大众首领的继任者是克里昂，但在叙述公元前 427 年第二次米提林争论之前，修昔底德根本就没有提及克里昂。他鄙视与他在公元前 424 年担任将军时共事的克里昂，其程度如同他钦羡伯里克利一样。他宣称（2.65.7—12），实际上伯里克利在公元前 461 年和前 404 年间是雅典惟一的一流领袖。如果事实确是如此，那么它可能与这一制度相悖。

立法机构必须努力维系法律的连贯性，但我们并不完全清楚公元前 5 世纪公民大会是如何做到这一点的。公元前 4 世纪，普通法（nomoi）和特别法（psephismata）被区分开来，对于那些践行与现存普通法不一致或还未成文的敕令的人，不论是议员还是普通公民，都会面临非法（grapheparanomon）指控，那是所有公民都希望的。关于非法指控最早的争论的例子发生在公元前 415 年（Andokides，1.17）。这种指控或许可回溯到公元前 461 年，但它在公元前 5 世纪如何运作却并不为人所知。

对于在议事会上拥有最高统治权，数以百计的地方行政官不论是在国内还是在国外都必须服从。多种方法确保了他们的臣服。大部分地方行政官都通过抽签的方式被任命，这并未在普通大众的支持中渗入官方意志。一般而言，民众会在之前几个月的某一天通过抽签决定那些业已提交姓名并希望拥有一定公职且有资格当选的人。大多数地方行政官都是年度委员会或十人社团成员，所有成员在权力上都是均等的。通过抽签任命的地方行政官没有一个人能够两次担任同一官职（轮换）。正如《使徒行传》（Acts，1.26）中所显现的，抽签并不是一种听天由命的方式。对大部分为数众多的地方行政官委员会而言，它是适用于轮换原则的自然结果。公民大会很难希望每年决定一次哪些公民来年为哪些委员会服务。此外，这些地方行政官的权力都被严密限制，使之与合理效率相匹配。

激进民主还突出表现在财政领域。委员会取代了财务大臣以及辅助财务大臣

53 的初级官员和公务员,常年充分发挥着多重职能:征税者(Praktores)收缴罚金;售卖者(Poletai)出售充公资产、采矿权以及收缴间接税的权利;收款员(Apodektai)接收城市收益;出纳员(Kolakretai)负责支付陪审员工资;雅典娜的司库(Tamiai)以及自公元前434年以来其他诸神的司库负责看管雅典存在庙宇里的财产;希腊人的司库(Hellenotamiai)负责接收同盟国的贡赋。

十人委员会还负责管理雅典和比雷埃夫斯的市场。还有一个在民主制之前便产生了的十一人委员会负责监控囚犯和执行死刑。十一人委员会也处理从健身房偷盗衣物等其他各种罪行,倘若犯人坦白认罪,委员会无需经过审判便可对其进行惩处。

九个执政官(执政官、巴赛勒斯执政官、军事执政官以及六位立法者[Thesmothetai])同样产生于民主制之前,他们并未组成一个正规的委员会。从公元前457/前456年开始,符合梭伦法令前三条的公民可担任公职。在公元前487/前486年,一种任命执政官的综合方法被引入,即在每个部落直接选举大约十个候选人,然后进行抽签。再后来,执政官通过再次抽签选出。但公元前487/前486年的改变已经破坏了公职的政治重要性。他们的职责主要体现在宗教和审判方面。

执政官字面意思是"统治者",可用来纪年(我们通常说一件事情发生于某某人是执政官的时候),它的职责是管理城市酒神节并主管关于公民家庭、财产和继承诉讼。巴赛勒斯执政官字面意思是"国王",职责是管理秘仪、勒纳节和火把竞赛,以及主管关于宗教,特别是渎神或自杀案件的诉讼。军事执政官字面意思是"首要指挥官",但要受到十将军委员会监管,它的职责是在凯拉米克斯为阵亡将士举行国葬,同时兼管涉及外邦人的事务。立法者的职责并不局限于对其他执政官的司法权,它的职责范围很宽,特别侧重管理针对德莫的犯罪。正如我们将要看到的,执政官、巴赛勒斯执政官、军事执政官、立法者以及法庭上其他地方行政官从属于民众的一个标志是,他们的职权并不比预审听证(anakrisis)重要,至于通过庭审决定什么可以断言、什么观点仍需讨论则是地方法官要考虑的事。他从两派中采用了真实的陈述。如果案件涉及地方法官的司法权,那么地方法官就必须将这一案件放到陪审法庭处理。

54 公民大会允许一些事务专业化:它通过直接选举而不是抽签来任命使节、建筑师和监督公共工程的委员会、医生、将军以及诸如指挥部落军团的军团长(taxiarchs)等其他重要军事官员。这些任命有些是临时的,但主要军事长官每年选举一次,而且,公民大会对于军事官员再次竞选没有限制。在一个战事不断的时期，十将军委员会的能力对一个国家来说至关重要。诗人索福克勒斯在公元前441/前440年被选为将军是确凿的，当时萨摩斯岛同盟正发起叛乱，但和平年代一直被大家期盼着（雅典自公元前449年开始与波斯和平相处，自公元前446年起与伯罗奔尼撒人和平相处）。

从理论上说，全部十个将军都享有平等权力，但实际情况是，诸如客蒙、伯里克利或尼西阿斯等人每年都当选，并至少在一段时间内获得了更高地位，因此能够在一个方向上主导雅典政策。客蒙和伯里克利都既是将军又是演说家，但在伯里克利死后，这种多才多艺的人就越来越罕见了，将军和演说家之间的紧张关系削弱了雅典。许多新的演说家拥有制造业背景，而大部分将军则是大家族出身。阿西比德如他的监护人伯里克利一样多才多艺。他第一次令人瞩目是在公元前420年的公民大会上，正如修昔底德（5.43.2）告诉我们的，当时他仍很年轻，“但凭借其祖先的地位而备受尊崇”，后又当选为公元前420/前419年的将军。在格斗场或健身房花费大量时间无疑有助于显示和发展上层青年的力量与自信，而公民大会则相信军事天赋通常是可传承的，而这并非完全没有理由。如伯里克利在葬礼演说上（Thucydides，2.37.1）所说：“让一个人负担公职而优于他人的时候，所考虑的不是某一个特殊阶级的成员，而是他们拥有的真正才能。任何人，只要他能够对国家有所贡献，绝对不会因为贫穷而在政治上湮没无闻。”这种情形在雅典要比在其他地方更为真实，但在公元前5世纪，没有一位穷人成为演说家或将军，担任这些职位的都是德莫中出类拔萃的角色。

在公元前5世纪上半期，一个将军由各部落的公民大会选举产生。但到公元前441年，规则似乎改为允许在一个以上的部落中选出多位将军，因而也允许至少有一个部落没有人被选为将军。造成这种改变的原因可能是使城市能够获得伯里克利部落中其他能人的服务（V阿卡曼提斯）。大约从公元前443/前442年开始，伯里克利已经连续15年当选为将军，这给了他无上的威望。我们没有必要援引法律 55
去解释修昔底德关于伯里克利临死前的著名话语（2.65.9）：“雅典名义上是民主制，但事实上权力掌握在第一公民手中。”①

崇高的地位并不能蔑视法律。任何一名地方执政官都可能因为公民大会的投票而被罢免。在伯罗奔尼撒战争的第二年，公民大会投票反对伯里克利对斯巴达的不妥协政策，反而为谋求和平提起了控诉。他们的友好姿态并未奏效，在遭到伯

---

① 译文见《伯罗奔尼撒战争史》，徐松岩译，广西师范大学出版社2004年，第114页。——译者注

里克利的唇枪舌剑后(他最后的演说),议和情绪消失了。然而,他们罢免了伯里克利,陪审法庭宣判其有罪并对其处以罚金(据柏拉图的记载[Gorgias, 516a],其被指控的罪名是贪污)。在公元前430年,雅典军事挫败于外,瘟疫肆虐于内,形势十分严峻。但是否参战、是否继续征战、进行怎样的军事远征以及几乎精确地指定使用和依赖何种武力、由哪位将军进行指挥等事务通常都是由公民大会决定,而不是将军。

如同议员和陪审员一样,公民估计至少要在三十多岁的时候才能担任地方行政官,而在上任之前,他需要接受委员会(九个执政官和后来的五百人议事会)或陪审法庭的初步审查(dokimasia),还要经受最终审查(euthynai)。作为审查的一部分,地方行政官须将他们的账目提交审计委员会审查。最低年龄限制、初步审查可能包括对人物性格的考察、最终审查可能包括对官员不当行为和不称职行为的揭露等,所有这一切综合起来可使鲁莽之人、无赖和傻子远离公职。一个通过抽签当选的十人委员会成员会被要求与其他成员一起履行有限的职责,时限为一年,不得连任。他没有机会玩忽职守。公民大会要求当选者具备良好的意志和均衡的能力,而这通常也都具备。色诺芬将对抽签的批评归咎于苏格拉底,这并不具有说服力。至关重要的问题不是十个人是否发挥诸如征税者等角色的职能,而是民众会议是否能使帝国运作或为长期的战争提供经费。雅典挑起的伯罗奔尼撒战争和在这场战争中所遭受的失败告诫人们要反对这种体制。

任期只有一年的大量平民地方行政官(大约600人)必须确保少量政治经验能在公民中广泛传播。尽管许多这样的官员之前担任过相似的官职,但更多的经验是通过为公民大会服务获得的。

从严格意义上说,五百人议事会成员或许被描述成"最民主的地方行政官",但地方行政官和议员的差别还是很容易比较的。

可以肯定的是,如果没有为公民大会作前期准备、执行公民大会决议、监察各
56 种官员的某种议事会,直接民主是无法运作起来的。但这种议事会是什么类型呢?一百五十人议会或最初组成亚勒贝哥斯最高法庭的前执政官不会这么做,这只不过是因为他们只是荣誉会员。在公元前4世纪,没有一个人可以作为会员超过两年,并且这两年不能连续。伯罗奔尼撒战争之前的人口数量庞大,很有可能在当时没有一个人可以不止一次成为会员(我们没有听说过任何公元前5世纪第二个任期的案例)。如果这是实情,新当选的五百人议事会在接管权力之前,将从即将离职的前任那里获得很多经验。统计表明,超过一半50岁以上的雅典人曾为议事会服

务,每位定期参加的前议员都对公共事务非常了解。

所有可能防止议事会达成自己意志的措施都已经实施。它需要代表的是全体民众。50 名议员通过在 10 个部落中抽签选出,各德莫按一定比例代表了它的人口(当人口达到 40 000 时,一名议员可代表 80 人之多)。无业游民可能被排斥在外。对德莫而言,找到足够的代表通常并不容易。例如,我们不能轻易强迫小农场主将其一年的大部分时间用以担任议员。在当地大部分有身份的志愿者例子中,他们必须自告奋勇,但其中也有一些需要敦促。例如,苏格拉底从未让他的名字违背他的意愿,但可能来自他所在德莫的其他成员的压力会诱使他那么做。轮流原则必须确保那些有身份且愿意任职的人不久就有机会任职,而不是以后才有。这种与公民群体的规模结合在一起(Thucydides, 8.66.3)的任命方法必定确保了议员在任职之前甚至不认识其他议员的 1/10。

除主要节日和不纯洁的日子(诸如那些在亚勒贝哥斯审判谋杀案的日子)外,议事会通常每天都会在广场西面的议会厅集会。由于议事会会议通常不会持续一整天,因此当会议结束时议员可以碰面。在公元前 411 年之前,议员都自己承担每天参加会议的费用(Thucydides, 8.69.4)。可能在伯里克利采用向陪审员支付酬金之后,议员也开始得到报酬,但在伯罗奔尼撒战争爆发之前,议员都免于兵役(Lykourgos, *Against Leokrates*, 37),而且从公元前 431 年开始,提名对男性已足够有吸引力。如果酬金费用是每天 4 奥伯尔,整个德莫最大的开销是一年 15 塔兰特。

议事会有一个主管委员会(Prytaneis),承担了议事会应为公民大会所做的许多 57
工作。主管委员会在任何时间都由十个部落之一的 50 名代表组成,任期也是一年的 1/10(大约 36 天)。尽管雅典人在大部分情况下使用太阴历,但在公元前 407 年以前,议事会还在使用大约始于夏至的太阳历。每 36 天左右时间被称为部落当值期,至于哪个部落最先开始当值则通过抽签决定,而在当值期结束之时,接下来的七个当值期由哪个部落当值还是通过抽签决定。在当值期间,议员们都在圆形房屋内工作和就餐,而且似乎被要求每天都要出席。主席在这些议员中产生,每 24 小时选举一次,负责看管存有城市财富的神庙钥匙一天一夜。他可以要求当值议员的 1/3 协助他工作,人选由他自己选定。在他值夜班的时候,他和助手睡在圆形房屋内。如果他当值的当天要举行议事会议或公民大会,那么他就坐在主席的位置,并能得到其他当值议员的辅助。没有人能够不止一次地成为主席,因此超过一半的议事会成员不得不担任公职。第一次出席公民大会、政治经验不丰富的主席或许会发现自己处于困境之中。如果他提出非法的提议，或者在某些其他方面破坏了原有的秩序，所有主管委员会成员显然都负有责任。公元前406年，在关于将军是否应为阿基诺赛海战胜利之后船只失事、将士阵亡负责的争论中，作为主管委员会成员的苏格拉底(可能是主席)就未能阻止一个非法动议的提出。

主管委员会的职责是召开议事会、制定会议议程，并引导地方行政官以及在恰当情况下希望参加会议的个体公民到场。他们也是第一批接待使节和信使的人。整个议事会的首要任务是为公民大会制订议事日程。他们首先会去解决宗教问题，之后才会处理接待外邦人或外邦使者的事务。正如我们所看到的，根据以往的惯例，公民大会只能就议事会提交的事务通过相关敕令，但议事会会议通常也是向公众开放的(Aristophanes，*Knights*，625ff.)。没有任何迹象和可能性表明议事会会去尝试阻止公民大会就任何通常值得关注的事务进行争论和裁决。如果议会对事务的最初讨论会导致初步决议的产生，它或许包含了对行动的建议或者简单地提出争论的问题。在前一种情况下，议事可以接受、有修正地接受或反对。一份敕令草案通常以这样的话语开头："在某部落作为当值部落时，由议事会和民众所做
58 的决定。"像召开议事会议一样，主管委员会也负责召集召开公民大会，而且他们可能提前五天公布常规议程。出于对国家安全的考虑，将军们可要求主管委员会召开或不召开公民大会。

议会的初步决议有合理的一面。议会的控诉(eisangelia)过程大致与是我们的控告过程类似，包括任何议员、有豁免权的人在内的任何人，可以在任何时间将证据摆在议事会议上指控任何公民，不过通常情况下，被指控的人是对城市犯有重大过失的官员。如果证据没有被议事会否定，那么议事会就可以尝试了结此案，并对被指控方处于最高500德拉克马的罚款。如果议事会认为案件过于严重，不能通过罚款草草了事，那么它会将案件提交至陪审法庭审讯，或草拟初步决议提交给公民大会裁决。议事会自己审理案件或者将案件递交给陪审法庭。如果有人像公元前415年阿西比德被指控亵渎了秘仪(*Andokides*，1.11)那样直接在公民大会上提起诉讼，那么议事会就必须在公民大会审理此案之前草拟好初步决议。

除了制定初步决议功能外，议事会还具有重要的执行和管理职能。根据亚里士多德《雅典政制》(*Constitution*，25.2)的记载，厄菲阿尔特在公元前462/前461年带走了所有遗产，这或许使亚勒贝哥斯保护法律成为可能，"给五百人议事会带去一些，再给民众和法庭带去一些"。这个老寡头(3.2)指出，议事会的工作从未完成：它关注战争、税收、法律、日常事务、同盟事务、贡金的收集和接收(ML 46)、船坞以

及神庙。议事会监督和协调不同财务委员会的活动。只有议事会才能了解整个财政状况。只有它知道是否需要额外税收或能否承担额外开销。德莫的福利依赖于议事会的警觉和热诚。然而,议事会的建议并不经常被公民大会接受,议事会也不能免除在其执政年之后的考核或最后的审查。

正如我们所看到的,公共政策尽管已在议事会上被讨论,但在很大程度上由公民大会上的演说决定,在法庭上的演说或许也会产生重要的政治影响。雅典主要的公共政策既可以由公民大会决定,也可以由陪审法庭决定。所有 30 岁以上的公民都可以在公民大会上享有平等的权利,并平等地为陪审法庭服务。

到公元前 6 世纪末,雅典只有一个民众法庭——拥有司法资格的公民大会。公民可以将执政官的裁决提交民众法庭。在这一过程中,部分因为厄菲阿尔特的立法将亚勒贝哥斯的裁判权大幅度地转移给民众法庭,部分因为裁判事务随着雅典 59
国内外事务的增长而增长,将民众法庭细分成许多陪审法庭(dikasteria)是必要的。这些陪审法庭通过了大部分以前由地方行政官裁决的案件,地方行政官只是新法庭的长官。

对于随后必须修建的法院我们知之甚少。其中迈提奥克勒翁(Metiokheion)和卡利翁(Kallion)这两所法院似乎承载着当年伯里克利的盛名。迈提奥克俄斯(Metiokhos)和长者卡里阿斯(Kallias),他们或为建筑支付了费用,或担任着监督该项工程的委员会主席。在广场东北角出土的遗迹表明这是法院的一个遗址。

陪审法庭是由陪审员团体(dikastai)控制的,陪审员团体成员有几百人之多,他们通常是每年通过抽签的方式在 6 000 个(或许 600 个来自每个部落的)自愿者中选出的。同议员一样,陪审员也必须要达到 30 岁。一个审判法庭(dikasterion)中代表所有民众的陪审员有 6 000 人之多,这大约占到了公民人数的 1/7,对于这种法庭的裁决是没有上诉的。

首先是对原告进行审判或让原告发言,然后是被告或辩护人。在杀人的审判中顺序是这样的:原告,被告,原告,被告。各方发言的时间长度依据其对案件的重要性而定。即便是涉及金钱的案件也可以在一天之内完结(Plato, *Apology*, 37a)。水钟通常被用来确保当事人不会超时。每位当事人都希望为自己说话(没有专门律师),但他可能会雇一名演说稿撰写人,同时他也有可能召唤亲戚或朋友为其说话来支持他。证人必须是自由人,其在举证过程中发挥着更大作用,但他们不是被盘问,而主要是证明案件诉讼当事人的观点。如果证人提供了反证(这是很有可能发生的),那么陪审团就会质疑诉讼当事人的人品。

正如公共政策是由民众会议决定一样,判定一个人有罪还是无罪也是由民众会议决定的。首席地方行政官除了遵守秩序外别无他法——陪审员完全表达了他们的感受。他并未在听证会后向陪审团概述案情或指导陪审团——一旦陪审员听完最后的演说,他们就会通过将卵石投入两个瓮中的一个的方式进行投票。如果刚好大多数人这么认为,那么此人就是有罪或无罪;如果赞成票和反对票相等,也判其无罪。

雅典法律的案例既不是私人的也不是公共的,它不适用于我们对民事和刑事的区别。我们将谋杀归入刑事罪,但在雅典,对谋杀者的起诉一直以来都是涉及受害者家庭的民事问题。公共诉讼案包括对整个德莫的侵犯。

公共诉讼案的一种类型是控诉。最常见的类型是格拉斐(graphe,即公诉,一度
60 是书面指控的惟一类型)。雅典的诉讼几乎都是由A反对B引起的,并且A更乐于利用法律体系对自己有利的一面以及对B不利的一面,而不是强调客观公正。在缺失公共诉讼负责人的情况下,公共诉讼案可以由除奴隶和被剥夺公民权的公民外的任何自愿的人提出。这给了怀有错误动机的人或职业原告(诬告者)很大机会,他们或许通过威胁对某人提起公诉来进行敲诈,或者可能确实为取悦自己或他人而提起公诉。另外两类公共诉讼案——阿波格拉斐(apographe)和斐西斯(phasis)——给了他更进一步鼓励。在阿波格拉斐中,原告列出了公共债务人扣押销售者的资产清单,如果他打赢了这场官司,他会获得涉案财产的3/4。在斐西斯中,原告或许告发逃避关税的行为(Aristophanes, *Knights*, 300ff.)。如果他获胜了,他会获得罚金或充公财产的一半。一些对职业原告工作的检查是通过这样的规则进行的:在公共诉讼案中的原告(不是控诉)在最终裁决时一旦指控失败或无法获得1/5的投票,他往往会被处以1 000德拉克马的罚金。

斐西斯通常会指控的行为包括:不敬神、当逃兵、丢弃盾牌、受贿、渎圣罪、侮辱攻击他人,虐待父母、挪用公款、懒惰、精神上无行为能力、提议非法法令(paranomon)、外邦人伪装成公民、外邦人没有庇护人。

在公共诉讼案中,除了6 000名陪审员每年所发的听起来有道理的誓言外(Demosthenes, 24.149—151),雅典陪审团的裁决并未能代表多么深思熟虑的答案,这些问题关乎被告是否打破某些法律声称的关于他是否证实最终是城市恩人的直接答案,正如阿里斯托芬在《黄蜂》(*Wasp*, 917)中所暗示的,陪审员或许会认为"朕即国家"。许多雅典审判相当于竞争决定两人中谁是为人民付出更多的朋友。陪审员被指派给审理重要公共诉讼案的法庭(特别是立法者的法庭),对那些

在公共生活中的杰出人士进行相当多的控制，使他们生活在连续不断的起诉危机中。正如我们所看到的，地方行政官并不只需面对他们执政末期的考核，他们或许会在任期内被流放或被提起公诉。

针对个体伤害的个人诉讼案（dike idia）只能由宣称已经被伤害的人提起，如果诉讼案是关于谋杀的（dike phonou），则由其最亲近的男性亲戚提起。

涉及杀人的法律是雅典法令中发展最健全的部分，但缺少警察的雅典人并未使城市成为暴力之城。据修昔底德的记载（1.6.3），“雅典人是最早放弃携带武器以及采用休闲和更为奢侈的生活方式的人”。

杀人诉讼案的特点是他们并不由民众法庭审理：巴赛勒斯执政官必须将这样 61
的起诉案送交亚勒贝哥斯或以斐太（Ephetai）审理。经由被告深思熟虑后实施的谋杀公民的案件（并未提及伤害、纵火或对破坏圣橄榄树的案件）提交到亚勒贝哥斯审理。这个法庭由一百五十人议会或已经通过最终审查的前执政官组成，像其他审判杀人犯的法庭（Antiphon，5.11）一样在露天进行审判（没人愿意作为谋杀者待在那里），审判地点位于阿瑞斯山，时间在一个月最后三天里的任何一天。这三天里恰好用来审判谋杀案的任何一天都会被描述成不纯洁的一天：一个人因对德莫做了极其有害的事情而受审，如果他被判有罪，那么他会被绑在木板上处以死刑，他的财产也会被充公。由于法官们都曾担任执政官，他们都有法律经验，色诺芬（*Recollections*，3.5.20）则通过苏格拉底说他们较任何其他的雅典法庭更为优秀。一些枝节问题或许能在其他法庭上被容忍，但在亚勒贝哥斯的法庭上就不行（Lysias，3.46）。

其他类型的凶杀案由 51 人组成以斐太法庭审理。参审人员可能必须年满 50 岁，通过抽签决定，或许来自亚勒贝哥斯。

在位于城市东南的帕拉斯・雅典娜（Pallas Athene）神庙帕拉狄翁（Palladion）举行的以斐太法庭负责审判以下案件：(1)过失杀害公民案；(2)挑唆或与他人合谋杀人；(3)杀害客籍民、外邦人或属于他人的奴隶。杀人者除非得到死者家属的原谅，否则会受到终生流放的处罚。对挑唆或合谋的惩罚与对杀人犯的惩罚是否一致还存有疑问。对杀死非公民的惩罚或许会被交付给陪审团法庭审理，但通常没有杀害公民那么严重。

在位于帕拉狄翁附近的阿波罗和阿尔忒弥斯的德尔菲神庙（Delphinion）举行的以斐太法庭则负责审判被告承认但宣称合法的杀人案。例如，吕西亚斯为悠菲拉帝斯（Euphiletos）撰写的辩护第一篇演说辞宣称，悠菲拉帝斯杀死伊洛托斯芬尼斯

(Eratosthenes)的原因是伊洛托斯芬尼斯与他的妻子通奸,并被他捉奸在床。在如下这些情形下杀人是合法的:为自卫、保卫财产或妇女而杀人;在体育比赛中意外杀死对手;将战友误认为敌人而将其意外杀害;病人在接受救治时意外死亡;杀害某类公敌。

在可能位于兹阿的斐拉图(Phreatto)举行的以斐太法庭审判任何已因过失杀
62 人未得到死者家属原谅而遭受流放后又被指控犯有其他故意杀人罪的罪犯。法庭设在海边,被告乘船而来为自己辩护。不过一个因过失杀人并希望得到原谅的被放逐者不太可能有足够的自信冒着被判死刑的风险通过故意杀人重返雅典。

众多犯罪中违反正义(dike)并会被送交民众法庭审理的罪行有:攻击他人、自由民抛弃自己的资助人、破坏、诽谤、偷窃、证人作伪证。例如,受伤的当事人或许会采用不止一种方式来反抗暴力,他必须权衡危险并尽可能小心地付诸实施。

在陪审团反馈裁决决议之后,民众法庭必须决定是罚款还是伤害,或者是补偿。一些公共诉讼案适用于对犯罪行为进行罚款。如果被告被发现犯有不适用于罚款处罚的罪行,陪审团必须在起诉人提出的惩罚和被告提出的惩罚间作出决定。对被告而言,在没有激怒陪审团的情况下决定提出最低限度的惩罚是件美妙的事。公民可能招致的法定惩罚的范围从处决或因重大罪行流放、剥夺公民权(antimia)到作为最普通的惩罚以及公共收益主要来源的罚款。现在我们已知的处决方式是盯死在木板上或用一杯毒芹毒死。处死和流放的惩罚方式或许增加了财产的充公、房屋的毁坏、拒绝葬在阿提卡地区或者对继承者公民权的剥夺。公民权的剥夺包括所有权利的丧失,或者以下一部分权利:进入神庙以及广场限制区域的权利;充当地方行政官、议员或陪审员等公职的权利;在公民大会演说或投票的权利;在法庭演说的权利。剥夺公民权的方式或许增加了财产的充公。尽管人们或许会被关在监狱里等待审判、处决或支付罚款,但监禁并不是常用的惩罚手段。如果位于广场西南 100 码、建于那个世纪中期的建筑被认定为由 11 个人管理的监狱,那么那里没有足够的房间用以长期关押囚犯。

在某一年,至少有 7 000 名雅典人在国内充当着地方行政官、议员或陪审员,这大约占到了公民的 1/6。还有 6 000 人参加重要的公民大会。这几千人是如何构成的呢?穷人在多大程度上参与进来了呢?

雅典无业游民的生活水平都差不多。甚至轭牛等级也不能期望将许多时间放在公共事务上,除非他们的损失得到补偿。在葬礼演说中,修昔底德(2.40.2)让伯里克利宣称:“那些管理城市事务的人也管理他们的财产,其余的人,尽管忙于自己的生意，对于公共事务也有相当的了解。”我们一定想知道“其余”最穷的人的情况有多真实。

我们知道将军和演说者是什么样的人。很难说究竟是何人在和平时期参加公 63
民大会或者充当次级的地方行政官、议员或陪审员。参加公民大会在公元前5世纪是没有报酬的。每个主管委员会至少有一个常规会议(kyria ekklesia)。陶片放逐法有效的法定人数是6 000人，召开地点在广场。没有迹象表明在激动人心的场合聚集这个人数存在困难，当时麦里西亚斯(Melesias)之子修昔底德和海柏波拉斯(Hyperbolos)都被流放了(大约公元前443年和前416年)这一事件还有可能发生在人数更少的更早时期；但我们不知道在公民大会决定进行陶片放逐投票后法定人数没有达到的次数是多少。在尼克斯山，我们发现了能够容纳超过6 000人的空间，不过我们可以认为这样的出席人数已接近最大值。交通距离过长或许使阿提卡偏远地区的小农场主远离了城市，尤其是在两个最繁忙的季节。许多无业游民居住在雅典或比雷埃夫斯，因此如果没有海洋和河流的阻挡，他们离尼克斯山只有较短的步行距离。有证据表明在公民大会常规会议的场合上(常规事务并不激动人心)，斯基泰弓箭手使用赭色绳索将爱拨弄是非的人驱赶出广场，赶到了尼克斯(Aristophanes, *Akharnians*, 19—22)。我们不能改进色诺芬对公民大会组成所进行的诽谤性描述(*Recollections*, 3.7.6)，他借苏格拉底之口说公民大会由广场的漂洗工、修鞋匠、木匠、铁匠、农夫、商人以及交易商组成。我们知道参加公民大会的公民比例很少能超过1/7，但我们不知道会议的频率，也不知道与会农民所占的比重，以及工匠、零售商和雇佣劳动力的比重。

或许通过引入向陪审员支付酬金的举措，伯里克利建立了向提供服务的公民支付酬金的原则——一天2奥伯尔，这一数额到公元前425年增加到3奥伯尔，但之后没有再次增加。不幸的是，我们不知道革新的时间，它不能通过拥有雅典那样规模的其他希腊或罗马城市来证实，我们也不能确认这是伯里克利的意图。众所周知，那个时间是公元前465年到前450年间的任意一年，但我们有理由将时间范围缩小至公元前461年到前458年。伯里克利或许想要确保足够的陪审员——足够的合乎类型的陪审员(换句话说即普通公民)——来主动提供服务，或者想在公民大会培养坚强的拥护者，抑或双管齐下。亚里士多德的《雅典政制》(27.4)暗示伯里克利被音乐理论家希奥岛的达蒙(Damom of Oa)教唆用金钱贿赂民众，随后被流放，我们无法将之与客蒙的慷慨相提并论。根据创作于公元前422年的《黄蜂》(*Wasps*, 661f.)中的博得利克里翁(Bdelykleon)所说，6 000名陪审员一年可挣150

64 塔兰特。他一定是假设他们一年要工作300天：

$$\frac{150\times 6\,000\times 6}{6\,000\times 3}=300$$

这是所能设想的最多的陪审团服务天数：在主要的节日、议事会日或不纯洁的日子里不举行法庭审判，其他日子也不一定都会进行法庭审判。我们或许假设公元前450年的诉讼少于公元前420年，但不大可能有6 000多个雅典人在没有补偿的情况下能够并愿意每年甚至放弃200天的时间来提供陪审团服务。因此可能伯里克利起初关注的是确保足够的陪审员主动提供服务。2奥伯尔或许是熟练工所挣的一半，阿里斯托芬描写道，向陪审员支付工资就像是向老年人支付养老金一样，这或许接近于标准。没有迹象表明陪审团服务和军事服务间存在冲突。向议员支付酬金很可能发生在引入向陪审员支付酬金后不久，向执政官支付酬金或许伴随着公元前458年执政官向轭牛等级的开放。到伯里克利死后，所有通过抽签任命的地方行政官都可能被支付酬金。

我们有理由假设6 000名陪审员中许多人是从年老的穷人阶层，特别是从退役的士兵阶层以及所有的地方行政官中招募来的。无业游民被排除出议事会，至少理论上是这样。如果议员每天被支付4奥伯尔的酬金，并且在公元前5世纪能够提供两次服务，那么我们可以认为要获得足够的志愿者是困难的。如果获得足够的城市地方行政官较获得足够的议员容易，那么解释大部分地方行政官的工作或许就并不太激动人心了：我们不能指望他们主持混乱的公民大会，也不能指望他们做许多相似的事情。即便在引入支付酬金之后，许多轭牛等级也不情愿放弃一年正常的工作。

在《高尔吉亚篇》(*Gorgias*，515e)的著名段落中，苏格拉底被迫告诉雄心勃勃的卡里克利斯(Kallikles)：“我被告知伯里克利通过最早建立公共服务支付制度让雅典人懒惰、胆怯、多嘴和贪婪。”至于柏拉图如此说是不是指伯里克利使雅典人“胆怯”，我们并不清楚。他能提及议员免除兵役吗？或许向议员支付的酬金使他认为雅典人“多嘴”：这鼓励了议员的常规出席。对议员和地方行政官而言，支付酬金使他们“懒惰”和“贪婪”的说法不大可能是真的。一个人至多两次成为议员，任何地方行政官只能通过抽签方式被任命一次(不会兼任其他地区的地方行政官)；议员和地方行政官都不会得到很高的报酬。通过抽签任命的议员和地方行政官的全部数量在任何一年或许总计会达到1 100人(这里也有军事长官和几百个海外地
65 方行政官)。人们或多或少能连续充当陪审员，但6 000名陪审员获得的酬金远远低于维持正常生活所需的必要开支。柏拉图或许暗示为了挣得报酬，他们只好坐

在议员席上。

尽管雅典没有常备军，但在伯罗奔尼撒战争之前已经采用向军人支付定额金钱的办法，伯里克利早在公元前 480 年就采用了向士兵支付酬金的办法，但这很难真实表明这些支付方式使公民变得懒惰、胆怯、多嘴和贪婪。士兵和水手的费用通常是一天 1/2 个德拉克马(这费用并不高，不过对水手而言，在整个航海季获得常规的雇用或许更容易，大部分士兵都有望被征召突击前往比麦加拉更远的地区)。

凝聚力

公元前 5 世纪的雅典公民是许多德莫团体的成员，但最基本的是家庭和政治团体(城邦)。城邦由家庭构成。雅典城邦似乎是在公元前 8 世纪伴随着人口的增长而形成，通过被称为“居地统一”(synoikismos)的过程形成——阿提卡当地族长决定政治性地“居住在一起”(经考古发现，城邦形式的主要标志是修建纪念守护神的神庙)。邻近家庭之主对接受法律的好处以及法律机制胜过私人家庭和宗族的观念的认可构成了希腊文明的源头：世袭族长让位于轮流任职的地方行政官。尽管伯里克利在葬礼演说中宣称雅典人既参加家庭事务，也参与城邦的事务，但私人事务与公共事务间的紧张关系并没有也不可能得到最终解决。

荷马的价值观早于城邦的形成并保留下了它的形式。根据价值体系的记载，英雄为获得名誉奋斗一生，名誉能使之死后长生。当他活着时，最困扰他的是其他与之名望相当的人赠予他的尊重、荣誉或地位，这取决于他的权力和功勋。他并不孤立，在他背后是其家庭——他的家庭、家属、奴隶、动物、无生命的财产、土地以及墓中的祖先。他以自给自足为目标并几乎实现了这一目标。他缺乏的是迅速获得适于制造工具和武器的金属。在荷马德莫中，有道德的人是能够保护甚至扩大家庭的人。理想的情况是，他是神的后代。如果没有这种优势，他至少需要继承殷实的家庭，变得强大、勇敢和坚定。如珀涅罗珀(Penelope)和瑙西卡(Nausikaa)一样， 66
奥德修斯非常乐意为家庭做体力活。有道德的人照顾自己的家庭和那些与自己很亲近的人。与品行高尚(agathos)相对应的概念是“德行”(arete)——这完全不同于基督教所宣扬的无私奉献的爱(agape)。这更类似于勇气、勇敢、功勋、价值或成功。有道德的人并不爱他的敌人(ekhthroi)。意义上与品行高尚、高贵(esthlos)和美德相反的是不好(kakos)、邪恶(poneros)和恶(deilos)(胆怯,因此可怜)。

公元前5世纪荷马价值观保留的事实使雅典确保了荷马是教育的主题。渴望被高度尊崇(philotimia)以及获得死后的荣誉就像激励阿喀琉斯(Achilles)和赫克托耳(Hektor)一样激励着人们像雅典领袖一样行动。

色诺芬(*Oikonomikos*,7.15)将谨慎或丈夫和妻子的自我控制描述为在最佳条件下对现存财产的维系以及尽可能多地获得荣誉。尽管自给自足现在很难实现,但它依然是理论上的目标。

如果德莫为家庭所做的多于德莫要求家庭所做的,那么领袖们都是爱国的。德莫的好成员(agathospolites)肯定是有利于德莫的人;但是,在有利的环境中,这可能有利于德莫并使它们是净利获得者。在礼仪上的重大开支花费了相当多的钱。修昔底德(1.70.6)让科林斯人证明了雅典人在战争面前表现出的爱国主义:“他们将躯体奉献给德莫,仿佛躯体不属于他们一般,而大部分属于他们自己的精神则奉献给了功绩与成就。”

事实上我们所了解的所有雅典价值观都来自上层阶级男性作家那里。如果他们创作戏剧或法庭演说,他们必须在一定程度上描述公众的意见,但其他证据表明,我们仅仅能复原上层阶级的意见。

如果我们检查“老寡头”——明显在公元前5世纪30年代匿名写了一本小册子的上层阶级,不一定是老人——的词汇,我们或许可以草拟一个词汇表,在他看来,第一栏里的东西适用于像他这样的上层阶级,第二栏则适用于许多人。

颂扬的		轻蔑的	
khrestos, good	有用,有道德的	*poneros*, troublesome, worthless; *poneria*, worthlessness	邪恶,令人讨厌的,无价值; 邪恶,无价值的
gennaios, well-born, noble	出身名门,高贵	*penes*, poor (but notdestitute); *penia*, poverty	贫穷(但不赤贫); 贫穷
plousios, rich	富裕的	*demos*, common people	平民
dynatos, powerful	有权势的	*demotikos*, popular, vulgar, common	民众的,大众的,庸俗的,普遍的
beltistos, best	最好的	*kheiron*, worse, bad	更坏的,坏的
akribeia, precision, care	勤勉,精确,谨慎	* *akolasia*, indiscipline	放纵,无纪律

续表

颂扬的		轻蔑的	
dexios, clever, intelligent	聪明的,聪明的	* *adikia*, injustice, unfairness	不义,不公平
aristos, best	最好	* *amathia*, ignorance, boorishness	愚妄,无知,粗野
arête, prowess, merit, worth	勇敢,功勋,价值	* *ataxia*, indiscipline	无秩序,无纪律
sophia, skill, wisdom	技能,技能,智慧	*aiskhros*, shameful	可耻的
eudaimon, fortunate	幸福,幸运	* *apaideusia*, lack of education or culture	未教化,缺乏教育或文化
dynamenos, powerful, influential	有权势的,有影响的	*mainomenos*, mad	发疯的
beltion, better, good	好的,有道德的	*okhlos*, rabble	暴民

* 前缀 *a* 表示一种缺乏。

这些词汇是荷马时代词汇的延续:就像荷马的词汇一样,其中的术语有时描述性多于评估性(就像我们称呼某人是贵族并不必评价他,即便我们知道"aristos"意味着"最好"),有时评估性多于描述性(就像我们称呼某人是疯子并不一定暗示假如他落入精神病专家之手,他会被送入精神病院)。尽管下层阶级或许愿意使用其中一些老寡头认为适用的术语——如穷(penes)、贫穷(penia)、平民(demos)、民众的(demotikos)、愚妄(amathia)、未教化(apaideusia)。这些词描述在意义上被使用,但很难为其他人所接受。

现在老寡头承认(1.2),在雅典,穷人和普通人应该比出身名门和富裕家庭的人吃得更好,因为他们划船并给予德莫以权力(这里,正如在 2.14 里,他认为人们[平民]是无业游民),不重要的官员给德莫的权力远远超过了重装步兵以及出身名门和有道德的人。在诚实的上层阶级的想法中有一个悖论:城市保护者是有道德的人;武断的划桨人现在保护雅典(Aristophanes, *Akharnians* 162f.);武断的划桨人不是有道德的人。让上层阶级的自尊感到幸运的是,武断的划桨人并不是惟一的城市保护者:重装步兵和骑兵保持着重要角色;大部分(不是全部)将军和政客都来自上层和中上阶层;最富裕的人保持着重要的礼仪作用,正如三层桨战船的司令官和歌舞队长。

下层阶级至少分享了老寡头道德思考中的要素。阿里斯托芬《黄蜂》中的合唱

队员是变成了陪审员的退役士兵。他们不止一次在话语中(1091—101)表达这种观点:

68 在那些日子里,我无所畏惧到令人害怕,我摧毁敌人,在海上用军舰与他们对抗。在那些日子里,我们并不关注去准备进行一场演说,或去反对某人,而是关心谁能证明自己是最好的桨手。由于我们从波斯人手中夺取了许多城市,抵达雅典的贡金应主要归功于我们,但这些都被年轻人贪污了。

这里有一个被大多数雅典人分享的道德原则,即那些对德莫做出重大贡献的人将从德莫获取很多东西(事实上谁对德莫做出的贡献最大是有争议的:柏拉图笔下的苏格拉底认为他的贡献最大)。

另一个除崇拜斯巴达的上层阶级或亲斯巴达派以外几乎被所有人接受的原则是:正因为希腊人比其他人高级(在勇气、智力以及政治组织方面),所以雅典比其他希腊城市高级。这种高级首先在波斯战争中得以体现,尤其是在马拉松战场上。在《黄蜂》(711)中,博得利克里翁认为,他要批评陪审员一天3奥伯尔的报酬,如果受支配的同盟支付的贡金都被用于维系20 000个时髦的雅典普通公民,他们就"受益于他们的国家和马拉松的胜利得以享受生活"。在葬礼演说中,伯里克利宣称其他希腊人的德莫和政治生活应当向雅典学习。

第三个被广泛接受的原则是:好的生活包括继承尽可能让人能自给自足的充足财产以及如果愿意的话,远离政治(保存下来的资料很少阐明大地主为确保他们的农场生产足够的产物以维系其生活方式所采用的策略)。这意味着极度依赖奴隶的生活似乎只是对一小撮古怪的人而言是不利的。所有公民都自豪地意识到只有他们能掌管土地或投身政治,甚至于他们中最贫穷的人或许希望有一天他们能成为奴隶主。在这些情况下,没有出现下层阶级的不同意识形态并不令人惊讶。尽管滥用继承权会遭到抨击,但没有敌视这一权利的迹象。

因此,民众对于价值问题存在着广泛的认可,这种认可由向公共服务以及帝国的其他利益支付酬金而维持,这可能产生了保持政治稳定和从拒绝大部分其他希腊城市的派系(stasis)中获得自由的方法成为可能。然而,正如老寡头的词汇所显示的,部分上层阶级的成员轻视下层阶级的程度超过了现在大部分英国上层阶级对工人阶级的轻视。尽管不为人认同的语言并不总是如其在老寡头的圈子中那么
69 强烈,但在任何德莫中,一些生活方式肯定较其他生活方式更为人高度认同。所有雅典人在公民大会上都可以自由演说和投票,或在剧场中自由观看,或自由参加厄

琉西斯秘仪，或在广场附近自由购物，但贵族和无业游民的生活有很大差异，一些无业游民的生活和一些幸运的奴隶的生活没什么差异，至少在物质条件上是这样。

我们或许可以简要概述雅典德莫七个职业部门的生活方式（我们本可以进行更好的区分，特别是在第六个部门）。在某种程度上，这七个部门与梭伦的四个阶层或统计阶层——五百斗等级、骑士等级、轭牛等级和无业游民等级并不一致，如果把最高的两个阶层联合起来，大致相当于我们的上层、中层和下层或者工人阶级。总体来说，世袭是在一个部门内发生的：父亲教他们的孩子以他们的方式生活。但经济破产确有发生，一些第二部门的成员就是暴发户或暴发户的孩子。

公元前 5 世纪的雅典贵族大部分源于黑暗时代，在地位、政治和宗教上居于主导的家庭。他们大部分是世袭贵族（“好父亲的孩子”），他们的祖先将居地集中在雅典，他们的地产大部分位于雅典周围的平原，他们在梭伦改革之前还垄断了政治权力。他们中的一些人宣称有当地或荷马英雄的血统，因此来自神灵（Plato, *Lysis*, 205 cd），但在激进民主制建立之后，公民大会或陪审员法庭希望听到祖先的成就只是为民主服务。即便是在公元前 4 世纪，杀死了喜帕库斯的哈莫狄奥斯和阿里斯托吉顿的后代依然被人们尊崇。

公元前 5 世纪最著名的雅典人中有很大比例都属于城市德莫，他们中许多人是贵族：阿里斯提德、卡利色诺斯、麦里西亚斯之子修昔底德、阿洛佩加之子苏格拉底；奥洛罗斯之子修昔底德（哈利摩斯区[Halimous]）；伯里克利（克拉古斯区）；柏拉图（库利托斯区[Kollytos]）；索福克勒斯（克洛诺斯区）；安多克代斯、阿里斯托芬、克里昂（库达忒奈翁区[Kydathenaion]）；米太亚德和他的儿子客蒙（拉吉阿戴区）；海柏波拉斯（珀瑞索戴区[Perithoidai]）、阿西比德（斯凯姆布尼戴区[Skambonidai]）。但所谓的城区只从埃盖勒斯延伸到许迈托斯（Hymettos），这里所列的九个区中只有三个——克洛诺斯区、库达忒奈翁区、斯凯姆布尼戴区——位于德米斯托克利（Themistoklean）城内。贵族通常居住在城镇的房屋内。

某人拥有超过 3 或 4 塔兰特的土地价值，这会使之处于礼仪阶级，该阶级的成员可获得像三层桨战船司令官或歌舞队长那样的高位。伯里克利在葬礼演说中（Thucydides, 2.40.1）说：“我们使用财富，将其作为获得成功的机会而不是夸耀的东西。”夸耀或许是令人讨厌的，但伯里克利和其他雅典人都不希望他们的成就不被人注意。（在 2.40 的前半部分，修昔底德让伯里克利利用毕达哥拉斯学派的教 70
学，将赚钱的雅典人从哲学家和政治家中区别出来，但这种区分很难顾及地产继承人，连他自己也能够并渴望擅长执行昂贵的礼仪和政治。）

拥有(相对而言)灌溉丰沛的土地可能能够更好饲养马匹,为的是在泛希腊竞赛的敞篷双轮马车比赛中打猎或竞争(从古风时代开始,上层阶级保留着比其余德莫更为国际化的理念)。包含"hippos"(马的一种)的名字通常似乎是上层阶级的名字。能够供养自己马匹的年轻人都会被招募组成德莫强大的千人骑兵部队。这股力量有着巨大的军事重要性,它在宗教游行中地位突出,特别是在伟大的泛雅典娜节里。在公元前416年,阿西比德在奥林匹亚投入了七辆敞篷双轮马车,赢得了第二和第四名。在泛雅典娜节赢得四匹马的敞篷双轮马车比赛在雅典是最伟大的荣誉。赢得任何比赛都会被授予足够的荣誉以证明天才运动员在格斗场或健身房进行了长时间的训练。即便那些没有天赋的人为了一般的健康,也会花费一些时间摔跤或跑步。这是培养年轻的雅典上层阶级和年轻斯巴达人之间的相似点,就像在这种环境下同性恋关系非常流行一样。另一个相似点是他们留着长发。

除饲养马匹的费用外,上层阶级在他们的女儿和养女的嫁妆、葬礼上也开销巨大(梭伦就曾制定法律限制讲排场),此外,从大约公元前430年起,他们还在坟墓上花费巨大。一些上层阶级还花费巨额资金用于德莫公用事业。富裕的斐拉德(Philaid)家族成员客蒙不仅举行许多仪式,而且资助拉吉阿戴区中的穷人,此外,他还在一定程度上或其他方面资助了许多公共建筑和其他工程(公元前5世纪雅典的显著标志是在这范畴中从私人事业转变为公共事业)。

拥有巨额资产不仅可以应付上述开销,还可以资助政治生涯。对于与偶尔参与政治相对的政治生涯来说,没有可靠收入支撑的闲暇时间的保障是不可能的。这种职业或许会得到智者派的帮助,他们在雄辩术的指导上花费了时间和金钱。

当然,上层阶级成员比德莫下层接受了更多"音乐"等传统教育:他们能更好地
理解荷马和其他诗人;在跳舞以及里拉琴的伴奏方面更娴熟;在会饮或酒会上更有
71 能力进行饮酒歌(饮酒之歌)接力(Aristophanes, *Wasps*, 1222)。在公元前7世纪
早期重装步兵方阵形成之前,贵族有好战的贵族气质;形成后则成为了社会贵族。一些贵族或许会在奥林匹亚运动会上胜出,其他或许会成为尼克斯山的演说者或海上的将军;他们中的大部分人身处的典型环境是会饮场合,在那里,他们依靠一些东方时尚来取悦自己。雅典的中上层阶级尽可能地以他们为榜样。

在城镇最富丽堂皇的男子专用房间里,我们或许会看到银盘甚至金盘。据柏拉图记载(*Protagoras*, 314c—315d),极其富有的卡利色诺斯的城镇房屋包括了由大量柱廊环绕的房屋,但私人房屋没有这么宏伟。

由于他们的生活方式与普遍接受的理念相似,因此贵族们情不自禁地鄙视其

他方式；尽管他们遭人妒忌，但他们事实上都被视作贵族而接受——勇敢而正义(kaloi kai agathoi)的后代，他们的祖先是卓越的，要不然是神灵。这里有不到1 000名的贵族，他们与门当户对的女子结婚(贵族的联姻或许是希望政治的联合)。

与贵族和大地主明显不同的是一小部分诸如尼西阿斯、克里昂、海柏波拉斯、克勒俄丰(Kleophon)和安尼都(Anytos)之类的富裕人士，尽管他们没有著名的祖先可以夸耀，但他们在伯里克利死后提高了政治声望。尼西阿斯的财富依赖于矿产利润以及数千名采矿奴隶。其他人的财富依赖于借助奴隶的劳动进行大规模商品制造，例如皮革、灯、里拉琴等。尽管没有一个雅典人在经济上可以自给自足，但这些人明目张胆地像零售商一样出售他们的产品使其招致一定的轻视。然而除了对阿里斯托芬的攻击以及修昔底德对新贵“煽动者”克里昂和他继任者的攻击外(我们有理由相信克里昂迎娶了贵族妻子)，安尼都肯定是一个受人尊敬的人物。或许克里昂在公民大会上采用了欺骗性的演说风格(*Constitution*，28.3)，但在柏拉图的《美诺篇》(*Menon*，90a)中，苏格拉底说安尼都的父亲“并不是通过运气、天赋赚钱……而是通过自己的智慧(sophia)和辛勤工作。此外，他还被描述成为一个谦虚和讨人喜欢的德莫成员，而非粗野、傲慢或令人讨厌的人”。这表明德莫成员不必对其他成员的商业成功感到愤怒或鄙视，但这种成功对他们的品质并不总是有利的。最后，正如我们在柏拉图《理想国》的开篇中所看到的，同为外邦人的盾牌制造者，凯发洛斯和他的孩子不仅与身为轭牛等级的苏格拉底和谐相处，而且与身为贵族的柏拉图的兄长也能和谐相处。

第三个职业部门是由小农场主或自耕农组成，主要种植大麦、橄榄、葡萄树和无花果。如果农场主想在任何时期种植大麦，他需要给牛上轭。由于气候温和，商 72
品蔬菜种植业也兴盛起来。在阿提卡贫瘠、多石的土壤上正确种植是很艰难的工作，但每年有两个休闲时段。许多农场主至少有一个奴隶。这些农民的志向是享受和平，在家里享受吃、喝和做爱的乐趣，但至少在伯罗奔尼撒战争爆发时，他们接受了为抵制侵略者而每年放弃一个多月的务农时间。修昔底德(2.16)强调了当地的强烈忠诚度：每个人的村庄都是他的城邦；但城镇和乡村相互依赖，并没有严格的区别。工匠需要将产品出售给农场主，零售商需要从他们那里购买：农场主需要在雅典广场出售剩余产品或直接出售给零售商。此外，我们很难说刚好居住在雅典城外，或居住在雅典但在城外有菜园的商品蔬菜种植业主更多地属于城镇还是乡村。乡下人在服饰和言语上在城镇里很显眼，尽管他需要零售商，但很容易被他们欺骗。

第四个小的职业部门由阿提卡漫长海岸线附近打鱼的渔民组成,他们配有船只、渔网和三叉戟。在城市人口的饮食中,鱼是重要来源。众所周知,鱼市在广场是一个重要部门(Aristophanes, *Wasps*, 789; *Frogs*, 1068)。渔民的生活状况和农夫的生活状况一样艰难。

第五个部门是由海外的贸易商、出口商和进口商(emporoi 或 naukleroi)组成,他们并不是外邦人。他们主要出口的商品是银;稍次点的是存储在陶器中的橄榄油以及彩陶。进口商品除大量奢侈品外还包括奴隶、铁、锡、铜、用于造船的木材以及最重要的谷物。苏格拉底在色诺芬的《经济论》(*Oikonomikos*, 20.27)中就说,"商人爱谷物"。他们喜欢和谷物进口商一起长期拒绝特别重要的中间人,他们必须对付谷物销售商(sitopolai),但他们大部分是外邦人(*Lysias*, 22.5)。

第六个部门由当地贸易商或零售商、工匠或技工(kheirotekhnai),以及大部分提供服务的人组成。它包括不同类型的菜贩和鱼贩、修鞋匠和石匠、理发师和教师、大部分的预言家和医生等人。他们中许多人制造东西,所需技术(tekhne)在某种情形下不易获得。所有人都出售东西。典型的零售商是面包、去壳大麦、鱼、蔬菜、羊毛或酒的销售商。零售商被认为是不诚实的人。在德摩斯梯尼的演说辞中(57.30),我们看到:"尤波乌利底德(Euboulides)诽谤我们不仅违背了广场法令,而
73 且违背了法律,法律规定,任何责备在广场做生意的男性或女性公民的做法都会因诽谤罪而受到处罚。"法令可能被用来限制额外的商业竞争,法律则用以限制反商业歧视。

工匠中突出的是木匠、修鞋匠、石匠、陶工、铁匠以及制造不同种类武器和盔甲的人。在大部分情形下,诸如面包店等作坊也是售卖的地方,因此生产商和销售商往往是同一个人。然而,木匠为了更多地被雇用则必须前往造船所。并非所有工匠都是有轭牛等级;还有一些是无业游民。色诺芬《会饮篇》(4.4)中年轻的卡利色诺斯曾问道:"难道你没看到,为许多人修建房屋的木匠和建造者却不能为他们自己这么做,相反,他们居住在租借的住处?"

正如许多遗留下来的建筑、雕塑和彩陶所证明的那样,雅典工匠的技艺水平是非常高的,但工匠并未受到很高程度的重视。像雕塑家斐迪亚斯和波利克里托斯(Polykleitos)以及波吕格诺托斯(Polygnotos)和帕尔哈西奥斯(Parrhasios)这样的巨幅画画家得到了民众的尊敬,虽然所有陶工和画家的名字都可以在雅典壶上发现,但没有一个人在文学材料中被提及,尽管有一些场景或场景组合在有教养人士的作品中被简单地描绘。据希罗多德记载(2.167),只有科林斯这样的希腊德莫中

的工匠才享有一定声望。坐着干的室内职业，特别是要使用到火的职业，被一些上层阶级人士认为丑化和削弱了身体和灵魂（Xenophon，*Oikonomikos*，4.2），其涉及的技术被标榜为“功利的”。在神灵中只有一名工匠绝非偶然，赫菲斯托斯是仅有的瘸脚神灵。相比第二部门的成员更明显的是，第六部门的那些人必须出售他们的商品或服务，因而更接近受鄙视的是除了劳力以外没有什么东西可出售的雇佣工人。此外，尽管奴隶在贸易中并不突出，但他们仍主要从事手工业（即便不是最高水平），或许因此所有的手工艺被认为只适合于奴隶。

然而，不要把色诺芬、柏拉图或亚里士多德对手工劳动的大致观点或者对手工艺的特殊观点当作雅典人思考问题的典型方式，这一点非常重要。色诺芬为支持农业而完全拒绝制造业并未被普遍认可。阿里斯托芬就不认可这一观点。两个段落（*Peace*，296f.；*Wealth*，899ff.）表明他尊重除了农场主之外的另外两个职业——商人和工匠。所有这三个职业与捕鱼业都涉及艰苦的工作；相比之下，医生、预言家和演说家等知识分子都很空闲（*Clouds*，316，334）。在这种差异下，人们存在着一种共识，即只有那些胜任艰苦工作的人才能够有效地为德莫战斗，战败的代价或许是成为奴隶。柏拉图让苏格拉底说（*Menon*，91d），普罗泰戈拉（Protagoras）作为 74
智者一个人赚的钱“比作品优秀的斐迪亚斯以及十个其他雕塑家加在一起”还要多。现在，当雅典并未授予斐迪亚斯以我们所认为的应得的那么高的荣誉时，虽然正如苏格拉底的例子中某人明显公正地宣称拥有有用的知识那样，尽管是艺术家（正如我们所说的）而不是技工，但他还是选择了手工工人；在公元前438/前437年遭到放逐之前，斐迪亚斯在雅典还是领袖的朋友。我们有理由假设许多陶工、雕塑家与贵族资助者之间有良好关系。苏格拉底在柏拉图的《申辩篇》（*Apology*，22cd）中宣称在雅典工匠中发现的知识要多于在政客或诗人中发现的知识。

第七即最后的职业部门由除已归入第六部门的所有无业游民组成。史料中上层阶级的观点对我们重构无业游民的生活造成了困难。人口统计学惟一确定的事是居住在乡村的公民数量超过居住在雅典与比雷埃夫斯的公民数。数以千计的无业游民像小农场主一样靠土地为生，他们的社会地位低于重装步兵阶层、佃户或雇佣劳动力，但更多的人寄宿在雅典或比雷埃夫斯的房屋里。他们大多能找到无需技术的陆上运输工作（当建筑工程持续时，这种需求在日益增长），以及在造船厂内或附近工作，或作为商船海员。农业为他们提供了季节性工作，例如收获橄榄（*Wasps*，712），工作类似于机械时代来临之前的采摘啤酒花。

雅典有1 600名非固定的弓箭手大约是无业游民。修昔底德曾提及相当多未经训练的轻武器军队的数目,但只是偶尔和简短地提及。无业游民的兵役通常是在海军服役,例如桨手、甲板水手或士官。不幸的是,在伯罗奔尼撒战争期间有多少德莫水手是城市无业游民,多少是外邦人,我们不得而知。据普鲁塔克(*Perikles*, 11.4)记载,战争爆发前通常有 60 艘船每年服役 8 个月(整个航海季)。另外不幸的是,普鲁塔克对伯里克利和麦里西亚斯之子修昔底德在公元前 440 年中期对抗的描述(*Perikles*, 11—14)十分可疑,但如果他对海军训练项目的描述是客观的,并且如果我们假设 60 艘船是由城市无业游民独立操纵的,每天的工资水准是 1/2 德拉克马,那么 12 000 个雅典人总共可挣 240 塔兰特:

$$\frac{60\times200\times240}{6\,000\times2}=240$$

修昔底德暗示(3.115.4),训练的需要或许对远征的启动产生了影响。划船是个费
75 力的工作,哪怕只是很短的时间,许多无业游民能否在 40 或 45 岁以上继续划船还是个问题。他们或许期望升至士官,但只有一小部分人才可以做到:完全人力操纵的三层桨战船有 170 名桨手,其中只有 6 个士官。但到公元前 425 年,他们中有 6 000 人在退休后每天可获得 1/2 德拉克马的陪审员工资。

这似乎是相当合意的职业规划:桨手、士官、陪审员。但对这些人而言,除了被认可的为德莫承担海军服役价值外,他们的生活是艰难的。在《黄蜂》中的合唱队领唱者认为(300f.):"由于这么少的收入,因此我必须拥有去壳大麦、木材和鱼这三样东西。"这三样东西是属于他自己、妻子和子女的,他没钱雇用奴隶。伯里克利在葬礼演说中三度提及贫穷,"至于贫穷,如果任何人在某些方面有利于城市,他不会被自己地位的平庸而禁止"。"对任何人而言,承认贫穷并不是羞耻的事情;真正的羞耻是不努力摆脱贫穷。""在他们远离贫穷甚至变得富裕的希望中,没有人(即使极其坚强的人)能回避那些糟糕的日子。"显然老寡头认为贫穷是羞耻的,但当医治者告诉美狄亚时,他没有说任何引起争论的话(Euripides, *Medeia*, 561):"一个穷人会遭到他所有朋友的唾弃。"同样可以肯定的是,无业游民要有利于德莫并不容易,除非是在海上或在法庭上,或者摆脱贫穷。

尽管德莫从泉水屋供水,提供某些道路设施,充足但不免费地供应谷物和一些肉类(在公共献祭场合)、某些医疗服务(Aristophanes, *Akharnians*, 1030; Plato, *Gorgias*, 455b, 514de)、健身房和浴场(Old Oligarch, 2.10; Aristophanes, *Clouds*, 837, 991, 1044—1054),还偶尔分配一些海外土地(cleruchies,赐田,在雅典独立的殖民地和在仍属于雅典一部分的军田),为不同的公共服务适度支出,给残疾人支

付每天 1 奥伯尔的养老金(*Lysias*, 24),以及最后克勒俄丰的狄奥贝里亚(diobelia,给德莫最贫穷的人每天 2 奥伯尔或 1/3 德拉克马,见 ML, 84),但伯里克利似乎赞同耶稣的观点:“常有穷人和你们同在。”如果可以,精力充沛的无业游民要靠的是他们自己。

在关注完雅典德莫这七个职业部门后,德莫的多样性显而易见,所以,古代和现代对“雅典人”的许多归纳都是不充分的。部门之间的关系并不总是和谐的,他们不同的志向也并不完全可以共存。然而,从公元前 461 年到前 411 年的半个世纪里,当激进民主制的缔造者厄菲阿尔特被暗杀,民主被颠覆,四百人政权掌握权力,而当时的德莫却非常和谐,这是极不同寻常的。在公元前 457 年,比奥提亚的斯巴达武装被一些雅典人鼓励留在那里,那些雅典人希望能暂停激进民主制和长墙的 76
修建(Thucydides, 1.107.4),但对于他们,我们所知的并不多。

所有这七个部门都是由家庭组成的。在他们与德莫或城市的关系中,一家之主连同他们的父亲和成年子女,通常类似于公司中的股东。为了判断大部分雅典人究竟有多爱国,关注不同部门的家庭从德莫获得的东西,比德莫对家庭所要求的多多少或少多少是很有必要的。德莫最初的形成是为了保护家庭——通过为冲突的家庭提供仲裁以及防范额外的进攻。在历史上,对于家庭的保护是雅典法律主要的关注点。维持能够战斗和举行礼仪的公民数是非常重要的。我们认为德莫成员的优势首先是至少在前六个部门里成为家庭的主人。

除了一些个案外,所有城市家庭的男性成员都是德莫完整的成员,有资格拥有自己的土地。作为议事会的成员,他们不仅有权投票,还可以就所有公众关心的事情发表讲话。他们从 30 岁开始就有权担任陪审员(正如我们所看到的,重大决定是在公民大会和公众法庭上做出的)。同时,他们中有一半有权担任大部分地方行政官。

在任命低级地方行政官中除了使用轮换和抽签外,重要的地方行政官、十将军都直接通过选举产生,对重选没有限制。客蒙、伯里克利和尼西阿斯都年复一年被重选为将军。“至于公众的财产,”伯里克利在葬礼演说上宣称,正如他谈论由厄菲阿尔特和他自己完成的政治体制那样,“当某人因某些东西而杰出时,他公共生活中的优势依赖于功勋而不是轮换。”(伯里克利所认为的激进民主制是防御性的:有能力的人有施展的空间[2.37.1];普通的公民能恰当地理解公共事务[2.40.2]。他并没有说激进民主制显著地优于寡头制或者对你更有益。使整个生活方式有效的是帝国[2.41.2]。)

“如你所想的那样生活”是激进民主制的口号,它依然求助于穆勒(J.S.Mill)的信条。在葬礼演说中(2.37.2),伯里克利宣称:

> 我们在政治生活中享有自由,我们的日常生活也是如此,当我们的街坊邻居为所欲为的时候,我们不致因此而生气,也不会相互猜疑,相互监视,甚至不会因此而常常给他们难看的脸色,尽管这种脸色不会对他们造成实际的伤害。①

77 在其他城市中,如果他尝试如在雅典一样的生活方式,他很快就会陷入沉默(Plato, *Gorgias*, 461e)。

尽管我们很少听到公民权利与地方行政官对等,但公民通常在未经审判的情况下免于被处决,不会在自己的家里被捕和被抢夺。他们也免于被拷问。

自由和法律结合在了一起。“在我们的私人生活中,”伯里克利继续说道,“我们在没有受到伤害的情况下联合起来;在公共生活中我们出于恐惧而严格遵守法律,听从当时的地方执政官和法律,特别是那些被任命来保护伤者的人,尽管那些法律不成文,但它们的批准被认为是耻辱的。”在通常情况下,大部分雅典人——尽管并不全是不学无术的年轻贵族(jeunesse dorée)——希望使他们的体系运转并维护公共秩序。作为政治奴隶的三百斯基泰弓箭手被用于维护公民大会、议会事和法庭的秩序。公民大会只能讨论那些由议事会置于议事日程的事情。在伯里克利15年来大部分的演说中,那些在公民大会或议事会上提出的检举过程都是与现存法律形式或内容相反的结果。关于伯里克利听从地方行政官和法律的话语在年轻重装步兵的誓言中回响着。在公共案例中,某些人或许会为受伤当事人的利益而进行诉讼。雅典人也没必要立法反对被道德和宗教教养完全摒弃的不当行为。例如,乱伦就未被法令禁止。

在更早的时期(2.37.1),伯里克利曾宣称,用法律处理私人争端对所有人都是公平的。例如,执政官的法庭通常对财产争论有公正的审判,不过费罗克利翁(Philokleon)在《黄蜂》(*Wasp*, 583—586)中夸耀说陪审团很乐意漠视父亲希望将无兄弟的女儿和财产留给特定人的遗愿。

雅典较之其他希腊德莫能够承担庆祝更多的节日(Old Oligrach, 3.2, 8)。在这些节日中,纯粹的宗教活动(正如我们判断的)是与社会、政治、艺术、体育活动结

① 译文见《伯罗奔尼撒战争史》,徐松岩译,广西师范大学出版社2004年,第99页。——译者注

合在一起的，正如今天在南欧国家中的情形一样。那些以农业巫术为开端的活动转变成了连续不断的丰富多彩的公共节日。“此外，”伯里克利提及宗教时说道，“我们通过整年举行竞赛和节日，所提供的大部分精神娱乐都源于商业活动。”

雅典的海军力量使敌人对其海上运输的进攻几乎难以想象，同时也确保了雅典海上贸易的安全。海军力量创造了雅典帝国，其明显的优势来源于每年从同盟国那里获得的贡金。我们可以认为贡金至少可用于支付雅典海军，包括船只、人员以及修建工程的费用。为了维持其武装力量的士气，德莫明智地照顾战争孤儿。78
在葬礼演说中(Thucydides, 2.46.1)，伯里克利谈及了雅典死者：“德莫用公共开支维系他们的孩子，从现在开始直至其成年。”穷人比富人更加感激其他早前提及的好处，但所有都是相似的，无论是无业游民还是三层桨战船司令官和将军，他们都可以获得家庭或宗族无法独立获得的国际声誉。十将军是希腊职位最高的海军指挥官，三层桨战船司令官是他们的船长。

在资产负债表的另一面，我们发现自给自足家庭数需要通过德莫干预来维系。这在许多方面涉及对主人自由的限制。一位父亲可能因懒惰或精神疾病荒废土地而被起诉。在伯里克利的葬礼演说中，或许考虑到再婚的父亲，他对已逝的父母说道：“你们中依然年轻、可以拥有孩子的人一定怀有拥有其他子女的愿望：那些此后出生的人可以使家庭忘记业已不在的人，德莫将第二次从中获利——它不会让人空虚，德莫也会变得更加安全。”修昔底德(2.44.3)让伯里克利为他的第二个观点增加一个理由：“那些不抚养他们自己的孩子的人同样不能要求公平或公正的对待。”一个没有亲生儿子的一家之主可以收养一个公民作为其继承人(他至少有一个兄弟可以延续另一个家庭)，这个公民通常是他的亲属，但合法的子女几乎对他父亲的财产拥有全部不可分割的权利，如果有不止一个子女，则享有同样的份额。从公元前451/前450年开始(显然是出于种族同一性的考虑)，德莫要求，男人们如果想要有合法的子嗣，就必须迎娶雅典女孩，而且至少从理论上说，除非有合法子嗣，否则就不能在公民大会上提供建议或被选为将军(Deinarkhos, 1.71)。

起初设计来打破政治僵局的陶片放逐法被逐步放弃了，这使得德莫可以在没有任何违法证据的情况下，剥夺一个家庭的主人达一年时间：受害者遭受10年的流放，但他的财产不会被充公，并且当他回来时，他的权利不会被削弱。但德莫会将犯有叛国、谋杀、渎圣或其他形式的严重不敬行为等重罪的犯人的财产充公。

在地米斯托克利作好铺垫、伯里克利奉行的策略之下，阿提卡被当作可消费的场所，在阿希达穆斯战争(发生于公元前431—前421年，以阿希达穆斯来命名，领导是最初三位入侵阿提卡的伯罗奔尼撒人的斯巴达国王),特别是在公元前 413 年伯罗奔尼撒人占领德克莱亚之后,大土地主和小农场主遭受了巨大的物质和精神损失。

雅典的重装步兵不再发挥最初的作用。正如我们所看到的,在古风时代,在雅
79 典拥有海军之前,兵役与公民权的观念突然产生了紧密联系。更加成功的公民组成了重装步兵方阵,它的主要作用是保卫城市的农业土地。在古典时代,所有能够自带盔甲的公民必须准备充当重装步兵直至 49 岁,如果需要的话甚至要到 59 岁。在公元前 5 世纪,武装训练重装步兵的公共安排并不为人所知,但是却保存在公元前 4 世纪的石碑上,那些话语是年轻重装步兵宣读的古老誓言:

> 我不会让神圣的军队蒙羞,我不会舍弃身边的战友,无论在哪儿,我都会待在队伍里。我将保卫我们的法律,不管是神圣的还是世俗的,我将尽我自己最大的能力或在所有人的帮助下传承父辈的土地,使之不是变得更小而是更大、更好。我将遵从暂时合理行使权力的人和业已确立的法律以及那些今后将合理建立的法律。某些人寻求废除它们,我将尽我自己最大的努力或在所有人的帮助下避免这种情况发生。我将崇拜我们的父辈。见证者是神灵阿革劳罗斯(Aglauros)、赫斯提、埃尼奥(Enyo)、厄尼亚利俄斯(Enyalios)、阿瑞斯……宙斯、塔罗(Thallo)、奥克索(Auxo)、赫革摩涅(Hegemone)、赫拉克勒斯,父辈土地的边界、小麦、大麦、藤、橄榄树、无花果树。

"神圣武装"是在公元前 4 世纪晚期由德莫提供的盾牌和长矛(*Constitution*, 42.4)。在厄菲阿尔特改革之前,亚勒贝哥斯决定地方行政官的指挥或法律是否合理。被提到的非雅典神灵有两位是军事的(埃尼奥、厄尼亚利俄斯),两位是农业的(塔罗、奥克索);起初,士兵大部分是农民,农民大部分也是士兵。要注意的重点是誓言,它体现了许多雅典优秀公民的观念,由地米斯托克利和伯里克利所表达的观念部分已经过时。雅典的重装步兵再也不能保卫他们的农业土地:雅典在建立帝国的过程中树敌众多。而且,由于无业游民(从事体力劳动而获得报酬,缺乏神秘性,可能像客籍民和外邦人一样由三层桨战船司令官挑选出来为海军服役)服役的海军为城市提供力量,重装步兵很少被将军和军团长们征召(Old Oligrach, 1.2)。地位和贡献并不容易分开。

斯巴达人的入侵是意料之中的,不过很少有人能想象到像卫城的阿卡奈人那样站在城墙上看斯巴达人毁坏他们的农田是什么感受。也没有人预料到公元前

430 年瘟疫的爆发及其对城墙后拥挤的人口造成的灾难性影响。

由于担任公职的权利从少数人手里转移到多数人手里，所以政治义务和兵役 80
是强制的。伯里克利就在葬礼上声称，“我们是独特的，一个人如果不参加公众生活，不是天性安静，而是无用”。一名男子不参与公众生活得到的不是赞扬而是鄙视，原因之一是雅典人并不打算让常任官员握权，他们自己会处理多方面的政府事务。参与政治事务开始没有报酬，而后来的报酬仅仅与损失持平（这种补偿对于个体经营、依靠信誉的鞋匠来说不能算什么诱惑）。富人即便生来喜欢安静，但仍迫于压力参与其中。

税收通常是间接的，例如采取贸易关税的形式，而这一形式并不会令人反感。富人也不会因被要求举行仪式而感到厌恶。但是，当臣服同盟国的贡赋以及雅典的国内产值不足以维持伯罗奔尼撒战争时，公众就会求助于战争税，这种税收形式被认为是对独立的侵犯而遭怨恨。第一次战争税的征收始于公元前 428 年，征得了 200 塔兰特的巨款（Thucydides, 3.19.1）。此外，但凡涉及富人及公众的案件，就不能指望陪审团是公平的。检察官可能往往会说得恰如其理（Aristophanes, *Knights*, 1359f.）：“陪审员，你们的燕麦取决于证明被告有罪。”类似的观点在吕西亚斯的作品中也有过（27.1, 30.22, 22.22）。在《黄蜂》中，陪审员费罗克利翁鼓吹斥责富人。同样，在公元前 430 年伯里克利将军和前 412 年菲洛尼底斯（Phrynikos, Thucydides, 8.54.3）都被在我们看来可能并不充分的证据所起诉。修昔底德本人在公元前 424 年担任将军。他在萨索斯岛指挥七艘战舰，当命令到达时，斯巴达将军布拉西达斯正威胁着安菲波利斯。他计划营救埃翁，但未能挽救安菲波利斯。毫无疑问，他必然在战争的剩余时间被放逐（历史新兴学科的重要成果）。作为代表性人物，他对于其军事生涯以这样的结局告终公平与否不予置评。雅典的领导人还生活在不断的因欺骗民众、受贿、挪用公款或“放弃”（prodosia）而遭起诉的危险中。

伯里克利除了对雅典人的忍耐力有要求外，怪癖也是不受欢迎的。在与妻子离婚后，他并没有选择再婚，而是与他在米利都的情妇阿斯帕西娅在一起，并生活在无休止的流言蜚语中。人们担心外国对杰出公民的影响是可以理解的。他的被监护人阿西比德的浮夸行为引起如此之多的妒忌和不信任，这样就可以解释为什么德莫两次（公元前 415 年和前 406 年）免去他的服务，当时如果有他的领导，雅典或许可以免于灾难。苏格拉底最终被处决。陪审法庭及剧场是两个趋于一致的机构，两者都不注重相关事实。在阿里斯托芬的《黄蜂》中，费罗克利翁指出被告看到 81
了小偷。在一次吕西亚斯的讲话（16.18）中，一个年轻的贵族向陪审团指出，像他那样的长发对于个人及公众都是没有危害的。在戏剧中,同时代的人或受到指名道姓的讽刺,或稍加伪装的讽刺,显然这是未经诽谤法核实的。在柏拉图的《申辩篇》(*Apology*, 18c)中,他暗示喜剧诗人多年来对自己造成了伤害,对此,他特别提到了阿里斯托芬(19c)。传统道德可能使一个怪人忽视妒忌(底比斯诗人品达曾告诉我们宁愿嫉妒而不要去怜悯),但不能使他忽视嘲笑或诽谤。在《黄蜂》中(*Wasps*, 1023ff.),阿里斯托芬急于解释他作为喜剧诗人的成功并未使他得意忘形,他补充道,如果任何情人催促他讽刺令他感到愤怒的人,他总是拒绝这么做。但是显然喜剧可以使这些不统一变得一致起来。

除了关注其对家庭的保护外,德莫希望其成员更加自力更生,而不是靠一个现代福利制度。如今由警方或者其他政府部门发挥的职能在当时只能通过个人执行,或根本就没有执行。一个家庭在逆境中需要邻居、亲戚和友人的帮助。政府机制正在衰退,它的功能可能不足以与一个像阿西比德那样的强大敌人抗衡。在无端发起的诉讼中,有钱有势就可以利用法律系统拖垮或抹黑敌人。

修昔底德(2.40.4f.)借伯里克利之口颂扬雅典人的友谊:“我们不像其他人那样做好事:我们通过付出得到朋友而不是获得好处。我们不计后果地给予帮助,不是源于算计利益,而是对自由人的信心。”

在理想情况下,家庭和德莫之间应该没有政治团体进行调解。如果事先定立一个标准,而不是采用倾听公民大会的争论和投票表决这种看上去最适合这个城市的政策,这就会否定民主的理性基础。正如伯里克利在葬礼演说中所指出的(2.40.2):“如果我们都不能制定政策,我们至少可以对其正确评估。在我们看来,行动受到损害不是因为讨论,而是因为在采取必要的行动之前没有从讨论中获取经验。”事实上,尽管政治领袖有其党羽,但并不非常像一个政党,他们由同一意识形态和发展前景而聚集在一起,因而成立。据普鲁塔克记载(*Perikles*, 11),客蒙在公元前450年死后,麦里西亚斯之子修昔底德组织贵族进行政治活动,但途径是有争议的。

82 大约在公元前443年修昔底德被放逐多年后,在部落结构之外的上流协会(hetaireiai,从hetairos变格而来,“同志”之意)尽管存在并长期存在,但就我们所知,它们在政治上并不重要:根据历史学家修昔底德的著作判断,在伯里克利领导雅典进行伯罗奔尼撒战争后,德莫获得了统一。这些组织可能只有宗教和德莫的目的(随着夜幕降临,在高雅的座谈会上表述的观点正如品德高尚的公民一样在减少),但它们仍然可能在法庭上或选举期间提供互助(Thucydides, 8.54.4)。由于成员有时需要宣誓忠诚，这一群体获得了不太好听的称呼："宣誓集团"或"阴谋集团"，而正如我们从阿里斯托芬的喜剧中所看到的，对阴谋集团的指控在阿希达穆斯战争期间风气很盛。

在公元前415年西西里远征开始后不久，雅典便发生了臭名昭著的赫耳墨斯神像案。这被证实是一个上流德莫年轻人小团体的行为。这次肢解行动是有计划的，不像以前那些醉酒后的疯狂毁坏行为。其目的之一是让小团体更加团结，所有成员在犯罪中都成为帮凶。另一个目的则可能是阻止远征航行（赫耳墨斯是旅行神），但这并未被证实。

这次远征的惨败触动了德莫的神经，并让德莫许多富人感到是时候终止过激民主制了。当然，一些小团体在政治上积极活动，因为他们，短命的四百人政治寡头革命在公元前411年得以实现。在厄菲阿尔特死后，他们首次将暗杀视为政治的一部分。

当处于逆境时，德莫传统道德很少鼓励希腊人保持对德莫的忠诚。叛逆和腐败比起当代英国更为寻常。从那时起，麦加巴佐斯（Megabazos）使波斯的影响波及了色萨利的北部边境，大约在公元前512年，希腊政治家和团体在遭遇困难时会寻求波斯的帮助。在雅典也还经常存在着亲斯巴达派。实际上，修昔底德（2.65.8）在解释伯里克利对他同胞的权势时，强调他非常清廉（就像他的政治导师厄菲阿尔特），这表明作为公众领导人物有着非同寻常的特质。公元前4世纪的演说家（Hypereides，5.25）是这样对陪审团解释这些常例的：先生们，你们容许将军和演说者获得巨额财富……但有一点你要坚持：这些财富是为了发展利益而不是与利益作对。

虽然伯里克利在他最后的演说（Thucydides，2.60.2—4）中保证他的个人及家庭财富取决于城市福利，但传统道德即便不促进家庭的进步，也首先指导了家庭的维系；其次，在与主要目标一致的情况下，即便不促进城市的进步，也指导了城市的 83
维系。"爱德莫"或者"爱国"（philopolis）是褒义的赞美之词。据修昔底德记载（6.92.4），当阿西比德在公元前415/前414年冬天尽其所能帮助斯巴达人毁灭他的国家，他感到那是"真正的爱国"。"我所认为的爱国主义不是让我蒙冤，而是让我作为一个公民安全地行使权利。"其实阿西比德并未蒙冤：他因可能犯有领导亵渎神明行为的罪名而被召回受审。但即使他受了委屈，我们仍会认为这不足以作为他叛国的理由。然而，在斯巴达阿西比德身后，还有荷马笔下在特洛伊的营房里生闷气的阿喀琉斯。接受传统道德的小孩与他那强调力量与荣耀的德莫间的对立不会令人惊异。

这是伯里克利葬礼演说上的方法。对于那些战死的英雄,赞颂从不会过时。让活着的人仔细考虑德莫现实的力量,并进而爱上它。这就是政客的画面。更具吸引力的是诗人。阿里斯托芬的《云》(*Clouds*, 303—312)向阿提卡致敬:

那儿保持着神秘的大典,
那庙里举行着
神圣的入教仪式;
那儿有敬神的礼物,
有神明、高廊的庙宇、
庄严神圣的游行
和四季
节日的献祭;
春来时举行酒神的狂欢节,
有歌舞赛会,
有笛子的清音。①

更多散文式的诗人的画面包括:神秘的厄琉西斯(雅典通往神的特殊通道);奥林匹亚众神,居住在辉煌的神庙中,以游行和祭祀品的方式获得尊崇;狄奥尼索斯盛大节日的竞赛在酒神赞美歌和戏剧中展开。

但如果德莫失去了它的力量将会怎样?如果无法承担举行像过去一样辉煌的国家节日将会怎样?如果根据一个可信的战争记录而冤枉了一个上了年纪的一家之主,而他从未犯法并一度冒着生命危险来维护一个议事会的合法性将会怎样?

84 在苏格拉底被处死前的一两天,他拒绝朋友克里同(Kriton)逃出监狱的建议(这并非难以安排)。克里同极力主张苏格拉底朋友及子女的要求。苏格拉底更愿意遵从德莫的要求。打破传统道德,他更早地得出结论,恶劣地对待他人是错误的,即使他人恶劣地对待过你(Kriton, 49c)(他并未讲述对惩罚制度的想法,但我们知道他并不是一个和平主义者)。恶劣地对待德莫、风俗和法律是极其错误的。它们对他的要求甚至超过了父母对他的要求。正因为它们,父亲迎娶母亲并生育他,

① 译文见《古希腊悲剧喜剧全集》第6卷,译林出版社2007年,第256—257页。——译者注

紧接着养育并让他接受教育。他对德莫的责任超过了对父母的责任——他有很多理由这样做。在这种情况下，虽然法律不是他父母，但却是他惟一需要终生遵从的。

他不仅有责任遵守法律，而且是有义务的。假如这是正确的，一个人有义务去做他自由承担的事，而且苏格拉底自由地接受尊重法律。虽然他能自由离开，但他选择继续留在雅典。此外，他有机会去说服由普通雅典人构成的大陪审团，他有权利去以他的生活方式生活。

雅典的法律之一是不能对陪审法庭做出的裁决提出上诉，大陪审团被认为是城市的代表，而没有任何高于城市的机构。苏格拉底认为审判他案件的陪审团通过驳回错误的上诉而错误对待了他，但是他没有通过替自己辩护来阻止死刑的执行。做这种尝试会被认为是破坏法律。虽然在大多数情况下，个人的违规并没有破坏法律，苏格拉底却认为如果他破坏了法律的目的，这将与其人生的信条相悖。

通过他的生和死，苏格拉底提出了一个问题，即一个有凝聚力的德莫是否更可能是通过家庭对公众舆论的责任或者个人对良心的责任而产生的。

第四章　帝国气质

85 在伯里克利最后一场演说中(Thucydides, 2.64.3),他告诉沮丧的雅典人:“即便有一天我们有所退却(所有东西都会衰落),我们仍要记得我们曾统治了绝大部分希腊人。”在这里,伯里克利犯了一个错误,就像林肯在葛底斯堡演说中所犯的错误一样:雅典并不是因为它的帝国而被人铭记。但我们会对帝国产生误解,除非我们认识到,无论赋予统治者或被统治者以怎样的物质优势,希腊人之所以臣服雅典,是源于他们对大部分雅典人的敬意。雅典通过剥夺其他希腊人的自由,使自己获得最大程度的自由(这与统治野蛮人所获得的满足没有可比性)。据公元前432年斯巴达的雅典人所言,荣誉是三个动机中的第二个,它使反波斯联盟成为帝国的一部分(Thucydides, 1.75.3),任何其他情感或也激发了国外的人,而毫无疑问的是,雅典帝国确实令人钦慕。在希腊人的观念中,武力是荣誉的主要来源。在伯里克利最后一场演说(2.63.1)的前面部分,他说,“城市的帝国尊严是所有人都引以为傲的”。这种除苏格拉底之外几乎被所有人共享的自豪极有可能掺杂着对所获文化成就的自信。

这种帝国自豪感中是否夹杂着内疚的情感?

我们关于帝国气质的知识主要来自修昔底德,尤其是他记述的演说辞,另外还有阿里斯托芬、老寡头的著述以及遗存的公民大会的帝国律令加以证实和补充。如果为大众进行创作的阿里斯托芬没有明确地接受帝国,如果现实和愤世嫉俗的老寡头没有对帝国管理的效率表示不满,如果帝国律令的语气并非如此专横,我们将不得不停止这种判断,但事实上,这些不同史料的内容非常一致。无论如何,它仍考虑到了保持修昔底德大多数相关演说中一贯的强硬语气。

当修昔底德为我们转述演说内容时，他并没有宣称（1.22.1）除了“尽可能接近演说者实际所表达的大致意图”外多做了什么。“尽可能接近”一词是表明如果他本人没有听到演说，他必将依赖其他听过的人，但那些人或许会错误地表述演说者的大致意图。显然，我们可以设想，如果我们认为修昔底德所言属实，并且他之后在 1.22.1 中所写的东西也所言非虚，无论他在什么时候将某一次演说归因于某个当事人，该当事人所做的某个演说（或一系列演说）都有着同样的“大致意图”。但是如果我们给“大致意图”一个低层次的解释，我们就有理由相信修昔底德有时隐瞒了曾经有、但他认为是不恰当的争论，有时他也提出从未有过或者并不明确、但他认为是正确或无疑问的论点。这可解释其语气的一贯性，甚至在演说措辞中呈现出的不同特征。 86

当演说被用于探讨国外事务时（与葬礼演说相对），修昔底德认为正确的观点是对那些有利于自身的策略进行不带感情的客观评价，而这些有利于自身的策略或许是荣耀或公正的，或许不是。对道德的考量不能大过对私利的考量，但可以兼顾。因此反对处决所有米提林男性的狄奥多图斯客观地说（3.47.3）：“但如果你毁灭了并未参加反叛或拥有武器但自愿按协议献城的普通米提林人，那么你首先杀害的是你的恩人，这是不公平的。”正如修昔底德在争论开始（3.36.4）和结束（3.49.4）时所说的，事实上的确有一些演说者在争论时怀有怜悯同情之心，但修昔底德似乎认为，在处理国外事务的争论中怀有这些情感是不恰当的（这并不意味着他赞同系统化地使用武力和在对外政策中使用欺骗行为）。

当我们刚开始阅读伯里克利最后的演说（2.63.1f）时，以下的段落似乎令人吃惊：

> 不要认为战争对奴隶而言仅仅是为了交换自由。不，它也关系到你们帝国的衰落和因憎恨而招致危险。对你而言也不再能离开帝国，事实上有人害怕现在的处境，他们渴望这种光荣而恬静的状态。你们的帝国现在就像一个暴君。它所获之物是不公平的，而它的臣服者却充满危险。

在这个简短的段落里，伯里克利承认帝国是通过被人憎恨、暴虐和不义获得的。它是这样的吗？而且即便是这样，伯里克利在公民大会上的演说中会这么说吗？

帝国给周边许多城市造成了明显的威胁，尽管许多城市的平民相比雅典更厌恶他们自己的寡头，但毫无疑问，帝国遭到了广泛的憎恨。老寡头（1.14）认为这是不可避免的，因为统治者是会被被统治者憎恨的。 87

专政——被某个篡位者或他的后代统治——是与雅典民主格格不入的，奇怪的是伯里克利却将之与帝国相比。但在阿里斯托芬(*Knights*，1111—1114)那里，骑士告诉德摩斯(Demos，人格化的雅典人)："在你的帝国，所有人都害怕你像个暴君，这样也挺好。"一些帝国律令的语言肯定是专横的。公元前 5 世纪 40 年代早期或者更有可能是公元前 5 世纪 20 年代，公民大会通过了一条法令，要求臣属同盟国只能使用雅典货币、度量衡。在这些法令条款(如果所恢复内容可信的话)中有这样一条(ML，45)："即使没有雅典行政官，每一个城市的行政官都须执行这个法令的规定；如果他们没有按照这个法令行事，这些行政官将在雅典被起诉，同时将受到被剥夺公民权的惩罚。"雅典行政官似乎也在场。称一度自由的希腊人的这些做法为"专政"并不牵强。

正如苏格拉底所发现的，很少有人对公正和不公正有清晰的概念，但似乎大多数人都会认为长期未受质疑的权力被剥夺是不公正的。在修昔底德的作品中，没人否认雅典人支配其他希腊人是不公正的，但在希腊语中，"公正"和"不公正"并不如"好"和"羞耻"这对词那样强势。

大批受众听过像在公民大会上大声宣读的货币法令，或者听过像在大剧院歌唱的阿里斯托芬《骑士》中的歌曲，他们也听到了公民大会中来自小城市诸如莱昂蒂诺(Leontinoi)或埃格斯塔(Egesta)使臣的阿谀奉承(Aristophanes，*Akharnians*，633—640；Thucydides，6.8.2)和在凯拉米克斯葬礼演说中以及剧院悲剧作品中对雅典人的过度褒奖，但这并不如伯里克利最后的演说那样令人震惊，我们不能称那一演说"愤世嫉俗"，或者对克里昂在公元前 427 年对公民大会的演说以及对雅典使臣攸菲莫斯(Euphemos)在公元前 415 年在西西里卡玛里纳岛(Kamarina)公民大会的演说不作评论(Thucydides，6.82ff)。

修昔底德不仅同化了他笔下演说者们的风格，还使他们的观点与他所认为的合适观点相一致。我们很难相信，甚至连雅典公民大会也遵循他有时提出的愚钝或大众化的观点。然而，我们没有理由怀疑伯里克利在其最后演说的开篇对帝国的这种现实考虑。不论这种思想和演说的现实性是否源于智者派，也不论更具破
88 坏性的第二代智者派的冷酷现实性是否源于帝国政客，它似乎已成为公元前 5 世纪后期雅典政治争论的特征。公元前 416 年米洛斯岛上的雅典人和公元前 415 年卡玛里纳岛上的攸菲莫斯都摒弃了"优美的词"(Thucydides，5.89，6.83.2)。

帝国兴起的最初动机是恐惧(1.75.3)——对波斯持续的恐惧以及对斯巴达及其同盟的恐惧。迫于同盟的压力，斯巴达在公元前 479/前 478 年以抵御波斯人为

借口要求雅典保留一个开放城市作为他们返回时的基地。通过欺骗斯巴达，地米斯托克利使雅典重建了城墙（Thucydides，1.89.3），但通过这种欺骗得罪斯巴达的做法非常愚蠢，它似乎极易招致斯巴达的武装干涉。

雅典同盟诞生于公元前478/前477年，当时伊奥尼亚人和其他新近获得自由的希腊人反对曾于公元前479年在普拉提亚消灭了波斯军队的斯巴达摄政者兼希腊同盟领袖波桑尼阿斯，他们恳求雅典从波桑尼阿斯那儿接管希腊同盟的领导权。雅典抓住了机会，而波桑尼阿斯也被召回了斯巴达。雅典人考虑哪座城市用以制造船只，哪座城市用以生产货币（维持海战是非常昂贵的）。阿里斯提德评估了花费的总额。为使同盟国公平地进贡商品，他们以惩罚波斯为借口，劫掠土地或满足自己的需要。财富属于10位雅典行政官，也属于希腊人的司库。这些财富被安置在提洛岛上，同时同盟代表在阿波罗神庙聚会。包括雅典在内的每座城市都有一票表决权，不过雅典将军却能指挥每一次远征。新的同盟是霸权式的，而不是平等的。同盟国要发誓永远忠诚于同盟。随着波斯大军的溃退，一些城市开始对远征失去热情，但是雅典并不想让他们从忠诚的誓言中获得自由。

一旦同盟开始转变为帝国，雅典就不得不担心同盟的反叛与日益增长的敌意。我们之前早已指出，像埃吉纳岛（Aigina）、科林斯、麦加拉等帝国之外的国家有理由感到它们的独立受到雅典海军活动的威胁。在公元前450年早期，雅典征服了被伯里克利称为“比雷埃夫斯眼中钉”的埃吉纳岛，并且让其成为了进贡的同盟国。在公元前5世纪30年代晚期，科林斯和麦加拉与斯巴达出于对雅典不断增强的实力的恐惧，引发了伯罗奔尼撒战争（Thucydides，1.23.6）。（尽管雅典的行为被认为是挑衅性的，但它的敌人打破了公元前446年的三十年和平［Thucydides，7.18.2］。）

在雅典同盟和斯巴达同盟形成之前，食品供应就已成为令雅典人担忧的另一问题。从梭伦时代开始，如果有一年降雨量不充沛，那么雅典就会在一定程度上依赖谷物进口，而随着公元前5世纪人口的增长，它对外的依赖程度也日益增强。就 89
这方面而言，它在所有希腊城市中是非常独特的。来自克里米亚的谷物进口是雅典的生命线。它必须确保商船携带谷物不会遇到任何麻烦。但由于雅典的军舰只拥有有限的行驶范围，因此它需要一系列友好的或至少中立的港口，以便到达达达尼尔海峡或更远的地方。对谷物供给的担忧有助于帝国的存在，但当帝国变得强大的时候，这种担忧被遮蔽了。另一个相关的担忧是木材供应，这类东西主要来自马其顿和色雷斯。

伯里克利在最后的演说中告诉雅典人：“你们的海上资源只有这些，波斯王和地球上其他民族都不能禁止你们前往想去的地方。”根据三十年和平协议,斯巴达容许了雅典的制海权。只要控制了海洋,资源匮乏的阿提卡想要维系它的人口是没有什么问题的:那些进贡物品的臣属同盟国大多是岛国,无法组织力量对抗雅典(Old Oligarch, 2.2)或拒绝雅典的舰队使用它们的港口,因此通过舰队自身获得的资助不仅可以确保持续不断的进贡物品,还可以确保商贸的安全,特别是主要将从黑海和其他地方带来的谷物交换成劳里昂银、货币或者金条的贸易。除了像公元前430年春爆发的第一次瘟疫以及在埃及(公元前450年)和西西里(公元前415—前413年)的远征困局等不可预见的挫败外,雅典没有任何理由丧失控制权。

除部分希腊人所持的怀疑主义外,由地米斯托克利预想并被伯里克利实施的策略(Thucydides, 7.28.3)听起来似乎非常简单。连接雅典和比雷埃夫斯的长墙构成了一座堡垒,它大到足以容纳阿提卡的人口并坚不可摧(就原始攻城手段而言),而且这里鲜有叛乱发生。斯巴达同盟在春天的入侵,甚至对阿提卡堡垒永久的占领都极具破坏性,但就本质而言并不危险。墙内的过度拥挤对健康造成的危险是不可预知的,我们对当时雅典的医学状况知之甚少,以至于不能说那是可预知的。

其他的危险则是心理上的。大多数雅典人依旧居住在乡村,显然,如果他们的财产被入侵者破坏,他们的心情必然会非常悲伤,而且乡下人很难适应货币化的城市生活。此外,坚守策略会使能镇压同盟叛乱(Old Oligarch, 2.1)却并不能守卫阿
90 提卡的雅典重装步兵士气受挫,因为一个人的地位取决于他对家庭、德莫的防卫和安宁所做的贡献。当斯巴达人肆虐阿提卡时,雅典只有一些年轻重装步兵作为海军或抢登敌船或陆地进行作战的人员(epibatai)在待命,每艘船十人。在公元前415年之前,我们并没听说用公共开支武装起来的独断的作战人员(Thucydides, 6.43)。(那些达到参军年龄且未在强大的1 000人骑兵队服役的上层阶层成员会在重装步兵中服役,但相比轭牛等级,他们的士气不会受到严重影响,因为他们还能担任礼仪性职位,尤其是三层桨战船司令官。由1 000名上层阶级成员组成的骑兵队的士气几乎不会受到影响,因为他们在扼制入侵者破坏方面发挥着积极作用[Thucydides, 2.22.2]。)

创建帝国的第三个动机是收益(1.75.3)。雅典通过帝国获得的最明显的收益——即便没有苏格拉底的批判,也会遭到世人指责的收益——是臣属同盟国的贡金以及在货币法令之后向雅典支付的银币。在公元前439年萨摩斯岛减少供应之后,只有开俄斯岛(Khios)和莱斯博斯岛(Lesbos)还在供应船只。如果现有不多的数据可信的话,那么雅典在战争之初的公共收入是每年1 000塔兰特(Xenophon,

Anabasis，7.1.27)，其中 600 塔兰特来自海外，400 来自国内(在创作于公元前 442 年的《黄蜂》[*Wasps*，660]中，博得利克里翁提供的年收入近 2 000 塔兰特。这一数据似乎有些夸大，不过据估计，雅典在公元前 425 年收到的贡金确实有所增加[ML, 69]，而且他提供的数据也并非不着边际)。据修昔底德所述(2.13.3)，雅典有 600 塔兰特的收入来自同盟国的贡金，但据铭文证据显示，贡金数额不可能超过 400 塔兰特。然而，雅典很可能又通过其他帝国手段获得了 200 塔兰特。400 塔兰特的贡金与雅典国内收入相当，足以支持它宠大舰队的开支，这笔开支远超斯巴达同盟的军费开支。

除来自臣属同盟国的岁贡外，雅典还控制着同盟国储备金，这些储备金在公元前 454 年或更早时期被从提洛岛的阿波罗司库转移到了卫城的雅典娜司库。这些储备金由剩余贡金构成，在转移之时数额高达 5 000 塔兰特甚至更多。公元前 450 年，雅典与波斯停战，并于公元前 449 年由长者卡里阿斯与波斯签订和约，史称《卡里阿斯和约》。之后，公民大会便决定动用部分储备金，用以重建被波斯人烧毁的神庙。大理石帕特农神庙、黄金和象牙制成的帕特农神像以及大理石山门所用的资金均来源于此(即现已转入雅典娜司库的同盟国储备金)。

帝国每次扩张所带来的都不仅是武力和荣耀的增长，还有贡金的增加。因此在叙述公元前 415 年关于西西里远征的第二次争论时，修昔底德(6.24.3)这样描述雅典人的想法：

> 所有人似乎都深爱远征：老人们认为凭借这么强大的武力，击溃对手无论 91
> 如何都不会有什么悲剧发生；符合兵役年龄的男性渴望看到遥远地方的风景，并且深信会平安回家；包括军人在内的大多数人都希望在短期内获得报酬并且赢得额外的权力，以使其有可能永远获得报酬。

支付陪审员的酬金显然并不直接从贡金中支出，但城邦犒赏(emmisthos polis, Plutarch，*Perikles*，12.4)以及向为城邦服务的公民支付报酬的观念似乎在逐渐变成现实。

雅典通过帝国获得的第二个优势便是额外的土地。公元前 476 年，客蒙从波斯人手中夺取了蛮荒之地埃翁，交由雅典移民占领。之后，他又肃清了海盗领地斯基罗斯，也交由雅典移民占领。在该世纪中叶，雅典移民还被遣往同盟的两个成员国利姆诺斯岛(Lemnos)和印布洛斯岛(Imbros)。这些仍然保留着雅典公民权的移民即我们所知的赐田业主(kleroukhoi)或份地持有人，英语表述为“cleruchs”，这或许是因为他们只构成了对现有德莫的补充。大约在同一时期,伯里克利又将1 000名赐田业主遣到色雷斯半岛或加里波底(Gallipoli)殖民。这五个殖民点不仅给城市贫民提供了土地,而且可辅助保护运送谷物和木材的路线。此外,雅典还在其他同盟国土地上进行(很可能无休止的)殖民,它在纳克索斯岛(Naxos)、安德罗斯岛(Andros)有更小的殖民点,或许在攸卑亚(Euboia)南部的卡里斯托斯(Karystos)也有。公元前446年,在镇压了波及攸卑亚大部分地区的叛乱之后,那里的赫斯提亚人(Hestiaia)被驱逐了出去,随后1 000名雅典人移居到了那里。

10 000名雅典人及其同盟在大约公元前465年于埃翁上游的恩尼亚·霍多伊(Ennea Hodoi)建立的联合殖民点显示了雅典对色雷斯长久的兴趣。同盟的参与对这个半自治殖民地来说是必要的,因为雅典很难再抽出1 000或2 000多名壮丁。这个殖民地建造得非常成功,但当殖民者冒险进入内地时,他们却被德拉贝斯库斯(Drabeskos)当地的埃多尼亚人(Edonians)消灭了。据一份大约公元前445年的铭文(ML, 49)记载,雅典决定派遣轭牛等级和无业游民前往色雷斯一个叫布雷亚(Brea)的地方建立殖民地,但其结果如何,我们不得而知。在公元前437/前436年,由哈格农(Hagnon)领导的雅典人在恩尼亚·霍多伊建立起一个泛希腊殖民地,后更名为"安菲波里斯"。虽然雅典殖民人口不多,且像埃翁、安菲波里斯这样的殖民地并不缴纳贡金,但它们对帝国收益做出了重要贡献。公元前443年,一个类似的泛希腊殖民地又在意大利南部的图里伊(Thourioi)建立起来。这两个殖民地之所以被称为"泛希腊殖民地",是因为那里的大部分殖民者都不是雅典人,但他们至少——无论如何,在最初——对雅典人是友善的。

92 显然,在该世纪中叶和公元前437/前436年间,雅典输出了数千贫穷公民,将他们从先前的无业游民提高到轭牛等级的地位。地址的选择表明,这些决定是经过策略性考虑的。为什么雅典的穷人在阿提卡未遭破坏之时乐意去这些地方?如果雅典成千上万的穷人愿意永久放弃雅典公民权,那么这将会是对其价值评判惊人的一笔。有时很难与殖民者区别开来的赐业地主并未放弃雅典公民身份。但是埃翁、布雷亚、图里伊和安菲波里斯的雅典殖民者的情形又是怎样的呢?难道他们永远放弃了雅典公民权?这似乎不太可能。

赐田业主必须被束缚在份地上吗?即使被派遣出去也是如此吗?公元前427年,在镇压了莱斯博斯岛大部分地区的叛乱之后,修昔底德(3.50.2)这样评价雅典人:

> 他们并没有向莱斯博斯岛的居民征收贡金,但却分割了土地,将麦提姆纳

> (Methymna)从那分裂出来(它对雅典是很忠诚的),将其分成 3 000 块份地:300 块用以供奉诸神,剩下的则给他们派遣自己的赐田业主,这些都通过抽签决定。莱斯博斯岛的居民同意每年为每块份地支付 200 德拉克马,并亲自在土地上耕作。

在公元前 427 年,雅典很难抽出 2 700 个壮士,并且即便有,我们也没有听到更多关于莱斯博斯岛上雅典赐田业主的任何消息,甚至当修昔底德准备提及他们时,他们已经去那儿了吗?这些赐田业主似乎很快变成了外居地主。

很少有希腊城市可以拥有足够的耕地。雅典赐田业主也许在赫尔松尼斯(Khersonese)很受欢迎,但在纳克索斯岛、安德罗斯岛、攸卑亚和莱斯博斯岛,他们一定遭到了强烈的怨恨,即便寡头倒台或贡金减少也会如此。雅典富人对同盟国土地的私人占有招致了强烈怨恨。关于这一点,我们可通过萨索斯岛(ML, 79)和攸卑亚等地加以证实。

帝国的第三大优势体现在贸易和旅游领域,它们在帝国环境下当然会有所扩张。粗略地说,舰队和伯里克利时代的建造项目是由同盟国与帝国共同支付的,而雅典谷物进口是用银币以及贸易和旅游收益来支付的。梭伦允许外国手工艺者定居在雅典(Plutarch, *Solon*, 24.2)。地米斯托克利开始开发比雷埃夫斯的商业潜力和海军潜力。正如我们所看到的,外邦人虽然在一定程度上要缴纳人头税,但他们在德莫里或多或少得到了尊重。到公元前 5 世纪中期,比雷埃夫斯被希波达摩斯重
新规划时,它与雅典同时成为了商旅中心。不论是短期停留还是长期停留,包括希 93
腊人和非希腊人在内的成千上万参观者出于不同的目的、采取不同方式,不断涌入比雷埃夫斯或雅典。

帝国依赖于对比雷埃夫斯海军设施(三个带船坞的港口,主码头位于坎达罗斯)、300 艘适合航海的三层桨战船(公元前 431 年时的数量)、传动装置(木头和幔帐)、原始材料(木材、沥青、皮革、帆、纸草、青铜)、人力(船长、海军军士、桨手、水手、水兵、弓箭手)的有效管理。船只的补给,连同传动装置和船坞都由公民大会负责。整个造船厂是受 10 名行政官组成的年度委员会监督,由 500 人保卫。这一资源是雅典人的骄傲,在公元前 4 世纪,德摩斯梯尼(Demosthenes, 22.76)将船坞与山门、帕特农神庙和拱廊归为一类。

比雷埃夫斯既作为海军基地建设,也作为民用、商用港口发展。它不断吸引着来自国内外的人前往定居,他们中有许多人都与造船厂存在这样或那样的联系,也有许多人经商。制海权不仅能使雅典进口生活必需品,而且正如我们从喜剧诗人

赫尔米波(Hermippos, fragment 63)那里所了解的那样,它还能使雅典得到来自赫勒斯滂的咸鱼、叙拉古的奶酪、叙利亚的乳香、利比亚的象牙、腓尼基的枣子、迦太基的毛毯和垫子。伯里克利在葬礼演说中总结了它的作用(Thucydides, 2.38.2):"我们的城市是如此伟大,我们可以进口全世界的商品,自由地享用那些如同是我们自己生产出来的国外产品。"如果说自给自足一度是个目标,那么现在便很难做到了。然而,并非所有进口到比雷埃夫斯的商品都在当地消费,其中必有很多商品被重新输出到周边的小城市里。

在比雷埃夫斯这个国际港口,你可以花钱购买到几乎任何东西,也能见到大量来自整个地中海东部的有着各自风俗、装束、方言或语言的商人、工匠和水手(Old Oligarch, 2.8)。在柏拉图《理想国》的开篇,苏格拉底描述了他先前如何与柏拉图的一个兄弟步行至比雷埃夫斯参加纪念色雷斯人的狩猎之神本狄斯的节日(时间大约是公元前412年)以及他如何被劝说造访叙拉古人凯发洛斯的家的场景。一般认为,本土雅典人不必为了考察其他地区的风俗而旅行。

外国使团、希腊智者和旅行家、同盟国的诉讼人和代表源源不断地流入雅典。雅典帝国主义有这样一种倾向,即在同盟国城市中发生的与雅典人相关的诉讼案
94 要由雅典法庭审理。正如老寡头所记录的,"如果涉及同盟国的审判在雅典法庭进行,雅典平民会获得以下好处:首先,比雷埃夫斯1%的税收会为城市带来更多财富;其次,租赁房屋者的生意会更好;再次,租赁交通工具或奴隶的生意也会更好;最后,当同盟国在场时,传令官会做得更好(传令官协助治安法官主持法庭)"。每当有案件提交上来,庭审就会产生费用,用以支付陪审员的酬金。

每年春天城市举办狄奥尼索斯节之时,帝国各城市都被要求派使团向雅典进贡(Aristophanes, *Akharnians*, 504—506),他们要将其带到议事房(ML, 46),在议事会在场的情况下由希腊人的司库接收。他们也被邀请参加节日。据伊索克拉底(Isokrates)记载,公民大会通过了一条法令,把当年的贡金运到舞台,以塔兰特计,以致塞满了剧场。对于这些悲剧、喜剧的表演,对于那些在卫城因为贡金才得以建造起来的浩大工程,使团成员会有什么样的感受可想而知。当然,大部分雅典人肯定会引以为豪。

雅典从帝国获得的利益显而易见,但正如我们已看到的,修昔底德在叙述涉外事务争论时没有考虑雅典人从其他人那里获得任何好处的习惯(显然,雅典演说家也不愿提及此事)。在其葬礼演说惟一提及帝国的地方(2.41.3),伯里克利宣称,只有雅典人能让它的臣服者毫无怨言,不会抱怨他们的统治者不配统治他们。

尽管公元前 477 年反波斯同盟形成时，雅典肯定有益于成员国，尽管它后来或也准备对同盟国之外向它求助的城市伸以援手（正如埃格斯塔在公元前 416 年所做的那样），但伯里克利并未打算表明，在与波斯结束敌对状态之后，同盟国与帝国会使臣属同盟国受益。

公元前 432 年，在斯巴达的雅典人对雅典人为什么会获得反波斯同盟领导权的解释足以令人信服。接着他们宣称所领导的联盟转变为帝国是“不可避免的”，因为人性就是如此。但是，正如他们在最初所承认的（1.73.1），他们最能证明的是“我们占有我们的所得都是合理的（或自然的）”。这种占有或获取或许是合理的，但并非严格意义的“不可避免”，而且肯定是“不公正的”。雅典人说（1.76.3），“那些遵从人性统治他人，而且所显示的公正比他们权力所要求的更多的人是值得赞扬的”。至少在和平年代，雅典对同盟国表现的对公正的尊重比它必须表现的要多（而且，这也不是严格意义上不可避免的）。总的来说，我们可以认为雅典陪审法庭比波斯总督更加仁慈，至少对希腊东部地区而言是这样。自相矛盾的是，雅典人认为，他 95
们的谦和使他们的统治遭到了比无论如何都无法完全忆起的波斯人的统治还要多的怨恨。

雅典不仅可以说在管理方面谦和，还可以宣称在税收方面适度。其强加给帝国各城市的贡赋都是它们力所能及的，并不十分沉重。据我们所知，在伯罗奔尼撒战争之前，只有五个城市在某一年中向雅典支付了超过 15 塔兰特的贡金，其中支付最多的是埃吉纳岛和萨索斯岛，数额为 30 塔兰特。

在任何程度上屈从于另一个国家的司法，或向另一个国家缴税都是对本国自治权侵犯，都会令人不满，但在这种情况下也有一些相应的回报。在吕西亚斯在公元前 4 世纪早期发表（很可能从未发表过）的葬礼演说中，战争一直延续到公元前 405 年埃哥斯波塔米战役（Battle of Aigospotamoi），这 70 年里死去的雅典人被说成让同盟国远离城市纷争的人，因为他们不相信多数人应为少数人的奴隶，而促使所有人都过上平等的生活。此外，波斯王不再垂涎他人的东西，希腊也不再有暴君，同时希腊城市也不再被非希腊人奴役。

这段话夸大了雅典强加的民主以及给希腊城市的自由：在《卡里阿斯和约》（Peace of Kallias）的条款下，塞浦路斯的希腊人已经动身去保卫他们自己了。另一方面，法塞里斯（Phaselis）以西的东部希腊城市愚蠢地认为，《卡里阿斯和约》消除了波斯的威胁。它泯灭了波斯抢掠者日益渺茫的希望，但永远强大和昂贵的海军并不需要这样的条约。单独维持这样的一支海军对雅典来说过于昂贵，因此雅典需要持续不断的贡金支持。作为对臣属同盟国纳贡的回报，它们无需花费更多开支抵抗波斯人、腓尼基人或海盗(当然，据说波斯人或腓尼基人的威胁在埃吉纳岛并不非常突出)。

在《阿卡奈人》(*Akharnians*，541ff.)中，阿里斯托芬让迪卡约波利(Dikaiopolis)告诉观众："喂，如果各个斯巴达人坐船来，没收了一只塞里福斯(Seriphos)小狗，你们会坐在家里吗？绝不会的。你们会立刻放300条船下水，全城充满了士兵的叫嚷。"①塞里福斯岛是同盟国中很小的一个城邦，距斯巴达不到100英里。对于这种行为，雅典至少会存在三种不同的观点：第一，反对，和诗人一样，表现为非理性的好斗；第二，中立，表现为城市的焦躁活力；第三，支持，表现为对弱小依附者的适当关注。雅典帝国展现出了所有这些方面。在更早的公元前430年或前429年，公民大会决定(ML，65)遣使马其顿，告诉马其顿国王普狄卡斯(Perdikkas)应尊重美索恩(Methone)的边界完整及其在陆地和海洋的权益。

雅典对海盗的镇压促进了同盟国间的贸易。大部分贡金由最富裕的同盟国支
96 付，后又以支付海军服务费的形式回到最贫穷的同盟国那里。随着越来越多无业游民上升成为轭牛等级，雅典甚至无力为舰队1/3的船只配备自己的公民。它所能做的便是使用外邦的无业游民(Thucydides，1.143.1；Old Oligarch，1.12)；如果要更进一步，它只能寄希望于来自同盟国的志愿者。舰队通常配备的人员有城市无业游民、外邦无业游民和臣属同盟国人员，他们彼此间相互混杂。在签订《卡里阿斯和约》和伯罗奔尼撒战争爆发之间的那段时期，移民到雅典并没有严格限制，成千上万来自帝国其他人口过剩城市——尤其是来自岛屿城市——的穷人涌入雅典，成为那里的外邦人。这些外邦人的孩子除比雷埃夫斯或雅典外，并不知道有其他家乡。

在从公元前461年到前411年的半个世纪里，雅典在社会凝聚力方面取得了非凡的成就，在大多数希腊城市里，人口占少数的富人和人口占多数的穷人的关系至少十分紧张。由于雅典自身是民主制，因此雅典在同盟中有些偏爱民主制度，寡头制的同盟国将会发现这点。虽然我们不能追寻这个过程的细节，但寡头制的同盟国平稳地让位于民主制。正如公元前440年在萨摩斯岛和前428年在米提林所发生的那样，当寡头制遭到反抗时，伴随着起义被镇压的往往是民主制的确立。至于这些新生的民主政权在多大程度上依赖雅典行政官和军队，我们难有定论。

---

① 译文见《古希腊悲剧喜剧全集》第6卷，译林出版社2007年，第46页。——译者注

在米提林争论中,修昔底德(3.47.2)借狄奥多图斯之口宣称帝国所有城市中的平民都是支持雅典的。尽管我们允许一些修辞性的夸张,但从修昔底德自身的叙述来看,这种宣称还是包含一些真实成分的。如果雅典帝国的受欢迎程度可以通过计算同盟国城市人头进行估算的话,那么历史学家或许可对公元前431年其他方面(2.8.4f.)的判断加以修正:“更多的人支持斯巴达……大多数人都憎恨雅典,一些人希望从帝国中解脱出来,其他人则对融入其中感到害怕。”这个论断很难获得支持,除非这个男人被看成是与修昔底德有同样社会地位的人。

公元前5世纪的帝国可能在某些方面比大多数臣属同盟国更具优势。事实上,就我们所知,这就给公元前4世纪的外邦演说家留下了很大的空间,他们可以声称未完全败坏公元前5世纪雅典的名声。

第五章　学校、知识、书籍和历史

97 为了理解文化，人们必须知道其信仰、价值和技术是如何一代一代传承的。在读写能力出现之前，这类传承主要是通过口述来完成的，尽管经常是非正式的或是间接的传承。阿里斯托芬通过他的女英雄吕西斯特拉忒（*Lysistrate*，1126f.）之口说，“既然我时常聆听我父亲和其他经验丰富之人的谈话，那么我受到的教育就不差”（毕尔小姐[Miss Beale]和巴斯小姐[Miss Buss]听到她的这一说法肯定是震惊的）。

为了理解雅典文化，我们必须知道口头传授的过程，也要知道读写能力逐渐呈现的过程。

我们会以母亲和女仆（Plato，*Laws*，887d）的影响作为开始，然后是儿童导师（paidagogos，在足够富裕的家庭能够让奴隶扮演后两者）的影响。就像我们要看到的，因为母亲本人不太可能进行过多的教育，这位母亲也极有可能很年轻，她的影响在很大程度上是心理方面与道德方面的。假如把她受限制的活动范围与她丈夫自由的范围相比较的话，就会感到她比较不幸（Euripides，*Medeia*，232—247），她对她任何孩子的态度有可能都是双面的。当催眠曲阶段过去之后，就到了寓言阶段了，重要的是利用诸如伊索之类的寓言。然后母亲将会向孩子介绍她所知道的诸如神话、传说和谱系之类的东西。她所能讲述内容的多寡取决于她本人在孩提时代所知道的多少，这些东西取决于她后来参与城邦宗教生活所获得的材料。大多数家庭几乎是没有书籍的，如果有，也肯定没有带插图的书籍；但是在一些家庭，花瓶上的视觉辅助材料有助于口头传承神话，这些花瓶通常描述的是神话场景。传承神话不仅仅是讲故事，还传承了道德、政治、宗教、科学和历史，这些东西混为一体。

女仆通常比母亲年长，因此也更加有经验，即使女仆所受的教育只是一般。她或许在诸如安普莎(Empousa)、拉弥亚(Lamia)、茉门(Mormo)之类怪物的帮助下试图灌输训诫。儿童导师的主要职责是护送家中的儿子去学校。我们不清楚他还做 98
了多少别的事情，像女仆一样，既然他是奴隶，就被迫在许多场合说，“不要按照我做的去做，按照我说的去做”，实际上，他的影响也必定是有限的。根据柏拉图《阿西比德前篇》(*First Alkibiades*, 122b)的说法，阿西比德的监护人伯里克利安排一位年纪大而不便做其他工作的色雷斯奴隶做他的儿童导师。

父亲的影响——父亲大部分时间是不在家的——可能不是太直接，对于阿里斯托芬来说(*Clouds*, 863f)，这是相当自然的事情，他让斯特瑞普西阿德斯宣称，一旦到了狄阿西亚节(Diasia，宙斯的一个节日)，他就会用当陪审员所获报酬的第一个奥伯尔为他的小儿子购买一辆玩具马车。随着孩子越来越大，他会越来越清楚地认识到他的父亲作为家庭核心的作用。对宙斯·赫启欧斯(Zeus Herkeios, Herkeios来自herkos，“农庄围栏”之意)、克忒西俄斯(Ktesios，来自ktema，“拥有”之意)和赫斯提(Hestia，女灶神)的固定崇拜必定确保了这些神灵在早期口述神话传播中的突出地位。关于赫斯提，在这里不必说得过多，但家庭的中心就是炉边，小孩大概在出生后的第五天被允许进入家庭，父亲把孩子带到炉边举行命名仪式(Amphidromia)。还有三位神灵，他们的肖像或许就竖立在前门的外面：阿波罗·阿古戊斯(Apollo Aguieus, Aguieus来自aguia，“街道”的意思)、赫耳墨斯和赫卡忒(Hekate, Aristophanes, *Wasps*, 804, 875; *Clouds*, 1478; *Lysistrate*, 64)。这些都是道路上旅行者的神灵。

当到了儿童导师要带家庭中的儿子去学校时，“文法”或文学作品只占课程大约1/3的分量，根据柏拉图的《普罗泰戈拉》——就像我们将要看到的——学会阅读的目的是能够学习荷马和其他富有启发意义的诗人的著作，并铭记在心。认真学习那些有插图的文本——在我们现代学术教育中是如此引人注目——在雅典教育中则是几乎不存在的。尽管两个多世纪以来一直诉诸文字记载，但书写诗歌仍旧是为了聆听。(存在为别人大声朗读和完全为自己静静默读两个层次。对散文诗歌的默读是公元前5世纪雅典一个众所周知的成就，这似乎是在欧里庇得斯的《希波吕托斯》[Euripides, *Hippolytos*, 864—876]中合唱队的行为，当忒修斯在阅读菲德拉[Phaidra]的信件时所建立的，也是通过阿里斯托芬的《武士》[Aristophanes, *Knights*, 118—128]中第二个奴隶行为所建立的，当第一个奴隶在阅读帕夫拉戈尼亚神瑜[Paphlagonian's oracle]时。)

学校的另外 2/3 的课程是由音乐(主要是聆听竖琴配合下的诗歌朗诵)和体操或竞技(主要是摔跤、赛跑等)组成,因为大部分雅典人在经历了这个阶段的学校教育后就不再进一步深造了,我们不久还会谈及这一话题,我们或许可以猜想学校里的正式教导对口语世界里处于主导地位的东西所造成的影响并不大。

当孩子离开学校之后,他的训导主要是口头训导了。他的父亲或伯叔父们教
99 导他,并向他介绍城邦中的基本制度,如剧场、法庭和公民大会。在所有这些活动中,书写起着部分作用,但重中之重是能够利用一个人所听到的东西,其中一些(特别是狂热的、悲剧的合唱队)是非常复杂的。公民从市政广场上那些爱管闲事的人那里得到新闻,在香料商或理发铺那里(Lysias, 24.20)得到新闻,而不是通过阅读得到。商店的功能并不仅仅在商业方面。其他一些更加哲学方面的交流或许会发生在体操馆、摔跤场或酒会上。

像政治启蒙这样的职业培训通常是由父亲向儿子传授的。根据希罗多德的说法(6.60),在斯巴达存在传令官、奥罗斯管演奏者和厨师等不同的社会阶层,就像我们可以预测到的,尽管在雅典,社会流动性更大,但却盛行同样的趋势。技术指南也开始出现了,但是职业训导的主题肯定是以父亲向儿子口述传导为主。

雅典文化的传播大致就是以这种方式进行的。我们现在或许可以在口述背景下去更加详细地考察学校、读写和书籍的作用。

人们或许认为民主会对教育有着强烈的兴趣——“我们必须教育我们的主人”。但事实上,雅典国家并不建设自己的学校,也不资助或特别关注私立学校,更不监督学校。父亲希望他们的儿子接受“自由的”教育——一种适合自由人儿子的教育——因此送他们去私立日间学校,假如父亲负担得起的话。要仔细选择这些学校,因为任何人都可以开设学校。这可以在男老师任职的学校所获得的低评价方面得到部分说明。德摩斯梯尼(18.265)把教授字母当作公民大会文书的事或者是三人合唱队中与最低级演员同等水平的事。

阿里斯托芬在他对古老教育的概括中(*Clouds*, 961—983)所描述的是完全正确的,他在音乐和体育教育中,把马拉松战役中的战士(Marathonomakhai,马拉松玛克海)作为榜样向孩子们灌输(孩子的年龄在 7—14 岁之间)。为了达到这一训导目的,每一个城邦区域的孩子都必须拜访音乐师和训练者。

音乐师(kitharistes, kithara 的演奏者,kithara 是一种大型的七弦竖琴)的第一件工作就是教授他的学生演奏普通的竖琴。当学生们学会弹奏普通竖琴之后,老

师会教学生提高抒情诗鉴赏能力，音乐师本人设置音乐背景，让学生们配合歌颂(Plato，*Protagoras*，326ab)。在通常情况下，他们能够在自己的伴奏下进行歌颂。如果竖琴或基萨拉琴(kithara)是阿波罗标志性乐器的话，那么，狄奥尼索斯的标志性乐器就是奥罗斯管了。就像竖琴是配合抒情诗一样，奥罗斯管也是配合——不过与笛子的相似程度相比更加像双簧管，尽管笛子是通常的译法——哀歌(Elegiac Poetry)的，但蕴含在奥罗斯管中的训导之普遍意义似乎比较少：你不能够用口吹的乐器来为自己伴奏。假如在酒会上需要奥罗斯管演奏的话，这种工作通常由女奴隶来完成。聆听颂歌和演奏竖琴被认为是自由教育的本质组成部分。不会演奏竖 100
琴就是没有受过教育(Aristophanes，*Wasps*，959)。参加狂热的或激动人心的合唱是需要一定能力的——这不但涉及舞蹈的能力，也涉及歌唱能力，这一能力是值得羡慕的成就，但并不常见。在城市酒神节里，狂热比赛需要 1 000 名歌手。有身份的人也被期待能够参加餐后的祝酒歌曲(skolia，skolios)，尽管苏格拉底和其他知识分子更加喜欢谈话交流(Plato，*Protagoras*，347c—e)。

刚刚所提到的训导的另一种形式是训练者提供的(paidotribes 意为"孩童按摩员"——暗示在按摩中使用橄榄油)。训练者原先通常都被雇用于摔跤学校，这些学校位于城内或城墙附近。学校主要由敞开的四边形构成，四边形毗连脱衣房和浴房。就像音乐老师的职责是准备让孩子参加节日的音乐比赛一样，训练者的职责就是准备让孩子参加体育比赛。对于孩子们和那些年轻人来说，在泛雅典娜节上有很多活动，在忒西阿(Theseia)——纪念忒修斯的节日上也有孩童们的活动。

雅典孩童的生活在许多方面是比当今英国孩童要健康得多的。因为雅典的气候更加适合于室外，人们不必穿上受限制的衣服或鞋子，人们也不必吃得过多。结果自然是，身体锻炼的矫正功能并不是引人注目的。原先与军事训练相关的联系——毫无疑问这是共同体中最早的教育形式——现在也几乎被隔断了。"至于教育，"伯里克利说(Thucydides，2.39.1)，"我们的敌人从很年轻的时候起就通过艰苦的训练获得勇气，而我们则按照我们喜爱的方式生活。"不管公共安排为重装步兵提供了什么训练，私人训练者的贡献只是一般健康而已。根据《普罗泰哥拉》(*Protagoras*，326bc)的说法，孩子们被送到训练师那里是为了"让他们在战争或任何场合不因身体的缺陷而表现胆小"。在柏拉图的《高尔吉亚篇》(*Gorgias*，452b)里，一位训练师定义他的作用是"使人的身体匀称与强壮"。人们期待训练师拥有基本的解剖知识和饮食知识，也期待他能够安排一些适当的锻炼以塑造特定形体。训练师携带工作的标志——一根分叉的杆子——引导孩童，让这些孩童与年轻人区别开来(Plato, *Lysis*, 206d),在简易营地里让他们摔跤、打拳击、赛跑、跳远(比在乡间的跳远更加有用,乡间的跳远经常跳跃的是溪流河道而不是墙或树篱),也投掷铁饼和标枪(即使最后这项训练与重装步兵训练几乎没有什么关系,而与骑兵训练相关)。复杂活动是在奥罗斯管的伴奏下进行训练。摔跤场不仅仅是身体训练
101 的机构,这在柏拉图的《查米德斯》(*Kharmides*)和《吕西斯》(*Lysis*)中有显著的描写。《吕西斯》开章便是一位年轻人告诉苏格拉底,他和他的朋友通常的消遣就是在新落成的摔跤场上交谈。摔跤场是社会中心,苏格拉底在这里非常乐意地与任何愿意和他交谈的人进行交流,也和那些训练师不要求的人进行交流。

从公元前 6 世纪开始,增加了第三个基本教育因素,提供这部分教育的人是希腊师傅(grammatistes,读写老师)。阿里斯托芬在《云》里没有提到这种师傅,因为阿里斯托芬认为希腊师傅仍旧是不常见的——参加过马拉松战役的战士在学校时,就是说在公元前 500 年时。大约在马拉松时代,在多里斯人(Douris)所绘制的著名的红绘式杯子上,这种师傅显然是存在的。或许是诗人感觉到希腊师傅的工作和他所憎恶的知识发展之间的联系,也希望在新旧之间形成鲜明的对比。在希腊师傅成为老师(didaskalos)的这个过程中,教师是最卓越的。

既然评估公元前 5 世纪下半期文化水平的深度和广度对于理解文化是如此重要,因此首先更多地了解一下这一时期的背景是有益处的。

迈锡尼音节文字大约在公元前 1150 年开始被使用。希腊人一直处于不识字的状态,这一情况一直延续到公元前 8 世纪中期希腊贸易者定居在黎凡特(Levant),采纳和改变西北部的闪米特文字为止。希罗多德(5.58)称这种新字母为"腓尼基字母"。假如字母表是一套书写符号,这套符号几乎代表了所有口头语言的母音音素,那么希腊字母表就是第一份字母表。现存最早的希腊铭文——刻写在陶罐上或碎片上——大多是个人的,但自新字母表出现以后,学习更加便利了,传播的速度更快,不久也被运用到更多的公共领域中,如用在墓碑上,用在向神灵的献辞上。字母的商业运用和法律运用也成为可能,这不久就在古老的希腊商业城市得到实现。在雅典,德拉孔(Drakon)大约于公元前 621 年编纂并颁布(在木头上)了有关谋杀和犯罪的雅典法律。公元前 6 世纪早期,梭伦也编纂并颁布了更加完整的法律章程。

一个世纪以后,这类法律文献开始在石头上颁布了。虽然僭主庇西特拉图及其儿子的时代没有铭文记录存留下来,但有理由认为在庇西特拉图及其儿子喜帕库斯的命令下(Platonic, *Hipparkhos*, 228b),在雅典编定了荷马史诗的标准版本,

目的是避免在泛雅典娜节上，荷马史诗的吟诵者任意吟诵。与此同时，收集官方的、非官方的用文字书写的神谕正在由像奥诺玛克利托斯（Onomakritos, Herodotos 7.6.3）一样的神谕贩子（khresmologoi）逐渐加工成形。公元前510年，斯巴达国王克里奥门尼带走了他在雅典卫城的雅典娜·波丽亚丝神庙里发现的神谕（Herodotos, 5.90.2）。

现存最早的雅典法令是在石头上颁布的（ML, 14），和萨拉米斯有关，时间大约 102
是公元前500年。在厄菲阿尔特改革之前那段时期，仅仅有三件其他法令，并且都是和宗教事务有关的。自此以后，在石头上颁布的官方文件开始包括越来越多的法令文本了。条约、献辞、账目、阵亡名单也刻写在石头上。刻这些公共铭文时常要花费很长时间，不仅因为种类繁多，而且也因为雕刻要非常仔细。这样的花费必定也很昂贵。假如很多公民不能够阅读铭文，又花费很多钱做这事，而公民又渴望这样做的话，将是不可思议的。“以便所有人可以知道”这样的条款会经常出现，这与普遍的文盲状况是不相容的。石匠可能是依据纸草上的原篇进行雕刻的，但在古老的议事会房间或自然女神庙（Metroön，之所以这样称呼，是因为这为大母神崇拜提供了空间）依据这些原篇进行系统雕刻，在时间上或许不早于公元前5世纪晚期。

除了使用永久性的公共铭文外，我们必须考虑到以石膏写在木版上的临时性的通知（*Wasps*, 349, 848）：或许是宣布有关法律的建议性补充条款或替代条款，或许是宣布公民大会和议事会议程，肯定也会预告将要进行的审判，也肯定会宣布征兵号召。在阿里斯托芬的《和平》（*Peace*, 1183）中——该剧写于公元前421年——军团长们因为武断地改变刻有征召令的名录而遭受指责，结果是潘迪俄尼斯部落的一位成员——站在潘狄翁塑像边那位——突然看见自己的名字（仅仅不清楚的是，在公元前5世纪这十尊以部落名命名的塑像放在哪里）。我们不知道在公元前5世纪早期，这样发布信息的方式是怎样被采纳的，但我们或许可以假设，在这种方法被采纳之前，在使用传令官之前，大多数轭牛等级能够读到。

陶片放逐法大约在公元前508年被引进，这是以大多数公民至少能够阅读名字为先决条件的。假如大多数公民甚至是许多公民既不能够亲自在陶片上刻写名字，也不能够读他手头陶片上的名字，那么被欺骗的可能性是极其大的。

我们知道的第一所希腊学校（位于伊奥尼亚的开俄斯岛，120名学童在这里学习基础知识，在南部的基克拉迪群岛有60位学童到多利安的阿斯提帕莱阿岛[Dorian Astypalaia]上学习）是公元前5世纪前十年间出现的。然而，假如我们考虑到在公元前5世纪90年代在阿斯提帕莱阿这样意义重大的岛上存在如此规模的学校,把陶片放逐法引进到有大量文盲人口的地方所存在的危险,假如我们考虑到多里斯杯①,假如我们考虑到从公元前5世纪开始就在石头上使用铭文,那么我们就几乎不能怀疑——尽管阿里斯托芬保持沉默——马拉松玛克海至少有机会去上读
103 写教师开办的学校。大多数有文化的父亲在一天的大部分时间里可能都不在家,许多母亲本人几乎是不识字的(书写名录将有助于母亲操办家务[Xenophon, *Oikonomikos*, 9.10]),有关能讲希腊语的有文化的奴隶在家里可以发号施令的证据是不足的。因此也需要读写教师。

我们或许可以这样认为,到公元前5世纪中期,至少大多数上层和中层阶级的雅典儿童会到读写老师开办的学校里学习一段时间,并且读写教师在重要性方面逐渐稳步地超过了音乐师和教练员。这可以从多里斯杯上得到判断——一位读写教师和一位音乐教师分享同样的场所。很显然,两人之间的活动是相关的,即便荷马史诗也是如此,过去,吟游诗人在四弦琴——福明克斯琴(phorminx)的伴奏下演唱,现在则在读写老师的学校里演说,就像吟诵者在戏台上一样(每一个完整的希腊词语说起来都抑扬顿挫、铿锵有力)。

从读写老师那里所学的第一件事情就是每一个字母的形状、名称和用途。当学童能够辨认和书写字母,并知道字母的用途后,他就要准备学习音节了,首先学习元音或者是辅音与元音,然后学习更加复杂的音节。因为通过这种方法是能取得缓慢进步的,最后,他将能够阅读和书写诸如这样的多音节字"A—GA—MEM—NON"(没有小写字母供他学习)。他然后就准备阅读诗歌句子了。在《普罗泰戈拉》(*Protagoras*, 325e—326e)中,柏拉图让著名的智者说:

> 当孩童们学会了读写后,就要准备理解书面文字了,这就像他们先前理解口语一样,老师让孩童们坐在长椅上,把著名诗人的著作摆在他们面前让他们阅读,也让他们背诵这些著作。这些著作充满着指导,也充溢着往昔优秀人物的故事、颂歌和赞美。这样做的目的是让孩童们渴望去效仿这些优秀人物,渴望像这些优秀人物一样。

有几点要注意。首先,"优秀诗人"——叙事的和颂歌的——主要是史诗诗人,其中主要是荷马和赫西俄德。在多里斯杯上,当孩子在背诵史诗(已经遗失)时,读写老

① 多里斯(公元前505—前470年),雅典花瓶画家。——译者注

师则在阅读这些史诗。其次，对待诗人的作品在某些方面像对待神圣文本一样——除了一些已经废弃不用的词语外，这种对于批评者来说相当简单易懂。目的是为了训练品质，而不是强化情感。再次，记诵的价值是毫无疑问的。根据色诺芬的说法(*Symposion*, 3.5)，尼西阿斯强迫他的儿子尼克拉图(Nikeratos)学习整部荷马史诗——《伊利亚特》和《奥德赛》，这就是说，是希望他成为优秀的人。当我们想到那时需要记忆的作品还很少时，其实书写技巧已经被那些史诗吟唱者完成了，104
乍一看似乎并不让人惊奇。尽管 28 000 行的荷马史诗并不押韵，但是有韵律的六步格式的基本框架是六长短格音部(-⏑⏑)，最后一个音节则少一个：-⏑⏑/-⏑⏑/-⏑⏑/-⏑⏑/-⏑⏑/-⏑，并且包括大量的词语、诗行的重复。或者我们也可以进一步想象学习有助于雅典孩童认同他们所阅读到的人物。他完全沉浸在阅读世界里，他所背诵的每一个段落都是荷马史诗所描述场景的再现。最后，雅典的父母和老师使用的强制手段一点也不含糊，有时甚至是粗暴的体罚。毕达哥拉斯前不久刚刚提到保姆、母亲、儿童导师和父亲都以“恐吓和殴打”的方式，以期提高孩子的道德。直到昆体良(Quintilian)时代，古代世界所提供给我们的都是这样的教育方法：实施适当的肉体惩罚。

就像我们在前面提到的，雅典国家本身对提供教育不感兴趣。那些有能力的父亲会送自己的孩子去上学(学费可能并不是很高)，这些学生由儿童导师护送，导师在学生读书期间则坐在班级的后面或者待在摔跤场。儿童导师的责任就是护送孩子安全到达学校，监管孩子在学校的言行。那么有没有从家出来就不带奴隶的，或者压根就没有儿童导师的？这种情况肯定不少。孩子们是否口头上从父亲和父亲的朋友那里学到他们所知道的一切？我们所能够说的是，到公元前 5 世纪下半叶，在城市中，如果你是文盲的话，还是相当不方便的，因此那些能够负担花费不菲的学校教育的父亲大概更希望能让他的孩子学会阅读、书写、计算，他们认为这比能够唱歌、摔跤更重要。在《马蜂》(*Wasps*, 959f)里，费罗克利翁想当然地认为语法是比里拉琴更加重要的科目，阿里斯托芬在别的地方(*Frogs*, 729)所描述的“在摔跤、舞蹈和音乐的环境中成长”是属于“优雅与优秀”的。因此，父亲在关心孩子记录和计算能力方面比要关心通过荷马史诗来提高孩子的品性方面更加重视。在阿里斯托芬的《云》(*Clouds*, 19)里，斯特瑞普西阿德斯记账，尽管他还不是一个商人。在《马蜂》里(538, 559, 576)，博得利克里翁详尽记录了他父亲的演说。在社会底层，卖香肠者都多少需要一点文化。当然他并不是要成为教练员(*Knights*, 1238f.)或者老师(1235f.)，他也去阿格拉的学校读书(636)。吕西亚斯(Lysias, 20.11)说，还要比较他的乡村同辈:“他很贫穷,在乡村放羊,而我的父亲则在城市接受教育。”没有什么迹象显示乡村有学校。在现存的陶片上,笔迹不顺或拼写错误也就不是什么奇怪的事情了。

到目前为止,我们主要关注的是初级学校教育,尽管我们刚刚也谈及了在摔跤
105 学校有年轻人和孩童接受教育。未来重装步兵主要要求一般的素质,这也有助于外表的优良。毫无疑问,包括那些渴望成为诗人的一些青少年会继续跟随他们的音乐老师学习。上了年纪以后的苏格拉底跟随一位名叫克诺斯(Konnos)的音乐老师上课,这位老师的其他学生则是孩童(Plato, *Euthydemos*, 272c)。似乎没有什么证据可以表明在第二个教育阶段,读写教师提供了文学教育。柏拉图在《普罗泰戈拉》(*Protagoras*, 338e)中指出,人的教育最关键的是要熟悉诗歌,柏拉图把这定义为区别优秀诗歌与劣质诗歌的能力、赋予自己理性的能力,但通常的学校教育却几乎不能使雅典人做到这一点。在初级教育阶段的算术教育——大概是由读写教师提供的——并不能得到直接证实,但我们知道在某些阶段,数学的各个分支至少是一些孩童的学习科目,因为柏拉图(*Protagoras*, 318de)通过普罗泰戈拉之口说:

> 其他智者恶意地对待那些逃课(tekhnai,一个古怪的用法)的年轻人,其手段是强迫他们不断地学习这些科目——算数、天文、几何和音乐。

色诺芬(*Recollections*, 4.4.7)记录了让苏格拉底计算“2×5=10”与拼写他自己的名字之间的联系来作为定义知识的例子。在阿里斯托芬的《马蜂》(*Wasps*, 656)里,博得利克里翁邀请他的父亲来“粗略地计算,不是用计数器,而是用自己的手指头”。拼写学习也涉及诸如“在‘Sokrates’中有多少个字母”,或者“在‘Sokrates’中第四个字母是什么”这类问题。算术学习有助于拼写学习。情况可能是希腊师傅在算术学习中给予一些基本指导。我们不太清楚一般的孩子在学校里是怎样学习天文或几何的。

一般来说,我们或许可以认为社会底层的孩子是不接受任何中等教育的,中等阶层或上层社会的孩子也很少接受中等教育(中等教育完全是智力教育),尽管越有钱的父亲越可以延长孩子在校学习的时间,“最富有的孩子最早入学,最晚离开”(*Protagoras*, 326c)。就像告诉我们阿西比德的儿童导师无能一样,《阿西比德前篇》(*First Alkibiades*, 106e)里也总结了他的学校教育是由语法、竖琴(不过不是奥罗斯管)和摔跤组成的。阿西比德大约于公元前440年入学。公元前5世纪的雅典是很少有孩童接受更多学校教育的。在柏拉图的《美诺篇》(*Menon*, 94b)中,据说

伯里克利通过他的雅典妻子来教育他的两个儿子学习骑术、音乐、竞技和其他技艺(适合年轻的绅士)的。孩子们在结束他们的初级教育之后,从儿童导师的监管中解放出来,大多数中等阶级和上层社会的孩子在他们到达 18 岁成年,有义务为重装步兵服役之前还要享受大量的自由时光。在《拉克斯》(*Lakhes*, 179a)开头,吕西马库斯(Lysimakhos)说,大多数父亲(也就是说大多数中等阶级和上层社会父亲)允 106 许他们的孩子在成人前做他们喜欢做的事情。这些新活动大概是身穿重装步兵这类风格的盔甲来骑马与训练(*Lakhes*, 181c)。在《云》(*Clouds*, 916f.)里,"正理"因这样的事实而谴责"歪理"——成年后不去学校。

尽管花瓶提供了女性会读写的一些证据,甚至是女孩入学的一些证据,但我们大概可以确定女孩是不去中等学校学习的。色诺芬通过苏格拉底之口说(*Recollections*, 1.5.2):

> 如果我们的生命将要结束的话,我们应该委托某人来教育我们的儿子,或者保护我们的女儿的贞洁,或者保管我们的财产,我们应该……?

关注女孩的贞洁比扩大她们的心智更加重要。

要确定公元前 5 世纪雅典书籍(即纸草卷)的重要性不是一件容易的工作。没有什么证据表明有像出版社一样的机构,但喜剧诗人欧波利斯(Eupolis, fragment 304)提到,在阿格拉有专门出售图书的地方。

假如在庇西特拉图或喜帕库斯的命令下,在泛雅典娜节日准备荷马史诗的文本,史诗吟唱诗人必定需要抄本,因此在一定的时候还需要严肃的读写老师。普鲁塔克(*Alkibiades*, 7.1)讲述了阿西比德的两个故事,至少第一个故事是可信的:

> 曾经,当阿西比德还是幼童的时候,他走近老师并向他要求学习荷马的著作,但老师回答他对荷马不甚了了,阿西比德揍了老师一拳,并离开了。另一位老师告诉阿西比德,他有荷马的著作,并自己校正过。"什么!"阿西比德说,"有能力编辑荷马著作的人却在教授儿童这方面的基本知识?你应该教授年轻人才对。"

伴随着荷马史诗文本的复制,赫西俄德文本和更多的其他各个诗人的文本也必定流通起来。另外,演员,尽管可能不是歌手,必定也需要台词的写本,假如不需要全部剧本的话。雅典戏剧现代版本背后存在的仅仅是朴素的文本,这类文本被诗人兼指挥的人亲自用过(他口头指挥舞台上的表演)。他让一定数量的文本在朋友中间传阅,反过来,其中一些文本又被复制。阿里斯托芬(《蛙》,52f.)通过狄奥尼索斯之口说,他阅读过欧里庇得斯的作品《安德罗墨达》(*Andromeda*)。这部作品早在7年前就产生了。

最早的散文作品似乎是那些伊奥尼亚思想家、旅行家和建筑家的作品——阿那克西曼德(Anaximandros)、阿那克西美尼(Anaximenes)、赫拉克利特(Herakleitos)、赫卡塔伊奥斯(Hekataios)、提奥多鲁斯(Theodoros)。大概是克拉佐蒙尼的阿那克萨哥拉(Anaxagoras of Klazomenai)把散文著述的概念介绍到了雅
107 典。在公元前5世纪中期,出现了众多的术语手册,假如这些术语手册流传至今的话,对我们重新构建雅典文化必定有很大的价值——索福克勒斯的《论悲剧》(*On Tragedy*)、萨摩斯的阿迦萨尔科斯(Agatharkhos of Samos)的《论场景绘制》(*On Scene-painting*)、伊克提诺斯和可能是卡皮昂(Iktinos and Karpion)的《论帕特农》(*On the Parthenon*)、梅顿(Meton)的《论日历》(*On the Calendar*)、希波达摩斯的《论城镇规划》(*On Townplanning*)、阿戈斯的波利克里托斯的《论原则》(*On the Canon*)。因为这些作品已经遗失了,不可能说清楚这些作品的复杂程度。这些作品或许只是一些小册子而已。

这些作品对德·昆西[①]所称呼的知识的文学有着重要的贡献,但现在在这里开始出现一种更富力量的散文文学。伯里克利或许是第一位在法庭上说这种书面语言的。普罗泰戈拉,可能还有希罗多德宣读其著作的部分章节。伴随这种朗诵书面散文文体而来的后果是,演说术变得越来越精致,散文也变得更加优雅了。智者是不会仅仅满足于让别人阅读他们作品的,他们让那些范本演说和范本手册流通起来。色诺芬(*Recollections*, 4.2)描述了一位叫欧提得摩(Euthydemos)的爱书人——苏格拉底对此人很感兴趣——他拥有许多最著名智者的作品。其中一些可能属于力量的文学(the literature of power),一些属于知识的文学(the literature of knowledge)——在欧提得摩对话中,苏格拉底说道,怎么会得到这么多医学作品。

散文、诗歌这两种作品可以以书本的形式体现,但对书籍需求很大的可能性不大。毫无疑问,到陶片放逐法被引进时,大多数雅典人是能够阅读简单的传说故事的,但我们并没有理由确信大多数雅典人有更进一步阅读的要求。在公元前5世纪

① 指英国作家托马斯·德·昆西(Thomas De Quincey,1785—1859年),他的作品与弥尔顿等诗人的作品相似,语言热情洋溢又不失庄重,韵律优美如诗。他把文学分为"知识的文学"和"力量的文学",前者教育读者,后者感动读者。——译者注

末，阿里斯托芬仍旧嘲笑欧里庇得斯是个大书橱(*Frogs*, 943, 1409)。①阿里斯托芬还相当神秘地说(1114)，他那些资深观众都读过书(他的书?)；但"每个人"不一定意味着那些经常去公共剧场的常客。这种情况似乎表明大多数人拥有的书很少，或者几乎没有书，尽管有少数雅典人有大量的书。像欧里庇得斯和欧提得摩拥有的图书室一样大的图书室很少见到，甚至在数量并不很多的书籍审读者那里，情况也是这样。

但修昔底德读过其前辈的历史著作，阿里斯托芬能够引用如此广泛，从埃斯库罗斯到欧里庇得斯，而仅仅依靠其对各场演出的记忆，这几乎是不可信的(公元前456/前455年，埃斯库罗斯去世后，他的戏剧重新上演过，见 *Akharnians*, 10; Frogs, 868)。欧里庇得斯的《安德罗墨达》(*Andromeda*)剧本是可以得到的，他的其他剧本大概也符合这种情况。苏格拉底在年轻时(*Phaidon*, 97b, 98b)曾获得阿那克萨哥拉的书或小册子的抄本。公元前399年，用1德拉克马就可以得到阿那克萨哥拉的书(*Apology*, 26de)，这不是特殊情况，因为苏格拉底能够确信少年吕西斯曾偶然碰到自然哲学家的作品(*Lysis*, 214b)。根据色诺芬的说法(*Recollections*, 108
1.6.14)，苏格拉底说："和我的朋友在一起，我翻阅、品味昔日先贤以书本形式流传给我们的财富，假如我们遇到任何好的东西，我们都要摘录之。"到公元前5世纪末期，雅典有一些痴迷的读者，有许多书可供他们阅读。

我们还要进一步深入思考的是，读写能力究竟是如何出现的，书籍又是如何摆脱口头传统束缚的?

让我们首先看看希腊语言本身的力量。观念在被付诸使用之前已经在一种语言的词汇和句法中具体体现出来，尽管这个事实在阅读习惯妥善地建立之前是不太可能显现出来的。普罗泰戈拉和普罗狄科(Prodikos)在语言方面的精确为诸如亚里士多德有关希腊语言中"adultery"和"theft"这样同义词的观察奠定了基础：它们在本质上都是轻蔑语。此外，存在许多词语标志着有关社会各个领域的明显差别，而在其他领域则略微或几乎没有差别。在希腊语中没有"blue"这一词语的精确同义词。没有文化的人在继承语言力量方面的能力是很强的。

语言的使用反映了使用者的态度，而使用者的态度是由使用者本人在儿童时

① "我不想来和他'一行对一行'地比赛了。让他自己，他的孩子们，他的妻子和家奴克非索丰一起站在天平上，让他手里捧着他所有的书，我的二行诗就足以胜过他们一起的分量。"见《古希腊悲剧喜剧全集》第7卷《阿里斯托芬喜剧》(下)，张竹明译，译林出版社2007年，第136页。——译者注

代、少年时代所处的语言环境决定的。在读写能力和书籍得到普及之前,个体是很少有机会抵抗口述传统的。人类学家已经表明,口述传统(神话、传说、家谱等等)是无文字社会或仅仅有部分文字社会培养年轻人的宝库,这个宝库随着社会环境的变迁而变迁。口述传统的作用在很大程度上是使这个社会现存的秩序被理解和认可。伴随秩序的变化,口述传统也发生变化,那些不和谐的因素得到修正或摈弃。口述传统用这种方法使自身避免与那些让人尴尬的事实发生不对称的冲突,也正是因为这个原因,从口述传统中提炼历史的企图在很大程度上是错误的想法。

在发明了字母三个多世纪之后,像我们所理解的历史概念这类事情开始出现在希罗多德《历史》(著作本身并不叫这个名字)这样庞大的作品形式中,这部希腊散文最早的伟大著作一直流传至今。希罗多德是哈里卡纳苏斯(Halikarnassos)公民,这个城邦位于卡里亚沿岸,大概是雅典同盟早期成员之一。被母邦驱逐之后,据说希罗多德加入了雅典人在图里伊殖民地的建设,最终死在那里。据信"在阿伽门农之后出现了很多勇敢的人",希罗多德下决心用连续记录的方式记录他所能发现的波斯战争双方的丰功伟绩和真理,这场战争爆发于一代人前不久。希罗多德也探寻了波斯战争的原因,他认为战争的原因——至少一开始——是自然的和人
109 为的原因,而不是超自然的原因。尽管希罗多德对传说中的祖先感兴趣,但他以他本人知道的东西恰当地开始他的故事:吕底亚国王克洛伊索斯(Kroisos)对小亚细亚希腊人的侵犯(1.5.3)。他知道萨摩斯僭主波利克拉特(Polykrates)属于普通人的种族,而克诺索斯(Knosos)国王米诺斯(Minos)则不是(3.122.2)。

希罗多德的目的也是口述诗人的目的,但他的方法则完全不同:希罗多德到处旅行,访问各地的纪念碑和风俗,聆听祭司和贵族的叙述。祭司倾向于道德说教,而贵族则炫耀自己的家族,如果希罗多德只是核对书面文献,而不能够或者不愿意去访问,那么他的探寻可能不会这么成功;但埃斯库罗斯在萨拉米斯战役之后不到八年时写的《波斯人》(*Persians*, 355ff.)就把战争前夜有关希腊人给薛西斯报信这一重要的传说引入到了戏剧里。

希罗多德《历史》一份非常简明扼要的年代背景是:

公元前750年,发明字母。

公元前710年,《伊利亚特》创作完成。

公元前690年,《奥德修斯》创作完成。

公元前600年,伊奥尼亚自然哲学发端。

公元前595年,梭伦担任执政官。

公元前 545 年，萨迪斯沦陷给波斯国王居鲁士。

公元前 525 年，科洛封的色诺芬尼斯鼎盛时代。

公元前 485 年，喜剧并入到城市狄奥尼修斯节中。

公元前 480 年，萨拉米斯战役。

公元前 450 年，签订《卡里阿斯合约》(*Peace of Kallias*)。

公元前 430 年，修昔底德开始编撰《伯罗奔尼撒战争史》。

公元前 415 年，希罗多德《历史》完成。

鸿篇巨著荷马史诗的口述前辈在公元前二千纪末期凝聚伊奥尼亚和艾奥里斯那里所建立的希腊殖民地方面起着最重要的作用，不可避免的是，一旦发明了书写字母系统，荷马史诗就会以文字的形式记录下来，并让先前所有的史诗黯然失色。不过以文字形式记录的口述传统就是要使之形式固定化，史诗也开始成为博物馆里的物件——史诗吟唱者只是管理员，而不是创造者了。一旦发生了这种情形，思想也必定会呈现出新形式，如伊奥尼亚的哲学、雅典的悲剧(不能确定的是，到公元前 6 世纪晚期时，悲剧被合并到城市狄奥尼修斯节里)。大多数伊奥尼亚自然哲学关注的是永恒的问题，但在色诺芬的残篇和其他人的残篇中我们也发现了进化的观念，这些观念与历史的观念非常类似。自迈锡尼城市沦陷以来(尽管希罗多德并不知道这件事情)，波斯战争是希腊历史上最大的一场动乱，这需要雄心勃勃的文字记述，希罗多德做到了这一点。

尽管希罗多德不熟悉东方语言，但就像我们现在知道的，他尽力创作出一个连 110
续的、相当精确的有关希腊—波斯战争的叙述，这个叙述自吕底亚首都萨迪斯(Sardis)落入波斯人之手，到公元前 478 年塞斯托斯(Sestos)落入雅典人之手，希罗多德在很多方面都把知识边界大大向前推移了。不过，他的例子是不能够复制的。修昔底德为他的继承者树立了榜样：严肃的历史是当代政治史，要知晓这个民族的语言。要支持使用口述材料，但以这种方法对遥远过去的探寻被认为是非常危险的。就像我们必须承认希罗多德给我们带来很多恩泽一样，我们也必须承认修昔底德并没有什么错。当然，把连续的希腊史知识边界向前推移只不过是公元前 430 年之前的四辈人而已，再就是比较模糊的历史了。实际上，或许可以说真正连续的希腊史仅仅从公元前 5 世纪 30 年代晚期开始，即从修昔底德开始。

探寻遥远的过去有运气成分，也不是非做不可的。现在所想象的历史的目的——尽管还没有这样称呼——是为了展现比较新的政治活动，这也就是说展现生活在有成文法律之共同体中的人的公共行为。取代“神话”(就是优秀的故事)的是,修昔底德向他的读者提供了如此敏锐的政治分析,以致要求读者深思熟虑地阅读而不是像阅读慷慨陈词的演说。这种沟通上的革命是彻底的,但仅仅是对一小部分知识分子而言。

通过熟练地使用大家族的传统和泛希腊圣殿的传统,希罗多德能够把希腊的历史向前推到公元前6世纪中期。但对希罗多德那个时代的大多数雅典人来说,在忒修斯和波斯战争之间这段时间,只有一位杰出的人物,那就是梭伦,他在公元前594年成为执政官,梭伦的哀歌被记录下来并得以保存。由于这些哀歌在细节上没有涉及梭伦的政治活动以及这些活动的背景,因此实际上有关梭伦的明确生平之重要性的东西并不多。归属梭伦的法律很明显并不属于他(Andokides, 1.95),把民主原则归结于忒修斯则更加令人惊奇了(见欧里庇得斯的《乞援人》[*Suppliant Women*])。可以想象的是,因为英雄的血管里流淌着神圣的血液,所以他们远远超过凡人——不管在身高、长相、力量、勇气还是毅力方面都是如此;也可以想象,自他们那个时代以来,在思想上是没有发生什么激进变化的。

除了梭伦外,神话和传说中的人物,即阿伽门农、阿喀琉斯和其他人——和波斯战争之前那些生活在雅典的人相比较——对大多数雅典人而言是更加真实的。流行的神话与传说,特别是那些经荷马、赫西俄德之手封为圣典的神话与传说,就像我们已经说过的,在道德、政治、宗教、科学和历史方面提供了训导作用。比如,显然的情况是,公元前5世纪荷马在雅典的影响力一点也不比他在公元前7世纪的
111 开俄斯岛的影响力差。雅典人知道迈锡尼在政治上已经变得无足轻重了,雅典的国王巴赛勒斯仅仅是一年一度的行政长官。因此,迈锡尼国王阿伽门农的故事已经失去了某些相关意义。不过,人们仍旧对荷马提出异乎寻常的要求。柏拉图在《理想国》(*Republic*, 598de)中通过苏格拉底之口说:

> 我们现在必须考察悲剧及其领袖人物荷马了,因为人们告诉我们这些诗人懂得各种艺术,懂得人类各个方面的美德与邪恶,懂得宗教各方面的事情。

对荷马和悲剧作家(埃斯库罗斯认为悲剧作家依靠荷马,这就是说,总的来看悲剧就是史诗)的这种诉求是曾经对古典教育所做的言过其实的诉求的回忆。自然哲学家认为荷马不是科学家,智者认为荷马不是政治理论家,希罗多德(2.112ff.)认为荷马不是历史学家,苏格拉底和柏拉图认为荷马不是道德家和神学家;但大多数雅典人认为荷马是全知全能的。假如大多数希腊人并没有继续视荷马为几乎是各个方面问题可靠指南的源泉,那么柏拉图在《理想国》中所做的乐此不疲的攻击将是

难以解释的。

不过，尽管人们可以视荷马著作为某种“希腊百科全书”，但其著作又远不止这些。苏格拉底说(*Republic*，607e)，“希腊人钟情此类诗歌”的原因是“在这种严密的环境内成长”(柏拉图在使用“严密”时带有讽刺意味)。甚至在广泛的读写能力普及之后，成长环境仍旧基本是口述的、情感的。自幼年时代起，雅典人就不断地参加——即使不是表演的话——阿伽门农、阿喀琉斯以及其他英雄人物那些充满激情的词语与行为的重演。在色诺芬的《宴飨篇》(*Symposion*，3.6)中，尼克拉图说他几乎每天听到史诗诗人的吟唱。要让那些文化修养很高的斯多噶派人欣赏这类重演对有文化修养的人所带来的浅薄影响，这几乎是很困难的事情，因为这对信奉德尔菲阿波罗的自我控制(“万事皆不能过度”)的信条的斯多噶派而言是一个不现实的理想。柏拉图通过一位荷马史诗吟唱诗人以弗所的伊昂之口说(*Ion*，535c—e)：

> 当我描述一些值得同情的事时，我的眼眶充满了眼泪；当一些事情是可怕的或奇怪的时候，我极度恐惧并且我的心脏怦怦跳……当我从台上向下观看时，我发现观众在哭泣，怒目凝视，对他们听到的词语深感震惊。

一幕幕演出的悲剧比只是吟唱的史诗有着更大的影响。根据柏拉图的说法，最大的、最坏的影响是修辞的影响——在法庭上、议事会上和公民大会上都是如此(*Gorgias*，452de，*Phaidros*，261ab)。

第六章　宗　教

112 没人知道希腊宗教的起源，但可以肯定的是，它在历史上有两个主要组成部分，一个是印欧元素，另一个则是地中海元素。地中海元素本质上与土地相关——它在某一阶段就是辅助土地肥力、家畜和妇女生育能力的一系列巫术。无疑，印欧元素在某一阶段也是巫术横行。在天父宙斯之后，他的鹰生下了印欧的唤雨巫师或是西伯利亚的鸟巫，这最早出现在拉斯考克(Lascaux)山洞的岩画上。萨满是魔术师或施魔咒者的一种，他在被“呼唤”后，开始进入静修状态并获得迷幻的技艺，这种技艺被认为能在精神旅程上按照意愿行事，或可上至天堂、下至阴间。为了引入幻觉，萨满可以召唤和控制相似的东西，寻求灵魂的帮助，尤其是死亡萨满的灵魂，他可以使之获得普通人无法获得的信息，或实现普通人无法实现的功绩。

在希腊神话中，萨满的形象似乎是俄耳甫斯(Orpheus)——他冲入地狱拯救了一个灵魂，他的音乐可以控制飞禽走兽，他的头颅会不停地吟唱。伊利斯的萨摩尼(Salmone)国王萨摩尼乌斯(Salmoneus)模仿宙斯的雷电，结果被真正的闪电击中。强大的猎手赫拉克勒斯前往地狱猎杀被称为克尔波洛斯(Kerberos)的恶犬，并最终回到了奥林匹斯山(Olympos)。古希腊历史中的萨满形象或许还包括克诺索斯的以彼门尼德斯(Epimenides，在圣穴中沉睡 57 年，进行灵魂之旅，吃特殊食物，宣称是唤雨者艾亚哥斯[Aiakos]转世，在凡间生活了许多次)、萨摩斯岛的毕达哥拉斯(据说曾宣称多次在凡间生活，并通过告知门徒他们将获重生而强化了这一观念)，以及阿克拉噶斯的恩培多克勒(Empedokles of Akragas，许诺他的门徒波桑尼阿斯的医术能治愈疾病和衰老，能控制风雨，能从冥间拯救灵魂，并宣称自己永生)。

关于巫术的终结和宗教的兴起，这里没有清晰的界线，但当那些试图唤起未知力量的仪式开始让位于企图安抚和取悦有名称且被人格化的诸神的仪式时，从巫术到宗教的转变便开始了。巫师一般会念符咒和魔咒，或做出驱使性动作，而祭司都告诉祈祷者会不会得到回应。 113

当希腊人的印欧先祖在精神上仍处于巫术状态时，他们将人类意志意想不到的挫败解释为某一物种更强大意志的阻挠，而这本身是由环境决定的。在这种环境下，就会出现令人信服的魔法师或萨满与所涉物种的密切联系，甚至控制这一物种。

在最早时期，世界非常小，没人有闲暇去思考世界在时间上是否有起点或在空间上是否有终点。这个问题的提出是生存的实践问题而非神话。萨满提供了（或似乎提供了）对生存来说必备的技能。一个具有个性魅力和久胜记录的巫师死后会被牢记，他将出现在人们的梦里，成为后继者效仿的对象，而且正如那些不断被讲述者开发的难以置信的故事一样，他的形象也会在后继者们的心中不断被放大。

如果将我们的经验与说书人的夸大分离开来，我们可以清楚地看到希腊神话中的夸大迹象。如果将阿波罗放在荷马史诗的维度进行考察，发生在森林之神马西亚斯（Marsyas）和阿波罗之间（奥罗斯管对基萨拉琴）的竞争传说就会于理不通。但萨满之间在音乐方面的竞争则在情理之中。诸神的力量无疑随着人类群体的增长而增长。

如果说马西亚斯和荷马时代阿波罗在权力间的鸿沟变大了，但这也并未超过荷马时代阿波罗与荷马时代宙斯间的鸿沟。宙斯并非一直存在，他并没有创造世界或人类，且必须为统治权而斗争。在荷马时代，他尊重其他奥林匹斯诸神的荣誉，作为黑暗时代的国王，他尊重贵族们的荣誉，但作为"诸神和人类的父亲"，他对诸神和人类保持着父权制的统治。作为克洛诺斯三个儿子中最年长的一位（*Iliad*, 13.355, 15.166），他比其他诸神更强大。当宙斯到来时，没有其他的诸神敢继续就座（*Iliad*, 1.533—555）。他是惟一没有直接与凡人打交道的神（他想要接触的目标除外）：他通过神的使者、打雷或变成一只鹰与他们沟通。

这种神圣统治的观念大多归功于近东掌管暴风雨或者天气的诸神，而非源于通过对石碑上线性文字B的解读才得以呈现的迈锡尼瓦纳克斯（wanax，古希腊君主）崇高地位的记忆。荷马对迈锡尼几乎所有的了解就是它"盛产黄金"。他似乎将英雄置于希腊社会之中，仿佛是他所处的那个时代早先一个世纪的希腊社会。

正如我们将要看到的，希腊人对待诸神如同对待专制君主一样，它制定规则，但自己不必遵守（Euripides, *Ion*, 422f.），它的行为只能部分被人类预测或解释。 114

宙斯在明亮高空中的显现表明他是可预见的;但在低空雷声和闪电中的显现则表明他是不可预见的。审慎的国民将维护他的统治规则,那些要求支付贡金的人更是如此。

从西伯利亚的萨满,经印欧的天父和《伊利亚特》的宙斯,到埃斯库罗斯和菲狄亚斯的宙斯间的跨度很大。据地理学家斯特拉波(Strabo, 8.353)的说法,菲狄亚斯告诉侄子帕纳诺斯(Panainos)说,他的宙斯是以《伊利亚特》中的描述为原型的,但是没人能勾勒所有更早期的场景。人们只能考虑后来以多利安人的入侵为结束的希腊入侵潮,随着入侵者们突破多山的希腊、克里特、基克拉迪群岛和安纳托利亚海岸线,不同的宗教信仰也在数不清的山谷间融合,它们之间通常通过海路联系,惟一的交流方式是口语,来自近东的影响也通过流行于腓尼基、埃及、弗里吉亚或吕底亚关于卡德摩斯(Kadmos)、达奈人(Danaos)和珀罗普斯(Pelops)的传说反映出来。宙斯一夫多妻行为的部分解释毫无疑问可以在这些事实里找寻到;他大范围的统治是以与当地女神的结合为标志的。作为独一无二的神,他成为了众神之父。

荷马对宙斯表情的描述(后被菲狄亚斯所用)或许是源于暴风雨的出现——黑眉在暴风云的下面,飘逸的头发成为上面的卷云,但我们很难相信史前希腊人在变化无常的天气里发现人性和功绩,他们的神话将之归功于宙斯。宙斯的举止经常像萨满巫师,因为他就是这样产生的(这个印欧的宙斯必须与出生在克里特山洞里的宙斯区别开来,他与阿多尼斯[Adonis]和死后重生的奥西里斯[Osiris]相似)。

在荷马开始著述之前,史诗已经把天父置于希腊最高峰色萨利的奥林匹斯那里了,实力稍弱的诸神被当作朝臣从他们原来的活动范围——例如城堡(雅典娜)、海洋(波塞冬)、森林(阿耳特弥斯)以及他们最爱的城市——例如雅典(雅典娜)、埃格(Aigai,波塞冬)、帕福斯(Paphos,阿芙洛狄忒)吸引到位于云巅之上的位置上。只要将某个神与统治者宙斯以及万神殿其他成员联系起来,寻找他们的相似性和差异性,我们或许就可以稍微了解一下一个实力稍弱的神灵对希腊意味着什么。希腊多神论既有无限的差异性(在特殊地方对特殊神灵无尽的崇拜),也有统一性,
115 这一点我们通过常规词汇"诸神"和"神"的界限不清地使用就可以看出。就雅典人的宗教而言,我们需要考虑以下几个问题:有什么宗教团体从事什么宗教活动?他们履行什么义务,遵循什么信仰?

希腊诸神发展的最高阶段也是很危险的阶段,这一阶段被赫西俄德和荷马完整地记录了下来。比奥提亚诗人赫西俄德的《神谱》是现存年代最早的著作,它试

图规范和界定混乱不堪的希腊早期宗教信仰(据希罗多德[2.53.2]记载,赫西俄德和荷马给了希腊人一个神谱[神的宗谱],给诸神以名号,为它们分配地位和技能,指出它们出现时的迹象)。赫西俄德将各路神仙置于他的万神殿之中:宙斯和雅典娜等备受尊崇、被人格化的个体神;在他们之前、几近被遗忘的诸神;命运三女神和缪斯女神等神灵群体;代表俗世间天空、大地、太阳、月亮、以太(Aither,意指太空)、尼罗河和斯特里蒙河等独特河流的神;代表劝说、冲突、胜利、睡觉、死亡等抽象人格的神(希腊人趋向于用个人术语来描述我们认为非常强大的东西;由于它背离了语言学传统,很难说这在认识上反映了多大差异)。荷马笔下奥林匹亚众神的光辉形象将人们的注意力从希腊宗教行为的许多重要层面剥离了出来(这并不意味着他对诸神的描述只是一次诗歌般的梦幻之旅)。他为我们绘制了一幅奥林匹亚神灵世界的图景,并将之与俗世有着不多光辉事迹的荷马社会联系在了一起。

这些神灵非常美丽,并且像他们的所有物一样永生不死。虽然即使连宙斯也不是无所不能的,但他们拥有比人类更多的力量,并因此受人敬仰。无论他们做什么,他们都做得轻而易举且没有风险。事实上,诸神的一生都非常安逸。对他们而言,人类生活场景是拿来消遣的——他们时而揪心,甚至在他们的子孙身处困境时会感到痛苦,但不会特别严重。一个基督徒阅读《伊利亚特》时会深感震撼,不仅因为荷马笔下奥林匹亚诸神的仁慈,还因为他们的残暴(诸神对人类最大的关切体现在赫西俄德的著作和《奥德赛》中)。

在《伊利亚特》第4卷开篇,希腊人和特洛伊人同意让墨涅劳斯(Menelaos)与勾引了墨涅劳斯妻子海伦(Helen)的帕里斯(Paris)进行单独决斗来解决争端,宙斯已让墨涅劳斯取得胜利,不过阿芙洛狄忒插手将帕里斯从死亡边缘挽救回来。事态因此明显了,特洛伊人交还海伦、支付赔款,希腊人返航回家。然而,当宙斯的姐姐兼妻子赫拉(Hera)撺掇宙斯命令雅典娜鼓动特洛伊人打破休战协定时,这位宣称给予特洛伊比其他人类城市都更高荣誉的神竟然同意了(帕里斯曾将美丽的荣誉 116
给了阿芙洛狄忒,而不是赫拉或雅典娜,这招致了她们的怨恨)。为反对宙斯将荣誉授予特洛伊,赫拉声称,如果宙斯憎恨阿戈斯、斯巴达、迈锡尼这些她喜爱的城市,她不会寻求使它们免于毁灭。

由于统治着众神和人类,《伊利亚特》中的宙斯关注的是俗世的良好秩序和现状,这是否超出了其对自身荣誉的关注,我们不得而知,但这肯定与俗世那些谋求在他们统治下有良好秩序和现状的国王是一样的。无论是宙斯还是阿波罗,都加强了与秩序和平的联系,而随着文明从黑暗时代中诞生,奥林匹亚众神与巨人族之间的战争开始被认为是文明对野蛮的胜利,而不仅仅是对叛乱的镇压。

退一步说,即便宙斯和阿波罗随着俗世文明的发展对公正与和谐表现出更多的兴趣,我们也很难说奥林匹亚诸神也是如此。像特洛伊或者迈锡尼这些城市、《奥德赛》中的奥德赛、欧里庇得斯戏剧中的希波吕托斯或许享受着宙斯、赫拉、雅典娜或阿耳特弥斯暂时的宠爱,但他们不能指望长久如此。

例如,萨满在宗教崇拜过程中的产生就是一个非比寻常的成功。在其死后,他仍出现在梦境和故事里,并被夸大成神。但由于这个新神只是一个随着眼界开阔而思想更深的成功人士,他的追随者追随他只为成功,而非将其作为道德典范。他被期望分享大家的好恶。他食用神食,饮用神酒,拥有更多的力量(至于力量的多少则取决于赫西俄德和其他人为他在等级制中设定的地位),并且长生不老(既然他永远不会遭受灾难或死亡,他不可能达到人类英雄的道德高度)。

在荷马之后不到两个世纪,科洛丰的色诺芬几乎获得了一个重要的真相:荷马笔下的诸神是人类思想的放大。另一方面,在荷马笔下被美丽且拥有神奇力量的物种支配的世界里,它趋向于一个想伸开双臂、手掌朝上、摆出一种惊异姿态的人,尽管神与人互相尊重彼此的活动范围,但它只是有限度地关注人类的福祉,这很符合人性。由于忽略了阿芙洛狄忒,希波吕托斯爱慕着阿耳特弥斯,但是阿耳特弥斯并未打算使其免遭阿芙洛狄忒的毁灭。在阿里斯托芬的《财富》(*Wealth*, 1117)中,一个奴隶告诉荷马,不向诸神献祭是有道理的:“在过去,你并未很好地照顾我们。”(这种玩笑可以当作不太严肃的神学)

117 梭伦(13.3f.)曾向缪斯祈祷:

> 受祝福的诸神请给予我财富,并让所有人给我永远的好名声。

他对传统上流社会中雅典人虔诚的渴望作出了明晰的表述。人们祈祷有能力免于虚弱和衰老的诸神用他们的力量使人类繁荣,或维持人类的繁荣。梭伦并不指望在今生或来世与他们沟通。他只希望获得今生的繁荣,这样,他的子民自然就可以获得持久的尊重。

关于赫西俄德和荷马创作所使用的材料,我们只能进行有限的推测。荷马(将《伊利亚特》和《奥德赛》编撰成形,使之流传至今的人)是以叙事诗和固定化的短语对传统材料进行加工的艺术家。如果我们拥有他的材料,我们就可以比现在更深入地了解他的内心。我们可以推测他选材和写作的原则,可以判断他到底是神学家还是艺术家。他是创造了非常人格化的神灵还是仅仅继承了他们?他是不是第一个详细描述了宙斯和波塞冬的长发以及雅典娜和阿芙洛狄忒眼睛的人？

荷马似乎沿袭了这样一种心理，即认为任何杰出人物的行为都可以被解释为神力的干预，而任何普通人的行为也可以这么解释。在荷马时代，相比主动地行动，人类更多的是进行被动的回应。这不仅体现在宙斯的雷声、闪电和雨水上，还体现在雅典娜对奥德修斯或忒勒玛科斯（Telemakhos）的帮助上，以及（不分彼此的）缪斯对荷马本人的帮助上（诗人可能传承所有的传统）。个人的自我意识和自决权的力量发展得很慢。在荷马时代，最伟大的功绩是英雄们获得的，他们从神灵那里继承了异常力量，同时他们也很幸运，因为从相应的神灵那里获得了帮助。

这种对人类行为的描述或许比我们所说的将运动员的成功或失败归因于自己在不在“状态”更为确定，但这与责任的属性是一致的（事实上，没有一个社会会认为一些特别的表现是值得称颂的，而其他则是应当受到惩罚的）。当荷马时代的英雄遭到挫折时，诸神并没有否定他们的热情。

在考察获得神助的人类之时，我们或许能察觉到诗人构建神灵个性的方法。荷马《奥德赛》的特点是经常将异常事件归于未指定的诸神或守护神，但总体上说，好的作品或叙事是具体的。讲“雅典娜促使”会比讲“某些神促使”更有趣。但毫无 118
疑问，匿名习语是首先出现的。初民或许会有突发灵感，而诗人则会去思考是哪个神将这个想法传达给他的。诗人将人类英雄的成败归于特定神的干预，这就构建了诸神的个性。对研究古希腊宗教的学者来说，资料处理的困难之一便是荷马笔下的宙斯、雅典娜和其他诸神都是用来娱乐的，我们不知道他们在多大程度上源于对宙斯或雅典娜的宗教崇拜。

诸神一旦拥有合适的名字，其异于常人的力量和独特的个性就会出现，与近东的联系也会恢复。希腊人开始在适当的场所为诸神建房屋，并在里面建造我们所说的塑像，以确保他们在那里出现。这是大多数希腊宗教最初相似的地方——长方形的石庙里容纳着某位神灵的塑像，还有一些给神灵的祭品，祭司看管着神庙及神庙里的一切，监督着贡奉给神灵的祭品和贡金。塑像向外张望，东门正对着它的祭坛和升起的太阳。

使一个地方合适的方法就是确立它与神的联系，最简单的方法是在一个专门的区域或神圣的空间（temenos）修建祭坛（*Iliad*，8.48）。厄琉西斯的秘仪神殿是建造在迈锡尼宫殿之上的：迈锡尼人无疑是以宫殿崇拜为开端的。在雅典卫城对雅典娜·波丽亚丝的崇拜毫无疑问是来自对迈锡尼宫殿女神的崇拜。苏尼翁海岬自然与波塞冬相关。迈锡尼神殿的缺失暗示着，虽然诸神的大部分名字可在记有线形文字B的石碑中被发现,但那些神到那时为止都不具备完整的人格。

雅典至圣之物——橄榄木桩最后被安置在厄瑞克透斯神殿中。至于这个木桩何以成为神物,并且它是如何代表雅典人意志的,我们不得而知,但对这样一个象征物的崇拜却并不让我们吃惊。后来的塑像也被认为是神圣的,而且它们并不仅充当着神的象征物。

以它们本身形象出现的神灵如果帮助(而不是阻碍)人类达成他们的目的,它就会因为人类的崇拜而获得荣誉。当崇拜者向它寻求帮助并且认为已经得到时,他们会定期为它安排祭祀以及不定期的敬奉祭品。祭祀在希腊文化中是如同婚姻一样的重要风俗,但如果它对希腊人自身都很神秘的话,那么它对我们则更是如此。

119 祭坛矗立在神殿之前。神灵并不仅仅依赖神食和神酒,它们不知何故被认为可以或确实参与到了人类的饮食活动中。因此动物、蔬菜、饮料供应非常盛行。它们也被认为喜欢歌唱、跳舞、游行和游戏。

纪念奥林匹亚众神非常合适的场地即便不在高山之巅,也在小山丘的山顶,但绝不在洞穴之中。从旧石器时代开始,仪式就在难以接近的洞穴中举行,这一传统延至阿提卡时代仍然存在,不过荷马一直对希腊早期宗教的"地府"弃之不顾。在宗教的那些特征中,荷马或多或少忽略了以下几点:财产权、污染和净化、人类祭祀和对死者的当地崇拜。后来得墨忒耳被当成奥林匹亚十二主神之一,她与地下的联系被过度描述,但荷马却很少提及。他还对狂热的酒神狄奥尼索斯保持沉默,并省去了所有关于赫斯提的话题。

正如我们通常所认为的,如果《伊利亚特》和《奥德赛》创作于伊奥尼亚或一个离岸岛屿上,鉴于当地统治阶级和他们客人的熏陶和娱乐或在节日上的表现,我们不必惊讶于许多年迈的希腊人认为极其重要的东西却在爱琴海的另一边并不重要。然而,正如"牛眼"赫拉的绰号所显示的,荷马的确保留了早期阶段信仰的记忆。阿喀琉斯为帕特洛克罗斯(Patroklos)精心准备的包括几十名特洛伊人献祭的葬礼与荷马的想象是有差异的。

到目前为止,我们关于早期希腊宗教的描绘都显示出它是人类制造的产物,且在很大程度上是人类无意识思想的产物。作为对这种描述的驳斥,我们或许会问它是如何延续了这么长时间的,除非一些超自然和个人的东西已明确摆在那里。这个答案是非常复杂的。

第一,正如我们所看到的,早期希腊诗歌和神话的总体意图就是确立人在事物发展过程中的谦卑地位,这与人类的许多行为是相匹配的。一些人可能会获得一时的成功,但个人的兴起是为日后或早或晚的衰落而准备的,他们房屋的兴建也是为日后或早或晚的坍塌而准备的。

第二,一旦宗教在传统社会中形成(即一个没有文化的社会或多或少摆脱了其他社会的影响),整个教育过程就会趋向于接受。正如缓慢演进的神话所诠释的那样,雅典孩童会成长为不同社团的成员,并且参加各个社团的传统仪式。这种由参与传统仪式而产生的共同情感会增强社团凝聚力。即使当一个人了解到了其他结构上完全不同的宗教传统,他也不会轻易割舍伴随他成长的原宗教传统,也不会寻求它们间的相关性。只有战争中的悲败、灾难性的地震、饥荒或瘟疫才可能引起突然的转变。修昔底德(2.47.4.52f)对公元前430年爆发的瘟疫给雅典人在道德和宗教上带来的破坏性作用做出了生动描述。但不幸的是,他没有按照时间先后顺序 120
进行描述,他对接着发生的道德和宗教秩序的重建也没有提及。

第三,宗教保留了一种神秘元素,比方说,“如果你在某时做了某事,报应就会紧随而至,除非有其他不幸的事发生”。因为原始人通晓四季的变迁,他们会出于其他原因恰好在某些事通常无论如何都会发生(如种子发芽)的季节做一些事(举行仪式),如果某些事没有发生,我们也不难发现阻止此事发生的其他一些原因。而沿着这一道路成长起来的人在伪造反例方面不会超过现今的占星术信徒。

第四,除了这些可预见的超自然活动的“形态”外,神圣起源还可归于训诫或神谕的梦、声音和视觉等不可预见的“形态”。梦在很大程度上符合做梦者及其文化的愿景。对希腊人而言,在梦境中获得超自然生物给出的建议或命令是很正常的。在苏格拉底临死前,“美丽的白衣女子”(Plato, *Kriton*, 44a)就曾短暂出现在他的梦里,非常清楚地告诉他要相信她的超自然真实性。当苏格拉底清醒时,他还听到被他称为“神圣标志”的诫谕,这种现象比训诫的梦更为少见(*Republic*, 496c)。在马拉松战役的前夕,雅典将领派遣擅长赛跑的菲力彼得斯(Philippides)给斯巴达送去重要消息,据他回来后所说,牧神潘在忒革亚(Tegea)附近的山上与他相遇,潘叫唤他的名字,让他去询问雅典人为何遗忘他,要他们善待他(Herodotos, 6.105)。雅典人信以为真,在卫城的北面给潘修建了一个洞穴圣地,并且通过每年的祭祀和火炬接力赛来纪念他。

第五,正如可预见的播种种子的发芽和不可预见的梦与声音这些超自然表象都引发了梦、恍惚和声音。在阿里斯托芬的《黄蜂》(*Wasps*, 123f.)里,据说博得利克里翁带他的父亲来到位于埃吉纳岛、离他们最近的阿斯克勒庇俄斯(Asklepios)

神殿。老人在那度过了整个夜晚。酝酿活动是基于病人期盼能梦到治愈疾病的神灵,而神灵将告诉他们采用什么治疗方式。最著名的恍惚状态是德尔菲阿波罗神殿的女先知皮提亚(Pythia)坐在诸神的青铜三脚祭坛时所沉浸的状态。据说这是吕底亚国王(Herodotos, 1.47)克洛伊索斯安排的,以此来测试她言论的可靠性,之
121 后没有希腊人可以模仿。一般认为,当皮提亚处于我们所说的恍惚状态时,她会“被神附体”(entheos),而神则通过她的身体发出声音。除了来自皮提亚和多多纳(Dodona)的女祭司可引发恍惚外(Plato, *Phaidros*, 244ab),还有许多作为神灵附体的媒介。阿里斯托芬提到一位被称为欧律克勒斯(Eurykles)的神灵(*Wasps*, 1019),他被认为是通过媒介说话的。柏拉图也这么认为,他屡次提及神谕吟唱者(*Apology*, 22c; *Menon*, 99c; *Ion*, 534c),他们或许在自我诱导的恍惚中吟唱。

最后,当旧宗教与新科学或新哲学产生冲突时,一旦新事物开始获得认可,旧宗教就会被重新解读,以便与新事物相适合。如果没有权威圣书,这种尝试将更有可能获得成功,而尽管荷马有巨大的声望和影响,但他口头流传的东西从未被认为是完全正确的。甚至更智慧的雅典人将逐渐否定神话的主干和分支——将所有神话简单地当成错误而加以否定;他们会继续接受绝大部分神话,对还没有完全研究出来的则保留意见。对希腊宗教的强调归根于传统仪式的正确实施而不是对仔细阐述原则的认定。(希罗多德告诉他的希腊读者的大部分涉及非希腊宗教的内容或涉及神灵,如将奥西里斯与狄奥尼索斯等而视之,或涉及宗教仪式的相似性和差异性。)尽管如此,像祭祀和预言这些盛行的活动仍然强有力地暗示着在特定种族中存在对诸神的普遍信仰。

因为这些原因,公元前5世纪的雅典人中少有无神论者并不令人惊讶。正如我们将要看到的,普罗泰戈拉对不可知论的表述令人记忆犹新,阿西比德拙劣地模仿了厄琉西斯秘仪,还有人破坏了赫耳墨斯神像,但我们很难发现无神论的证据。修昔底德或许是个无神论者,但对此,我们无法确定。雅典社会是多元的,它没有统一的信仰或实践,但以下几点是大部分雅典人或多或少完全相信的:

- 神话中奥林匹亚和地狱里诸神的存在;
- 神像的力量;
- 祈祷者、祭祀、献祭、节日的适当性;
- 预言的可能性;
- 每个人自己生命中守护神的重要性;
- 污染的危险和净化的功效;

- 在冥府通过幽灵使死者存活；
- 埋葬和照料死者的重要性；
- 墓中英雄的力量；
- 参加厄琉西斯秘仪的价值。

我们已经看到，除非一些灾难性的倒退，人们丢弃传统信仰是一个缓慢的过程。很少有雅典人经历了诸如菲力彼得斯在忒革亚山上所遭遇的事情，而且大多 122
数雅典人都会认为下雨是宙斯所为，但由于这些都在欧里庇得斯和阿里斯托芬的戏剧中得到调解，大多数雅典人都不可能像思想家阿那克萨哥拉那样进行严肃的自然神论思考。最终被确立下来的神谱的复杂性就是个人生活主要特征的美丽呈现。

诸神并不仅仅拥有人类个性，他们通常也拥有人的外形。（然而宙斯的真实面目散发着光芒，而凡人塞默勒[Semele]则相形见绌。在荷马的《地神颂》[*Hymn to Demeter*，188—190]中，女神的现身就像是现实中的一样，她的身高和光泽使墨塔涅拉（Metaneira）充满了崇敬、敬畏和恐惧。后来[276—280]，墨塔涅拉被诸多综合因素震惊得说不出话，包括女神的身高、美丽、服饰的芳香以及身体散发的光泽，这种光泽使得房间熠熠生辉。）由于我们要将其安置起来，因此我们有可能需要为她们制作塑像。然而，一开始它并不只是一位神灵的塑像，它是本人的化身，被当成某些被赋予生命的、强有力的以及用来祈祷的塑像。对阿里斯托芬而言，在《云》中，斯特瑞普西阿得斯与在他门前出现的赫耳墨斯谈话并不是荒谬的，而当公元前415年遍布整个雅典的赫耳墨斯像被刻意破坏时，这才是个严重的问题。

作为个性化并分享着人类贵族情感的诸神，如果条件满足的话，他们会受到祈祷者的影响。很少有雅典人会在不向适当神灵祈祷的情况下去进行任何重大的冒险。各地的圣坛和神殿提醒着雅典人要敬奉自己的神灵，个人、家庭和社区代表每天无时无刻不在向诸神表达着对他们的感谢。

如果一个祈祷者向一位奥林匹亚的神灵祈祷，祈祷者站立着，伸出双手，手掌上翻，将相关内容大声诉说给神灵，如果祈祷者是来请愿的，则提醒神灵他（崇拜者的）过去虔诚的行为，或许会许诺更加虔诚的行为，最后再提交他的请愿。不过，在我们看来，不是任何事情都值得祈祷者去请愿的（如果虔诚行为过去没有进行过排练，诸神很难会有积极的回应）。

这些虔诚行为构成了神灵需要或想要的东西——食物（蔬菜或动物：只有烟和

部分美味或者完全煮熟的祭品可以真正满足以上诸神)、酒(奠酒)、焚香的味道,或者在有神殿的情况下用珍宝(例如金、银、铜鼎或盔甲)装饰一下。

在索福克勒斯的《埃勒克特拉》(*Elektra*,637—659)中,一个名叫克丽泰梅丝特
123 (Klytaimestra)的女佣人被一个模糊不清的梦吓坏了,于是她站在阿波罗神殿的门前,在向阿波罗进献蔬菜后向这位神祈祷。她无法完全平静地倾诉,因为与她敌对的女儿埃勒克特拉出现了,不过她平静地询问她的梦想是否能够实现;如果不能,则将恶意反射到她敌人那里,她要求让他们发生意外。她也要求被允许延续现在的幸运。她期望诸神能明白她在祈祷中未言明的东西(她的儿子俄瑞斯忒斯[Orestes]或许会死去)。

家畜每天都会以私人或公共的名义献祭给雅典诸神,在某些日子里规模还会更大。或许是因为雅典人挺进马拉松的时间正是他们向阿耳特弥斯献祭的那一天,他们为他们所杀的每一个波斯人向阿耳特弥斯进献了一种母山羊。令他们惊讶的是,当他们杀死 6 400 名波斯人时,他们被迫每年向她进献 500 只山羊,这一行为直到色诺芬时代还在延续(*Anabasis*,3.2.12)。在酒神节开始那天最后的行列中,几百头公牛都被献祭给狄奥尼索斯。或许雅典娜在最后的泛雅典娜庆典游行队伍中也索要了不少于这个数量的奶牛。在阿提卡,要找到这么多大型动物并不容易,如此,雅典要求它的殖民地和许多臣属同盟国向伟大的泛雅典娜节(ML,46,49)提供奶牛也就不足为奇了。

荷马和阿提卡的剧作家曾详尽地描述猎手们进行动物祭祀的原始仪式,但直到他们那个年代,仪式仍主要集中于农产品上。完好的家畜在向石头祭坛进行献祭时会被精心打扮,并有队伍护送。队伍中的每个人都希望祭品表现得像是自愿被献祭的。在游行队伍的前列,一位年轻妇女在头上顶着篮子,篮子内的大麦谷粒下藏着祭祀用的刀。用于净化仪式的水也一起被带着。人群在祭坛和祭品周围围成一个圆形。水被倾倒在人们的手上。祭品头上的一点儿水使它看上去在点头表示同意被献祭。每位参加者从篮子里拿出一把大麦谷粒。接着是一片寂静,祭司(或其他祭祀者)向诸神祈祷。人群将谷物扔向祭坛和祭品。祭司使用隐藏起来的刀从祭品的额头割下一些毛发并将其丢进火中。然后切断祭品的喉咙,妇女此时会开始大声惊叫(大型动物首先会受惊)。祭坛染上祭品的鲜血。然后祭品被扒皮、屠宰。大腿骨隐藏在肥肉中,在祭坛上献祭给诸神的是易于消化的器官,美酒被倒入火焰之中。那些心、肺、肝和肾脏都被串起来烤熟,然后分发给祭司和他的助手。最后,其余的肉被煮熟分发给人群。很少有人乐意参加这种血腥的献祭活

动，更何况是要献祭数以百计的动物，但我们不难想象参与者对仪式的密切关注。124
这种对献祭动物的分享将家庭、区、氏族、部落和城市紧密联系在了一起。

通过吕西亚斯的一篇演说辞(30.18)，我们可以看出人们对公共献祭有效性的信仰：

> 通过进行规定的祭祀活动(在梭伦的法典中)，我们的祖先给我们留下了希腊最强大、最繁荣的城市。因此，只要能从那些仪式中获得好运，我们进行与他们一样的祭祀活动就是正确的。

公众认为，越大的祭品越能让诸神满意，这让苏格拉底(Xenophon, *Recollections*, 1.3.3)承认赫西俄德《工作与时日》(336)中强制令的适当性："根据你的能力向不朽的诸神进献祭品。"

一座神庙在被修建之前会预先任命一位祭司，以照看神庙并监督人们对定居于该神庙神灵的狂热崇拜。据一段铭文(ML, 44)记载，公民大会曾做出一个决定，即在胜利女神雅典娜神庙竣工之前，通过抽签的方式在自愿献身的雅典妇女中为其挑选一位女祭司。正如荷马所言非虚的内容所说，祭司并没有单独的等级制度。如果没有《圣经》，也就没有基督教，也不会有神学院和授任圣职的仪式。如果诸神在道德上并不比普通人优秀，那么他们的祭司也是如此。根据伊索克拉底(2.6)的说法："任何人都被认为有成为祭司的能力。"祭司的职能或许是由一家之主执行或者是由地方官员作为其职责的一部分履行。欧摩尔波斯(Eumolpidai)宗族通常在厄琉西斯担任对得墨忒耳狂热崇拜的大祭司或高级祭司，毫无疑问，雅典人很乐意看到厄琉西斯王族的宗教开始转向泛希腊崇拜，欧摩尔波斯族人都是他们的后代。同样，欧摩尔波斯宗族也向厄瑞克透斯神殿的城市雅典娜和波塞冬提供女祭司和祭司，他们或许是雅典皇室的后代。正如我们所看到的，在民主制下，女祭司从自告奋勇的自愿者中通过抽签任命是可能的。

祭司会得到报酬：由于胜利女神雅典娜神庙的女祭司承担着并不非常明确的责任，她们每年可获得 50 德拉克马。另外，祭司还有诸如从公祭处获得腿肉和兽皮等津贴，而且，对雅典娜胜利女神殿的女祭司而言，和许多其他祭司一样，在狄奥尼索斯剧院的前排就座是非常合理的。

雅典的公共宗教包含了人们对诸神必要的纪念，这通常每年都会举行，规模从
区到城市，有祭祀活动，有时还会有游行和比赛(希腊语 thysia[祭物]起初是指煮熟 125
物的供给，后来自然地便有了节日的意思)。与十人议员议事会年相对的雅典宗教

年包含了时长29天或30天的12个阴历月:赫卡托巴恩月(Hekatombaion)、美他盖特鸟翁月(Metageitnion)、波得罗密翁月(Boedrômion)、皮亚诺普西昂月(Pyanopsion)、迈马克特里翁节(Maimakterion)、波塞冬月(Posideon)、盖美里翁月(Gamelion)、安提斯特里翁月(Anthesterion)、埃拉拉菲波里翁月(Elaphebolion)、芒里克里翁月(Mounikhion)、塔尔盖利昂月(Thargelion)、司克洛夫里翁节(Skirophorion)。他们都是以属于他们的节日来命名,其中一些甚至对公元前5世纪大多数雅典人而言都是陌生的。九位执政官和将军们在赫卡托巴恩月的第一天就职,一些财政官在赫卡托巴恩月的第28天就职。由于现实情况,雅典年表制作得非常复杂,这在铭文中记载得非常清晰,宗教年或许开始于夏至(大约6月21日)之前的第一轮新月或者之后的第一轮或第二轮。在公元前5世纪,如果新一年的开始可以用60天来区别,那么这一定会减弱宗教历与特定季节的农业或军事等实际活动之间的联系。

在公元前403年和前399年间,一份由尼古麦克霍斯(Nikomakhos)和其他人拟定的社区祭祀的官方日历确定了每月的每个确切日子(起初的日历显然是由梭伦拟定的)。不幸的是,这个日历只有一些残片因铭刻在王者执政官拱廊的城墙上得以保存下来,但尽管如此,我们仍有可能在最低程度上重新构建社区节日日历的主要特征。

每月前八天与其他日子有很大的不同,它们主要被当作祭祀诸神每月出生日的节日,而这些出生日尚存疑问。每月第一天被称为新月神圣日,它既是为祭坛焚香(Aristophanes, *Wasps*, 96)的日子,也是进行买卖(*Knights*, 43f.; *Wasps*, 169ff.)的集市日。第二天是守护神的日子,人们会在饭局的最后时刻(Aristophanes, *Wasps*, 525)向他们献酒。第三天是雅典娜的日子。第四天属于阿芙洛狄忒、赫耳墨斯和赫拉克勒斯。第六天是阿耳特弥斯的生日。第七天是她兄弟阿波罗的生日,在仪式上没有其他神与之一样。第八天属于波塞冬和他儿子忒修斯。

这些每月前八天的节日大多是纪念诸神尚存疑的出生日。波得罗密翁月的第六天用于纪念女猎手阿耳特弥斯·阿果特拉(Artemis Agrotera),其活动包括向位于伊利索斯(Ilisos)河边上埃格莱(Agrai)的神殿行进的游行;这一天也是纪念马拉松的日子。在芒里克里翁月的第六天,年轻的女性会向德尔菲神庙行进,那里的神殿是阿耳特弥斯和她兄弟共同分享的。皮亚诺普西昂月的第七天是庆祝阿波罗的皮亚诺普西昂节(Pyanopsia),塔尔盖利昂月的第七天则是他的塔尔盖利昂节(节日名称事实上是中性复数)。普安诺批斯翁月的第八天用以庆祝忒西阿。

可能为避免每月前八天的节日，公民大会很少在这些天举行。在一年中，雅典庆祝的节日数要比其他希腊城市多（修昔底德[Thucydides，2.15.2]将统一节[Syn- 126
oikia]描述成“用公共财政支付”的节日。我们很难猜出节日上的所有社区开销）。至于其中有多少节日被当成国庆节，以及像我们在星期日或圣诞节以及耶稣受难日所进行商业活动一样，他们在这些节日上花费多少精力从事特别的商业活动，我们很难回答。尼古麦克霍斯所列的祭祀清单或与城市的祭祀有一定差距，或已经过时。虽然我们被告知（Aristophanes，*Women at the Thesmophoria*，78—80）议事会不会在地母节的第二天开会，但诸如斯特尼雅节和地母节（共持续5天）、黛尔芬妮娅节（Delphinia）、阿勒弗里亚节（Arrephoria）、司克拉节（Skira）等主要或专门是由妇女或女孩来庆祝的节日或也并不阻止男人们从事世俗活动。细心的人会发现，这样的节日至少有60个之多。

正如许多年度社区节日所记录的，雅典人心目中最杰出的神是得墨忒耳（与他女儿柯拉）和雅典娜，接着是狄奥尼索斯，再然后是宙斯、阿波罗和阿耳特弥斯。谷神和酒神的突出地位并不令人惊讶。通过对节日的逐一考察，我们会发现它们许多都源于农业，不过也有一些是复合产成的，据铭文证据显示，在公元前5世纪后半叶，节日通常与相关的农业活动相距一个月或更长时间。

据亚里士多德（*Nikomakhean Ethics*，1160a）记载，以前的祭祀和公民大会似乎是在收割农作物后开始的，因为人们在这之后比较空闲。这也适用于泛雅典娜节和伟大的秘仪，如果我们问为什么雅典的乡村酒神节、勒纳节和城市酒神节等热闹庆典发生在即便不潮湿却也很寒冷的12月、1月和3月，部分答案是那时很少有农业活动（正如我们所看到的，雅典波塞冬月和我们的12月只能被粗略地等同起来）。

克洛尼亚节（Kronia）是一个献祭给宙斯之父的收获节，在节日上，主人和奴隶相互设宴（一年中第一个月原有的名字就源于这个节日，但是该月后来因在第七天时要在赫卡托巴恩巴亚[Hekatombaia]向阿波罗献祭而更名为赫卡托巴恩月）。在波得罗密翁月举行的伟大仪式起初是用于恢复农耕和谷物播种的。如同克洛尼亚节被用来庆祝谷物丰收一样，皮亚诺普西昂节（Pyanopsia，源于pianos[皮亚诺斯]，一种为阿波罗准备的、由煮熟的豆子和其他蔬菜混在一起的食物）被用来庆祝水果丰收，同时人们也在此时进行蔬菜播种。在这个节日里，树枝会被羊毛缠绕包裹，上面悬挂着无花果、烤熟的食物、蜂蜜、油和酒，还有艾里逊尼（eiresione一词源于
eiros，羊毛之意）。每位家庭主妇都会将其挂于门外一整年（Aristophanes， 127
Knights，729；*Wasps*，399；*Wealth*，1054）。

在皮亚诺普西昂节之后不久举行的是地母节,这是为期三天的节日,它是那些已婚妇女用以纪念得墨忒耳·塞斯摩弗洛斯的欢庆日,她们在第二天进行斋戒,在第三天或者在 6 月的司克拉节处理掉那些已经腐烂的用以献祭的猪仔,将其丢入坑内。那些土猪是属于得墨忒耳的动物,那些被挖掘出来的尸体被安置在塞斯摩弗里翁(Thesmophoreion)圣坛处,妇女们将其与谷种混合在一起,毫无疑问,这起初是为了提高谷物本身的肥力并促使其萌芽。

奥斯刻弗里亚节(Oskhophoria),如此称呼该节是因为两个高尚的年轻人带着满载葡萄的葡萄藤(oskhoi)引领着大家进行游行,这是一个收获葡萄酿酒的季节。乡村丰收舞的实质是不是纪念厄琉西斯的得墨忒耳和狄奥尼索斯,我们并不能完全肯定,但可以肯定的是,这原先是妇女们庆祝生育的节日,它的名字源于一个意指打谷场(与 12 月肯定是不相关的)或农耕地的单词。乡村酒神节在区里进行庆祝,它和乡村丰收舞在同月进行,其核心特征就是高举“法勒斯”(phallos,男性生殖器模型)进行游行(Aristophanes, *Akharnians*, 237ff.),原始意图毫无疑问是刺激谷物嫩芽的生长。

安提斯特节的名字会让人联想起鲜花,但事实上,该节日的前两天却与酒相关。第一天,即安提斯特里翁月的第十一天被称为开坛日,因为在这一天,人们会开封储着酒的储罐或木桶,这些酒是用上年 9 月采集起来的葡萄酿造的。只有当狄奥尼索斯获得了应有的荣誉之后,社区才有权利享用它们。接着似乎包括奴隶和雇员在内的所有人都参与了进来。第二天被称为科奥斯(Khoes),因为在这一天,全城所有人都用可容 3 夸脱的科奥斯(khous)或水壶饮酒,以欢庆节日。巴赛勒斯在赛斯莫赛提翁(Thesmotheteion,六个执政者的总部,靠近普吕坦内安[Prytaneion])主持饮酒比赛。而他的妻子巴斯琳娜(Basilinna)则在博克里翁(Boukoleion,他最初的总部,也靠近普吕坦内安)通过某种方式与神通婚。第三天严格意义上说开始于安提斯特里翁月第十二天的晚上,我们称之为凯伊特伊(Khytroi),因为壶(khytroi)里装着提供给死者的煮熟的谷物。这是一个不纯洁的日子,这一天幽灵会走出来,他们会很谨慎地咀嚼清洗过的鼠李,并用沥青弄脏人们的门道。这似乎和前两天没有什么关系,但据希波克拉底《养生》(*Regimen*)中的记载,“人们会从死者那里得到营养品、成长和种子”。

厄琉西斯的克罗伊亚节(Khloia)用于庆祝草木(khloe)的复苏,而在雅典,雅典娜则被邀请到普罗克瑞斯提亚(Prokharisteria)向农作物展示她的初步支持(kharis)。

128 虽然城市酒神节成为“泛雅典娜节”后最重要的城市节日,但一个神奇元素仍占据着突出的地位。据公民大会(ML, 49)的敕令要求,位于布雷亚的殖民地须向泛雅典娜节进献一头奶牛和一副甲胄，还须向(城市)酒神节进献一个法勒斯。如同在乡村酒神节一样，城市酒神节以生殖崇拜游行为重心，但游行队伍更为壮观，并带有大量法勒斯。

塔尔盖利昂节的名称源于 thargelos(一个盛放有准备在塔尔盖利昂月的第七天进献给阿波罗的煮熟的蔬菜、初摘的水果的罐子)。正如皮亚诺普西昂节是进行播种的节日一样，塔尔盖利昂节是收获蔬菜的节日。在塔尔盖利昂月的第六天，会有一男一女两个由城市抚养的丑陋的人被选为替罪羔羊或药剂师，他们被带上大街，被人们用绿色枝蔓鞭打，并最终被驱逐出去。阿波罗是一位主要关注净化的神，他的希望是通过含有各种各样污染物的药，使庄稼得以保存。

一年的最后一个月是司克洛夫里翁月，该名称源于司克拉节——一个起初由妇女来庆祝的节日。在这一节日上，人们会从卫城出发，沿神圣大道一直游行到凯菲索斯山谷建有雅典娜和得墨忒耳神殿的斯奇隆(Skiron)，以此来纪念厄里希翁、雅典娜和波塞冬。人们对得墨忒耳的纪念似乎是通过将献祭的猪仔扔进洞穴这一方式。人们一般在夏季干旱来临之前将其扔入，在地母节最后一天将其拖走，或干脆将腐败的躯体留在那里。在司克洛夫里翁月的第三天似乎发生了阿勒弗里亚秘仪。巴赛勒斯每年挑选四个圣洁的女孩充当城市雅典娜女祭司的助手。她们被称为阿瑞弗伊(Arrephoroi)，因为在她们服务的最后一年中，有两位将被选中，将女祭司在厄里希翁神殿给予她们的东西传递给年轻人。在夜幕掩饰下，她们将这些东西置于头顶之上，通过隐于卫城北面峭壁的楼梯，将其带至花园中阿芙洛狄忒的圣地，然后再把一些东西带上去。或许阿瑞弗伊还要做一些妇女们不久要在司克拉节上做的类似事情——试着使土地在接下来的干旱中不丧失肥力。

许多节日起初都反映出伴随着一年中农忙时节而来的希望、恐惧和欢乐。我们在纪念得墨忒耳和狄奥尼索斯的节日中发现这点并不奇怪。然而在纪念阿波罗和雅典娜的节日中这就显得奇怪了。阿波罗与畜群和兽群间的联系通常要比农业多，但清洁者的常规功能使得他可以适当地使农作物避免病虫害和疾病。阿勒弗里亚节无疑反映出雅典娜作为迈锡尼宫殿女神在雅典发挥着比她在古典时期所发 129
挥的更广泛的职能。

大约在赫卡托巴恩月第 28 天纪念雅典娜的泛雅典娜节是一个历史悠久的节日，它由卫城通宵的歌舞、清晨前往卫城游行、一次献祭和一次宴会组成。到公元前 5 世纪末，泛雅典娜节还包括诗歌比赛和战舞。在公元前 5 世纪 60 年代，每隔三次泛雅典娜节就要举行一次大型泛雅典娜节，还会额外进行来自希腊各地个人间的马术和体育比赛。比赛形式参照奥运会。获胜者被授予装满了神圣橄榄油的泛雅典娜节罐子——高 2 英尺的两耳细颈罐。每个罐子的前面装饰着挥舞长矛的黑色雅典娜图形,刻有"产自雅典的奖品"字样,后面描绘着尚在讨论的运动事件。授予罐子的数量取决于项目的地位和所获得的名次。步行比赛(最有影响力的体育项目)第二名可获得 10 个罐子,第一名可获得 15 个罐子。未成年人在相同比赛项目中获胜的话,可获得 60 个罐子。

大约与体育竞技在同一时期,有四类音乐家比赛也兴盛起来,他们是基萨罗德(kitharodes,演奏竖琴的歌手)、奥罗得斯(aulodes,演奏奥罗斯管的歌手)、基萨拉琴手和吹笛者。在庇西特拉图的儿子喜帕库斯时代之前,吟诵者间的正式比赛被引入雅典,并可能成为了泛雅典娜节的一部分。它也对希腊所有地区的个人参赛者开放。对音乐的奖励一开始是以金色花环和银币的形式出现的。游历四方的演奏家会发现钱币更便于携带,更有用,而金色花环比油壶更吸引人的眼球。

其他项目则局限于公民群体。勇敢者比赛、火炬比赛和赛船都由部落组织并且得到宗教资助。部落团体之间的勇敢者比赛是一场规模宏大、影响深远的比赛(Xenophon, *Recollections*, 3.3.12f)。先于潘倪喀斯(pannykhis)的火炬比赛或许是个过渡性项目,在这项目中,队伍中最后一名跑步者携带仍在燃烧的火炬第一个跑到终点的即获胜队伍(Aristophanes, *Frogs*, 131, 1087ff.)。比赛始于学园的一处祭坛,经凯拉米克斯,最终到卫城的雅典娜祭坛结束。在苏尼翁举行的赛船(Lysias, 21.5)是部落之间的人力三列桨比赛,这或许在节日中为雇佣军提供了一个角色。

虽然这种差异很大的比赛与其他节日并不相称,但"泛雅典娜节"并未获得泛希腊的地位,这或许是因为它不像奥林匹克、尼米亚(Nemean)和皮提亚的比赛,而
130 是明显处于一个强大城市的直接控制之下。然而,到公元前 5 世纪末,它成为了雅典历法中最重大的节日。十人体育裁判委员会被选举出来安排所有赛事,接手四年日益辛苦的工作,在任期的最后 24 天中,他们可在普吕坦内安用公共支出设宴。除比赛外,这里也有让当地和国外观众兴奋的游行。在公元前 5 世纪,只有在卫城举行的四年一次的"泛雅典娜节"游行将绣花外袍(peplos)带到城市雅典娜橄榄木神像处(Plato, *Euthyphron*, 6bc)。

皮亚诺普西昂月的最后一天是卡克伊亚节(Khalkeia),这是手工艺者,尤其是制铜工作者用以纪念雅典娜和赫菲斯托斯的节日。这一天也是城市雅典娜女祭司和阿瑞弗伊建造织布机的日子,毛制外袍就是用它编织的。这要花费伊戈拉斯莱

(Ergastinai)——受命从事这项工作的贵族女孩们——近九个月的时间才能完成。她们必须用刺绣来描绘奥林匹亚众神击败巨人族，尤其是雅典娜击败恩刻拉多斯(Enkelados)的场景。有人或许据帕特农神庙的东面檐壁推断，那些外袍有 4 英尺长、7 英尺宽。至于它是如何被运送到卫城的，我们并不确定。这个队列中包含着重装步兵、载有作战士兵的二轮战车、骑兵队、典礼官、包括负责庆典的官员在内的雅典行政官、伊戈拉斯莱、搬花篮的人(头顶装满谷物的篮子，并将谷物撒在祭品上的贵族女子)、身着紫装拿着贡品托盘的外邦人、拿着橄榄枝的英俊老男人、进献奶牛和甲胄(据现存敕令显示，这些都是雅典要求的[ML, 46, 49, 69])殖民者和同盟国代表。

在巴赛勒斯将外袍进献给女神后，许多牛羊会被屠杀，按照惯例，一部分会被烧烤后献给女神，特定部分被派发给不同的执政官和其余的雅典娜游行队伍的成员，之后剩余的肉分发给了民众。很明显这是由凯拉米克斯的区所为。阿里斯托芬或许间接提到了这种过当的饮食行为(*Clouds*, 386ff.)。

现在，我们已经提到了纪念六个神灵的大型年度社区节日，其余十个左右的神灵各享有一天或两天的节日。英雄忒修斯有自己的节日忒西阿，时间自客蒙在斯基罗斯岛骨伤痊愈后就被定在皮亚诺普西昂月的第八天。他也分享统一节、泛雅典娜节、皮亚诺普西昂节、奥斯刻弗里亚节和黛尔芬妮娅节。最后，当时还有一种纪念性节日——吉丽西亚节(Genesia)和一个持续三天的部族节日——阿帕托里亚节。

判断节日是否在社区日历里占据重要位置，是否得到公共财政的支持或者它是否只是一个由并非远离雅典的富裕区举行的流行节日并不容易。哈利摩斯区 131
会在城市地母节之前举行自己的地母节，来自雅典上层阶级的妇女会参与其中。海岸厄琉西斯秘仪在雅典人的控制下悄悄来临，并到公元前 6 世纪中期融入城市宗教生活。内陆厄吉亚区的祭祀日历(是五个幸存下来的区日历中保存最好的)部分反映了社区日历，并提醒我们当地宗教纪念着许多社区并不知晓的神和英雄。

正如我们所看到的，社区节日日历起初是与农历紧密联系在一起的。而随着城市的发展，节日也逐渐开始朝新的方向发展，以适合日益增长的城市需要。阿希达穆斯战争中的伯罗奔尼撒人的入侵及其对德克莱亚的占领必定加速了这一进程。当《黄蜂》(264f.)中年老和杰出的城市合唱队领唱者预测要下雨，强调后面的庄稼需要雨水和干燥的北风时，我们并未设想他有自己的作物或者比苏格拉底拥有更多的土地经验(Plato，*Phaidros*，230d)。

总体而言，希腊宗教是重要时代的产物，具有复杂性。雅典节日日历发展了几个世纪。这些节日具有丰富的人类学研究价值。甚至当我们被告知在节日上应该做什么时，我们依然无法确定其对崇拜团体意味着什么。可以离家的机会给予了那些在斯特尼雅节、地母节和司克拉节中值得尊敬的妇女多大的热情呢？在剧院中的观众有多少人认为他们是尊敬当前的神灵的呢？那些在科奥斯饮酒的人中又有多少人参与了酿酒呢？

到了公元前5世纪，节日中盛行的心情似乎都是愉悦的。因为希腊宗教并不包含道德完美创造者的观念，也不包含罪恶、忏悔或救赎的观念。在来到厄琉西斯后，这些观念的形成似乎有所加快，在节日第二天庆祝地母节的妇女们也是这么做的。正如沐浴节一样，安提斯特节的第三天凯伊特伊是个不洁的日子，在这一天，雅典娜的橄榄树木制塑像是不穿衣服的，当她的服饰被清洗时，她也会被清洗和遮蔽起来。这两天或许被认为在外面有不洁的力量。按照色诺芬(*Greek History*，1.4.12)的说法，"在沐浴节，没有一个雅典人敢进行任何重要的商业活动"。祭祀地府里的宙斯梅里克俄斯(Meilikhios)的主要节日是狄阿西亚节(Thucydides，
132 1.126.6)。这个节日在阿格莱举行，包括提供一头公羊的厄吉亚男人们在内的所有人都会到场，不过据修昔底德所说，数量众多的贡品不是动物，而是蔬菜和当地特产。事实上，如果一个家庭不能提供动物的话，他们会按照动物的形状烘烤蛋糕。据我们所知，雅典人怀着忧郁悲观的情绪进行燔祭或用完全烧熟的食物献祭是平息神灵愤怒的一种尝试。

除了这些和其他一些情况之外，主流心情还是愉悦的。修昔底德记载(2.38.1)，伯里克利在葬礼演说上这样提及社区宗教："此外，通过全年举行的比赛和节日，我们从商业活动中获得巨大的放松以充实心灵。"如果伯里克利真这么说，或说过类似的话，那么他对社区宗教表达的观点是非常实事求是的，这与吕西亚斯的观点截然不同。

正因为神灵比人类要强大很多，因此他们知道的东西也更多。由于宙斯是天父，因此他能看到所有一切，而正因为他能看到所有的一切，因此他知道人类所有的事情，并能够介入惩罚那些做错事的人。但宙斯的知识并不局限在当前和过去。一种特别有价值的知识是预知力。正如诸神中有不同级别的力量，他们也有不同程度的预知力。在《伊利亚特》(8.470ff.，15.49ff.)中，宙斯把特洛伊战争未来的进程告诉赫拉，而这些她并不知道。在宙斯的例子中，显然将能力和预知力联系了起

来，他所想的就是要发生的。阿波罗是他的代言人（Aiskhylos, *Eumenides*, 19, 616—618）。

鉴于诸神具有预知力，他们或许会希望或乐意以一种适当的方式将之告诉人类。能够解释神灵给出的符号或诱使神灵说出他们所预知的部分内容的人被称为占卜师或预言家（mantis）。mantis 是萨满的继承者的一种，它可以是音乐家、诗人、医生或占卜师。单词 mantis 或许与 mainomai（我发疯了）是同根词，因此充当着对预言心醉神迷的揭示者。

《被缚的普罗米修斯》（*Prometheus Bound*, 442—506）的作者描述了普罗米修斯如何将人类从愚昧的穴居状态中唤醒。他告诉人们天文学、算数、写作、动物的配轭和给马装上挽具、航海、医学。最后，他还教会人类包括解释玄妙深奥的梦境、识别预兆、验查动物内脏等预言手段。

在《斐多篇》（*Phaidros*, 244）中，柏拉图区分了两种预言——一种是有灵性的，另一种是理性的。皮提亚在恍惚状态中强调前者，预兆则强调后者。然而起初，猛禽萨满不仅具备人类的视野，而且知道如何控制飞禽的飞行和鸣叫。而多年之后，像底比斯的提瑞西阿斯（Teiresias of Thebes）这类的继承人则不得不满足于观察。

梦境和恍惚为灵性预言提供了基础。希罗多德（7.16B2）同意这个观点，即梦只 133
是白天思想的延伸，甚至按照传统虔诚的观点，并非所有的梦都是重要的。正如我们所看到的，一些梦境以受过良好教育的人给出明确警告的形式出现。其他则是象征符号，需要由专业的奥伊罗克瑞特（oneirokrites，解梦人）来解释。在《黄蜂》（53f.）中，阿里斯托芬让一个奴隶告诉另外一个刚刚为自己解梦的奴隶："那么我是否应该付两个奥伯尔给一位如此清晰解梦的人呢？"

起初，萨满成为沉湎于字面意义的专家，并进行精神之旅。在奥林匹亚众神兴起后，他的继承人，无论是像皮提亚那样与机构相关的人还是像神谕吟诵者那样的个人，都必须使他们自己成为神的代言人，让神通过他们传话给世人。

正如我们所看到的，理性预言可能回归到了猛禽萨满的时代。与萨满类似，神和禽鸟也联系了起来：宙斯和鹰、雅典娜和猫头鹰等等。通过对鸟的行为的系统观察，人类可以预言诸神的意图。这种预言非常流行，希腊的"鸟"这个词一度被用于各种征兆——无意识的身体运动，如打喷嚏、随口说的话或邂逅。

古典时代比预言更重要的是对动物献祭的衍生物——内脏，尤其是被视为血和生命之源的肝——的检查。这种行为起初源于崇拜者确保他们的献祭能够被接受的愿望。

那些咨询了德尔菲等地或个人的正式神谕的,或任何其他占卜师的人,在不涉及任何技艺的实际事务上或多或少会对已做出的决定更坚定地认可。

据色诺芬记载(*Recollections*, 1.1.9),苏格拉底认为,人们不能向神询问浅显问题的答案,或者人们可以通过计算、测量或称量来获得答案。困难在于判断哪里是明显的终结,以及哪里是不确定的开始。

在索福克勒斯的《埃勒克特拉》(*Elektra*, 33f.)中,俄瑞斯忒斯向阿波罗询问如何才能报杀父之仇,而不是问是否应该这样做。在公元前401年,当色诺芬得到波斯国王年幼弟弟的邀请参加居鲁士的远征时,他询问年长的苏格拉底是否应当接受这个邀请(*Anabasis*, 3.1.5)。苏格拉底建议他咨询德尔菲。色诺芬提出的问题
134 实际上是问他应该向哪个神祭祀和祈祷才能最佳地完成他脑海中的远征,并能安全凯旋。苏格拉底指责色诺芬没有询问是去是留,哪个更好。

另一方面,为将之道或者说策略是一种技艺。当阿伽门农的舰队因为逆风还被阻在奥利斯(Aulis),而预言家卡尔卡斯(Kalkhas)要求献祭阿伽门农的女儿伊菲革涅亚时,阿伽门农或许会在拒绝预言家的问题上犹豫不决,但柏拉图笔下的苏格拉底知道,拉克斯和尼西阿斯这两位将军会认同他这样的观点,即在战争中将军可对预言家发号施令,但反过来就不行,因为将军比预言家更清楚将要发生什么(*Lakhes*, 198e,这并非新的观点:荷马笔下的赫克托耳曾说过[*Iliad*, 12.243]:"最好的征兆就是为你的国家去战斗。"不幸的是,尼西阿斯率领的雅典人在西西里的活动并未遵守柏拉图在对话录中所接受的理论)。除非将军们就战争事宜咨询预言家,或城市寻求神谕,以便使人们有合理的信心去执行经过深思熟虑的计划,否则世俗与宗教之间会产生不可容忍的紧张气氛。西西里远征不顾赫耳墨斯神像被破坏(Thucydides, 6.27.3)的事实出征,他们对未能识别这一坏预兆未必是负有责任的。在与柏拉图的对话录中,预言家欧悌甫戎(3b)说当他在公民大会提及宗教并进行预言时,他们把他当成疯子一样嘲笑。他宣称所有的预言都会实现,并且通过将公民大会上的嘲笑声归因于对所有预言家的嫉妒而感到满足。在欧里庇得斯的戏剧中,预言也多次出现。

当询问起国际政治问题时,德尔菲处于它应有的地位,它与公元前5世纪后期发生的伯罗奔尼撒战争息息相关。根据斯巴达"鹰"的说法,当斯巴达在公元前432年就其如与雅典交战有多少胜率询问神谕时,阿波罗告诉他们,如果尽力的话就会获胜,并且不管他们是否向其求助,他都会帮助他们(Thucydides, 1.118.3)。当公元前430年瘟疫降临雅典的时候,那些知道斯巴达神谕的人就认为事实上是阿波罗

这一致命的射手干预了伯罗奔尼撒战争中的一方(2.54.4)。

尽管修昔底德在公元前415年西西里远征开始之前对咨询神谕的事只字未提，不过他确实提到了神谕传播者和预言家的激励(8.1.1)，而且，尽管普鲁塔克两次提到了一个故事，不过公民大会无论如何都不会在远征出发之前给德尔菲任何机会去裁决这次远征。基本的民主就是假设期望最好能在公民大会的争论中找到正确的公共行为。然而，它仍然有可能在宗教事务上咨询德尔菲，例如对神的诞生地提洛圣岛的净化。

公元前413年8月27日，在叙拉古出现了月全食，当时雅典军队正要航海至安全地带(Thucydides，7.50.4)。大多数雅典人对此耿耿于怀，而尼西阿斯“有点过度 135
依赖预言或类似行为”，他惯用的预言家斯提巴提斯(Stilbides)最近死了，因此他听从了其他存世的预言家的预言，决定不在“三九天”(即另一个恒星月)行动。据普鲁塔克(*Nikias*，23.5)记载，斯提巴提斯能够让尼西阿斯从他大部分的迷信中(deisidaimonia)获得自由。作为无神论者和对天文历法很感兴趣的修昔底德或许指出，作为一名受过良好教育的人，相比预言，尼西阿斯应该会更关心使他的士兵打消疑虑的必要措施。

在发生于雅典使臣和米洛斯领袖之间的米洛对话中，修昔底德(5.103.2)针对预言进行了直接攻击。雅典使臣说，在逆境中，大多数人求助于不可预见的希望、预言、神谕以及其他类似的东西，而这些最终都会破灭。归纳是不太贴切的，因为这并不适用于米洛斯人，因此有人或许会理性地假设这个观点是修昔底德自己的。在逆境中，大多数雅典人求助于预言和神谕无疑是正确的。铭文所记录的公民大会敕令包含对所提及的神谕的尊崇。阿里斯托芬有时嘲笑神谕、神谕传播者、预言家和祭司，但伟大的喜剧演员通常不会嘲笑那些无力的东西；他还宣称无论如何都会反对任何形式的武力。神的仆人或许是贪婪的，他们寄生于生产劳动，但他们在社区中的地位却又是强势的，这足以使一些嘲笑显得合理正当。

按照修昔底德的标准，如果大部分人都是迷信的，那么“神职人员”夸大他们职能的机会是永远存在的，不过随着各种技艺形成过程中系统化知识的增长，这种职能也日益受到限制(Plato，*Greater Hippias*，281d)。预言本身也是一种技艺，外行或许对其也有所了解。色诺芬能够运用预言的知识对居鲁士阿巴克特(Ambrakiot)预言家希拉诺斯(Silanos)的活动范围进行限制(Anabasis，5.6.29)，“预言家希拉诺斯的答案使我确信了一个主要观点，即祭品是受欢迎的；因为他知道，即使我持续出现在祭祀场所，我在他的领域依然是无知的”。

色诺芬在其他地方(*Recollections*, 1.4.2)也将预言置于祈祷者和祭品同一水平上。对我们而言,在雅典将迷信从宗教中区分开来是否可能呢? 从外部观察雅典人的宗教信仰,或许有人会说这是错误的,除了一些无神论者和不可知论者外,所有雅典人都是迷信的,但这对于把从厄吉亚来的农民标识为迷信可能是无用的,因为他相信他从小就相信的东西,做他从小就做的事情,并认为这是天经地义的。这
136 或许有助于将迷信与所涉文化规范联系起来。之后,迷信就是相信所涉社会阶层的大部分人不相信的事情,尤其是当所相信的事情对实际行为构成阻碍的时候。尼西阿斯对月全食的反应并非其所处社会阶层的典型反应,这种反应产生了灾难性的后果,并且将他与那些认为月食是因为色萨利巫婆将月亮拽了下来的人等同了起来(Aristophanes, *Clouds*, 749f.)。

神与恶魔之间的区别是很难界定的,但"恶魔"的一个重要含义保存在了希腊单词 eudaimon(快乐或幸运)和 kakodaimon、dysdaimon(不快乐或不幸)中。荷马特别通过提及他的寿命来讲述人的命运(moira)或运气。赫西俄德和麦加拉学派诗人泰奥格尼斯(Theognis)更乐意去谈论人的魔性(daimon)。虽然赫拉克利特宣称性格是恶魔,但多数人同意泰奥格尼斯(161—166)的观点,认为人的魔性比人的先天禀赋更为强大,这就为迷信提供了一种途径。克桑西阿斯在《蛙》(*Frogs*, 196)中大声喊道:"阿特拉斯(Atlas),我是多么不幸(kakodaimon)!"当俄狄浦斯从他宫殿中自欺欺人地出现时(Sophokles, *King Oidipous*, 1299—1302),领唱者喊道:"当我启程时会遇到什么?""那是什么恶魔?""要比不幸的命运(dysdaimon moira)跳跃得更远?"

如果人们井然有序的生活受到破坏,人们就会相信身处污染(miasma,瘴气)之中,而净化(katharsis)的功效就会在雅典被大范围传播。谋杀是污染源之一,其最严重的形式就是杀害近亲。除非合法杀人或者杀害垂死之人可免其罪责,否则污染物会立即感染杀人者,以及(从较小的程度上说)其接触的任何人乃至整个社区。如果杀人犯被审判定罪,对他的执行或流放将会替社区消毒。如果被流放的杀人犯被受害者的亲属原谅,他可以回到雅典,但他必须准备恰当的动物祭品使其净化。其他污染源是亵渎圣物、分娩和因自然原因导致的死亡。在公元前 426/前 425 年冬季,雅典人通过挖掘埋葬在岛上的死者和禁止那里出现新生儿或死亡,从而净化了既为阿波罗出生地又为同盟最初总部的提洛岛。他们希望这样或许能控制瘟疫的第二次造访(Thucydides, 3.104.87)。公元前 422 年,雅典人前往更远的地方并驱逐所有活着的提洛人,不过随后又将他们带了回来(Thucydides, 5.1.32)。之所以将他们带回,部分是因为雅典人在军事上遭到了逆转,所以,毫无疑问,雅典人

远离他们是希望获取军事上的胜利。

荷马能通过尸体辨认出死者的鬼魂,并且他认识到尸体并不能从生者的关注中获益。所有的鬼魂都适时地埋藏在哈迪斯(Hades)和珀尔塞福涅(Persephone)的地下国度里,在那里,除了一些对诸神尊严发出挑战的声名狼藉的冒犯者外,他们 137
忍受着毫无痛苦但却阴冷、缥缈的生活。这些鬼魂无欲无求,且无畏无惧。

考虑到伊奥尼亚人认为他们是从古希腊的祖先坟墓里分离出来的,他们或许更容易这么想。由于认同鬼魂和尸体,死者在他的墓中会得到照顾,甚至火化被引入之后仍是如此。正如我们所看到的,雅典安提斯特节的第三天就被认为是死者会外出的日子之一。

雅典人认为让家人把自己埋藏在祖国是非常重要的(这也是人们在阿基诺赛战役之后对将军们勃然大怒的原因之一),而死者在被埋葬之后受到的是定期的照顾。阿里斯托芬从未提及部落是如何尊重死者的。未来的执政官在资格审查或最初的审查时都会被问及他们是否拥有家族墓地以及地点在哪里。

就雅典居民而言,这些坟墓会位于通过城外的路边公墓的家族土地上——位于路边且刚好处于城外,因为它是公共场所,且要易于出入,但它还是位于城外,因为害怕污染,也害怕死者或许会行走。这里或许还有为城内节约宝贵空间的考虑或希望。埋葬在市内是社区对死者授予的巨大荣誉,就像社区纪念英雄忒修斯的尸骨。古典时代大多数发掘出的市内坟墓都是埋葬小孩的。

土葬和火葬都被采用过,但献给死者的祭品都被装在两种相同的容器。大多数火葬祭品是美丽的白底伴葬瓶或油瓶,上面描绘的葬礼场景或源于神话,或源于现实生活。对于献祭的食物和饮品,我们几乎无迹可寻。

这些祭品、用土丘或墙围起来的坟冢,以及上面竖立的用描述死者生前生活情景的浮雕装饰的圆柱或石板,这显示了一种惯例和意识到死亡命运观念的家庭荣誉。由于相反证据的缺失,我们只能猜想刚刚失去亲人的雅典人是不大乐意面对死人和分离这个现实的,同时他们接受了荷马的理论。

迈锡尼史诗、当地传统、宏伟的纪念碑,以及他们的圆顶或"蜂窝"状坟墓在经历了黑暗时代英雄观念之后仍然保有活力,尤其是流着神灵血液的人(男神和女神的后代仍然是神,不是英雄)攻陷了特洛伊,成就了伟业。在某些社区因受入侵而遭到破坏的情况下,当地传统或许会恰当地将英雄与坟墓联系起来;在其他情况下,史诗会向地方传统提供一些不为人知的名字。古风时代的建筑没有一个可以 138
与手工艺者精细的圆顶坟墓相媲美,像对地府神的崇拜甚至对已逝先祖的寻常照料一样,英雄崇拜的出现也并不奇怪。随着在公元前8世纪晚期或前7世纪早期城邦的形成,关注社区感情的需要与日俱增。从观念上说,英雄是土生土长的,而对雅典来说,如果底比斯的俄狄浦斯王死于雅典北部的克洛诺斯·希皮奥斯(Kolonos Hippios)就更好了。人们非常渴望拥有英雄的尸骨,忒修斯尸骨的发掘并将之重埋于忒修斯神庙是一件对国家来说非常重要的大事。人们相信,在战争年代,当地的英雄可以在他们的坟墓为社区提供强有力的武力支持。据普鲁塔克(*Theseus*, 35.5)记载,许多在马拉松交战的人认为他们看见了当时尸骨可能还不在阿提卡的忒修斯领导了对波斯人的进攻。另据希罗多德记载(8.109.3),地米斯托克利在公元前479年告诉安德罗斯岛的雅典先遣队,击败薛西斯应当归功于众神和英雄,因为他们嫉妒一个无信仰的人统治着欧洲和亚洲。不论他本人相信与否,他必须设想大多数听众相信这一点。不同于赫拉克勒斯,忒修斯在喜剧中并不被讽刺。

古典时代的希腊人并不认为英雄时代已经终结。新城邦创建者常常在死后得到尊崇(Herodotos, 6.38),安菲波里斯的创建者哈格农在当地终身受到尊崇,即便他在伯罗奔尼撒战争开始时回到雅典也是如此。公元前424年,布拉西达斯(Brasidas)为斯巴达攻占了这座城市,而在他于公元前422年死后,他替代哈格农受到了公众的尊崇,被当成城市的第二位创建者和拯救者(Thucydides, 5.11.1)埋在城中,受到英雄般的尊敬。在公元前427年之前,于公元前479年普拉提亚战死的希腊人几乎受到了英雄般的尊崇(Thucydides, 3.58.4),而波桑尼阿斯(Pausanias, 1.32.4)告诉我们,在他所处的时代,在公元前490年马拉松战役中牺牲的人都被当成英雄来崇拜。正如我们所看到的,雅典人有可能把四十年战争中的192名死者也当成了英雄。

在所有雅典节日中,纪念得墨忒耳及其女儿柯拉的厄琉西斯秘仪或许在基督徒看来最接近宗教仪式(当时还有包括狄奥尼索斯秘仪在内的其他仪式)。所有讲希腊语的、未受污染的成年人,不论是男性还是女性、奴隶还是自由者,都有资格参加,这表明大多数雅典人都加入了。无论如何,安多基德斯(Andokides, 1.12)把执行委员会的职责描述为清理公民大会中未加入秘仪的人,但他并未提及执行委员会成员不得不离开,或公民大会人数有大量减少。柏拉图笔下的苏格拉底从未暗示过自己加入了秘仪,但他使用了秘仪的语言。

加入秘仪的第一阶段是参加于安提斯铁里翁月(大概是我们的2月)在伊利索
139 斯河边埃格莱举行的纪念柯拉的"小型秘仪"。每位候选人都会被净化,然后可能会成为秘仪学员(mystes)或即将被传授秘仪的人。及物动词 myeo(我加入秘仪)与不及物动词 myo(我的眼睛和嘴巴闭合了)是同源词。时至今日,我们仍无法确定启蒙仪式(telete)和最终体验(epopteia)这两个更高级秘仪阶段所涉及的内容。

埃格莱秘仪和厄琉西斯秘仪曾相互独立,但在公元前 7 世纪厄琉西斯并入阿提卡后,埃格莱秘仪成为了厄琉西斯秘仪的初级仪式。雅典的巴赛勒斯负责管理厄琉西斯庆典,但主要的祭司——大祭司或圣物展示者可能是从过去的厄琉西斯国王后裔的厄琉西斯宗族中选拔出来的,当选者终生任职。第二重要的厄琉西斯祭司是达都奇(Daduch)或火炬手,他是在公元前 5 世纪从雅典克律克斯(Kerykes)宗族中选拔出来的。与其他祭司不同,大祭司和达都奇在主持秘仪时都身着考究的法衣。

更大的秘仪发生在波得罗密翁月(大致相当于我们的 9 月),这是一次重要的国际盛事。从欧摩尔波斯宗族和克律克斯宗族中挑选出来的大祭司们很早就给尊重厄琉西斯的整个希腊社会派出使臣,宣布 55 天的休战期、征收首批水果的什一税并诚邀各方派遣使臣。休战的目的是保障往返厄琉西斯的旅行安全。还有一次休战与此类似,原因是要进行小型秘仪。大约在公元前 422 年,当时伯罗奔罗撒对阿提卡的入侵已经停止,但阿希达穆斯战争还在进行当中,公民大会会敕令(ML, 73)号召阿提卡农民"依照先祖传统和德尔菲神谕"拿出一部分小麦和大麦献祭给两位女神。官员们按区募集首批水果,并将其送往厄琉西斯管理委员会。同样,同盟国也被要求提供首批水果。最后,大祭司和达都奇号召大部分希腊人提供"依照先祖传统和德尔菲神谕"而获得的首批谷物。似乎没人指望通过第三种渠道获取大量谷物。

在波得罗密翁月的第 14 天,得墨忒耳的圣物会从位于秘仪神殿的宝库阿那托翁(Anaktoron)被取出,然后随着游行队伍被带到雅典的厄琉西斯。圣物被装在圆形的小盒里,由女祭司驾马车运送,距离至少有 14 英里远。

第 15 天,即节日的第一天被称为"阿吉摩斯"(Agyrmos),因为在这一天,巴赛勒斯会让人们集中在画廊。在大祭司和达都奇在场的情况下,圣使会宣读了他们的声明,邀请候选人前来,但野蛮人和那些被污染的人除外(野蛮人被排除在外的 140
原因是他们不能理解圣词,或许还因为公元前 480 年和前 479 年波斯人亵渎诸神的行为)。这里或许还有一些作为对早先参加小型秘仪的资格审查,为确保登记的候选人少于秘仪神殿所能容纳的人数,这么做或许是必需的。每个秘仪学员需要找到一个秘仪导师以便通过各种仪式。这时或许也是秘仪信徒(mystai)支付学费的时候,费用可能为每人 10 德拉克马。

第16天以"秘仪信徒们,下海吧"的活动著称,因为这一天,作为进入下一等级启蒙仪式的候选人需要步入法勒隆的大海,以净化自己,并且在归来时必须将仔猪献祭给得墨忒耳。

第17天或许是以"此处的牺牲者"而著称,在这一天,王者执政官及其助手会将社区官方祭品献给两位女神。第18天,秘仪学员要安静地待在室内,对希腊公民而言,这是一件非同寻常的事情。

在第19天,圣物会从厄琉西斯神庙通过盛大的游行回到厄琉西斯,游行队伍会沿着雅典娜大道经过广场,并沿圣道经圣门出城。行在游行队伍最前面的是木制的手持火炬的伊阿科斯(Iakkhos)塑像(伊阿科斯的名字源于秘仪信徒在旅行中的哭泣[iakhe]),接着是祭司、带着圣物的女祭司、地方行政官、议事会、外国使团,最后是秘仪信徒和秘仪导师。参加游行的人头戴香桃木花环,携带系着毛线的同种灌木枝。对于这样的游行,随队配备后勤人员是很明智的,他们要在后面携带一大包供应品和新衣服。

当游行队伍来到距城墙两英里的凯菲索斯河上的桥时,队伍前列官员中戴着头巾的男人会大声辱骂,辱骂是为了避邪,旨在避免坏运气。当秘仪信徒手持燃着熊熊大火的火炬到达圣道尽头时,已经是夜晚时分了。整个晚上人们都在唱歌、跳舞,以此来纪念女神。不断高昂的热情要求秘仪信徒必须足够强壮。

第20天的白天用于静养、斋戒和祭祀。晚上秘仪信徒喝厄琉西斯的水、大麦片和被称作"卡吉尼亚"的薄荷油(kykeon,一种薄荷)。此时,巴赛勒斯及其助手会再次向女神进献社区的官方祭品。然后身着新衣的秘仪信徒会进入神圣空间(temenos),至此,节日的神圣部分开始了。接踵而来的启蒙仪式涉及已完成、已说过、已展示的事情。似乎得墨忒耳失去珀尔塞福涅,后又失而复得的故事会在秘仪神殿
141 外上演,表演方式可能是火炬舞。伯里克利时代的秘仪神殿(Aristophanes, *Clouds*, 303)是一个面积有55码的正方形建筑。它的屋顶搭在42根立柱上,长7根、宽6根的格局布置。周围的城墙可延伸八步那么远,形成了可容纳3 000人站立的空间。

欧摩尔波斯大祭司在秘仪神殿中所说的或所吟唱的或许是一套仪礼。他在浮光下展示的圣物至少有一部分是在第14天从阿那托翁被带往雅典的厄琉西斯神庙,并在第19天夜晚归还的圣物(阿那托翁是用城墙将圣物保护起来的地方,那里只允许大祭司进入)。

通过启蒙仪式试炼的人会进入最后阶段——最终体验,这或许要花上一年时

间。最终体验者一定看到了什么东西。或者在完成启蒙仪式试炼之后,他们又获准看到了其他圣物。

第21天白天是用来休息的,以便为秘仪神殿第二天和最后一晚做准备。第22天是被称为"普莱摩克奥伊"(Plemokhoai)的日子。在奠酒祭神仪式之后,容器里的酒会被倒入深坑中。在第23天,人们开始陆续回家。

厄琉西斯的得墨忒耳或许曾经与雅典的雅典娜以及阿戈斯的赫拉地位相当——她们是迈锡尼国王的宫殿女神。随着时间的推移,秘仪发展到促进玉米作物的延续和随之而来的人类生命。当人类生命的延续不再存有疑问时,重心开始转向许多死后的个人。

在公元前7世纪荷马的《地神颂》(*Hymn to Demeter*)中,那些看到在秘仪上将要发生何事的人被允诺死后会非常幸福,而其他则会糟糕一些(480—482)。之前哈迪斯(365—369)告诉珀尔塞福涅她将统治所有居住在地球上运动着的事物,永不休止地惩罚那些不用祭品、不进行正确的宗教仪式、不制作合适礼物来供奉她的权力的人。不论一个人用什么方法去挽回错误(或是不供奉柯拉的错误,或是通过供奉她能避免的错误的一般后果),没有任何迹象表明公正地对待同胞会在死后获得更快乐的宿命,不公正地对待同胞会获得不快乐的宿命。不过直到阿里斯托芬写《蛙》的时期,这种观点依然十分盛行(造成这种观点流行的原因或许是对农业文明效应的认同,对于农业这门技艺,得墨忒耳向厄琉西斯王子特里普托勒莫斯[Triptolemos]展示过,特里普托勒莫斯向世界也展示过)。

在《蛙》中,我们发现了阴间为外来者和个人显示出敬意的新入仪式者准备的奖赏。他们的奖赏便是通过参加伊阿科斯游行、说污言秽语、跳舞等方式继续庆祝秘仪(阿里斯托芬对在厄琉西斯神圣空间里发生的事情未做任何暗示,但他对厄琉西斯秘仪某一方面的展示就如同基督徒的分享,而不是证实:一个人可以经历不止 142
一次)。相比之下,赫拉克勒斯警告(145—150)狄奥尼索斯和克桑西阿斯,他们会看到地球上那些诬陷外帮人的人、打击父母或作伪证的人深陷淤泥之中。在恰当的时候(273—275),他们作为观众会看见那些打父亲者和作伪证者。

公元前415年,秘仪从喜剧的嘲弄和喧嚣中摆脱出来。之后不久,狄亚哥拉斯(Diagoras)宣布"无神论者"是不合法的,这显示出雅典人是多么重视他们与神之间的联系。

我们已如此深远地考虑到雅典宗教的起源和结构,以及雅典宗教得以控制大部分雅典人及其维系这种控制的方法。现在,我们还需思考这种控制是否在减弱。

雅典社会是思想多元的社会。伯里克利、阿那克萨哥拉、普罗泰戈拉、欧里庇得斯、普罗狄科和修昔底德的观点都不相同,但相比厄吉亚居民等其他居民的观点,那个群体里的每个成员的观点与其他成员的观点更为类似。他们之间的共同点存在于索福克勒斯和苏格拉底的观点中。

我们对伯里克利的信仰知之甚少,但有一些或许可以从他在公共场合所做的演讲和对合作者的选择中推断出来。据修昔底德记载(2.37.3),在公元前431/前430年的伯里克利葬礼演说中,在解释雅典如何将自由和秩序(eunomia)结合起来的过程中,他提到,"法则虽未成文,但是对不光彩行为的一种惩罚"。伯里克利可能认为雅典是由社会制裁而不是神的制裁维持着——这在雅典是这样,在除蛮荒部分外的希腊其他地区无疑也是这样——敬神(已成文的法律已经引入了对不敬神者的起诉,但法律没有对不敬神行为进行定义)、尊重父母(梭伦立法已引入对虐待父母的起诉)和老年人、埋葬已故的男亲属(已引入法律)、避免乱伦、对陌生人的热情款待以及知恩图报等原则。在另一次演说中(后被可能由吕西亚斯[6.10]所写的演说辞引用了),伯里克利提到了未成文法则,建议在不敬神案件中,陪审团"不仅要依据成文的法则,还要依据欧摩尔波斯族做决定时所依据的未成文法则——无人敢于称其无效或敢于反驳的法则,即使这些作者是佚名的"(欧摩尔波斯族享有决定涉及厄琉西斯女神崇拜问题的专有权)。埃斯库罗斯和索福克勒斯认为未成文法律的源头是神圣的,但伯里克利是否也这么认为值得怀疑。在整个葬礼演
143 说中,他没有提及诸神(英勇的死亡依靠的是他们自己,见2.42.4),他在更早期的同类演讲中对诸神的提及也不能算是对传统虔诚的表达。那时他说那些因镇压萨摩斯人叛乱而死亡的人像神一般不朽:"尽管我们看不到诸神,从他们那里获得的荣誉以及赐予的祝福,但我们推断他们都是不朽的。"在最后的演讲中(Thucydides, 2.64.2),他指出像杀死了他的妹妹和两个合法的儿子的瘟疫这种不可预知的灾难是"诸神所为"(daimonia),而不涉及任何宗教因素。

另一方面,如果他是阿那克萨哥拉和普罗泰戈拉的助手,那么他也是预言家兰朋(Lampon)的助手。据普鲁塔克记载(*Perikles*, 6),有着一只角的公羊头曾从他的庄园被带到伯里克利处。当兰朋一看到这只角的力量,他就将其作为标志向伯里克利解释发生了何事,即他将战胜政治对手麦里西亚斯之子修昔底德。阿那克萨哥拉曾将颅骨切开,并对此现象做出了解剖学上的解释。在那时,旁观者对阿那克萨哥拉印象深刻,但之后不久,修昔底德被放逐,他们又对兰朋印象深刻。

如果兰朋在解释公羊角问题上与阿那克萨哥拉有冲突,那么他或许在公元前

443 年就在图里伊建立雅典殖民地的问题上与普罗泰戈拉达成了共识：兰朋是共同创建者，而普罗泰戈拉则显然起草了章程。

兰朋在阿里斯托芬的《鸟》(521, 988)中被猛烈抨击，而事实上，没有证据表明他不是一个有影响力的人。在公民大会上，他就向厄琉西斯女神们(ML, 73)祭祀的提议增加了附加条款，并且他也是在公元前 421 年第一个签订标志着伯罗奔尼撒战争第一个阶段结束的《尼西阿斯和约》的雅典人。

很难相信兰朋只是伯里克利手中的小卒或者他认为伯里克利是一个艺术家。据普鲁塔克记载(*Perikles*, 8.4)，伯里克利在进行公共演说之前经常向(非特定的)诸神祈祷。

在雅典停留了一段时间并将伊奥尼亚人的自然哲学带到雅典的阿那克萨哥拉对伯里克利的影响似乎要超过其他人。没有人深究公元前 467 年在埃哥斯波塔米坠落的陨石，人们只是很轻率地将这个重物当成圣物。阿那克萨哥拉称太阳是一块炽热的石头，他认识到月亮绕着地球转并且通过太阳光的反射而发光。他与兰朋就公羊角问题发生的争论一定发生在公元前 444 年左右。在现在的史料中，只有普鲁塔克(*Perikles*, 32.1)提到了由预言家狄欧皮赛斯(Diopeithes)起草的法令。它授权使用控诉程序反对那些抵触宗教或讲授天空理论的人。它很快将矛头指向了阿那克萨哥拉并可能最终也指向了伯里克利。现在狄欧皮赛斯有权认定阿那克萨 144
哥拉所教授的东西破坏了对个体诸神的信仰，但他确实将此法令提交到公民大会了吗？史料中只有普鲁塔克记载了此事，不足以否定，但"天空"一词并非阿提卡方言，正如它所代表的，该词符合梅顿和攸克特蒙(Euktemon)的风格，而他们的行为甚至连狄欧皮赛斯也完全不会反对。因为他是宗教狂热分子，狄欧皮赛斯出现在阿里斯托芬的著作——《骑士》(*Knight*, 1085)、《黄蜂》(*Wasp*, 380)、《鸟》(*Bird*, 988)中，其他喜剧诗人也提到了他的名字。这个敕令故事可能源于人们后来对喜剧诗人的玩笑的误读，这种可能性是存在的，而这种误读也再正常不过了。公元前 4 世纪历史学家埃佛罗斯(Ephoros)所传播的并不精确的历史声称，伯里克利的敌人打算起诉阿那克萨哥拉不敬神，但对于这样的故事，我们无法确定其中有多少真实成分。柏拉图(*Perikles*, 18c)让苏格拉底表明天文学家(和地理学家)通常被认为是不相信神灵的，但在苏格拉底之前，我们找不到人们因不信神灵而被起诉的证据。渎圣罪或者亵渎神灵是另外一回事。在处决苏格拉底的问题上，没有比公元前 415 年处决那些已定罪的毁损者和渎神者更明显的先例了。事实上，正如我们看到的，尽管陪审团法庭意识到了这种差异，但阿那克萨哥拉是一名自然神论者而不是无神论者。

普罗泰戈拉的文章《论众神》(*On the Gods*)是以宣告开篇的:“关于诸神,我们不知道他们是否存在抑或不存在,或者他们看上去像什么;许多事物遮蔽着知识,正如物质的晦涩和人类生活的单纯。”没有人知道这篇文章是如何展开的,但一些事物可以构成其开首语。普罗泰戈拉无疑强调了“知道”。如果他拥有与菲力彼得斯一样的经历,他就会知道。正因为这样,他只能研究神话历史和人类学家所提供的证据并据此提供意见。普罗泰戈拉认为人类的生活条件已得到巨大改善,并且这一情况仍在延续,但他或许也会被这样的事实震惊,即他所了解的所有社区都有某种宗教信仰。这一人类学因素是不能被忽略的。

在阿里斯托芬的《地母节妇女》(*Women at the Thesmophoria*, 450ff.)中,一名贩卖在神圣场合佩带的香桃木花环的人抱怨欧里庇得斯让她的生意下降了一半,因为他创作的悲剧使男人(andras,作为女人的对立面)不相信神灵的存在。在喜剧中受委屈的摊贩的言语并不总被相信,但正如我们所理解的,至少在公元前411年,指控欧里庇得斯是无神论者是明显说得通的。我们不知道诗人的所感所想,但诸神的存在是悲剧的素材。欧里庇得斯肯定对最近的推测产生了兴趣,而他剧中的人物几乎对所有观点做了强有力的表达。他们中的一些人在道德层面责备神灵。例如,卡德摩斯告诉狄奥尼索斯(*Bakkhai*, 1348):“诸神像人一样情绪化是不合适
145 的。”但这种责备并不新奇,泰奥格尼斯(Theognis, 743—746)就曾责备宙斯不公正,而显然,这并不是无神论的证据。欧里庇得斯的美狄亚和菲德拉都未将感受、思想或行动归因于某位特殊神灵的推动。但菲德拉提及曾被一个神灵欺骗(*Hippolytos*, 241),塞浦路斯人阿芙洛狄忒是《希波吕托斯传》剧中的一个角色,或许可以通过一个看护得到很好的理解(359f.):“塞浦路斯人没有神灵,但有些东西比神灵更伟大。”也就是说,对宇宙中性吸引力适当的考虑导致了对荷马笔下不恰当的阿芙洛狄忒肖像的排斥,也产生了一种宗教式的敬畏。

在《特洛伊妇女》(*Trojan Women*, 946—950)中,海伦引用阿芙洛狄忒的例子为她与帕里斯一起逃离斯巴达开脱。她问了一个夸张的问题:“当我和陌生人离开时究竟在想什么,这么做背叛了我的国家和家庭吗?我要谴责比宙斯还强大的女神——宙斯统御众神,但仍是他的奴隶;不过还是请宽恕我。”(在《奥德赛》[*Odyssey*, 23.222]中,这些辩护词又被珀涅罗珀采用)。赫卡柏否定了整个女神比美的神话,他认为这对女神来说毫无意义。帕里斯非常英俊——“只要一见到他,你自己的想法就会变成这是你们塞浦路斯人的想法。”

按照荷马或者欧里庇得斯的标准，在这场冲突或口角中的双方都是对的或错的。海伦事实上无力抵抗帕里斯的诱惑，但我们不能就此原谅她，因为阿芙洛狄忒通过海伦自身的爱好发挥作用。

正如色诺芬和品达已意识到的，欧里庇得斯也意识到，诗人在公元前 8 世纪晚期或前 7 世纪早期书写或口述的传说并不能完全使更懂得反思的后辈们满意，但同色诺芬和品达的情况一样，这并不会使他成为无神论者。

即便普罗狄科不是一个令人兴奋的道德家，但至少他是一个庄重的道德家，正如《赫拉克勒斯的选择》(*The Choice of Herakles*)这一传说所呈现的：年轻的英雄必须在美德和罪恶中进行选择(Xenophon, *Recollections*, 2.1.21ff.)。他对宗教起源的描述似乎表明人们开始把太阳、月亮和河流、面包和酒等自然或人造的对人类生活有益的物体当成圣物。我们或许在欧里庇得斯的《酒神的伴侣》(*Bakkhai*, 271ff.)中听到了先知提瑞西阿斯在给彭透斯的演讲中对这个观点做出的回应："人类生活中有两件事是首要的：女神得墨忒耳——她生活在人世间，但使用你们喜欢的名字；她给人们以食物；接着是塞默勒的儿子，是他发现了流动的葡萄酒……虽然他是神灵，但却被诸神赶了出来。"正如我们看到的，普罗狄科关于农业是许多希腊宗教的基础的观点是十分正确的。至于他对于他所创建的宗教的态度，我们并不清楚(虽然阿里斯托芬[*Clouds*, 360f.; *Birds*, 692]将其视作自然哲学家，但柏拉图认为他首先是语言哲学家)，但是欧里庇得斯肯定将提瑞西阿斯视作一名"现代传教士"而不是改变了信仰的无神论者。

修昔底德对神秘的神谕产生了一定的兴趣，但这里(5.103.2)表明他开始否认 146
普世预言，正如他所记载的，个体的神灵并不在人类事务中发挥作用。可以肯定的是，他并不像大多数雅典人那样在自然事件和超自然行为之间划清界限，并且他一般被认为对超自然现象绝不容忍。在记述贪婪的地方协会(3.82.6)时，他将人类的法律和神的预言进行了比较，而这或许并不重要。但总体来说，他的《伯罗奔尼撒战争史》或许可被恰当地描述为雅典帝国的悲剧。公民大会做出西西里远征的决定就像悲剧般地击败英雄家族首领那样是一个判断错误。繁荣引起了自大或傲慢——这种傲慢既毁灭了米洛斯人，又毁灭了准许毁灭米洛斯的那些人。他一丝不苟的精确性使他的著作非常实用(人类的天性是永恒的，当遇到类似情形时，人们往往会采取类似的举措)，且使它给予人们比普罗狄科寓言更深的启发。

即便在雅典最重要的谈论家和创作家那里，他们的观点也比我们目前所见到的还要多元。索福克勒斯和苏格拉底的能力要比我们刚才认为的半数以上的智者更加突出。

许多讲述索福克勒斯的故事可能将其刻画成为了一个老于世故、相信传统宗教的人。他是一个康复英雄的祭司,在公元前420年(在《尼西阿斯和约》结束后)阿斯克勒庇俄斯的崇拜者抵达雅典时,索福克勒斯被授权为从埃皮达罗斯(Epidauros)来的圣蛇提供住所直至他位于卫城南部的永久性房屋准备好为止。他也创作赞美诗纪念诸神。在他死后,他本人也被当成招待者——英雄迪克森(Dexion)来崇敬。

《安提戈涅》(*Antigone*, 332—375)中老年合唱队的名言或许可以表达索福克勒斯的观点。男人是可怕的,他的成就甚至包括战胜疾病。只有死是不可征服的。但是,对于他所有令人吃惊的技能,

> 他把当下变成罪恶,把当下变成美好。他践行着国家的法律,诸神见证其在社区里高标准的宣誓;他敢于与那些在社区中被遗弃的人一起生活,不过这并不好。或许他这么做既非为了分享我的心灵,亦非为了分享我的精神。

索福克勒斯相信神的力量控制着世界秩序或宇宙,他几乎肯定相信预言的可能性。
147 但是,作为尘世中的人和诗人,他知道人类是可能犯错的,也可能会唯利是图。在《俄狄浦斯王》(497—501)中,他让虔诚的老年合唱队吟唱:"宙斯和阿波罗事实上是智慧的,他们对于人类事务是熟悉的,但人类预言家却并不一定能战胜我。"社区或个人通过行贿或其他方法影响皮提亚是有可能的,而且可以像俄瑞斯忒斯所做的那样问她很多问题,但完全拒绝阿波罗的预言能力——像众神惩罚那些冒犯他们或者冒犯父亲或陌生人的行为都以失败而告终——必然招致宗教的崩溃(910)。

神谕引人注目的价值是巨大的,对神的知识强调得越多就越能强调人类的无知:尽管俄狄浦斯极其聪慧,但他甚至也犯了能给自身造成许多灾难的错误。如果《俄狄浦斯王》有一个道德准则,那它应该接近《安提戈涅》中合唱队所传达的思想。

正如我们所看到的,据色诺芬记载,苏格拉底主张就任何超出技艺范畴的实际问题应咨询德尔菲神谕。尽管神灵或许会困惑,但神灵不会撒谎(Plato, *Apology*, 21b)。他也认为一些梦境是真实的(*Apology*, 33c; *Kriton*, 44ab)。再者,"像其他人一样",他承认太阳和月亮的神性(*Apology*, 26d)。对雅典人而言,他们的行为由于具有太高预见性而不可能具有太多个性(Aristophanes, *Peace*, 406ff.),但人们对赫利俄斯(Helios)眼睛可洞察一切、耳朵可聆听一切的信仰未死,而位于叙拉古的尼西阿斯军队肯定尊崇月亮(所有这三个信仰在柏拉图的《申辩篇》中都归结于苏格拉底,

在本质上它不可能与几百个人从苏格拉底处所听到的事物有很大不同,这些事物是苏格拉底几年前所说的)。最后,据色诺芬记载(*Recollections*, 4.3),苏格拉底接受了原始的设计论证,即通过我们周围世界的设计证据来确立设计者的存在。

雅典主要的谈论家和剧作家并非持有同样的怀疑论,但即便他们持有同样的怀疑论,其传播速度也会非常缓慢,这部分是因为只有观众才能保证怀疑论的维持,而且严重的怀疑论只占少数。很少有雅典人阅读,也很少有人能得到智者的经常性指导。普罗泰戈拉的书籍在雅典被焚毁的事迹甚至要少于他在那里被起诉的事迹(据苏格拉底在柏拉图的《美诺篇》[*Menon*, 91e]所说,普罗泰戈拉"死时已近70岁,从业40年,他在所有时间里——事实上直到死的这天——的声望都一直很高")。反思型阅读是一项无关政治的活动,个体的指导并不能唤起公众情感。然而,在公元前415年或前414年(Aristophanes, *Birds*, 1073f.),米洛斯的狄亚哥拉斯因为亵渎秘仪而被宣判违法。这个岛民愤愤不平可以被理解,但他确实讲过蔑视秘仪的话。我们并不知道他在哪里或向哪些人讲过这些,但如果他说这些话的时间正是公元前415年亵渎之事被揭露之后不久,那么他的这个时间选择是非常糟糕的。雅典人通常要求对秘仪保持敬重,他们对被揭露出来的事情感到非常愤怒。148
上层阶级座谈时在他们家中几乎可以畅所欲言,但他们却不能将秘仪内容泄露给未加入秘仪的人(Andokides, 1.11)。

剧作家会在剧院中向大批听众发表演说。阿里斯托芬以及他的对手开创了一个和荷马一样古老的传统(*Iliad*, 5.297—430; *Odyssey*, 8.266—366),即在荒谬可笑的光线中适当地呈现诸神。因为萨满祭司直接位列于部分奥林匹亚神灵之后,而不是在所有神灵后面,他们中许多人有着幽默的一面,这些可以被史诗和喜剧利用,同时不会冒着因不敬神而被指控的危险。喜剧诗人希望既不被陪审员定罪,也不被对手打败。因而我们设想,尽管几乎所有雅典人都是虔诚的,但阿里斯多芬对一些神灵的嘲弄并未招致观众和陪审团的反感。但正如我们所看见的,尽管观众数量庞大,但他们或许不能在总体上代表公民群体。

至于悲剧,对欧里庇得斯《美拉尼珀》(*Wise Melanippe*)的开场白充满敌意的观众们这样说道:"宙斯——宙斯是谁:我知道但人们会将之说成什么……"这无疑是十分有趣的,特别是由于剧作家没有时间勾画演讲者的性格或所处环境,但他因不敬神而被克里昂起诉的故事未经证实。无论他的追随者有什么优点,他年轻的对手阿伽同(Agathon)来到了马其顿国王阿克拉俄斯(Arkhelaos)的法庭,他们可能不能更自由地表达。欧里庇得斯并未使用剧院来宣传无神论。他许多角色发出的蔑视和怀疑声正处于观众所能忍受的限度之内,不过这些未必能被没有来到剧院的那部分人所接受。

并不仅仅是那些表述的谈论家和剧作家在一定程度上影响了雅典的精神,雕塑家同样如此。我们对菲狄亚斯了解甚少,他是"雅典查米德斯的儿子"(Pausanias, 5.10.2),正如索福克勒斯对文学艺术所做的,他支持古典雅典的视觉艺术。在与波斯的和约终结前,他受委托在卫城用青铜浇铸巨大的雅典娜·普洛玛科斯像(捍卫者),以之作为马拉松战役的纪念碑,这就是所谓的利姆诺斯雅典娜(Lemnian Athena, Pausanias, 1.28.2)。另一项重要的委托是在德尔菲浇铸马拉松战役纪念碑,它包括了13个塑像——雅典娜和阿波罗、胜利者米太亚德和十名雅典英雄,其中包含至少七名部落英雄。直到和平终结,可能会有一些被波斯破坏的雅典娜神庙得到了适度重建,但即便有,也很少。伯里克利修建计划起先是一个重建计划——一座新的雅典娜神庙,它通往卫城的新大门,位于厄琉西斯的新入会厅。
149 这个计划的提出、批准和执行背后的动机是非常复杂的,但是没有理由怀疑大部分雅典人相信雅典军队会获得令人震惊的成功,特别是在马拉松和萨拉米斯,一般而言,这是支持诸神特别是宙斯最喜爱的女儿雅典娜的证据。这样的话,忘恩负义地不去重建或单单重建被波斯人毁坏的雅典娜神庙似乎是很愚蠢的。

修建计划的中心是将帕特农神庙以及里面供奉的黄金象牙制的膜拜塑像扩大一倍。菲狄亚斯授命设计和建造帕特农雅典娜塑像。据普鲁塔克记载(*Perikles*, 13.4),他还被授予支配建筑师伊克提诺斯和卡利特瑞特(Kallikrates)的权力。因此他能够协调工作的方方面面。在早期阶段,他必须思考塑像的外形、92个柱间壁(正方形的平面,简洁的雕刻,在楣梁上倚放着的是外部呈长方形的柱子)、524英尺的伊奥尼亚式的檐壁和两个三角墙或山形墙。装饰帕特农神殿的雕刻超过其他任何一座希腊神殿。他和人们讨论着没有人知道的事情,但人们知道许多已经决定了的事情。在仁慈的帕特农雅典娜塑像的右手中拿着6英寸长的胜利女神像。胜利的本质通过三场著名战役而显现出——包括雅典娜在内的奥林匹亚众神对抗巨人族的战役被刻画在雅典娜的盾牌内侧;希腊人对抗文明边缘被称为亚马逊人女骑兵的战役浮刻在盾牌外侧;阿庇泰人(Lapiths)对抗酗酒、混血的——腰部以上是人,前腿之后是马——半人马族的战役浮刻在她的便鞋边缘。换句话说,胜利是凌驾于不受限制和野蛮侵犯之上的一种适度而文明的秩序。在盾牌之后是埃里克特翁尼亚斯(Erikhthonios)之蛇——一位雅典传说中的国王,他由雅典娜抚育长大,并且是他创立了泛雅典娜节。三场战役在柱间壁中再现——东面是奥林匹亚众神对抗巨人族,西面是希腊人对亚马逊女人族,南面是阿庇泰人对抗半人马族。背面很明显地刻画着其他相关情节——特洛伊的覆灭。除了大多数柱间壁上的主旨外,帕特农神殿非常多的雕刻装饰物并非直接祭祀定居于此的诸神。东面的山形墙记录着她从宙斯的大脑中诞生,西面则记录着为获得雅典的资助与波塞冬之间展开的竞争,檐壁似乎展现了在最隆重的游行中社区成员对她的敬意,这在供奉穿着新外袍的橄榄木雅典娜时达到了高潮。外袍上设计的编织图案通常是奥林匹亚众神与巨人族间的战役。东部所有重要的正面墙上也绘有图案:檐壁上是雅典娜·波丽亚丝;柱间壁上是雅典娜击败巨人族的恩刻拉多斯;山形墙上是雅典娜奇迹般的诞生。神庙里面矗立着她高达 40 英尺的令人敬畏的塑像。

很难相信菲狄亚斯和他的众多助手很少将宗教价值与他们的神话联系在一起, 150
正如下个世纪里亚里士多德所做的,或者是普通雅典人仰望着柱间壁或者位于檐壁的中间场景,或者注视着雅典娜·波丽亚丝并且很难从她的服装上获得他们的信息。

所有事物都表明雅典民众是轻信的。在索福克勒斯的《俄狄浦斯王》(*King Oidipous*, 977—979)中,伊俄卡斯忒(Iokaste)有很好的理由:"当事情的趋势掌控着人们的生活并且对所有事物都没有正确的预见时,他为什么要害怕?"但是《被缚的普罗米修斯》的作者很难让普罗米修斯强调预言这一技能,而这被普遍认为是伪技能。修昔底德提及对神谕、德尔菲和其他事物以及先知的关注,对神谕和先知的提及出现在记录公民大会律令的铭文中,也出现在公元前 420 年对阿斯克勒庇俄斯狂热崇拜的引言中,还出现在对损毁的赫耳墨斯神像的狂怒和秘仪的亵渎以及叙拉古雅典人的月食中——所有这些证据都指向同一方面。

认为所有这些雅典神灵的表现都是简单地源于成千上万个个体对阿波罗、阿斯克勒庇俄斯、得墨忒耳以及其他神灵和英雄的个人尊崇是错误的。特别是在危机时刻,有技巧的演讲者或利用公众的轻信,或从正常角度激发大众情感反对古怪之人和违背社会规范的人。伯里克利在葬礼演说中(Thucydides, 2.37.2)自豪地宣称雅典人的容忍得到了希腊人的证实,但并不是以现代的标准。赫拉克利特曾经讲得非常明了,他说人们为规范(nonos,法律)而战就如同是为了保护他们的城墙。不敬神(不孝)——特别在行动上,有时也在话语里——不仅是冒犯诸神,也是违法(anomia[失范],paranomia[不顺从])的最初实例。如果它引起了公众的注意,它或许就会被压制。城邦或公民阶层在一定程度上会成为被人崇敬的群体。这里没有明显迹象显示出这种崇敬之情在伯罗奔尼撒战争结束时所达到的热烈程度低于战争开始之初。

第七章 艺术和资助

诗歌概览

151 “艺术至上主义”一词传达了我们关于优秀艺术的观念,我们只是将优秀艺术当作美学沉思对象的产物而已。与此对应的历史观念——这一点希罗多德或修昔底德并不清楚——仅仅是讲述人类活动中的重大真实事件以满足某种好奇。很难讲雅典的诗人、音乐家、画家和雕塑家认为他们距离从事优秀艺术作品的生产究竟有多远。在《蛙》(*Frog*, 762)中,阿里斯托芬让已逝国王的家庭奴隶辨别其他“伟大而智慧”的技艺。除悲剧外,我们没有被告知其他配得上称为技艺的是什么,但奴隶似乎至少有艺术等级的观念。

梭伦在诗的末尾(13.49—62)将手工艺者兼艺术家、诗人、预言家和医生与在诸神(雅典娜和赫菲斯托斯、缪斯、阿波罗、潘安[Paian])资助下的所有人以及所有懂得某种知识的人进行了归类。对于最早出现的两类职业,他说道:

> 一类人,他们理解雅典娜和赫菲斯托斯的作品,精通许多技艺,能自食其力;另外一类人,他们的天赋来源于奥林匹斯的缪斯,通过衡量许多渴望智慧的方法来这么做。

经济史的趋向是从或多或少自给自足的家庭经济发展到为家庭和社区进行日趋娴熟技艺的专业化生产。一方面是铁匠、石匠、陶工、木匠和修鞋匠,另一方面是诗人和作曲家,他们都以知道大多数人不知道的东西而自豪。包括大理石和青铜雕塑

家、建筑师和画家在内的手工艺者所懂得的通常被称为技艺，诗人和音乐家所懂得 152
的通常被称为智慧。在那些用双手创作有形事物的人和那些创作无形但可表演事物的人之间的区别被勾勒了出来。可以理解，语言艺术家往往具有更加值得颂扬的智慧，正如品达非凡的才能源于天赋而不是后天的培养。但正如我们所看到的，技艺既可以用于创作悲剧作品，也可以用来制作陶瓷。在阿里斯托芬的《蛙》(*Frog*，939；比较 762—770，1495)中，欧里庇得斯在谈及悲剧时告诉埃斯库罗斯："现在当我从你那学会技艺……"

认为各种诗歌的创作不同于散文的创作是合理的。诗经常与音乐相伴，有时也与舞蹈相伴，它首先诉诸情绪，散文则主要与智力相关。在阿那克萨哥拉之后的散文手册佚失了，老寡头简略的小册子是现存最早的阿提卡散文作品之一，但很难与同时代的作品——欧里庇得斯的《美狄亚》或索福克勒斯的《俄狄浦斯王》相媲美。

不断涌现的让人惊叹的悲剧使所有文学作品黯然失色。一年之中，九部新悲剧在酒神节上演，其他四部则在勒纳节上演。在这两个节日中，悲剧合唱队是由戏剧演出者创建的，这显示了社区对上演此类节目的重视。史诗——《伊里亚特》和《奥德赛》以及随后的诗(正如众所周知的史诗集成①)——实际上已经没有人创作了，个人抒情诗和饮酒歌也一样。挽歌诗——在史诗的六步格诗和稍短的五步格诗之间交替使用，它起初是伴随奥罗斯管演唱的——继续被创作，其中许多成为了献辞或墓志铭。欧里庇得斯或许被委托为在叙拉古逝世的雅典人创作墓志铭(Plutarch，*Nikia*，17.4)。合唱赞美诗被创作出来用以表达对诸神的敬意，潘安颂歌起初是为了纪念阿波罗。在柏拉图的《伊昂篇》(*Ion*，534d)中，我们被告知卡尔西斯的提尼库斯(Tynnikhos of Khalkis)让"每个人歌唱"阿波罗颂歌。最早也通过法律来纪念阿波罗，至于这种形式，我们可以从后期一个样本——《波斯人》(*Persians*，由米利都的提摩西乌斯[Timotheos of Miletos]创作，他大约从公元前 420 年起活跃于雅典文艺界)——残存的 200 句诗行中了解一二(《波斯人》的纸草摹本是现存年代最早的希腊语文献之一，时间可追溯到公元前 4 世纪，留存下来的并不完整)。阿波罗颂歌由他特有的乐器里拉琴或基萨拉琴伴奏，提摩西乌斯就是一位基萨罗德，即伴着基萨拉琴吟唱自己作品的歌唱者。与起初纪念阿波罗的合唱阿波罗颂歌相

① 史诗集成(Epic Cycle)是早期史诗的汇总，时间跨度自早期到荷马时代，但现在已经佚失。——译者注

对应的是起初纪念狄奥尼索斯、由特有乐器奥罗斯管伴奏的酒神颂。阿波罗的赞美诗和颂歌以及狄奥尼索斯的赞美诗起初都是叙事性作品,他们在这一方面以及
153 其他方面可与三个特有的戏剧作品类型——悲剧、萨提尔剧(Satyr plays,因吟诵部分由狄奥尼索斯的狂热追随者、有着尖耳和马尾的萨提尔创作而得名)和喜剧——区别开来。

挽歌和奥罗斯管之间的联系现在更加脆弱了,但颂歌和里拉琴之间(*Frogs*,1282)或赞美诗和奥罗斯管之间的联系则不然。一般来说,诗歌与歌曲的联系仍很紧密。诗人往往也是作曲家。虽然泛雅典娜节为基萨拉琴手和吹笛者的独奏设置了奖品,但大多数音乐都伴有诗歌。这种形式起初是企图强化词义而不是使之晦涩不明。因此,一个标注每个音节的原则,直至在欧里庇得斯晚期的作品中依然盛行(*Frogs*,1314)。雅典音乐的佚失较之所有雅典绘画的佚失更加彻底和严重,因为音乐充斥着生活的方方面面。并非只有希奥岛的达蒙(Damon of Oa)意识到生活中音乐的影响:"没有重大的政治变化,就不会有音乐风格的变化。"(Plato, *Republic*, 424c)

合唱歌曲依然与舞蹈(khoros)紧密相关。"音步"这个单词的使用提醒我们,格律的起源不是仅存在于声音的升高和降低中(并不是指其他的声带变化,诸如重音和延续),而是存在于音步的升高和降低中。所有诗人都用话语来工作,大多数人是用话语和音乐,许多人是用话语、音乐和舞蹈。

所有艺术家的工作与传统存在着某种关联,但这种关联或许几乎是全部一致、部分一致、全部创新、部分创新中的一种。公元前5世纪后半期的雅典诗人继承了一系列传统(下列括号给出的词汇相互独立,但并不是一点联系都没有):在特定条件下使用特定词汇(高雅的或通俗的);使用特定希腊方言(阿提卡的、伊奥尼亚的或多利安的);使用特定风格的演说方式(有伴奏的演说、无伴奏的演说或歌唱);使用特定的格律(长短格的六步格诗、挽歌剧或抑扬格);使用特定的音乐音阶或样式(多利安调式、混合吕底亚调式或弗里吉亚调式);使用特定乐器(里拉琴或奥罗斯管);使用特定种类的舞蹈(悲剧中的舞蹈或醉舞);使用特定的话题(诸神、英雄或流氓的行为)。至于雅典诗人为什么会遵循传统,正如我们将要看到的,其主要原因是他们选择这么做。

像米利都的提摩西乌斯这样的基萨罗德在伯里克利时代的剧场比赛。显然,戏剧的、唱酒神颂歌的合唱队在剧院中比赛,并在舞台上载歌载舞。酒神颂歌合唱队并未戴面具,但戏服却非常昂贵。戏剧诗人为合唱队和演员处理了额外的化妆

资源。舞台建筑中间有扇门,可以作为神庙、宫殿或房屋。手推车可以从门道推 154
出,以显示之前隐藏的恐怖,还有一个运转的升降机可用来模仿飞行。舞台建筑的屋顶是可以进入的,这主要是为了那些扮演诸神的角色。

酒神颂歌合唱队也被称为"环形队",因为相比规模更小的站成长方形的戏剧合唱队,酒神颂歌合唱队50个成员在舞台上是围着祭坛在跳舞。酒神颂歌一直是城市酒神节重要的部分,同时也是阿波罗的塔尔盖利昂节和泛雅典娜节的一部分。这三个节日都是由戏剧演出者创建的。作为诗歌,酒神颂歌在公元前5世纪后期还不能同悲剧相抗衡,这部分是因为一种革新,这种革新始于米洛斯的梅拉尼庇得(Melanippides of Melos, Xenophon, *Recollections*, 1.4.3),后被基萨罗德的梅勒斯(Meles)的儿子基尼瑟斯(Kinesias)以及提摩西乌斯进一步传播(Plato, *Gorgias*, 501e),其主旨是将文本减少到单纯剧本的程度:语言变得不切实际,独奏被引入,韵律结构被废弃(基尼瑟斯是酒神颂歌少有的雅典作曲家之一,然而大多数悲剧诗人和所有的喜剧诗人都是雅典人)。酒神颂歌只有一些残篇留存了下来,但正如我们所看到的,部落合唱队训练花费了大量时间并遇到了许多困难,合唱队是要在城市酒神节参加比赛的。在《鸟》(*Birds*, 1372—1409)中给了基尼瑟斯一个场景的阿里斯托芬可能反对这种革新,柏拉图也肯定极力反对,但公众却对此兴趣盎然。

从公元前486年开始,喜剧已成为城市酒神节中非常重要的一个部分,它也是勒纳节戏剧的主要组成部分。在这两个节日中,它的合唱队都是由戏剧演出者组建的,但它至少在某一个方面从属于悲剧——喜剧寄生在悲剧身上,因为它不停地拙劣模仿悲剧,或在一些其他方面顺便提及悲剧。显示悲剧在雅典人生活中主要地位的明显证据是阿里斯托芬喜剧中的准悲剧程度。《地母节妇女》和《蛙》中有相当多的部分与欧里庇得斯相似。

据阿里斯托芬记载(*Poetics*, 4),悲剧从酒神颂歌演变而来,这或许是作为身着萨提尔戏服的人们对狄奥尼索斯列队行进赞美诗的吟唱和舞蹈而被理解。第一批演员是从临时凑成的酒神赞美诗领唱者中产生的。悲剧在公元前6世纪后期融入了城市酒神节。在公元前5世纪,悲剧诗人必须创作戏谑的萨提尔剧才能完成三个悲剧中的每个项目,但尽管柏拉图对话中的苏格拉底宣称(*Symposion*, 223d),一个真正懂得如何创作喜剧的人也知道如何创作悲剧,反之亦然,但事实上没有一个诗人似乎成功地用这两种体裁进行创作(*Republic*, 395a)。除《鸟》(*Birds*, 787)之
外,没有清晰的证据表明剧院中的观众被分成了喜剧支持者和悲剧支持者。一般 155
认为,在伯罗奔尼撒战争的大部分时间里,每年城市酒神节的三天时间都要上演三

幕悲剧,喜剧则在萨提尔剧之后出现(这意味着不到 7 000 的诗行以及少于 7 小时的表演)。似乎只观看喜剧而不观看悲剧是不大可能的。

正如我们想知道谁参加了公民大会,谁充当了议员和陪审员,我们也想知道谁去了剧院。去剧院会有两个限制条件——欣赏戏剧的智力水平和入场费。似乎每位观众必须每天付给剧院承租人两个奥伯尔。

悲剧

悲剧的作用是不可抗拒的——它睿智而不冷漠的语言;方言、演说风格、格律、音乐样式的多样化;令人痛苦的情节,相似的梗概却新颖的细节,古老却也关注时下的情节;令人印象深刻的场面。所有这些因素组合起来产生的影响要比史诗吟诵者伊昂(柏拉图的对话录就是以他的名字命名的)的影响大得多。如果伊昂可以使他的观众流泪,那么演员卡利皮德斯(Kallippides)也可以(Xenophon, *Symposion*, 3.11)。悲剧演员是史诗吟诵者的继承者。

早期悲剧作家需要天赋和训练以使其能将诗人、作曲家、舞蹈设计者、演员和导演的角色结合起来。这些人在社区中被高度尊重是可以理解的:他们所从事的事实上是"伟大而智慧的"艺术创作。埃斯库罗斯引入第二演员、索福克勒斯引入第三演员以及索福克勒斯停止自我表演的决定创造了表演这一职业。

如果一个人谈及职业演员、吹笛者或史诗吟诵者,他是说很多这样的人多年来以表演、吹笛或吟诵谋生。在埃斯库罗斯事业的后期阶段,他雇用了来自攸卑亚的卡尔西斯的一名叫明尼斯科斯(Mynniskos)的人。显然悲剧演员并不一定是雅典人,这或许是人们意识到从各地吸引最好的演员非常重要。公元前 449 年,城市酒神节引进了一个奖项,用以表彰悲剧表演中最好的主角——不一定是扮演获胜诗人的主角。这位获胜的主角有权参加下一年的比赛。当公元前 449 年三个悲剧诗人第一次被解聘时(据推测可能是被执政官解聘的),他们这一年的任务或许就是寻找三个演员。从那以后,主角的选择是由诗人通过抽签指定的(至于第二演员和第三演员如何选择,我们并不知道)。职业特征和比赛产生了妒忌。明尼斯科斯称
156 呼年轻的卡利皮德斯是模仿者(Aristotle, *Poetics*, 26)——仅仅是一个模仿者。在接下来的世纪里,演员威望开始产生,在公元前 4 世纪时,他们比诗人还要重要。

演员表演并不是通过脸部表情,而是通过姿势和运动,最重要的是,他们必须

通过声音和13 000或14 000位观众进行交流(据柏拉图记载[*Republic*, 395a],没有人能同时表演喜剧和悲剧)。很少有人具备戏剧所需的声乐天赋,而索福克勒斯显然不在其列。我们的单词"观众"在词源上比希腊语的theatai(观众)更合适。虽然他们中大部分人可以阅读简单的传说,但雅典城里人主要还是用口头交流。他们的耳朵被训练得如同是我们的眼睛;对他们而言,在剧院中连续听六个小时只不过就像如今我们连续观看六个小时。史诗吟诵者、演员、合唱队和政治演说家的成就都被置于主要的口头环境中。在舞台上,景观——主要是面具和戏服——起一定的作用,但并不如演员的口才和合唱队的纯正语音重要。阿提卡悲剧作品并非用来在研究中细读,而是用来在剧院中聆听,并且在聆听时要全神贯注。阿里斯托芬(*Frogs*, 303f.)不是惟一重视欧里庇得斯三年前所创作的《俄瑞斯忒斯》中主角微小错误发音的喜剧诗人。

当梅拉尼庇得开始展现酒神赞美诗的附属形式时,吹笛在雅典成为了一个非常重要的职业。除了在记忆和声音方面的惊人能力外,史诗吟诵者通常被受过良好教育的人认为是傻子(Xenophon, *Recollections*, 4.2.10),但至少从喜帕库斯时代开始,他们就在伟大的雅典娜节争夺奖项了(Lykourgos, *Against Leokrates*, 102)。从公元前449年开始,悲剧主角就在城市酒神节上争夺奖项,喜剧主角则从公元前442年开始在勒纳节上争夺奖项。史诗吟诵者和演员的奖项或许是其一定地位的证据,但这些表演艺术家的地位仍然低于诗人的地位。

正如我们看到的,精确的肖像画法到公元前5世纪才产生,并且以将军和政客为主,除开俄斯的诗人伊昂外,很少有人刻画那个时代的戏剧诗人。因此,现在我们对雅典伟大诗人的生活缺乏了解。许多过去的知识只能通过他们的作品或喜剧里被误解的笑话进行推断。

埃斯库罗斯、索福克勒斯和欧里庇得斯的父亲,一个是厄琉西斯贵族,一个是来自克洛诺斯的手工业奴隶主,还有一个是内陆社区菲拉(Phlya)的成员。虽然伟大悲剧作家的后代在戏剧界留下了印记,但显然,他们并未从他们的父亲那里学到技艺。很难讲这三个伟大的悲剧作家是如何使自己有能力进行悲剧创作的。他们 157
肯定受过音乐和舞蹈方面的教育(正如索福克勒斯从兰普罗斯[Lampros]处学到的),也在格律方面得到了指导(正如在阿里斯托芬的《云》中,苏格拉底试图给斯特瑞普西阿德斯的指导),他们可能从早期开始便阅读了所有能够看到的史诗(正如他们参加了所有能够参加的诗歌表演)。

当年轻诗人认为已经做好准备在城市酒神节上面对严酷的公共表演时,他必须向执政官要求一支合唱队。在分配合唱队方面,执政官可提供公共资助(没有私人剧院)。我们并不清楚他是如何选择那三个诗人或从多大的范围内进行选择的,但是一旦诗人获得第一或第二名后,他无疑可能更喜欢那些没有出现过的对手。

索福克勒斯第一次被分配到合唱队是在公元前469/前468年,当时他大约28岁,而最后一次则是在公元前406年。在这大约60多年的时间跨度里,他创作了超过126部戏剧,我们有其中的七部悲剧和一半的萨提尔剧。他至少赢得了20场胜利,其中18场在城市酒神节上,至少两场在勒纳节上。他从未获得过第三。这是一个非常成功的纪录。如果他参加了所有的城市酒神节比赛的话,他创作的剧本应该是240部。事实上,大致每隔一年,他就在一个节日上或者其他节日上比赛。在公元前468年他获得第一次胜利后,他似乎并不经常拒绝合唱队,但喜剧诗人克拉提诺斯(Kratinos)曾经就对执政官发火,因为他拒绝向索福克勒斯提供合唱队,同时却将一支合唱队分配给了一个无足轻重的对手。

欧里庇得斯第一次被分配到合唱队大约是在公元前456/前455年,但直至公元前441年他才赢得第一次胜利。在其一生中,他在城市酒神节只赢得了四次胜利。在公元前456/前455年和公元前409/前408年间,他共被分配到了22个合唱队。如果所有这些都用于城市酒神节,那么他必须创作88部戏剧。据说他总共创作了92部戏剧,我们拥有其中的18部,包括一部萨提尔剧和一部代替萨提尔剧的戏剧。公元前456/前455年后,我们并不清楚他多少次被合唱队拒绝,但他在将近一半可能的场合进行比赛,经常反对索福克勒斯。例如,公元前431年,即《美狄亚》和《菲罗克忒忒斯》(*Philoktetes*)被创作出来的那一年,埃斯库罗斯的儿子欧福里翁(Euphorion)赢得了第一,索福克勒斯赢得了第二,欧里庇得斯赢得了第三。公元前428年,即《希波吕托斯》被创作出来的那一年(第二次),欧里庇得斯赢得了第一,索福克勒斯的儿子罗丰(Lophon)赢得了第二,开俄斯的伊昂赢得了第三。

在执政官上任不久后,他指派了三部悲剧的戏剧演出者。我们并不清楚后来他分配给三位悲剧诗人多少合唱队,也不清楚他如何将资助人和诗人配对。地米斯托克利曾经是菲洛尼底斯(Phrynikhos)的资助人(Plutarch, *Themistokles*, 5.5);公元前472年,伯里克利是埃斯库罗斯的资助人。在这两个案例中,诗人和资助人或许持有相似的政治观点。但我们没有关于索福克勒斯或欧里庇得斯的类似信息。没有迹象表明,悲剧诗人的自由表达因迁就执政官或资助人偏见的需要而受
158 到限制。柏拉图(*Gorgias*, 502b)认为悲剧创作是为了给观众带来愉悦,我们或许认为执政官和资助人同诗人一样渴望他们的戏剧能得到赞赏(至于诗人的自由表

达是否因迁就观众偏见的需要而受到限制的问题，我们将在后面讨论）。如果执政官非常明显地错误选择了诗人，在公元前4世纪或前5世纪，在城市酒神节最后一天，他往往会被叫到在剧院里召开的公民大会上评论节日的管理情况。正如我们所看到的，他肯定很容易遭受喜剧诗人的嘲弄。

雅典悲剧作家似乎被许多传统阻碍。除了露天剧院本身的限制外，还有限制许多演员的传统以及其他要求他们全部是男人的传统。但是戏剧传统范围的概念在公元前5世纪得到了修正：额外的第二演员和（公元前468年至前458年间）第三演员；索福克勒斯拒绝自己表演；合唱队成员从12名扩大到15名；情节部分逐渐缩小；故事情节的引用和放弃都来自最近的历史；放弃三部曲和所有三部悲剧清晰的联系，致力于单独故事中的连续事件，也就是说，我们必须假设公元前430年剧作家和观众都喜欢他们的传统。遗存下来的传统事实上并未起妨碍作用，而是被人们接受了。雅典人接受了所谓的三演员原则，虽然不方便，但有时必须如此，通过提及在任何时候演说者的数量可能限制为三个，或者如果合唱队领唱加入，则最多四个人所获得的非凡成功，或许能对其作出部分解释。事实上，悲剧作家对话剧显示了明显的偏爱。波吕格诺托斯的大型绘画由一小群塑像组成。仅限于男人的原则（比伊丽莎白时代英格兰盛行的仅限于男性原则更严格）或许可以通过所涉工作的艰苦、高尚以及公共的属性来解释：对于任何妇女或男孩而言，它被认为过于艰苦；对于任何不自由的妇女而言，它被认为过于高尚；对于任何值得尊敬的妇女而言，它被认为过于公开。事实上，悲剧中的女英雄都由男性扮演，这与他们所呈现的“公共”角色和“男子气概”的特征并不一致。

对于现代的学者来说，质疑贯穿于大部分悲剧场景中的合唱队是否会被索福克勒斯、欧里庇得斯或埃斯库罗斯厌恶是很正常的。它的出现事实上需要发生在户外活动中，通常是在宫殿外或神庙外；不过包括看戏剧在内的大部分希腊人的生活确实发生在户外。它的出现也让场景变化非常困难。另一方面，合唱队是剧作家笔下令人印象深刻、多才多艺的角色。它充当着舞台上英雄人物和观众中普通 159
人之间的桥梁。它将舞台上的行动与社会的思考，尤其是道德和宗教的思考联系起来。只有当欧里庇得斯开始给悲剧作品提供曲折的情节剧时，合唱队才更多地成为障碍而不是帮助。接着，颂歌变得比音乐插曲少了。

更严重的问题是悲剧作家是否感到他们自己被源于希腊神话体系中的剧情传统阻碍。悲剧作品似乎源于狄奥尼索斯在俗世所作所为的戏剧化重现。当悲剧作家开始选用其他神话剧情时，他们会受到保守观念的抵制。但在城市酒神节上，这种抵制敌不过人们对悲剧作家提供萨提尔悲剧(伴有一个萨提尔合唱队,主要由人组成,也有一些狄奥尼索斯的半人半马的追随者)的要求。自那以后,任何神话情节都可被用作悲剧题材。

在没有理解雅典人与神话间关系的情况下,想要理解大部分情节都源于神话的悲剧在雅典人生活中的地位是不大可能的。正如我们所看到的,大多数雅典人并未对拥有确定年代的历史与永恒的神话范例进行明确区分。历史事件也有可能被当作范例。薛西斯对希腊的入侵是傲慢的范例。神话事件或许没有确切年代,但几乎没人怀疑特洛伊战争发生了许多与史诗中描述相似的事件。

希腊神话复杂的谱系大部分由关于英雄的故事组成。一些故事是专门描写诸神的,但大多数是关于英雄的,只是在其中间歇地提及诸神。甚至当诸神确实扮演一个角色时,他们的力量在人间的显现通常并不荒诞。突如其来的暴风雨击沉船只或者神谕变为现实都没什么荒诞之处。人类和动物的领域通常是不同的:动物很少说话,而英雄很少会变成动物。希腊神话中大部分英雄行为是可能存在和可以被理解的(对我们来说,希腊神话比北美或南美印第安人的神话更易于理解并不令人惊讶,其中有许多原因)。希腊神话在某种程度上有很大的复杂性和多样性,但对其进行概括是有可能的。正如我们现有的,它由那些大部分发生在青铜时代与青铜时代遗址密切相关的故事构成,这些故事被认为是值得讲述和重述的,它们通过不断调整适应讲述者和观众所处的环境,经历了早期铁器时代,直到被文字记载下来并最终被广泛阅读。这些故事之所以被认为值得讲述和重述,部分是因为它们都是好故事,但部分也因为它们维护政治、社会、道德或宗教的秩序,或在那种
160 秩序下表现出的紧张状态。深思熟虑的雅典人不可能相信独眼巨人波吕菲摩斯(Polyphemos),但奥德修斯与他相遇的故事是好故事,这有助于界定希腊文明的观念。

当然,自迈锡尼全盛时期以来,一些政治状况发生了很大改变。迈锡尼本身和许多其他曾经著名的城市业已沉沦抑或被人遗忘。在公元前468年,阿戈斯毁灭了迈锡尼(埃斯库罗斯指出这曾是阿伽门农的首府);其他在《伊里亚特》的希腊目录中被提及的地方可能现在只不过是些名称。另一方面,目录中被提及的遗存下来的城市是威望的源头。据希罗多德记载(7.161.3),希腊使臣的雅典成员在公元前481年向叙拉古僭主盖伦求助,以对抗波斯,这正契合了雅典人拒绝将海上指挥权让给叙拉古的说法——据目录(2.552f.)所说,将军一职由雅典国王墨涅斯透斯(Menestheus,他在历史上不过是一个名字而已)出任。

如果政治环境改变了,那么政治结构也会做出相应调整。在斯巴达依然有国王,但在雅典,国王只是年度行政长官。然而,通过对线形文字B的解读,荷马时代的国王没有东方世界的国王那么专制是可能的。尽管国王在俗世的地位不断下降,但贵族后裔依然以将他们的祖先追溯到神灵而骄傲。尽管形式上是多样的,但更永恒的是希腊的统一意识。修昔底德对荷马有非常深刻的了解,可以说(1.3.3)荷马从未使用过"蛮族"(barbaroi)这一单词,但他使用单词"阿戈斯人"(Argeioi)、"达奈人"(Danaoi),尤其是"阿开亚人"(Akhaioi)(有时甚至是"潘那卡人"[Panakhaioi]),以涵盖从色萨利到克利特岛以及开法勒尼亚(Kephallenia)到罗德岛的所有希腊人。如果他没有说希腊文化——包括语言学、社会、宗教——是统一的,那是因为他把它看成是理所当然的。

从荷马时代到有史时期,希腊社会还是以家庭为基础的,将父亲当作导师或教师来尊重(随着农业社会的来临,这里也发展出了当地社区的感觉)。将至少与他继承的同样强大的家庭传给儿子是父亲的事情。养育孩子和管理家庭是母亲的事情。某种程度上她在荷马时代的社会中享用的自由要比公元前5世纪的雅典更多,但也并不是特别多。

家庭和父亲的地位在那时成为了社会基石,对道德体系最可耻的冒犯是弑父(弑母在某种程度上没有弑父那么严重,家庭中其他的杀戮行为在某种程度上也没有弑父那么严重)以及与直系前辈和后代乱伦,而在雅典或还包括与同母的兄弟姐妹乱伦。在家庭中其他的严重冒犯是妻子通奸和女儿乱伦。任何对父母亲不敬的形式都被禁止。对其他家庭的冒犯包括谋杀和强奸以及通奸和乱伦。对社区最可 161
耻的冒犯是战争期间的背叛,特别是出于个人利益的背叛。其他禁忌有:对长者的不敬;对捐助者的不敬;对主人、客人、陌生人、恳求者、使者和死者的不敬;不必要的野蛮;伪证和较低程度上其他形式的欺骗(诸神对欺骗并不陌生,英雄奥德修斯也一样,但他的反面典型阿喀琉斯则坚持着诚信的理想[*Iliad*, 9.312f.])。许多神话(至少是部分)会告诫称恶果会降临在那些违反禁忌者身上。众王之王或诸神和人类之父(并不是生物学意义上)宙斯的复杂性格表现在多个方面,有惩罚主人、客人、陌生人不敬的宙斯(Zeus Xenios,好客的宙斯),也有惩罚恳求者的宙斯(Zeus Hikesios,保护乞援者的宙斯),还有惩罚作伪证的宙斯(Zeus Horkios,保护誓言的宙斯)。然而,诸神不太会惩罚强奸或自发的诈骗。

在社区里,没有署名的文件或一些不多但非常重要的文件需要立誓。誓约可能通过握右手或唤醒诸神得到加强。如果采用后一种更强的形式(Euripides,

Medeia，735—739)，那么作伪证就不仅冒犯了宙斯，还冒犯了所有其他被唤醒的诸神。这种对神的不敬就是不虔诚(asebeia)。其他种类的不虔诚包括违抗神的命令、没有执行对诸神的宣誓、对狂热崇拜的忽视、企图模糊凡人和不朽人物之间的区别、亵渎神明、渎圣罪以及对诸神的祭司或一般崇拜者表现出不敬。许多神话(至少一部分)都会警告说，恶果早晚会降临在那些不虔诚的人身上。

铁器时代的希腊无疑与青铜时代的希腊有很大不同。鲜有文字记录被保存下来的迈锡尼君主专制与有数千自由民至少部分能读会写的雅典民主社会区别很大。铁器、城邦或政治社区、字母、重装步兵方阵、成文法、铸造的货币、民主制等所有这些都是全新的，而且非常重要。但雅典人都没有注意到介于青铜时代和古风时代之间的黑暗时代。虽然英雄比任何活着的希腊人都要更加高大、强壮、勇敢、有力，以及富裕和更接近于诸神，但他们没有怀疑从英雄的过往一直到他们所处时代的人类社会的基本延续性，而且许多没有改变过。人们依然生活在家庭里。神的社会与人的社会仍然一如既往地彼此联系着(我们从线形文字B的图表中知道了宙斯、赫拉、波塞冬、赫耳墨斯、阿耳特弥斯和狄奥尼索斯所有这些神在迈锡尼时代得到了尊崇，并且自有史以来继续享受着这种尊崇)。人类保存下来的那些故事维系着他们除了在经济、政治和法律变化之外的兴趣。在那些文献中可以发现几乎所有的人类生活。

162 对于我们而言，把在公元前5世纪的城市酒神节和(大约从公元前440年开始的)勒纳节上创作的1 000多部悲剧编成目录并与当时所有的史诗进行比较，然后概括诗人和观众所喜欢的故事情节类型是不大可能的。首先，我们拥有或至少有所了解的悲剧不到300部，它们不是随意选取的，而是反映了挑选者的兴趣(正如我们将要看到的，归纳这些戏剧取材的神话范围是可能的)。其次，当我们只有悲剧标题时，它们或许并不能提供信息。再次，史诗集成除了那120行外，其他所有的都遗失了(然而，我们确实知道《伊里亚特》和《奥德赛》在较小程度上摒弃了许多史诗所认可的耸人听闻的材料，包括家中的恐怖事件)。因此求助于亚里士多德是有先见之明的，他在《诗论》(*Poetics*，13)中说道：

> 诗人起初是在他们灵光乍现时完成这些故事的，但现在最好的悲剧是围绕着一些家庭创作的，诸如阿尔克米恩(Alkmeon)、俄狄浦斯、俄瑞斯忒斯、墨勒阿革洛斯(Meleagros)、堤厄斯忒斯(Thyestes)、忒勒福斯(Telephos)以及其他遭受苦难或做可怕事情的家庭。

亚里士多德进一步认为，如果可怕事情的行事者或承受者没有认出自己的亲人则是最好的。阿尔克米恩为了替父亲报仇杀死了母亲。他的故事被索福克勒斯、欧里庇得斯创作过，在公元前 4 世纪还被阿斯提达马斯（Astydamas）创作过，在阿斯提达马斯笔下，阿尔克米恩被描述成一个不认识他母亲的人。俄狄浦斯杀死了他的父亲并与他的母亲结婚，无论在哪种情况下都不承认自己的双亲。埃斯库罗斯、索福克勒斯以及欧里庇得斯都写过他，并且至少有九位不太重要的剧作家也都这么做过。在未经许可回国后，俄瑞斯忒斯像阿尔克米恩一样为替父亲报仇杀死了自己的母亲。三位伟大的悲剧作家也都写过他。在杀死了自己的舅舅后（可能是无意的），墨勒阿革洛斯被他的母亲杀死。菲洛尼底斯、索福克勒斯以及欧里庇得斯都写过他。堤厄斯忒斯和他兄弟阿特柔斯（Atreus）的妻子通奸。阿特柔斯首先驱逐了他，后在一个可能是和解的宴会上用堤厄斯忒斯儿子的肉招待堤厄斯忒斯，而堤厄斯忒斯果然没有认出来。在不认自己女儿的情况下与之乱伦后，堤厄斯忒斯有了第三个儿子埃吉索斯。这个故事的最后片段被索福克勒斯创作成戏剧。忒勒福斯在婴儿期及以后就暴露出会与他的母亲结婚，但在最后时刻，他认了他的母亲。不过他不认他的叔叔们，并且杀死了他们。三位伟大的悲剧作家都写过他。

在更早些时期的《诗论》（*Poetics*，11）中，亚里士多德将可怕的经历描述成“破坏性的或令人痛苦的，例如在公共场所的死亡、极大的痛苦、受伤等等”，后来（14）他说，大部分悲剧情节是那些“发生在家中的事情，例如弟弟杀死哥哥、儿子杀死父 163
亲、母亲杀死儿子、儿子杀死母亲，或打算这么做，或其他一些类似的事情”。

亚里士多德《诗论》所保留下来的主要是他对用什么来创作优秀悲剧的分析。它并未声称为我们系统检验了人们最感兴趣的悲剧、归纳了那些悲剧作者的实践、思考了悲剧的神学蕴涵，或解释了它的政治意义。然而，讲述家庭里发生的恐怖事情非常重要，就像讲述（*Poetics*，13）引发对某些本不应遭受不幸的人的同情的悲剧，以及引发心理恐惧的悲剧。悲剧英雄——使用一个亚里士多德并不使用的短语——是“一个在道德善良和操行端正方面并不突出的人，一个有着很高威望和好运的人，一个并不因为缺陷和堕落而是因为过失而遭受不幸的人，就像俄狄浦斯”。尽管成年的俄狄浦斯不是一个惹人注意的操行端正的人物，但就像苏格拉底所认为的，他是一位好帝王，而且显然不应该有那样的与生俱来的命运（Aristophanes, *Frogs*，1183ff.），但因为他不认识他的父母，他做了那些完全禁忌的事情。他的盲目——不如他的新发现痛苦——或许类似于一个人燃烧汽车杀死父母，使之看起来不是他的错而是他父母的过失。悲剧不但与可怕的事情有关，而且还与事先的意识和之后的反应相关。我们或许会质疑人们对“崇高威望和好运”的需要,但按照希腊人的思维方式,悲剧很难描述那些没有素材资源或雄心的人。

在《海伦颂》(*Praise of Helen*, 9)中,智者高尔吉亚早就用精心创作的样式进行创作:“那些听诗的人被令人战栗的恐惧、流泪的遗憾和对哀歌的渴望征服了。通过这些话,他们的灵魂能够切身感受到他人生活中的成功与不幸。”亚里士多德对同情的提及表明他认为观众的复杂感情至少部分是没有私心的:舞台角色在时间、地位和通常所处的地域上与观众相距甚远,但他们仍然会引起同情。欧里庇得斯所述穿破旧衣服的王室就对观众产生了这样的效果(*Frogs*, 1063f.)。另一方面,亚里士多德和高尔吉亚共同提及的恐惧或许既源于对包括观众在内的所有人类命运的危机性反应,也源于对舞台角色的认同。不知出于何种原因,高尔吉亚认为这些同情和恐惧的感情是令人愉快的(与悲剧的乐趣不同,但相关的来源是由亚里士多德同时代的喜剧诗人提摩克勒斯[Timokles]所提及的:无论你的烦恼是什么,一些悲剧英雄能让它更糟[Athenaios, 223cd])。高尔吉亚和亚里士多德都非常清楚,就像神话一样,悲剧主要关乎人事。

亚里士多德对悲剧情节的要求很苛刻,这可能是因为所有神话故事只涉及少
164 数家族,只有少数建筑物满足了希腊神话谱系中所有的故事,但公元前 5 世纪的悲剧作家和观众的要求并不如此苛刻。在阅读和反思大型史诗时,悲剧作家感到许多故事都可用作戏剧素材(据雅典奈乌斯[Athenaios, 277e]记载,“索福克勒斯喜欢史诗,并且根据史诗中的神话创作了所有的戏剧”)。我们所了解的戏剧的一半情节是关于特洛伊战争、自卡德摩斯以来的底比斯的王室、自珀罗普斯以来的坦塔罗斯家族或阿尔戈号的航程,而另一半则是关于许多其他不同的故事。亚里士多德对六亲不认的故事非常重视,但欧里庇得斯的《美狄亚》是一部很优秀的戏剧,哪怕伊阿宋、美狄亚和他们的孩子一直都是彼此相认的。一些优秀的悲剧作家并不关注家庭里的恐怖事件。例如,三位最伟大的悲剧作家都写到了菲罗克忒忒斯被困于利姆诺斯岛(只有索福克勒斯的戏剧被保留了下来,但通过“金嘴”狄翁[Dion Khrysostomos]的《演说》[*Oration*, 52],我们对其他两位的作品也有所了解)。

有口述阶段自然也有文字阶段,任何神话都没有标准的版本。亚里士多德认为(*Poetics*, 14),俄瑞斯忒斯肯定杀死了克丽泰梅丝特,但埃斯库罗斯从荷马的《奥德赛》(*Odyssey*, 3.304ff.)中了解到的并不是这样,它侧重的是埃吉索斯犯下的罪恶及受到的惩罚。如果荷马的版本不是权威版本,那就没有权威版本了。

亚里士多德在有修养的社会中创作,那时神话正在消亡。根据他的说法

(*Poetics*, 9),即使是非常出名的故事,也只有一部分人知道,但这种情形在公元前5世纪很难出现。雅典人的学校教育(通常在诗文比赛之后进行)的内容既有戏剧又有叙事,它肯定也包括了主要在看戏观众间广泛传播的神话故事。在欧里庇得斯的《希波吕托斯》(*Hippolytos*, 451ff.)中,保育员声称"那些拥有古代作品以及经常沉湎于诗歌的人知道,在很久以前",宙斯喜欢塞默勒,厄俄斯(Eos)喜欢凯发洛斯。对文字资料的强调是令人惊讶的:保育员是奴隶,奴隶既没有第一手的诗歌文字材料,也不会去聆听口述。在索福克勒斯遗存下来的戏剧中,许多顺便提及的神话典故或许被观众中有着书生气的少数人学会了,但构成观众大多数的那些经常看戏的人不会不知道俄狄浦斯的故事梗概。观众的愉悦部分存在于那时诗人如何为自己戏剧性的结局重构老的故事。他从哪里开始(序言非常清楚地告诉有学问的和无知的观众什么场景和先前什么事件是被设定的)?他要强调什么?影射什么?忽略什么(有学问的观众必须努力去忘记诗人忽略的东西)?当诗人决定加工哪些故事时,什么也没有决定下来。如果有人想知道诗人选择加工哪些故事,他可 165
以通过于城市酒神节和勒纳节之前不久在小剧场举行的彩排来满足这一好奇心(Plato, *Symposion*, 194b)。在每一次彩排中,诗人都会身着普通服饰宣告戏剧的主题。

剧作家从最近的历史选取情节素材是众人皆知的:菲洛尼底斯和埃斯库罗斯就是这么做的,但在公元前5世纪,他们并没有遵循这一点。最后,就像阿伽同的《安塞乌斯》(*Antheus*)一样,角色和事件都是作者自己虚构出来的,但这种戏剧非常少。很难相信在马其顿完成了(即便不是在那里开始)传统的《酒神巴克斯的女伴》(*Bakkhai*)的欧里庇得斯会感觉受他所看到的这种雅典悲剧传统的压制。大约从公元前413年开始,他的戏剧通常比亚里士多德所支持的悲剧类型更像复杂的情节剧。通过引入惊险逃离灾难和家庭事务(Aristophanes, *Frogs*, 959; 971—919)等之前悲剧忽略的剧情,他缩小了悲剧和喜剧之间的鸿沟(更不用说可为处理家庭事务提供指导的普罗塔哥拉式的诡辩术了)并为公元前4世纪的新喜剧提供了新思路。欧里庇得斯是同时代比他年轻的苏格拉底的代言人的故事或暗示(*Frogs*, 1491ff.)并不可信。

悲剧对老故事的处理加工与对史诗的处理加工是不一样的。史诗颂扬的是英雄们的功勋。成文法和民主制的出现必然导致对新问题的质询,这些问题是与社区价值相关的英雄行为。正如我们所看到的,英雄们在雅典人的脑海里依然栩栩如生,但由于对青铜时代的环境一无所知,传说所涉的许多形象的出生、事迹、死亡都无从考证,充满疑问。在索福克勒斯悲剧作品中的孤独英雄们是杰出的,但他们并不能承受无限制的赞赏。悲剧反映了强有力的男人、女人、伟大家族、著名城市和有着可怕力量但意图不明的神灵之间的相互关系。

如果我们询问索福克勒斯或欧里庇得斯再三向执政官要求组建合唱队的目的,答案可能并不简单。

阿里斯托芬的《蛙》(*Frogs*, 367)表明,入选的诗人会得到酬劳,数目由公民大会决定,此外对获胜者还有奖励。我们并不知道支付给比赛诗人什么酬劳,或除了常春藤的桂冠外,获胜者还能得到什么。三位伟大的悲剧作家中没有一人因为需要钱而成为专家。甚至欧里庇得斯或许是一位富裕的人,不过阿里斯托芬提及他的母亲曾是一名菜贩。

尽管像酒神颂歌这样的悲剧主题一度是酒神节专享的,但现在已不这样了,而且,我们很难相信索福克勒斯或欧里庇得斯创作戏剧起初是为了纪念狄奥尼索斯。
166 然而,他们把自己视为从荷马到梭伦长期教学传统的继承人了吗?把剧院当成现代牧师教职的讲道坛了吗?智者高尔吉亚与哲学家柏拉图和亚里士多德("每个人都喜欢模仿")认为悲剧的目的是提供愉悦。但我们是否可以从《蛙》(*Frog*, 1008ff., 1030ff., 1054f.)中判断出,阿里斯托芬认为从俄耳甫斯到埃斯库罗斯,诗人成为了道德和有用艺术的教师。无疑,这里所涉的地位有所下降——从入迷的巫师到具有缪斯灵感的歌手到只是韵文教师(1054f.),但诗人这个观念更适于赫西俄德和泰奥格尼斯而不是埃斯库罗斯,很可能阿里斯托芬戏谑地将喜剧合唱队主唱段——合唱队"上前"进行旁白的那个部分(包括或许是责备或建议的旁白)——的真实功能归因于悲剧。在《阿卡奈人》(*Akharnians*, 649f.)中的合唱队主唱段,合唱队领唱开玩笑地宣称,波斯国王认为雅典人被阿里斯托芬不断的诽谤改进了。

早期青铜时代史诗的社会功能是双重的:主要通过叙述颂扬希腊英雄们的功绩以及希腊人的做事方式(我们毋须假设后者功能的表现是与有意识目的相伴的)。根据赫西俄德(*Theogony*, 99ff.)的记载,诗人——缪斯的仆人——通过歌唱老者的光荣事迹以及赞美栖息在奥林匹斯的诸神来减轻观众的悲伤情绪。在荷马的《阿波罗颂》(*Hymn to Apollo*, 189—193)中,缪斯通过歌唱诸神的不朽和神赐予人类的痛苦,使奥林匹斯的诸神感到快乐。

长期以来,合唱队歌曲的功能之一主要通过叙述但偶尔也通过扮演来颂扬诸如狄奥尼索斯和阿波罗的功绩。它很可能以再现诸神功绩的宗教仪式为开端,但从史诗继承而来的叙述元素开始居于主导地位。悲剧是以与合唱队歌曲相同的宗教仪式开端，但与酒神颂歌不一样的是，悲剧的合唱并没有脱离其戏剧性的角色。到了埃斯库罗斯时代，悲剧遗留下来的与狄奥尼索斯间的显要关系只有萨提尔剧的萨提尔合唱。

虽然悲剧作家现在采用不受史诗影响的情节，但正如史诗诗人和史诗吟诵者所做的，他们很难宣称在讲述很久之前所发生事情的真相。事实上，戏剧表演附加在诗人身上的条件要比长短格六步格诗附加的更加严格。在希腊历史上，据说朴实的苏格拉底提出了真实性问题，诗人们必须承认历史或神学的真实性根本不是他们关注的重点。尽管柏拉图公开指责他们的虚伪，但如果他们的戏剧能吸引经常看戏的人，他们是会满意的，这些戏剧没有远离传统的形式或传统故事。墨尔波 167
墨(Melpomene)——悲剧的缪斯——并没有在历史学、神学、伦理学或其他学科里进行启发式的指导。戏剧的本质是其自身。

没有人认为可以假设阿喀琉斯和阿伽门农使用荷马的六步格诗讲话，甚至赫克托耳和安德洛玛刻(Andromakhe)也很少使用。但假装过去角色的一些人是用六步格诗讲话的，虽然他们表演的讲话尽可能地戏剧化，但这些语言还是比合唱队的颂歌、轮流对白(stikhomythia，交替台词的对话)、修辞比赛、格言(在一个没有鼓吹者或几乎没有演说者的时代里，这仍然是某种新奇事物)、信使演说(离开舞台发生的相关恐怖事件)以及悲剧的其他口头模式更接近现实。那种模式将音乐、舞蹈、面具、戏服和基本设施结合起来，这产生了高尔吉亚所谓"错觉"的东西。史诗保存了，或者似乎保存了长期迷失的世界；悲剧被重塑，戏剧化的史诗故事基于他们的情感影响被选择。这使得英雄们以及他们与家庭、朋友、奴隶、臣民和外邦人间的互动和剧院中大批观众不同的关注点联系起来。温和且不合时宜的语言很难避免，但这只会引起人们注意，不会使人们震惊。

在一个悲剧有特色的但过于简单的片断中，高尔吉亚这样说道："骗子比不是骗子的人更加公正，被欺骗的人比没有被欺骗的人更加聪明。"通过悲剧错觉或欺骗，我们可以猜想他的意图是什么。一个悲剧并不只是希望再现希腊过往的一些有趣经历。相反，通过使用听觉和视觉的大范围影响，成功的诗人或骗子通过史诗的启发创造了短期存在但真实的新世界。这个新世界使观众迷失自我，这是他们去剧院的原因所在。它从家庭、城市、神灵的光辉过去选取类似角色，通过提出关于他们的出人意料的问题来使观众迷失自己。

为了创造错觉和放大情感的作用，悲剧作家不得不忽略许多我们称之为历史的深思熟虑。任何教学功能和目的都归于诗歌的前辈，埃斯库罗斯和索福克勒斯无疑是虔诚的和道德严肃的,但或许如萧伯纳一样,他们并不通过创作戏剧来传播他们自己的宗教、道德或政治观念。我们也不能假设他们的观点就是传递给合唱队的观点。亚里士多德(*Poetics*, 18)认为合唱队正如它所表现的应该是第四名演员。它的成员在《伊里亚特》中就是普通大众的后代,就是军事属性被诗人淡化的普通士兵,以便他可以集中精力于描述贵族英雄们的丰功伟绩。他们不应该对事件进程提供或不提供敏锐的评论。

168 悲剧作家致力于展现人类在极端情况下的行为,更确切地说,就像柏拉图在《理想国》(*Republic*, 603c)中所阐释的那样,"人类在被迫或自愿下行动,思考在事件中他们做对了还是做错了,整个过程是让人感到悲痛的或是喜悦的"。"英雄"这个词在现代意义上并不重要。虽然悲剧作家通常以简单的角色(安提戈涅或美狄亚)来命名,但他们通常也以合唱曲(《特拉基斯少女》[*Women of Trakhis*]或《酒神巴克斯的女伴》)命名。甚至当他们以简单角色命名时,指定的角色或许不能居于优势地位。欧里庇得斯的美狄亚享有与索福克勒斯的俄狄浦斯相同的声望,但他的希波吕托斯很难在以他名字命名的戏剧中占据首要地位。我们可以假设主角扮演着美狄亚的角色,但《希波吕托斯》中主角扮演的什么角色就不那么明显了。因为在希腊人的意识里,人类是英雄,他的命运通常被卷入许多低层次的世界中。因为他们从这样一个高度坠落(例如,从特洛伊王后沦为奴隶),他们的坠落自然时刻反映着诸神的本质,换句话说,人类必须生活其中的世界本质。但从现存的悲剧或特殊的合唱队颂歌中探寻系统化的神学是无益的尝试。

尽管他们实际上或许已远离了德尔菲神谕,但厄运的神谕预言具有明显的文学吸引力。这种吸引力受到了《伊里亚特》的抵制,其中宙斯的意志在很大程度上被晦涩地保留了下来,但它并未受到史诗集成的抵制。细看之下,宙斯的意志很难从作者的故事情节中被区分出来。在亚里士多德特别喜爱的悲剧《俄狄浦斯王》中,俄狄浦斯是非典型的天生就要遭受磨难的人。从逻辑上说,如果有人知道新生儿将杀死他的父亲,他肯定会这么做。因此,索福克勒斯的戏剧或许注定被认为是一项研究,但他从未听说过预言或决定论的理论。当灾难降临在伟人身上时,对那些被卷入灾难的人而言,他们自然将其归因于恶毒或严厉的神,但在索福克勒斯那里,没有任何迹象表明他把俄狄浦斯当作受阿波罗操控的傀儡并且对自由选择只存在幻想,或者他希望传播这是个人条件的观点。悲剧预先假定那些不是遭受灾难而是制造灾难的人们。亚里士多德(*Poetics*, 6)将悲剧行为归因于当事人的气质和想法(dianoia,主要在争论中显现),而不是外部的影响。悲剧也预先假定诸神不能被指望拯救地球上几乎所有遭受灾难的无辜的人和许多人的死亡，以及死亡后地狱的阴暗。

悲剧作家创造的世界既遥远又当代。他没有明显提及当时的人、事件或问题。我们有关于安乐死是否合法这类专题问题的戏剧，但对雅典人而言，像阿伽门农是 169
否献祭女儿，或像俄瑞斯忒斯杀死母亲之类的问题并不是时下关注的。没有雅典人会以人类献祭或在相应的地方法官和法庭前审理杀害亲属的凶手为乐。然而，在悲剧中观察到人类状况的本质并不难。

从服务于狄奥尼索斯的东西中解脱出来的悲剧本身就是终点。柏拉图和亚里士多德都没有严肃地将悲剧作家当成哲学家。在《理想国》中，柏拉图抨击了史诗（他谨慎地强调了戏剧性的元素[394c]）和悲剧的非真实性。史诗和悲剧讲述了关于诸神和英雄们的谎言。道德有缺陷的诸神可以被引证宽恕有道德缺陷的人（Aristophanes, *Clouds*, 1080—1082）。钦佩苏格拉底禁欲主义的柏拉图假设称，被视为诸神后裔的英雄们一定是恬淡寡欲的，他坚信史诗吟诵者对英雄们命运悲愁的描写，或悲剧作家悲情地呈现不仅是错误的，而且对感觉更难做到恬淡寡欲的观众造成了道德上的伤害。诗人们宣称许多不义之人是幸运的，而许多正直之人却是不幸的，这同样是错误和有害的。相比之下，亚里士多德很少关注诗歌内容的真实性，但他可能同意色诺芬的观点，即诗人关于诸神的故事既不真实也无启发性，对他而言，这些故事被相信就足够了（*Poetics*, 25）。

雅典的悲剧作家并不通过剧院来宣传学说，他们也没有为雅典人做荷马以及他的前辈们为居住在小亚细亚和近海岛屿的希腊定居者所做的事情。但他们仍然追求荷马的立场吗？

在柏拉图的《申辩篇》（*Apology*, 22ab）中，创作悲剧和酒神颂歌的诗人受到公众尊重的程度似乎仅次于《索菲亚》（*Sophia*）中的政治家。政治家期望知道如何在根本上维系社区。诗人曾经期望知道如何在道德上维系它，也就是说，维系它的道德观念。但悲剧作家是怎么考虑的呢？正如我们所看到的，为满足苏格拉底的需要在悲剧中（或酒神颂歌中）融入合唱队颂歌的散文不会产生道德、政治或宗教启发性的体系。对贵族阶层的任何悲剧作家来说，在剧院中当着人口总数1/3的公民的面从执政官手中接过常春藤花冠是一件多么令人愉悦的事，即便是第18次获此殊荣，感觉也是如此。但五个评判员的投票意味着什么呢？

悲剧的五个评判员——至于他们是否评判其他三场比赛，我们并不知道——似乎是观众中的普通成员。在比赛之前，议事会从每十个部落里制定名单，不过剧

本比赛并非由部落组织。至于人选,我们无从知晓,但据推测,他们都是经常看戏
170 的人。候选人姓名被放在十个瓮中,这些瓮都被封口并放置于卫城。当比赛开始时,这些瓮被带到剧院并拆封。执政官从每个瓮中将姓名取出。用这种方式选择十个人是为了表明投票的公正性。比赛结束时,每个评判员在小木板上按好坏排序。这些小木板被投入瓮中,执政官从里面随意选出五个,主题这样就被确定下来。

除了他们的誓言,很难怀疑评判员的投票大部分是由观众的掌声决定的。评判员若要忽略1万名同胞明显的偏好,就要像苏格拉底那样勇敢。柏拉图用忽略的方式鄙视大部分观众,当然,这是按照他自身的标准。但按照我们的标准,很难确定奖品的授予有多么公正。为确定任何一年中投票的公正性,我们必须要有所有九部悲剧作品(但我们从来都没有过),更不必说那三部萨提尔剧,我们也必须知道戏剧演出者是如何丰富而有效地创作,以及演员们的表演是如何具有说服力(据说在主角还不是通过抽签的方式被指定给诗人的时候,索福克勒斯会根据某个演员的天分进行创作)。埃斯库罗斯和索福克勒斯一半以上的剧本都赢得了奖赏,而他们也不太可能申请合唱队去上演差一些的剧目。另一方面,欧里庇得斯的失败需要有一个解释。这或许充分说明他的一些角色不是提出新颖的观点,就是提出令人震惊的观点。他的一些技术创新一开始并不能得到很多人的认可,并且他经常与索福克勒斯竞争,不过欧里庇得斯被授予第一支合唱队的12年之前,索福克勒斯就获得了第一场胜利。

这里有许多证据表明索福克勒斯和雅典人社区之间有着良好关系(例如,在公元前443年和大致在公元前441年,他被选为希腊的财务官),但没有证据表明他有为顶层楼座观众创作的作品——最明显的形式是对雅典人不相关的赞美或战时对雅典敌人的抨击。

我们似乎有理由得出这样的结论:奖赏意味着一个诗人参演的剧目要比他的两个竞争对手的剧目更吸引观众,而诗人和观众都明白这一点。在给观众和评判员留下深刻印象的众多因素一定包括:老故事中呈现出的新面貌;过往伟大塑像的复苏;对讲话和歌唱众多传统形式的利用;对话的魅力;格言中分享价值的阐释;合唱队的完美表现。

获胜诗人一定是雅典最著名的人士之一:出席剧院的人数是出席尼克斯公民大会人数的两倍。在阿里斯托芬的《地母节妇女》(*Women at the Themophoria*, 189)中,欧里庇得斯宣称,甚至妇女们都能一眼认出他。因为悲剧诗人的素材——
171 史诗——是对希腊价值最初诗性的阐述,而由于他对其认真的处理加工并在一定

程度上使之适应当前的境况，他也顺带进行教育指导，其作品也可像荷马的作品一样被用作教育目的。他或许渴望拥有荷马一样的地位，这样他能吸引观众的注意力五个小时或者更长，并赢得奖赏。接着人们在之后数周时间里从各个角度探讨他的剧作（只有 1 500 行的悲剧作品为竞争对手的解释留下了足够的空间），之后让它们被铭记和引用（正如欧里庇得斯被阿里斯托芬铭记和引用，他也被西西里的一些雅典囚犯铭记和引用[Plutarch，*Nikias*，29.2f.]，或许还可能被他合唱队过去的一些成员铭记和引用），他肯定不像柏拉图笔下苏格拉底认为政治家所应做的那样使他的同胞们变得更好。悲剧诗人所发现的是如何使用旧故事来激发感情，以及如何用一种使广大公民群体感到愉悦的方式来思考人类境况。

最后，悲剧诗人和赞助人之间的联系是什么呢？民主的城市、或者代理人执政官和资助人为诗人提供了场合和机会、剧院、全体人员、物资、报酬、奖励以及诸如此类的东西。而回报似乎不是强迫性的，不过观众或许无法容忍接受在道德或宗教领域内被认为是新颖和令人困惑的那些观念。

阿提卡悲剧在今天需要做一些解释说明——对神话兼宗教假设的解释、对社会和政治环境的解释，以及对艺术传统的解释。我们需要尽我们所能去感知和思考最初的观众。观众并不是从阿提卡的居民中随意选取的，但关于悲剧的一个值得注意的事情是，这种公共提供的精品和令人不安的篇章被当作大众娱乐。

喜剧

阿里斯托芬遗留下来的公元前 5 世纪的戏剧大部分保存在被称为旧喜剧的作品中。对于这种不同于所有后来喜剧的喜剧，我们通过将之与悲剧进行比较，或许可以获得对其最好的理解。一些大的差异是显而易见的。首先，尽管神话的情节众所周知，但阿里斯托芬留存下来的情节都是有关时事的，它们的主角不是处于低谷的伟人，而更多是处于上升期的小人物。亚里士多德（*Poetics*，2）把悲剧中的角色描绘成真诚（spoudaios）的人，把喜剧中的角色描绘成坏的（phaulos）、普通的、无 172
关紧要的或低级的人。真诚的人关心荣誉，坏人并不危险但缺乏追逐荣誉的才智。悲剧关注有道德的人遭遇意想不到的问题，喜剧关注无关紧要的人遭遇意想不到的成功。

自公元前 486 年城市酒神节上为最好的喜剧设立了奖赏以来，喜剧的公共重要性得到了承认。对于公元前486年到克拉提诺斯开始职业生涯的公元前5世纪40年代这段时间的阿提卡喜剧发展，我们知之甚少，而且，对于它在之后到阿里斯托芬开始职业生涯的公元前427年间的发展情况，我们所了解的也不是太多。勒纳节为最好的喜剧设置奖项是在公元前5世纪40年代后期。

喜剧合唱队的数量在正常年份的每个节日批准五个，一年总共十个。喜剧合唱队的批准要比悲剧合唱队容易:其数量是他们的两倍。正如一些人所认为的，如果每年创作十部喜剧，那么在整个伯罗奔尼撒战争至最后一年(公元前431—前405年)就会共计产生270部喜剧，这些作品只有九部留存了下来，都是由阿里斯多芬所作。我们只有他竞争对手戏剧作品的残篇，没有重要喜剧类型——神话的滑稽模仿——的范文。阿里斯托芬的伟大在公元前3世纪得到了亚历山大学者的认可，他作品的碰巧高比例——全部40部或更多的作品中有11部戏剧——地存留了下来，这个比例超过了大多数其他希腊诗人。我们有理由希望在他留存下来的公元前5世纪的九部作品中，旧喜剧占到了一个合理的比重。

至于阿里斯托芬开始进行喜剧创作时的境况，我们一无所知。通过诗人兼导演的身份，他学到了很多，后来他在《骑士》(*Knights*, 516, 542—524)的致辞中公然宣称，喜剧诗人的进步看起来就像水手的进步，从划手到瞭望员再到无三层桨战船的司令官的情况下可履行船长之职的舵手。他的父亲名叫菲利普斯(Philippos)，他所在的社区是库达忒奈翁区。当他的第一部戏剧《宴饗者》(*Banqueters*)在公元前427年被卡里斯特拉陶斯(Kallistratos)或菲洛尼底斯执导演出时，他才20岁出头。我们并不知道这部作品在什么节日演出或在哪里演出。他的第二部戏剧《巴比伦人》(*Babylonians*)是由卡里斯特拉陶斯执导的，这部作品可能在公元前426年的城市酒神节上赢得了奖赏。

勒纳节的会演在冬天举行，当时在剧院中保持温暖并不容易，而且有时还会下雨。城市酒神节在两个月后举行，那时天气更加适宜，而航海季节也开始了。这就造成了城市酒神节不同于勒纳节的一个结果，即观众来自泛希腊地区。

《巴比伦人》的内容所带来的一个后果是，与阿里斯托芬来自同一个社区、后来
173 权倾雅典(Thucydides, 3.36.6)的克里昂向议事会控告这个年轻的诗人和他的导师“对社区做出错事”，因为他“当着同盟国的面”嘲弄了雅典地方行政官。这一指控似乎无果而终，但之后，阿里斯托芬在勒纳节上创作的著名戏剧(《阿卡奈人》、《骑士》、《黄蜂》、《吕西斯忒拉特》、《蛙》)似乎比他在城市酒神节上创作的作品(《云》、《和平》、《鸟》、《地母节妇女》)更加政治化，这或许更可能引起伊奥尼亚同盟者的

兴趣。

在接下来公元前425年的勒纳节上，阿里斯托芬现存最早的戏剧《阿卡奈人》（由卡里斯特拉陶斯执导）肯定赢得了奖赏。该剧是以它的合唱队阿卡奈（由最大社区的老者组成）命名的。尽管雅典人因为伯罗奔尼撒人的入侵损失惨重，但当农民"英雄"迪卡约波利试图终结战争时，他们却希望战争继续。在游说公民大会失败后，迪卡约波利（他的名字应该意味着在城市里做一些正义的事）成功地与敌人达成了有利于自己的私人协议。他那好战的对手拉马科斯（Lamakhos）那时正有病在身。乍一看，一个接受公共资助的诗人批评、控诉乃至痛斥雅典参战是非常令人吃惊的，不过没有人紧随其后。事实上，执政官和巴赛勒斯仍继续奖励合唱队。他的职业持续了40年，似乎也被奖励了相同数量的合唱队。他经历了两次寡头革命和两次民主复辟。

一次讽刺并不构成一次抨击，作者的观点一般也并不与他的演员的观点一致，但独特的是，在《阿卡奈人》（377—382，502f.）中，主角两次认同诗人或导演的观点，他也持续不断地抨击战争。因此我们可以说在《阿卡奈人》中，阿里斯托芬抨击了战争。他在期盼和平，而客蒙似乎想要的是强大到足以击退波斯（*Lysistrate*，1133）的斯巴达双王制（*Peace*，1082）。

在公元前424年的勒纳节上，阿里斯托芬亲自执导了《骑士》，并获得了奖赏。这是以合唱队来命名的，他们由雅典强大的千人骑兵部队中的贵族青年组成。他们被召集去尽力援助两个国内平民（雅典人）的奴隶（可能与两位将军德摩斯梯尼和尼西阿斯有关），以取代他们主人新近获得的最宠爱甚至是性伴侣的帕夫拉戈尼亚（克里昂）奴隶，尽管他只是一名公民——被称为市井之徒的腊肠贩。德摩斯梯尼将他的主人（41ff.）描述成"具有国家意识、咀嚼大豆、易怒的尼克斯平民，一个坏脾气的、有点耳背的老人"。在政治领导类型上，这部戏剧并没有一直延续克里昂所赋予的讽喻法。

克里昂在公元前427/前426年或许是一名议员，而在公元前425年却没有担任任何公职。在那年的早些时候，由于德摩斯梯尼的倡议，雅典人在美塞尼亚西海 174
岸第一次占领了派罗斯海岬，接着诱捕了420名斯巴达战士以及邻近斯法克特里亚岛（Sphakteria）上的奴隶随从。斯巴达甚至连这点儿人都不忍失去，它呼吁和平，但因为克里昂而徒劳无功。然而，对雅典来说，要有效封锁斯法克特里亚岛是不大可能的，当冬天来临时，为那里14 000人（大多数是水手）提供供给会越来越难。公民大会提议派遣克里昂和另一个人去考察情况，但克里昂回复称是时候采取行动了。

他指着在场的最富经验的将军尼西阿斯说,如果将军们是男人,他们可以轻易俘获斯巴达人,如果让他来指挥,他就会这么做。于是尼西阿斯以极不负责任的态度表示非常愿意主动辞职。由于发现自己无法拒绝尼西阿斯的请求,克里昂说,如得到一些赐田业主重装步兵和轻装步兵的额外支援,他能在 20 天内完成这项工作。而可能于春天被选为将军的德摩斯梯尼成了他惟一的同伴。20 天内,克里昂带着令人惊讶的战果——120 个斯巴达囚犯——回到了雅典。这是雅典人在战争中取得的最高战绩。

阿里斯托芬在《骑士》中对克里昂进行了比以往更严厉的抨击。毫无疑问,帕夫拉戈尼亚的奴隶就是克里昂,指控都指向他,他的领导风格也招致恶毒的攻击:出身低微、诬告陷害、篡改神谕、收受盟国贿赂、奉承和欺骗民众、为短期利益牺牲他们长久的安宁(1350—1354)。对派罗斯的诸多提及从未对克里昂有利,而且通常还是不利的。在公元前 425 年,他两次(794—796, 1392f.)因未能成功与斯巴达议和而受到责备。

阿里斯托芬想要用什么来替代克里昂和他的风格呢?与修昔底德不同(2.65.10),他显然没有看到克里昂与伯里克利间的巨大鸿沟(不是社会差别)。从一开始,激进民主就要求领导人通过演说对公民大会施加影响和提供建议。这些演说必须考虑到公民大会参与者的希望和担忧、愿望和需要。在《骑士》末尾处,新近受到启蒙的民众所作出的好的决定没有发生实质变化,但私下里说,阿里斯托芬可能向往一直持续到公元前 462 年的适度民主。那时他还未出生,不过他继承了那时的克拉提诺斯所持的亲客蒙思想。

阿里斯托芬或许凭借《巴比伦人》、《阿卡奈人》和《骑士》连续赢得了三次奖项,但之后到他于公元前 405 年凭借《蛙》获得奖项的这段时期里,我们并没有他再次获得奖项的消息。虽然他不太可能在公元前 424 年后频繁拒绝合唱队,但他似乎并不
175 喜欢像索福克勒斯在悲剧中的地位一样处于喜剧中至高无上的地位。他下一部遗存下来的戏剧《云》创作于公元前 423 年的城市酒神节上,当时只获得了第三(出自三部或五部作品中)。由于我们没有《云》的最初版本,也没有与之相竞争的戏剧,因此我们无法对其进行解释,但这对阿里斯托芬而言肯定有些令他失望了:虽然在泛雅典娜节的体育比赛中,第二名是有奖赏的,而在基萨罗德比赛中,第三、四、五名也是有奖赏的,但按照希腊人的思维方式,赢家只有第一名,其余的都不算。我们现有的版本是已遗失原始版本的不完整修订版。

该剧以合唱队——苏格拉底所崇敬的非传统神灵之一——命名(这里,对于

《阿卡奈人》中的拉马科斯、《骑士》中帕夫拉戈尼亚人和其他两个奴隶被理解成克里昂、德摩斯梯尼和尼西阿斯，更不用说修昔底德《历史》中的伯里克利，我们应当记住文学上的刻画，甚至是历史学家的刻画都不是原型；但为了与真实的相区别，说“阿里斯托芬的苏格拉底”或“柏拉图的苏格拉底”又显得过于冗长了）。名字本身意味着债务变更的斯特瑞普西阿德斯是一个有着穷奢极欲的妻子和名叫费迪皮迪兹(Pheidippides)的穷奢极欲的儿子的农场主。他希望通过让费迪皮迪兹被招入由苏格拉底和克莱瑞丰(Khairephon)管理的智库当学生来逃避债务。在那里，他可以学会弱者如何与强者争辩并以此减除家庭债务负担。费迪皮迪兹拒绝加入，所以斯特瑞普西阿德斯只得自己入学，但经证实，他是名劣等生。按照我们的版本，在意识到儿子已经堕落后，斯特瑞普西阿德斯放火烧了智库。

我们在这里是不是要像早期抨击战争和克里昂那样抨击苏格拉底呢？阿里斯托芬对克里昂的刻画或许是恶意的中伤，他夸大了真实的品质，而不是将外邦人的品质也添加进来。他对苏格拉底的“描写”条理十分清楚。他将之描述成既愚蠢又危险，既是不虔诚的科学研究者，又是不诚实的修辞学教师。正如我们看到的，我们没有好的理由去假设现实中的苏格拉底从事着科学研究或教授修辞学。阿里斯托芬将之归咎于与自己相悖的性格，诗人们肯定知道那些相悖的性格。（从柏拉图的《会饮篇》推断，苏格拉底和阿里斯托芬的社交性会面是比较草率的，但在公元前424/前423年以前，柏拉图一直是一名杰出的雅典人，阿里斯托芬是紧贴实事的研究者。在《鸟》[1553ff.]和《蛙》[1491ff.]中，他似乎知道苏格拉底是一位充满魅力的演说者。）另一方面，《云》的绝大部分观众并不知道哪些性格是相互背离的，哪些是不背离的。在《申辩篇》(*Apology*, 19c)中，柏拉图让苏格拉底说陪审员看过《云》(24年之前)及其对苏格拉底悬空行走的刻画。其他的喜剧诗人将之归因于当时盛行的不实陈述(18c)。我们有理由假设，喜剧（尤其是《云》，哪怕它只获得了第三名） 176
总体来说破坏了苏格拉底的名誉并促进了公元前399年公民大会对他的定罪，但如果苏格拉底在公元前423年的夏季就与阿里斯托芬在《会饮篇》中相遇，那我们就很难猜测他们的交谈是什么走向了。很难猜测，阿里斯托芬认为对现实中的苏格拉底更应该做什么。我们或许应该说，相比刻画和攻击现实中的苏格拉底，阿里斯多芬在《云》中更注重苏格拉底式的教育对雅典生活最好特质所构成的威胁。一般的观众或许可能将告诫误当成了支持。阿里斯托芬允许斯特瑞普西阿德斯和费迪皮迪兹使用智库里传授的不诚实技巧战胜他们的债主吗？

在接下来公元前422年的勒纳节上，由菲洛尼底斯执导的阿里斯托芬的《黄蜂》

获得了第二名。这是以合唱队——烦人的年长陪审员——命名的。英雄是一个被称为菲罗克利翁或爱克里昂者(Love-Kleon)的热心陪审员。他的儿子博得利克里翁或厌恶克里昂者(Loathe-Kleon)决定治愈他爸爸对陪审团服务的沉溺。他打算把他父亲变成一位不守秩序的社交常客。

在这里我们攻击了伯里克利的雅典陪审法庭了吗?阿里斯托芬对克里昂及他所爱的反对部分是因为他们准备控告和起诉他,将他当成虚伪的人或心存恶意的人。对他们而言,要获得成功,就必须要有像菲罗克利翁一样的陪审员。还未颓变的菲罗克利翁两度将自己的角色描述成(322, 340)做坏事的人,他吹嘘(583—586)称在没有考虑一个女孤儿先父遗愿的情况下就裁定了她的命运。如果这个非常有趣,那么粗心大意的外科医生截掉健全的手臂则也很幽默——这种幽默存在于公职人员的表现之中,这种表现与其正确的职能是非常对立的。在《黄蜂》之外,我们很难在财产案例(政治案例,像公元前430年反对伯里克利那样的政治案例是另一回事)中找到这样的不公了,但阿里斯托芬对陪审法庭有许多不利的叙述,无疑,他不赞成这个在他一生中都存在的体系,在这个体系中,大量谦逊的公民——并不是非常多——坐在那里评判地位比他们高的人,还可获得薪酬,并因认识到他们的判决无法被推翻,以及不是所有执政官和议员都不服从考核和最后考验而感到安全(587)。我们可将《黄蜂》视为对雅典陪审法庭的攻击,至少部分是这样,但如果阿里斯多芬渴求前厄菲阿尔特(Pre-Ephialtic)时代最高法院的最高权威,那么他很明智地没有表现出来——在他现存的作品中未提及最高法院。

《和平》创作于公元前421年的城市酒神节上,并且获得了第二名。战争已进入
177 第十个年头,但在前一个夏天,克里昂在安菲波利斯被杀死,和平就要来临了。来自内陆社区的葡萄栽培者特瑞该俄斯(Trygaios)为了遭受战争破坏的希腊乘坐甲虫飞到奥林匹斯拜访宙斯。看门人赫耳墨斯告诉他,诸神为了远离下面听力所及范围内的喧嚣刚刚离开。此外,战争已将和平埋进了洞穴,人们再也看不见它了。最后,借助一支起初是作为希腊农民、商人、木匠、手工艺者、移民、外邦人和岛民(292—298),但最后是雅典农民的合唱队的帮助,和平被拖出了洞穴。

我们幸运地拥有阿里斯托芬连续五年的喜剧。这使得我们有可能对他作品的某个方面进行多角度思考,并有希望获得明确的结果。

由于历史学家希望将他的戏剧作为证据,因此阿里斯托芬的政治观这一问题非常重要。对于情节给出的指示,我们可以结合五部剧中每部都会出现两次的主唱段给出的指示。更早期、更完整的指示大约出现在过渡符号处。主唱段是喜剧

口述模式中最突出的特征。当所有演员离开舞台时，合唱队能够自告奋勇地直接向观众发表演说。第一部分，领唱者通常用抑抑扬格的格律(-⏑⏑-/⏑⏑-)，他由吹笛者陪伴，背诵戏谑的话，通常赞美诗人和毁谤他的对手。紧跟着是颂歌，由整支合唱队吟唱，邀请合适的诸神在节日里加入他们。第三部分，领唱者通常用扬抑格的格律(-⏑/-⏑)表达广泛的政治观点，诸如合唱队的质疑或许希望被表达出来。第四部分在格律上与第二部分是相同的，或许是延续先前的主题。第五部分在格律和主题上和最后一部分是相同的。在口述的第三和第五部分，我们或许有机会发现诗人的政治观点。

在《阿卡奈人》中，领唱者通过法庭上的年轻人对曾在海上作战的老者所蒙受的耻辱痛心疾首，他对麦里西亚斯之子修昔底德、伯里克利的老对手和陶片放逐法中最后为人所知的受害者表达同情。在第二段主唱段中，战争被谴责为受邀参加会饮的无理客人。在《骑士》中，领唱者称颂骑士们过去和当前不惟金钱的战斗精神，渴求在和平恢复之后，他们的长发和油腻而受伤的身躯得到宽容。他也称颂骑兵们最近在尼西阿斯领导下进行的反对科林斯的海上活动。在第二段合唱队主唱段中，雅典的三层桨战船被描述成拒绝继续执行由海柏波拉斯提出的针对迦太基的远征(我们不必相信这次远征是由海柏波拉斯提出的)。在《云》中，领唱者责备观众选克里昂为将军，并且主张以接受贿赂和贪污的罪名将其逮捕，并因此免其公职。在《黄蜂》中，领唱者称颂希波战争中雅典人的战斗精神，谴责不为军事远征服
务却获得酬劳，从他们那里获取3奥伯尔的陪审员(在第四部分，《黄蜂》把不断向雅 178
典进献的贡品归因于他们和划手先前的努力)。在第二段合唱队主唱段中，诗人宣称在与克里昂短暂和解后(或许是克里昂对《骑士》作出反应的结果)，恢复了敌对状态。在《和平》的第二段合唱队主唱段中，领唱者描绘了农场主在冬季如何度过雨天，并谴责怯懦和腐败的军团长们歧视乡民。

合唱队主唱段采用明晰易懂的方式表达观点，这些观点与戏剧情节中的政治暗示相吻合。这类观点对农民持同情态度。相比演说，尤其是法庭上的演说，它对富人小缺点的态度更加友好。它对年轻人很矛盾：骑士是年轻人，阿卡奈人和黄蜂是老人；但尽管阿卡奈人支持战争，黄蜂很乐意提供有偿的陪审员服务，他们在陆地上或海上为城邦服务过。他们并不是和平主义者，却更认同保卫和维系帝国，而不是进行帝国扩张。他们对像克里昂和海柏波拉斯这样的收入源于制造业、被指控腐败的政治家怀有强烈的敌意，正如我们所看到的，公众人物很少有清廉的。

在四个合唱队主唱段(*Akharnians*，660；*Clouds*，518；*Wasps*，1284；*Peace*，

754)中,第一人称单数的使用表示领唱者目前只是诗人的传声筒,他或许在质问克里昂或喜剧的竞争对手。正如我们所看到的,在《阿卡奈人》中,主角两度成为诗人或导演的传声筒。第二段发生在迪卡约波利的主要演说开始之时,他严肃地宣称斯巴达并不应对伯罗奔尼撒战争的爆发负全责。无疑,这是阿里斯托芬坚定不移的看法。也许这个源自他戏剧的观点事实上并非他的个人观点,但这不太可能。剧院中的观众或许并不包括许多无业游民,这被认为解释了喜剧的右翼倾向:占主导地位的重装步兵观众希望听到戏剧对农耕和马拉松的颂扬,愿意听到对伯里克利和克里昂以及有偿陪审员服务的指责。

对于阿里斯托芬和他的竞争对手来说,客蒙的政治观点并不是说这是他们戏剧最重要的事实,或者说他们希望戏剧能和公共事务的运行有许多差异。考虑到戏剧中的倾向,历史学家想知道阿里斯托芬的观点,但不论戏剧是否有倾向,那些戏剧本身是雅典历史非常重要的部分,值得从许多不同的角度对其进行思考。

从古风时代开始,诗人和公共演说者已经感到有资格对他们的观众进行申斥。
179 伯里克利和克里昂用率直的措辞向公民大会发表演说,阿里斯托芬知道什么样的污言秽语会让观众嘲笑。有几个段落模仿了特瑞该俄斯从奥林匹斯山归来后所说的话(*Peace*, 821ff.):“我认为你在上面看到了一支非常凶险的签;但在这里(舞台),你看上去更加凶险!”阿里斯托芬也知道怎么羞辱在尼克斯山被投票的人可使他的观众们大笑。在公民大会上攻击将军、使节、成功的演说家就是在攻击人们的判断力,这是激进民主制的一大特征。在《阿卡奈人》(598)中,已成为将军并期望很快再次当选为将军的拉马科斯说道:“我当选了……”迪卡约波利回答道:“是的,通过一群蠢人。”这一回答并不完全令人信服。阿里斯托芬暗示民主制曾不止一次地非正常运作,但战争中的雅典肯定并未对将军和其他军事官员的选举漠不关心。为避免被怀疑有寡头政治倾向,阿里斯托芬必须说(*Knights*, 1357)民众是受了帕夫拉戈尼亚之类的人的蒙蔽,而不是天生就不能处理自己的事情。正如柏拉图笔下的苏格拉底(*Apology*, 30e)从另一个完全不同的角度所说的那样,社区就像大的纯种马,需要不断激励。

在《蛙》(*Frog*, 389f.)中,新加入的合唱队会说许多非常有趣和严肃的东西。一些阿里斯托芬可能认为严肃的东西被观众不那么严肃地接受了,但不是全部:《蛙》之所以能赢得第二,是因为它的合唱队主唱段非常严肃。另一方面,博得利克里翁在《黄蜂》(*Wasp*, 650f.)中说治愈社区长期和先天的疾病(沉溺于有偿陪审团服务)是困难的而且需要令人惊叹的智慧,这超出了喜剧诗人的能力。喜剧是非常重要的，但剧院不是尼克斯山。

尽管喜剧是幽默的，但合唱队主唱段的第一部分和最长的部分直接清楚阐释了阿里斯托芬与社区之间的联系。在《阿卡奈人》中，领唱者否认了诗人对社区的嘲弄。正相反，他是社区的恩人，因为他使社区免于被同盟和其他外国使节的谄媚言语所欺骗。在《巴比伦人》中，他展现了民主制在同盟国城市中对人民意味着什么。接着领唱者（异想天开地）表示波斯国王希望伯罗奔尼撒战争由有利于诗人申斥和建议的一方获胜。出于他的立场，他不会继续给雅典提供最好的建议，"没有谄媚、不提供薪水、没有欺骗"（换句话说，不像个政客）。在《骑士》中，领唱者说诗人有着和骑士相同的敌人。他先前没有执导自己戏剧的原因是这项任务极其困难。观众是浮躁易变的，这一点通过马格涅斯（Magnes）、克剌忒斯（Crates）和克拉提诺斯的职业生涯就可以看出。我们现有的《云》中的第一个合唱队主唱段的第一部分 180
被修订过，因为诗人在它的开篇提到了第一次上演的失败。聪明的观众应该欣赏这样一部精巧的戏剧，他在其中投入了大量辛勤的工作。与他的对手不同，他不断介绍新的观念（547）而且也不会不断重复（同行间的妒忌如同赫西俄德的《工作与时日》一样古老）。当他达到权力巅峰时，他一度抨击克里昂（在《骑士》中），但他的对手还在抨击海柏波拉斯和他的妈妈。欧波利斯开始胡言乱语，这些从其他诗人处借用的话语颠覆了《骑士》。赫尔米波和所有其他人都以此为榜样。

在《黄蜂》中，领唱者让人想起了《骑士》的巨大成功，但否认这是诗人最杰出的作品（在雅典获得杰出成就却不招致嫉妒并不太容易）。他也没有容许受伤害的情人影响他对主题的选择。在《骑士》中，他不是抨击人类而是抨击恶魔。一年后，他依然在为社区战斗，抨击那些使安分守己但不懂法律的人的生活成为噩梦的职业公诉人（在一部创作于勒纳节的佚本中）。除此之外，有着全新观点的《云》在城市酒神节上获得了第三。诗人发誓没有人听过更好的喜剧台词。在《和平》中，领唱者谴责使用合唱队主唱段中的开放性部分来进行自我褒奖的做法，但诗人阻止他的竞争对手嘲笑破旧的衣服和对不道德的人开战。他摆脱了赫拉克勒斯的暴饮暴食以及奴隶的苦难。他扩展了喜剧的技艺并且将之逐步建立起来。他不会嘲笑普通人，无论是男性还是女性。接着领唱者从《黄蜂》中引用了六行台词，最后他重申之前没有更早获得成功的想法——"通过带来较少的痛苦、较多的欢乐完成他的职责后"，他会直接回家。

从阿里斯托芬对克里昂和诸神的处理方式中产生了一个普遍问题：对喜剧诗人的自由演说有怎样的限制？从欧里庇得斯的许多段落（例如，《希波吕托斯》

[*Hippolytos*, 422])中,我们可以清楚地看到雅典人吹嘘他们的畅所欲言的权利(parrhesia),但这种权利是有限制的。据苏格拉底(8.14)在接下来一个世纪中期的记载,畅所欲言的权利是公民大会上最广大演说者以及剧院中喜剧诗人的特权。显然,政治原则、道德规范和宗教信仰都是敏感话题,讲述私事也是有限制的。这在很大程度上取决于发表言论时的背景:对谁发表言论以及如何、何时、何地发表言论。在某些情况下,我们或许会容忍某些被认为是亵渎神明的行为,并且一同进行诋毁。另一方面,正如我们所看到的,对苏格拉底不敬神行为的起诉或许被认为是一项考验言论自由的行为。

倡导法律改革并不是喜剧的功能,也不是阿里斯托芬的寡头政治倾向。就在第一次寡头革命失败后不久,德摩芬托斯(Demophantos)在公元前410年推动通过
181 的一个敕令使颠覆民主制成为非法行为。在公元前411年革命之前,暴政——然而在公元前510年希庇亚斯被驱逐后的将近一个世纪后才被理解——似乎比寡头政治更让人恐惧。无论如何,我们可以相信,阿里斯托芬在公元前420年的喜剧中既未着手,也不曾想为进一步支持寡头政治而抨击民主宪法和有偿陪审员服务,也没有解释他究竟支持何种选择。

即使公元前426年克里昂对阿里斯托芬的起诉败诉了,但从《阿卡奈人》(503,515f.,631f.)的段落中,我们可以清晰地发现,至少在城市酒神节上嘲弄社区的指控对他来说是很危险的。在公元前440年萨摩斯岛的叛乱中,喜剧的自由度受到了一些限制,但所有限制都在三年后被撤销了。即便如此,现存资料保存了老寡头所说的一些正当理由(2.18):

> 在喜剧中,他们不允许人们被嘲笑或辱骂,因此他们的名誉或许不会遭受损害;但他们鼓励对怪人的嘲弄,因为他们注意到,喜剧的受害者不是总来自人民大众,而是富人、有良好出身的人或有影响力的人。一些穷人或普通人在喜剧中被嘲笑,但只因为他们是爱管闲事的,并且渴望在这些人中脱颖而出,因此他们并不介意这些人是否被嘲笑。

当老寡头在写这些话时,他看过《骑士》了吗?不管他是否看过,它把民众看成可以被欺骗的,而不是当成邪恶的、虚弱的或愚蠢的。老寡头认为创作一部嘲笑成千上万人所持政治观念的戏剧是危险的,即便执政官授予他一个合唱队也是如此,这无疑是正确的。即使观众接受了,陪审员会接受吗?自公元前486年开始,喜剧肯定已经是由政府提供了,但老寡头把雅典戏剧诗人当成普通大众用于反对富人、有良

好出身的人和有影响力的人手上的武器这一观点是片面的。公元前420年，阿里斯托芬的喜剧或多或少传递了清晰的政治信息（并不是最重要的事实），同时也或多或少嘲弄了当时的杰出人士。当时被搬上舞台的人——欧里庇得斯、拉马科斯、德摩斯梯尼、尼西阿斯、克里昂，当然还有苏格拉底，或许还有《和平》中的神谕传播者希罗克勒斯（Hierokles）——都是雅典最有名望的人；还有一些人在剧中仅被提及，这些人并不出名。但任何关于同时代人的玩笑都会被遗忘，除非他以某种方式使自己与众不同，让大多数观众都听说过他。政治信息自然只是对雅典民众智慧的颂扬。

公元前4世纪早期，一份法律允许戏剧讲述任何人犯了谋杀罪、打了父亲或母 182
亲、在战场上丢弃盾牌，或为了诽谤采用的个人行为。毫无疑问，禁止诽谤的清单很长，它显然包括蔑视市场上公民（不论男女）的商业活动。所言属实的则另当别论。公元前5世纪20年代关于诽谤罪的法律条款并不为人所知，这也是当阿里斯多芬的戏剧中经常提及政治家克里奥尼莫斯丢弃他的盾牌，或欧里庇得斯的母亲是个菜贩的笑话时，我们不能完全理解的原因之一。从公元前423年开始，阿里斯托芬屡次提及克里奥尼莫斯和他的盾牌——三次在《黄蜂》中，三次在《和平》中。如果克里奥尼莫斯在战争中非常怯懦，弃盾而逃，他可能会被起诉和取消公民权，但这似乎并未发生。如果他没有丢弃盾牌，那么他为何没有就诽谤罪而起诉阿里斯托芬？或许关于诽谤的法律尚未包括在所涉言论中，或者最初的事件只是一次意外，不构成罪行，而克里奥尼莫斯的指控只会使自己显得更加可笑，或者喜剧言辞是享有特权的。此外，阿里斯托芬经常宣称欧里庇得斯的母亲克雷托（Kleito）是一个菜贩。正如克里奥尼莫斯，克雷托也一样：我们无法说玩笑所基于的事实基础（可能很小），或蔑视公民在市场上的商业行为是可以被起诉的（阿里斯托芬对同时代人的嘲弄并不能证明他不喜欢那个人，但他对欧里庇得斯和索福克勒斯社会背景的关注与他对克里昂和尼西阿斯的关注完全不同，不过也存在类似的地方）。

依靠阿里斯托芬遗存戏剧提供的线索，我们可以认定，公元前5世纪20年代的喜剧诗人可以谈论任何生者或近期的死者的事情，并不必担心承担法律后果。在城市酒神节上，他们必须非常小心，以免使帝国城市在同盟国的眼里看上去荒诞可笑，在每一个节日上都不嘲弄民主制原则是明智之举。

阿里斯托芬公开指责或嘲弄同时代人的罪行、缺点或者瑕疵，包括挪用公款、受贿、怀有不良动机的起诉（sykophantia）；外国血统、参与贸易；消极的同性恋（据推测是为了金钱）、柔弱、战争中怯懦（最高程度的柔弱）；丑陋、性格软弱、疾病。然而，所有这些应得或不应得的指控或许只是一些特殊的个案,这张列表告诉我们一些关于雅典人羡慕和鄙视的东西。无需怀疑,许多演说者、平民地方官和将军在他们的任期内都捞了许多钱;但至于克里昂是否也是如此,我们不太确定。阿里斯托芬
183 或许想要让每一位雅典政治领袖成为拥有大量土地的贵族;克里昂并非如此,但当然,我们也没有任何理由认为他是帕夫拉戈尼亚人或者有奴隶血统。男性的勇猛很被看重,这也促使了克里奥尼莫斯或克里斯提尼在身上缺乏或明显缺乏这种勇猛时将受到鄙视。在我们看来,对身体缺陷的嘲笑是不人道的,但考虑到当时人们看重好的相貌,加之人们将能帮助的和不能帮助的失败区别对待,这一点或许可以得到解释。如果赞美美丽是本性所致,那么嘲弄缺陷或许也是本性使然。

由于喜剧关注的是劣等人所做的事情,因此剧中角色说出不道德的感想不会像它在悲剧中那样令人震惊;事实上,人们会认为本应如此。

除色诺芬等一小部分知识分子外,诸神并不被认为是道德完美的。人们察觉到的他们的道德缺陷在其他神学中扮演着恶魔的角色。他们不受人类道德规范的约束。虽然他们通常会对人类祈祷者和献祭做出回应,但人类不能指望他们在需要帮助的时候伸出援手。这种一度出现在农事年后续的舞台上的焦虑,有时以言语或肢体攻击神灵或其塑像的形式表现出来。对神灵的辱骂是对神灵是否在农事上尽其本分的不止一次的质疑。当人们开始对作物减产感到焦虑时,他们在某种情况下就会延续辱骂神灵的传统。巫术仪式让位于主要的欢庆节日,在这些节日里,可以开守护神以及其他诸神的玩笑。据柏拉图笔下的苏格拉底记载(*Kratylos*, 406c),"诸神也喜欢玩笑"。在《伊里亚特》中,诸神是喜剧的主要来源。史诗(6.135)某处把狄奥尼索斯描述成"受惊吓的"。我们不应该假设阿里斯托芬在《蛙》中对狄奥尼索斯不庄重的描写是没有先例或类似情景的。在克拉提诺斯创作于公元前430年或前429年的神话滑稽戏《狄奥尼亚历安多罗斯》(*Dionysalexandros*)中,神灵假装帕里斯或亚历安多罗斯(Alexandros)参加了在艾达山(Mount Ida)举行的神灵选美比赛,因而他可以将海伦从斯巴达带到特洛伊。在那里,真正的帕里斯迎娶了海伦并将狄奥尼索斯交给了生气的希腊人(在狄奥尼索斯和海伦那里,观众可以轻易辨认出伯里克利和阿斯帕西娅,正如在创作于五年后的《阿卡奈人》中,伯里克利因这场战争而受到指责一样)。在欧波利斯的《军团长们》(*Taxiarchs*)中,神灵臣服于杰出将军福尔米翁(Phormion)的军纪之下。《蛙》对狄奥尼索斯的处理并不比《和平》和《财富》对赫耳墨斯的处理逊色。

喜剧诗人似乎可以嘲弄大多数的神灵而不受惩罚,但正如我们之前所说的,死

者的仪式、适当的秘仪、忒修斯这样的城市英雄和雅典娜·波丽亚丝这样的城市守护神得以幸免(如果我们能知道赫尔米波的神话滑稽戏《雅典娜的出生》[*The Birth of Athena*]是否将女神带上舞台,那将是非常有趣的)。

诸神并不受到人类道德的约束,他们只对人类的福祉给予有限的关注。人类 184
与他们并没有经常性的密切接触(正如希波吕托斯对阿耳特弥斯一样),人们还讲述着他们许多新奇的传说,也公开嘲弄他们。如果他们在某些场合被人类嘲笑,我们不应感到惊讶。

战争期间,这种强加在人口稠密的帝国城市市民身上的要求是非常沉重的。喜剧的部分功能是提供从城市要求和军事纪律要求以及从那些为荣誉而进行的几乎全部注定失败的竞争中释放出来的假想。民事法律包括了对诸神的崇敬、对地方行政官的尊敬、对法的服从、在公共场合有序的行为、对家庭的维系,以及担任公职。军事纪律包括随时为必要的行动做好准备,并服从自己的长官。美德所蕴含的即最有效的荣誉是成功的政治兼军事领袖和执行礼仪时慷慨大方。在阿里斯托芬早期的戏剧中,我们发现迪卡约波利、阿戈拉克里图斯(Agorakritos)、斯特瑞普西阿德斯、费罗克利翁、特瑞该俄斯等普通角色在不同方面超越了日常生活中的限制。事实证明,这五个人以及更引人注目的波塞塔罗斯(Peisetairos,《鸟》中的人物)并不像其他人那样通过风俗、道德、人类法律或自然法则联系紧密。

迪卡约波利是一位来自克雷戴(Kholleidai)的老农民,阿戈拉克里图斯是一位在凯拉米克斯拥有摊位的腊肠贩,斯特瑞普西阿德斯是一位来自吉吉纳(Kikynna)的老农民,费罗克利翁是一位年老的前水手,后来成为了陪审员,特瑞该俄斯是一位来自阿斯莫诺的老农民,波塞塔罗斯是一位有着明显城市背景的老雅典人。所有这六个人,从一名不文的父母膝下一名不文的儿子阿戈拉克里图斯(*Knights*, 181, 186, 336f.)到拥有奴隶、能借到大笔钱财、曾被介绍与大名鼎鼎的麦嘎克勒斯(Megakles)的侄女结婚的人斯特瑞普西阿德斯都是普通的雅典人。从阿戈拉克里图斯到斯特瑞普西阿德斯的范围就是从出售自产商品和与他同等地位奴隶搭讪的小商人到社会的边缘群体。他们中的三个人是离城市不远的内陆社区的农民,另外三个则有城市背景。

在《阿卡奈人》中,迪卡约波利在获得和平后与雅典敌人进行贸易并因此获得进口食品。后来他参加了安提斯特节第二天的饮酒比赛。他蹒跚着向巴赛勒斯索要饮酒的奖品,这一行动得到了两个女孩的支持,这两个女孩是他在狄奥尼索斯的祭司赐予的一次宴饮上偶然结识的(他似乎一点都没有考虑到他的妻子)。他因辉煌的胜利得到阿卡奈人的欢呼。

在《骑士》中,阿戈拉克里图斯为获得公民支持,俯首向雅典最有实力的演说家
185 开出了超过别人的高价,他也作为荣耀的胜利者受到欢呼。他使公民恢复活力,成为他的谋士。在《云》的修订版中,早期受到债权人无礼攻击的斯特瑞普西阿德斯最后纠正了诡辩可以摆脱债务的错觉,由于得到赫耳墨斯的鼓励,他放火烧毁了智库。

在《黄蜂》中,费罗克利翁不再认为陪审员的审判生活是美好的且是经神认可的了(158—160, 377f., 999—1002),他的儿子把他带入了有宴会和剧院的美好生活(1005)。他带着一个奥罗斯女孩从晚餐会上逃走。那个女孩是个奴隶,他告诉她如果她能行为规矩些,他会为她赎身,纳她为妾——当博得利克里翁死时。在回家的路上,他的粗鲁行为招致了另一个宴饮者克莱瑞丰的传票威胁,卖面包的妇女向市场管理员控诉费罗克利翁毁坏了她的货物,被砸破头的公民也向立法者控告他的无礼攻击。戏剧是以费罗克利翁的舞蹈表演谢幕的。

在《和平》中,特瑞该俄斯已来到天堂,他从洞穴里不仅取出了和平——1 米高的塑像,还得到了两个美丽的女管家——收获和节日。节日属于议事会,坐落在剧院的前面,但特瑞该俄斯让收获成为了自己的妻子(此外,没有考虑任何现有的妻子)。后来,特瑞该俄斯和他奴隶连踢带打将神谕传播者希罗克勒斯向和平献祭的地方赶走了。

在《鸟》中,波塞塔罗斯和他的朋友正寻找一个安静之所。他们希望特雷乌斯(Tereus)幻化成的幸运鸟在飞行中看见过这个城市。在与他的交流中,波塞塔罗斯产生了一种想法,即在天堂穹顶上建立一座鸟城,切断诸神与向神献祭的人们的联系,从而使诸神挨饿。鸟被说服去从事这项事业,工作也进展顺利。那里有一些不速之客,他们都是讨厌雅典生活而被驱赶出来的人——智者(一个神谕传播者、梅顿、基尼瑟斯)和政客(传唤波塞塔罗斯到雅典面对恶意攻击指控的同盟国巡视官、法令兜售者、恶意控告者或同盟国告发者)。波塞塔罗斯还攻击了宙斯使者伊里丝(Iris),并将之驱逐。最后,由波塞冬、赫拉克勒斯和野蛮人伯里安(Triballian)组成的神使团来到这里,以二比一的多数同意将宙斯喜爱的女管家以及雷电的看守人巴西蕾阿(Basileia)许配给波塞塔罗斯为妻(这里没有提及任何现有的妻子)。

这六部戏剧的情节是普通人、微不足道之人或低层人获得不同程度成功的故
186 事,从上层阶级的观点出发,他们或许也被认为是无价值的人(无赖、邪恶几乎与坏是同义的,它们是谴责他人时用到的最普遍的形容词)。在某些情况下,成功在字

面上是了不起的——获得个人和平、推翻政治领袖、恢复公民活力、来到天堂与女神结婚、推翻诸神与女神结婚。这样的普通人很难在现实生活中成为荣誉竞争者，但在舞台上，一旦他们有想法或接受建议，他们就会获得成功。他们有时很恐惧，或假装恐惧：迪卡约波利向阿卡奈人发表演说时很犹豫，在拉马科斯面前他很畏缩；阿戈拉克里图斯认为无法面对克里昂。但不久无视简单事实的巨大自信就自己显现出来（喜剧英雄很快将这个特点归咎于竞争的演说者，正如特瑞该俄斯之于希罗克勒斯［*Peace*，1069，1120f.］以及波塞塔罗斯之于梅顿［*Birds*，1016］）。喜剧英雄对所有东西都有一个答案——通常是故意令人震惊的答案，不仅表现在他放肆的语言，而且表现在他按照自己的喜好迅速执行。用神或英雄的例子，有赫耳墨斯和奥德修斯这样的神灵或英雄榜样，他的邪恶（流氓行为、无赖行为、邪恶行为，与美德相对）昭然若揭。食物、酒和妇女是他在和平时代喜欢并渴望获得的东西。他不仅贪得无厌，而且很挑衅。阿里斯托芬的喜剧英雄——斯特瑞普西阿德斯、费罗克利翁，尤其是波塞塔罗斯——通常对他人很粗暴。对暴力犯罪的指控并未能威慑他们，也没能在后来对他们产生坏的影响。

自负、满嘴脏话、挑衅、贪吃、嗜酒、好色等这些行为与民主理念完全不符。例如，我们知道饮酒对未经改过自新的费罗克利翁的祸害（*Wasps*，1253ff.）。在迪卡约波利对公民大会的轻视中，我们发现了一个几乎对大多数人想法都蔑视的苏格拉底。在《阿卡奈人》第595行，他宣称自己是一个有道德的市民，但具有民主理论的有道德市民和喜剧英雄有很大不同。在伯里克利葬礼演说中，有道德的市民对邻居有包容心，尊重地方执政官和法律，把参与公共生活当成个人的责任。

伯里克利的最后演说并未说服迪卡约波利相信公民个人的福利依赖于社区福利。在葬礼演说（2.40.3）中，他是“那些将生活中的痛苦和喜悦做出清晰区分的人”中的一个，他选择追逐后者，更不用说他的家庭了。他或许已指明了方向：如果其他人希望得到快乐的结局，他们必须采取合适的方法，换句话说，在公民大会上采用和平法令。费罗克利翁的过去是怎样的？在《黄蜂》（354f.）中，合唱队领唱者提醒说他在纳克索斯岛进行抓捕时，偷窃了一些金属烤肉叉。费罗克利翁同意他的观点，进而说到他年轻、身体健康时能够逃脱惩罚。由于博得利克里翁想确信他的父亲知道什么才算有修养的人茶余饭后的谈资，费罗克利翁告诉他，他年轻时最勇 187
敢的行为不是从纳克索斯岛人那里偷窃烤肉叉，而是从雅典农场主那里偷窃葡萄藤支柱（实际的描述并非无稽之谈或传说，而是一个亲身经历或亲眼看见的关于运动、体育军事或政治——广义上——功绩的真实故事）。

娴熟的葬礼演说或许使许多听众暂时相信所有人都在最好的城市中尽了最大努力,或是一些雅典人的生活所提供的东西要比先前多。对那些继承了大量财富,使得他们免予偷窃甚至工作,以及也继承了强壮、长相和大脑的人而言,生活是美好的。尽管战争带来了不便,但它也带来了获得支配权和名望的机会。在和平年代,有进取心的冲动可能对许多允许竞争的领域构成挑战。找到各种类型的性满足并不困难。

但就大多数雅典人而言,他们对城市和自己的法律忠诚;他们在物质生活上艰难;对诸神、城市、部落、氏族、社区、家庭的义务众多;自我表达和沾沾自喜的机会很少(这样的机会或许能在社区、氏族、部落以及整个社会中找到)。向公民大会发表演说以及法律面前人人平等的权利都未被轻视,但这对许多温和的公民来说毫无实用价值。在一年中的大部分时间里,观众中大量非成功人士无疑在努力成为或至少被认为在努力成为有道德的公民。但年轻的阿里斯托芬在喜剧中给他们的许多东西使他们有机会去想象一个有更多操纵空间的生活,他们认同最普通或低级的角色打破法律强加的众多束缚,去争取他们自己的权力,获得他们自己的成功。

视觉艺术

与雅典人的戏剧一样,雅典人的建筑(即便不是建筑师)也依赖于公共资助:家庭建筑几乎不存在。标志着对可获得资源、财政和艺术的最大分享的公共建筑是神庙——实际上是为神灵而造的长方形屋子。在公元前7世纪,所有石头造的希腊神庙都兴起于伯罗奔尼撒东北地区,它的发展在某些方面源于埃及。在公元前7世纪结束之前,多利安石柱廊的特征——柱座、饰有凹槽纹的柱子、柱头、框缘、檐壁、檐口——出现了,多利安柱式建筑在古希腊占有主导地位,并至少维持了500年。更加优雅和精致的伊奥尼亚式大约在一个半世纪后出现在爱琴海的另一边(柱式间的区别,参阅图9)。我们并不能确定“多利安式”和“伊奥尼亚式”这些术语在公元前5世纪的雅典是否流行,但它们非常有用。斯巴达是居于首位的多利安城市,雅典从公元前461年前或多或少是其公开的对手,它宣称为伊奥尼亚的母城(Solon, 4a.2),因此甚至帕特农神庙和山门等主要的伯里克利时代建筑都保留着伊奥尼亚元素,这或许有政治和艺术原因。

188

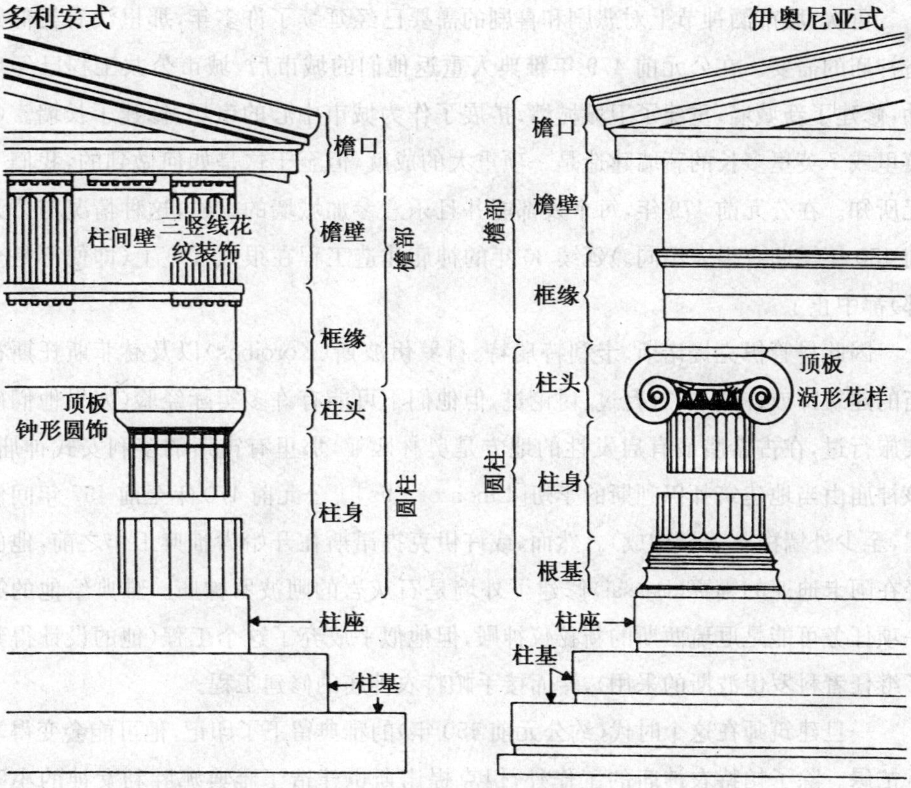

图 9　多利安式和爱奥尼亚式

尽管关于公元前 5 世纪后期的雅典建筑师职业(我们通常并不能确定他们是不是雅典人),我们所了解的不多,但对他们的工作条件,我们却知道一些。首先,他们继承了强大的艺术传统,然而在设计中仍然为变化预留了足够的空间。神灵需要长方形、有威严感的房子,如果可能的话,还要有台阶、门廊和石柱廊,这一点毋庸置疑,需要质疑的是每个建筑师在兼顾美学与数学的基础上决定采用其他元素的比例。其次,尽管希腊语"arkhitekton"起初只不过意味着"建筑匠",但帕特农神庙的建筑师并非没有理论知识。最早的建筑学论文是关于建造于公元前 6 世纪中期的伊奥尼亚神庙——提奥多鲁斯在萨摩斯岛修建的赫拉的第三座神庙以及赫瑟夫农(Khersiphron)和他儿子梅塔杰那斯(Metagenes)在以弗所修建的阿耳特弥斯神庙。正如我们所看到的,伊克提诺斯和卡皮昂对帕特农神庙也有所论述。据色 189
诺芬(*Recollections*, 4.2.10)记载,欧提得摩希望从书中获得一些灵感,为此,苏格拉底挖苦他说:"或许你希望成为一个建筑师?这也需要一个储备良好的头脑。"

再次,城市酒神节上对悲剧和喜剧的需要已经延续了许多年,那里没有类似建造神庙的需要。在公元前 479 年雅典人重返他们的城市后,城市公共工程已经启动:修建了新城墙;重建了卫城城墙;扩展了作为城市中心的市场;修建了长墙。(7 英里或 7 英里多长的新墙建造是一项重大的成就,但至于这是如何做到的,我们一无所知。在公元前 479 年,每个人都能并且乐意参加城墙的重建,这种情况与公元前 450 年早期有很大不同。)延续 30 年的神庙建造工程在很大程度上(即便不是全部)都中止了。

因此尽管伊克提诺斯、卡利特瑞特、科罗伊波斯(Koroibos)以及赫菲斯托斯神庙的建筑师或许读过、旅行过、讨论过,但他们不可能有许多实际经验(如果他们确实旅行过,在古希腊最有启发性的地方是奥林匹亚,那里有宙斯的多利安式神庙,该神庙由当地建筑师伊利斯的李班[Libon of Elis]于公元前 470 年至前 457 年间修建,至少外墙由石灰岩构成)。然而,或许伊克提诺斯在开始为雅典工作之前,他已经在阿卡迪亚的霸赛(Bassai)修建了外墙是石灰岩的阿波罗神庙。雅典给他的第一项任务可能是厄琉西斯的新秘仪神殿,但他似乎放弃了这个工程(他的设计得到了继任者科罗伊波斯的采用),转而接手帕特农神庙的修建工程。

一旦建筑师在这个时代(约公元前 450 年)的雅典留下了印记,他可能会变得非常忙碌。除了帕特农神庙的工作外,伊克提诺斯也建造了雅典娜胜利女神的小圣坛、中长墙和卫城的防御强化工程。

最后,公共资助是这样运作的:议事会提议或来自底层的提议(如果初步解决方案是公开征集的话)对工程进行大体描述——例如"修建雅典娜胜利女神的神庙以及按照卡利特瑞特的规格修建大理石祭坛"(ML, 44),然后提交到公民大会表决。如果提议被通过执行,无论提议有无修正,都会产生敕令。这个敕令会恰当地提及修建任务和建筑师。这或许也就合同安排和雅典娜司库决定如何为工程提供资金提供了指导。对于帕特农神庙、帕特农神像、山门以及厄瑞克透斯神殿,每年都有任务指派,就像对雅典娜·普洛玛科斯一样。敕令指定了他们的责任,也包括
190 可获得的材料、对工作的监管,以及对资金分配的支配。在任期结束时,他们被要求向公民大会汇报开支情况,然后可能会被公布在石头上。

每个工程可能都有自己的建筑师或设计师:没有迹象显示有永久的国家建筑师存在。制定书面规格是建筑师的事情。我们并不知道他是否创造了原始比例图纸,但他肯定创造了特殊功能的样本。如果可能的话,庇护所被期望用自己的财政来支付本区域中进行的所有工程;如果不能,公民大会将从一个源头或其他源头提

供补助。拉姆诺斯是一个虽远离海岸但仍很繁荣的社区，位于该处的复仇女神圣地资金不超过 10 塔兰特(ML, 53)，这不足以支付公元前 440 年后不久为她修建的新神庙。

如果建筑师被教育成绅士而不是建筑大师，那么建筑师监督厄瑞克透斯神殿后期阶段的修建一天所挣不超过一个德拉克马——一个熟练工匠的水平——也就不足为奇了。但这应该被视为生活补助，就像是支付给地方议员 4 奥伯尔的生活津贴一样，不算是薪资。有必备知识的人接手修建工程主要是对荣誉的希冀。

伯里克利建造计划的重心包括帕特农神庙、帕特农神像，以及厄琉西斯的山门和秘仪神殿(虽然这是一个重建计划，但并没有恢复或者复制被波斯人毁坏或破坏的古代建筑或雕塑的意图)。很遗憾，修昔底德并未让伯里克利在葬礼演说中提及修建计划，更不用说为其辩护，但我们可以说帕特农神庙部分展示了雅典海军实力和金钱所能带来的东西。为了下面的城镇尽可能大范围地看到它，它选址在卫城的最高处。那些忙于自己事情的人不断地被其他事情提醒。

正如我们看到的，最迟到公元前 454 年，同盟国所储备的 5 000 塔兰特或更多的钱被转移到了雅典的卫城，显然这些钱被归并到了雅典国库。雅典国库似乎向帕特农神庙和帕特农神像的专员支付了大部分酬劳。修昔底德(2.13.3)认为卫城制造的银币最大数量达到了 9 700 塔兰特，通过修建计划和继续围攻叛乱城市波特达亚(Poteidaia)，这个数字在公元前 431 年减少到了 6 000 塔兰特。

修昔底德的证据和铭文或许不能让我们完全有把握断定帕特农神庙的费用是由臣属同盟国支付的，普鲁塔克《伯里克利传》(*Life of Perikles*)中的相关章节也值得怀疑。但如果我们假设卫城三项伟大的工程总共大约花费了 2 000 塔兰特，其 191
他工程(主要是小剧场、中长墙、比雷埃夫斯的阿菲托波里斯、厄琉西斯的秘仪神殿以及乡村社区的四座多利安式神庙——阿卡奈的阿瑞斯神庙、拉姆诺斯的复仇女神庙、苏尼翁的波塞冬神庙以及索里库斯的得墨忒耳神庙)又花费了 1 000 塔兰特，那么我们至少可以断定，没有同盟国的储备，雅典在市政建设上花费这么多会让雅典人感到军事上不安全。另外，尽管修昔底德(1.96.1)告诉我们同盟国最初只提到对波斯破坏活动(主要在阿提卡)的报复，但他们一定曾抱有赔款的想法。大多数雅典人认为将同盟国的储备用来支付给帕特农神庙非常合理。过度使用同盟国的金钱(Plutarch, *Perikles*, 12.1f., 14.1)使麦里西亚斯之子修昔底德在公元前 440 年反对过伯里克利，但因这一目的而使用它的原则未引起争议。

菲狄亚斯早期用青铜浇铸巨大的雅典娜·普洛玛科斯像，她长矛的尖端和头盔的羽饰——可能在阳光的照射下——能被苏尼翁周边的水手看到。据铭文记载,这项工作花费了九年时间——可能是在公元前5世纪50年代的大部分时间里。他还铸造了赐田业主进献给利姆诺斯岛的美丽的雅典娜像以及德尔菲的13座塑像(他的技术是中空铸造,可能利用了脱蜡过程中的最新改良工艺)。

他有着雕刻家的盛名,这使得指派他设计和制造黄金和象牙质的帕特农非常合适。此外,由于塑像尺寸和在巨大空间中的安放在一定程度上决定了神庙的规模,因此由他负责帕特农神像和帕特农神庙的修建工程是合适的(我们给整座神庙所起的名称起初是神庙西面末端相对较小房间的名称:这个房间充当国库,它的屋顶坐落在四根高大的伊奥尼亚式立柱上)。公民大会承认他是这项艰巨任务的合适人选。没有其他比他更合适的设计者了。

帕特农神庙是奉献给公元前438年泛雅典娜节的。伯里克利是最后一年为帕特农服务的专员,或许菲狄亚斯被指控贪污贵金属让他非常窘迫。菲狄亚斯被指控将雅典娜的衣服和装饰品所需的44塔兰特黄金(价值616塔兰特的银币)制成可以移动和称重的薄盘,不过这项指控不成立,他被无罪释放了。但他随后又被指控在盾牌上描绘了他自己和伯里克利的形象。不论菲狄亚斯是否遭到流放或被驱赶出这个国家,他不久就在奥林匹亚用黄金和象牙制成了宙斯塑像,这是古代世界的
192 一个奇迹(在从米太亚德到苏格拉底的所有公元前5世纪最伟大的雅典人中,很少有人的生活是在与他们的社区和谐共处中度过的)。

帕特农神像和帕特农神庙是联系在一起的。根据现在已有的证据,我们可以将升起的太阳和落下的月亮(太阳神和月亮神)构成的事件刻画在北面柱间壁、东面三角墙以及帕特农前面的基座上。首先是柱间壁(或许是因为在特性方面最多变),其次是檐壁,随后是三角墙上的雕刻。菲狄亚斯在三角墙布满48个塑像之前就已经离开了,但我们有理由假设整个造像在早先时候就已确定,菲狄亚斯在决定如何做上有很大的发言权。也可能他的观点在设计阶段有影响力,尽管似乎更多不太精确的指导被给予了那些将要雕刻西面柱间壁和檐壁的人,而不是那些在更为重要的东部末端雕刻柱间壁和檐壁的人。

雅典娜·普洛玛科斯、利姆诺斯雅典娜和雅典娜·帕特农现都已不复存在,最后两座留下了一些线索,而第一座几乎什么也没有留下。我们可能会很自然地询问在哪里,如果有的话,还可以看见菲狄亚斯的艺术,尽管没有任何文献证据,甚至没有他修建帕特农的工作让他有时间做更多事情,而不只是向外部雕刻提供建议的证据,我们仍然有理由推测值得看的一个地方是檐壁,特别是西面檐壁中的第八

块石板。除了天蓝色背景和青铜装饰物以及1687年可怕的爆炸破坏外,檐壁保持着非凡的魅力。这个艺术既具现实性又有想象力,既让人保持克制又让人浮想联翩,但不是过度甚至露骨。也可能地中海地区为我们保留了菲狄亚斯竖立在德尔菲的两座青铜英雄大塑像,它也肯定保留了源于帕特农盾牌外侧希腊人对抗亚马逊人场景的大理石摹本。

檐壁吸引着我们,但它对公元前5世纪30年代的一个参观者会讲述些什么呢?对他而言,辨认出柱间壁上的图案是否非常困难(比奥林匹亚的更小更遥远)?看到三角墙1/3表面以上的图案是不是不可能的?对多利安式神庙中的显著特征——长长的伊奥尼亚式檐壁——形成清晰的印象不是更加困难吗?为弥补视觉上的陡峭角度和偏斜光线,顶部的浮雕要比底部的高,绘画和青铜饰品也有助于此。

站在檐壁的西南角上,参观者发现自己位于队伍的后面,这个队伍将其分成左右两部分。当他在左边沿着西面行进时仰望柱子之间,他看见骑士正在准备骑兵 193
队;转向右边沿北面行进时,他看见60位骑兵以及九个带着车载作战士兵的一辆四马的二轮战车(重装步兵被训练跳下和跳上以加快战车速度),在他们之前的是携橄榄枝的英俊老人、四位基萨拉琴表演者和四位奥罗斯管吹奏者、四个携带水壶的年轻人、携带着呈放供品的托盘的外邦人、四只献祭的羊和四只献祭的牛;再转向右边,他看见女孩、六位部落英雄(或可能是公民代表)、六位奥林匹亚神灵,他们的脸都背对中心场景。回到西南方向继续从右边向南行进,他看见了另外六十位骑兵以及九个带着车载作战士兵的一辆四马的二轮战车,在他们之前的是老人、携带着牌匾的男人以及献祭的牛;转向左边,他看见与东面檐壁的北部末端相对应的女孩、另外四位部落英雄以及六位奥林匹亚神灵,他们的脸也背对中央场景。

不用怀疑,檐壁是用于让人想起泛雅典娜节的游行队伍。东面檐壁中央场景中折叠的衣服一定是长袍,在巴赛勒斯以及阿勒弗洛斯(Arrephoros)的手中,另一个成人塑像一定是在雅典娜·波丽亚丝的祭司之手。泛雅典娜节游行队伍显示了旧有对橄榄木的崇拜与新的但却与雅典娜·帕特农密切相关的崇拜之间的微妙联系。尽管东面外观的外部雕刻非常重要,但参观过程最高潮的部分是第一眼看见里面黄金和象牙制成的塑像。

再现公元前5世纪40年代的游行——当时的雅典人正准备进行的宗教活动——似乎很难做到真实相似(对照针对菲狄亚斯的第二项指控),此外,有很多细节遗漏了。那里没有头上顶着篮子和水壶的女孩、重装步兵以及殖民者或同盟国。

殖民者和同盟国的缺席,这是正确的,假如"激动人心的"日期是先于同盟形成的话。除了其他的以外,檐壁是用来纪念在马拉松牺牲的192名雅典人的。西面、北面以及南面一直到车手很少的二轮战车处的檐壁上刻画的人类塑像数量估计有192个。骑士和二轮战车中的车载作战士兵在泛雅典娜节穿越市场的游行队伍中有他们自己的位子,车载作战士兵还参加那里的竞赛。此外,雅典骑兵和重装步兵之间没有明显区别:骑兵在任何时候都是1 000名最年轻、最健康、最富裕的重装步兵。最后,马匹和二轮战车强烈暗示着英雄们的过去。在公元前490年纪念女神的泛雅典娜节后一个月死于马拉松的重装步兵很有可能被刻画在新神庙檐壁上,并被当成英雄纪念,这至少是有可能的。

194 檐壁展示了年轻战士中衣服和姿态的巨大差异,这与脸和表情令人震惊的一致性产生了鲜明对比。这种一致性超越了我们在国家公墓石碑上阵亡名单(按死者名字和部落排列,但保留了死者父亲的名字和社区)中所发现的一致性。葬礼演说没有提到单独的战士名字:通过向城市提供最高服务,所有人都被证实是有道德的人。在伯里克利葬礼演说中,统一和秩序甚至比多样性更加重要。无论檐壁是否为了纪念马拉松的死者,我们应该记住,在公元前450年,马拉松故事有理由成为雅典神话的一部分(这并不一定意味着它的讲述是错误的)。将檐壁仅看成公元前5世纪40年代雅典人的自负是错误的。诸神对马拉松玛克海非常友善,但帕特农基座前的场景告诫人们不要沾沾自喜。20位神灵见证了希腊的夏娃——潘多拉的出生,这是所有神灵送给人类的礼物。在普罗米修斯为人类偷取火种后,她被认为是人类所有不幸的源头。

尽管我们可以看到菲狄亚斯将帕特农神庙移交给伊克提诺斯和卡利特瑞特的原因,但帕特农神庙的显著特征并非完全体现在40英尺高的黄金和象牙质的帕特农、巨大且长长的描绘着几乎当时主题的伊奥尼亚式檐壁以及大量其他外部雕刻这些雕刻品上。帕特农神庙在建筑上也非常引人注目,主要是通过所谓的"细微改良"——对水平和垂直直线理念细小的背离——来改进建筑的外观。支撑凹槽柱的柱座和支持弧线上行的檐部位于中间;柱子向内靠,逐渐变细的一端微微弯曲;角柱比其他的稍微粗些。帕特农塑像前面也有黄金和象牙制成的塑像,不过没有这么大,帕特农神庙前也有过细微改良,但从未改动这么多。多利安式神庙的外观包含八根柱子是极不寻常的(超过了多数人乍看之下所能看到的),不过这并非没有先例,而这使得雅典娜·帕特农获得了一个比奥林匹亚的宙斯神庙更宽敞和精致的设计——既在她后面和两边有两层多利安式石柱廊。长的一面有17根柱子

(2×8+1)。

2 万吨的大理石应当尽可能按照规格进行开采和运输，这样石匠或雕刻家才能精确地塑造形态，公元前 447 年到前 432 年这 15 年时间的任命表明，雅典人的建造计划吸引了来自希腊各地的许多能工巧匠，并且专员的管理是高度胜任的。

随着公元前 438 年中期帕特农的落成典礼，帕特农神庙的主体结构完成了，这可能使大批石匠转移到了明希凯尔斯的山门(Propylaia of Mnesikles)，它就像帕特 195
农神庙一样，是用彭特利克大理石建造的主要的多利安式建筑。建造工作从公元前 437 年一直持续到前 432 年，当时工作由于面对迫在眉睫的战争而中断并再也没有重新开始。仍有迹象显示，东北和西南方向有其他房间。伊克提诺斯在更早的帕特农神庙北面基础上修建，它始建于马拉松战役之后，后被波斯人破坏，后来明希凯尔斯给新的大门以新的方向。他在斜坡上修建，以强调参观者经过俗世向上到越来越神圣的地方。他也考虑到了南面雅典娜胜利女神和布劳隆的阿耳特弥斯。他的工作与坐落在水平站台上独立的神庙建筑有很大的不同。他无法实现对称，但由于后期雅典娜胜利女神庙的帮助，他实现了平衡。正如复数形式"-aia"表示纯粹的入口，明希凯尔斯的建筑比它的前者更加巨大和精致。在希腊其他地方有比帕特农神庙更大的神庙，但没有地方有这样一座大门。它之所以能够比帕特农神庙更快地修建，完全是因为缺少雕刻装饰。

穿越右边胜利女神雅典娜区域，接着穿过左边西北房间(或许是餐厅)，参观者往上从一排六根多利安式柱子中间通过，经过三对高大的支撑着方格天花板的多利安式柱子，来到每边各有两根稍小柱子的正门。最后当他穿越第二排六根多利安式柱子时，他看见正前方是普洛玛科斯，更远处的右边则是帕特农。

位于卫城西南、可震慑右侧进攻之敌的堡垒长期奉行着对胜利女神雅典娜的崇拜。正如我们所看到的，这里在该世纪中叶建造了一座由卡利特瑞特设计的规模很小的祭坛，后在公元前 5 世纪 20 年被伊奥尼亚式神庙代替，它依然位于堡垒之上。该神庙由彭特列克大理石构成，前后有四根整体柱。三面俯视着卫城城墙，檐壁包含着英雄战斗的场景。几年后，部分是为了安全，在神庙相同的三面建造起了护墙，外面的浮雕上雕刻着长着翅膀、举着战利品的胜利女神(悬挂敌人的铠甲，以庆祝胜利)，在每一面都有与献祭给胜利女神的公牛或牛坐在一起的雅典娜，这或许是希望安全获胜。许多被保留了下来的护墙显示出艺术家对装饰雕刻非常感兴趣。

在伊奥尼亚元素被雅典和阿提卡地区接受之后，帕特农神庙和山门对伊奥尼

亚元素的采用或反映出了反伯罗奔尼撒情绪,或关注细节的艺术倾向,抑或两者兼
196 而有之。胜利女神雅典娜和厄瑞克透斯神庙对伊奥尼亚元素的使用使他们相比帕特农神庙和山门更容易按比例缩小。

卫城最后一项伟大的工程是伊奥尼亚式神庙综合体,即我们所知的厄瑞克透斯神庙。它最初被冗繁地称为"卫城上包含古老塑像的神庙"。它由彭特利克大理石建造,时间在公元前421年到前406年间。建筑师最初面对的问题要比修建山门过程中所克服的问题更加棘手。他的工作是在一个极不平整的地方建造一个与卫城另一边帕特农神庙相映衬但不削弱其主导性的单一建筑,以容纳为数众多的宗教信徒。在公元前5世纪40年代早期,当卫城开始重建时,任何人都不可能预见它是怎样终结的,但显然每一位新的建筑师都将自己的工作与整个场所甚至城市联系了起来。

神庙的主体结构由横墙进行分割,这就创造了需穿过六柱门廊进入的更小的东面空间,以及穿过两个惊人门廊进入的更大的西面空间。高耸的北面门廊构造出高达16英尺的宏伟门道。南面的门廊小得多,但从西面看时,它似乎与北面门廊构成了平衡。它的顶坐落在六根女像柱上——立于护墙上的石头女孩的顶部。她们面朝帕特农神庙,俯瞰着城市雅典娜旧神庙的基石。她们衣服的褶皱与柱子的凹槽相互融合。她们起先带着祭奠用的酒碗,就像位于帕特农神庙檐壁中游行队伍前列附近的十个女孩一样。从外部进入门廊的惟一通道是东北向的女像柱和主体结构之间护墙上的狭小通道,这或许暗示着门廊的主要目的是为一些仪式演出提供舞台。主体结构和北面门廊包含着厄琉西斯黑石制成的檐壁,在这上面附有白色彭特利克大理石制成的塑像。

这座复杂的神庙容纳着:雅典娜·波丽亚丝受人尊敬的塑像,用永远燃烧的黄金灯照明;波塞冬的祭坛、别名厄瑞克透斯(在俗世出生的雅典国王,*Iliad*,2.546ff.)的祭坛、波特斯(厄瑞克透斯的兄弟)的祭坛、赫菲斯托斯的祭坛;厄瑞克透斯的坟墓和圣蛇的坑;波塞冬在争取雅典庇护人身份的时候用三叉戟击打岩石产生的盐井;木制的赫耳墨斯。

在神庙西面没有屋顶的区域包含着:另一个早期的雅典国王、充当了雅典娜和波塞冬之间的裁判的凯克洛普斯(Kekrops)的坟墓;潘德罗索斯(Pandrosos)的圣坛,他恭顺的女儿;最初的橄榄树——雅典娜还击波塞冬的盐井的产物,阿提卡的神圣橄榄木被视为这棵树的分支。希罗多德(8.55)提到它时说,尽管它与旧神庙一道被薛西斯焚毁,但它在第二天重生了。

修建计划并不仅限于在卫城的工作，不过那是最明显和最神圣的场所。卫城 197
的工作是最精密的，在艺术上是最令人震惊的，但重要工作在比雷埃夫斯、厄琉西斯以及阿提卡其他地方。作为城市中心的市场的发展随着克洛诺斯·阿格莱奥斯的赫菲斯托斯神庙主体结构在公元前5世纪40年代的完工而告一段落。赫菲斯托斯神庙是现存最完好的多利安式神庙，它在外观上有传统的六根柱子，主要是用彭特利克大理石制成。它直到阿希达穆斯战争后才修建完成，阿尔卡美奈斯(Alkamenes)所作的赫菲斯托斯和雅典娜·埃尔卡埃(Athena Ergane)祭祀塑像都安置在那里。修建第一阶段建筑的工人可能转移到了卫城。

与戏剧一样，古典时代雅典的公共建筑在将近2 500年的时间里并未毫发无损地保存下来。许多已经消失了，许多没有消失的却被毁坏了。如同戏剧没有了音乐，它们的背景被混淆，建筑被破坏，装饰和绘画被掠夺。我们几乎不可能平静地深思这种损失和毁坏。然而，尽管它并不如我们对苏格拉底、柏拉图的哲学风格了解的那么多，但现存最好的遗留物足以使我们宣称对雅典人的精神和艺术有些了解。

伟大的戏剧和伟大的建筑都不能被人们完全理解——它们太过复杂和微妙，不能用太多方法去"阅读"。即便所有人都知道可以了解文学体裁或建筑秩序以往的历史，知道资助者和艺术家的信仰和期望，许多仍然是难以捉摸的，尤其是戏剧，怀疑理论似乎比建立理论容易得多。但在建筑领域，许多东西可以被理解。例如，当思考胜利女神雅典娜神庙与山门的相关性时，我们似乎可以知道为何神庙会拥有它现在的规格并排列成行。

在《客蒙传》(*Life of Kimon*, 4.6)中，普鲁塔克急于宣判画家波吕格诺托斯对工匠的指控是无罪的，但在《伯里克利传》(*Life of Perikles*, 1.4—2.1)中，他说他(普鲁塔克)和像他一样的人们经常享受工作和看不起工人，他说，一个没有天赋的年轻人在参拜奥林匹亚菲狄亚斯的宙斯或市场上波利克里托斯的赫拉时会想成为菲狄亚斯或波利克里托斯，或成为提奥斯的阿那克里翁(Anakreon of Teos)或者帕洛斯的阿喀罗科斯(Arkhilokhos of Paros)，因为他喜欢他们的诗歌。由于喜欢音乐和诗歌，一位贵族会将他的物品进献给缪斯(视觉艺术的掌管者没有缪斯——只有赫菲斯托斯)。人们并未被要求钦佩艺术家或理解他们的技艺。

普鲁塔克的态度是公元1世纪最认真的比奥提亚绅士态度，这是保卫家庭和部 198
落领地自给自足战士的态度。对他而言，真正要紧的事情是：继承和维持地产；战斗，或准备战斗，保护地产；投身政治，在和平期间选择战斗。缪斯使生活方式变得甜美,但她们没有改变生活。

公元前5世纪的后半期,雅典人对于视觉艺术和艺术家的态度像我们一样是多元的。极端观点或许随处可见,而根据这种观点,工匠、艺术家、奴隶、外邦人(甚至妇女)都是万恶之源。社区在不能自行运转的情况下(Aristotle, *Politics*, 1253b),如果没有奴隶、外邦人和工匠则无法存在。两个令人疑惑的事实是:首先,尽管许多工匠是外邦人或奴隶,但也有许多是公民,也就是说,都是社区的成员;其次,工匠制造的许多东西毫无疑问是好的——尽管不是生活必需品,但对高品质生活来说是必不可少的(Aristotle, *Politics*, 1291a)。虽然伯里克利是贵族,但他是菲狄亚斯的朋友。他对伟大工匠的尊敬是无人能出其右的。这不能简单地说社区关注拥有土地、防御和政治,而把贸易——重要原料、商品的制造和销售——留给外邦人和奴隶等局外人。许多公民从事贸易,并经常得到奴隶的帮助,他们生产出来的许多东西都很好。这些城市工匠居住在雅典,因此在正常情况下,我们会发现他们参加公民大会比来自阿提卡边远地区的农民更加方便。公民大会上的演说者必须给予他们一定程度的尊重。无论苏格拉底是不是石匠的儿子,柏拉图和色诺芬都显示出对工匠和他们工作的极大兴趣。

技艺的核心意思是知道如何通过使用某种材料来生产特定种类的商品。在雅典,材料多种多样,技术(Old Oligarch, 1.12)和商品种类繁多。流入比雷埃夫斯贸易货栈的材料是阿提卡无法自产的。随着人口的增长,需求相应也在增长,而随着需求的增长,专业化的程度也在提升。雅典人贸易词汇的范围非常广泛,不过我们不必假设每个“制造者”(-maker)或“贩卖者”(-monger)类型的单词对应着毫不相关的商人类型:专业化从未进行得如此深入。

用于加工的生产材料范围从内脏、谷物到兽皮、木头,再到黏土、石灰岩、大理石,以及青铜、银和黄金。阿里斯托芬将《骑士》中的英雄描述成腊肠贩。尼西阿斯说道(144):“波塞冬,贸易非常重要!”阿戈拉克里图斯不但制作香肠,也推销它们。
199 喜剧非常重视推销,因为推销活动比制造更令人轻蔑。制造商通过他们所用的材料价值进行评级:打磨金子的工匠比用内脏做香肠的制造商要好。阿里斯托芬的《财富》(*Wealth*, 903ff.)中提到了三种被认可的赚钱谋生的方法:耕作、海运贸易和从事技艺活动。从理论上说,农场主无论大小或多或少都是自给自足的,因此不必为了购买生活所需而去卖东西。迪卡约波利被放逐在雅典,他向往着他的乡村社区(*Akharnians*, 33ff.),在那里从未听到过人们贩卖木炭、醋、油或其他东西的叫卖声,因为社区是自给自足的(无疑,村民中存在着必需品的交换)。工匠显然不能自给自足，他不得不推销，当他的专业化程度越来越高时，他也就变得更加依赖于其他人。

当地销售商销售的商品往往不是自己生产的。面包师、鞋匠、车匠、陶工、雕刻家、铁匠和枪械制造者的数量比中间商多，中间商出售其他人生产的商品，像理发师、女房东、医生、校长等则提供服务。销售商的商品如果是用自己技艺生产的，可能就更加自豪，而对利润的最大化则较少关注。他们至少像关注利润一样关注质量。销售商没有什么技艺值得夸耀，例如阿戈拉克里图斯，也没有人会像中间商那样倾向于使用缺斤少两或以次充好这种伎俩。喜剧严厉抨击了那些销售去了壳的小麦、无花果、羊毛或其他或多或少未经处理的自然商品的商人的不诚实。

在雅典人的思想中，手艺（不论好坏）与依赖于顾客（即便不忠实）联系在一起，还与奴隶联系在一起，这种联系对手艺来说是不利的。奴隶从事每一种手艺，他们或处于公民或外邦人主人（或奴隶工头）的管理下，或为自己工作。奴隶的典型职业或许被贬义地当作"奴仆"。奴隶肯定参加小规模和大规模的农耕，但这是不显眼的一部分。其他与农耕形成对比的有：农民过着充满活力的户外生活；陶工和铁匠在室内工作，紧挨着窑和熔炉。此外，农民每年有两次农闲，而工匠总有忙不完的工作。

一般来说，"贩卖者"不能从"制造者"中被区分开来，城市工匠的居住地往往包含了工作和销售的地方。然而，许多木匠和石匠为了工作需要外出去船坞或建筑工地。尽管也有特立独行的工匠居住在出租屋里，而且没有奴隶，但我们应该认为大多数轭牛等级的鞋匠、陶工、雕刻家和铁匠"依靠商店"谋生并且用他们的技艺训练儿子或学徒或奴隶。任何技艺都是可以教授给他人的学问。这么教授奴隶，他们可以提供帮助或最终代替他们的主人。一些像克里昂和海柏波拉斯这样的有钱 200
主人掌管着大型可租赁的作坊或工场，为了给自己足够的闲暇投身政治，他们会将其运作委托给奴隶工头，但大多数工场是由主人管理的。

他们经陶工、画家、雕刻家、铁匠的长期训练学会了技能，不过由于缺乏实践，很快又丧失了。那些经过能工巧匠训练的人意识到他们继承了光荣的传统。对受到成功的父亲训练的工匠儿子而言，当他在自己的作品上签名时，提及自己的父亲是很正常的。

雅典工业包括工匠、他们的工具以及存货。可租赁作坊不但意味着工作的地方，也意味着奴隶劳动力和存货。由于工作场所并非装备精良的工厂，因此工匠并不过分依赖于此。如果陶工和铁匠需要离开，他可以为自己建造新的窑或熔炉（单词“工厂”或许仅适用于盾牌制造商、外邦人凯发洛斯的工场,但并不适用于许多其他情况)。阿提卡的花瓶画和墓葬浮雕中有一些工业场景,但它们被理想化和简单化了,很难传达任何热闹、嘈杂、炙热、烟雾、灰尘或脏乱的印记。艺术史家感兴趣的工场似乎略大于必然生产高质量产品的工场——或许在大部分的陶瓷厂里有六个人从事手工艺工作。公元前5世纪期间的技术革命是微不足道的。自伊奥尼亚时代以来,金属工的地位或许下降了。人们对曾经似乎令人敬畏的制作工序现在非常熟悉,并且还有一些新制作工序被发明出来。当时也没有致力于提高经济效益的行政改革。改革是艺术的,而不是技术的。

同类的制造者和贩卖者倾向于在相同的地方工作。在《骑士》(852ff.)中,腊肠贩说:“你看年轻皮革贩卖者人群的规模,他们周围生活着蜂蜜贩和奶酪贩。”雅典人会谈论去卖酒区、卖鱼区、卖橄榄油区、卖陶区。雅典大部分陶工、金属工和大理石工人都居住在由赫菲斯托斯和雅典娜·埃尔卡埃(工人)神庙监管内的区域,包括城市社区陶工聚居区(位于特里亚大门外)和(市场西面的)墨利忒(Melite)。也就是说,凯拉米克斯(与陶瓷相关的地方或陶工区)起初从艾瑞丹诺斯河延伸到卫城和亚勒贝哥斯下面的斜坡。在议事西南100码朝向尼克斯山的方向,美国发掘者辨认出了一个大理石工人的街道。

同类的商店和摊位往往聚集在一起,以便顾客寻找高质量的商品,并刺激竞争
201 以满足他们。几个世纪前,赫西俄德(*Works and Days*, 25)称赞良性竞争,并关注陶工间的专业竞争。公元前6世纪末,在花瓶入窑烧制之前,雅典花瓶画画家欧西米德斯(Euthymides)可能在资助人的允许下,在双耳瓶上进行红彩绘画创作,他曾嘲笑在他看来透视绘画方面缺少技巧的欧弗洛尼奥斯(Euphronios)说,这是他从未做过的。

当未来资助者——雅典社会所有阶层的个人、外国旅行者、商人——沿着大理石工人街道行走或对作为竞争对手的陶工和画家的优势进行对照时,他们或许会去寻找一个已有的存货或决定到哪里下定制订单。一个希望赫耳墨斯或阿波罗站立在门前的穷人会满足于存货中的神灵,不过存货不可能很多,但一个富裕的丈夫会根据爱好委托别人在墓碑上雕刻。在个人肖像上很少有尝试,但他希望死者展现某些合适的活动或状态(一系列古典墓地浮雕大约兴起于公元前430年,相似性可以在早期浮雕和帕特农神庙的檐壁和三角墙中找到痕迹。由那些在帕特农神庙工作的人雕刻的墓碑对大多数雅典人而言太昂贵了)。

雅典制陶工业自几何图案时代开始一直非常重要。在一部分外邦人或奴隶到

来之前的很长一段时间里，相当多的当地陶工用他们的名字来命名社区(陶工聚居区)或地区(凯拉米克斯)。在公元前6世纪，一些雅典陶工和画家开始在一些作品上作标记。从这个世纪末开始，他们有时向卫城的雅典娜进献，这基本上足以获得铭刻着名字的大理石基座。不管大多数贵族如何看待实用手艺，但像欧西米德斯和欧弗洛尼奥斯这类人身上艺术个性的显现是其自尊的凭证。

我们对雅典制陶工业的大部分了解源于成千上万遗留下来的罐以及一些由陶工树立的遗留下来的碑铭。很少能从当时的文学作品中获得画家的信息，那些作品从不列举陶工或罐的画家的姓名。这部分反映了上层阶级对实用手艺的冷漠，但这也提醒我们，雅典人热衷于彩陶的原因之一是它在古典时代受到了大型木板画的强烈影响，而现在它为我们了解大型木板画提供了最好的证据。不止一个红陶花瓶画家以萨索斯岛的波吕格诺托斯的名字来命名自己的儿子，他的《攻占特洛伊》(*Troy Taken*)装饰着画廊，表达了少数和多数之间的关系。此外，用黏土工作的工人生活在用青铜、银和黄金工作工人的阴影下。然而，雅典彩陶——黑彩，后来是红彩和白底——是公元前6世纪大多数种类和前5世纪所有种类的巅峰，它被输出到整个希腊地区，甚至被输出到从斯基泰到伊特鲁里亚(Etruria)的希腊之外的地区。

雅典最多的输出品是银——以银块或银币的形式。自公元前5世纪中期以来， 202
雅典铸币厂生产了大量银币——主要是4德拉克马，也有一些更小的面额。所需之银并非全部来自劳里昂：同盟储备的外国货币到公元前454年时被带到了雅典，或许被改铸，因而建造计划可以用雅典硬币来支付。这些硬币的设计被阿里斯托芬(*Birds*，1106)称为"劳里昂猫头鹰"，改变之少就如同泛雅典娜节双耳瓶上的雅典娜塑像。在雅典娜头部的对应部分，戴着被橄榄树笼罩的雅典头盔，脸向右；在背面，她的猫头鹰在新月形的橄榄树分枝和希腊语"雅典"之间注视着，这是"雅典人的"缩写形式。这些硬币尽管在艺术上并无特色，但在重量和纯度上却始终如一，它们有着巨大的经济意义。一方面，那些为城市工作的人，不管是在军队中(尤其是海军)还是平民身份，都是得到这些硬币作为报酬的。当他们交换商品或服务时，它们便得到了流通。制造它们的铸币厂显然不是我们在市场东南角发现的那个。

关于雅典的陶瓷生产，我们能讲述的有很多。雅典彩罐本身在艺术上非常珍贵，它们在阐释大规模绘画和雅典社会方面也很有意义；它们连同陶工献祭的铭文，使我们对制造它们的工业可以稍作评论；它们极其耐用，不像丝织品，也不像硬币，不会处于熔化的危险之中；广泛出口的事实证实了它们的耐用性。

然而,我们无法想象任何从事雅典陶瓷出口的组织类型。我们宁愿认为有许多由公民(不太可能是外邦人)拥有和管理的私人小企业使用奴隶从事艰辛的工作。尽管从像“利多斯”(Lydos)或“斯库忒斯”(Skythes)这些看似来自外国的姓名中推断不出什么,但我们可以确信确实有一些外邦主人,因此雅典的陶瓷工业很难被当作国有的。此外,正如我们所看到的,这些小企业在工艺质量上的竞争和销售数量上的竞争是差不多的。将形状制作成略显原始或用稍微原始的绘画修饰的罐售卖给那些挑剔的顾客是很成功的。复杂的出口贸易由商人掌控,而不是陶工自己。

精细陶瓷的产量远不如餐具、烹饪器具、储存罐、灯等日常用品的产量。大量被保留下来的精细陶瓷——超过3万个黑陶和红陶花瓶归功于画家——使我们有
203 夸大精细陶瓷生产规模的风险。统计表明,在公元前6世纪晚期和前5世纪早期活动的鼎盛时期,不到200名的画家和不到50名的陶工在同一时间生产精细商品。陶工和绘陶画家只占脱离土地、靠其他方式为生的少数群体的少数。

许多彩陶被用于交际酒会。其中使用最普遍的是双耳瓶、水罐、搅拌碗(不能总是饮纯酒)、水壶、酒杯,所有这些器皿在饮酒仪式上都发挥着作用。狄奥尼索斯经常被描述,他的男性和女性随从——萨提尔和酒神侍女们——也是如此。确定彩陶的价格并不容易,但我们有理由认为大型彩绘水罐(hydria)或许价值两个德拉克马(对厄瑞克透斯神庙的工匠而言是两天的工资),小的则价值不到1德拉马克。显然,贫穷的雅典人不会购买许多单价为2德拉克马的陶器,但中产家庭或许有一到两个用于装饰的精美陶器。场景的描绘不是来自神话,就是来自日常生活,或许最有可能吸引那些受到“音乐”和“体育”教育的人。但包括马或奥罗斯女孩的场景可能对那些希望这些生物在他们生活中发挥作用的人以及在他们生活中确实起作用的人具有吸引力。甚至以他们的技艺为豪的工匠也不希望在工作时间之外提到它。毫不奇怪,遗留下来的花瓶画中只有几个描绘了工作中的陶工。这有助于我们了解在不同时代制造什么不同类型的场景,以获得不同类型购买者的喜爱。

认为装饰陶器的黑陶技术被红陶所取代的说法是草率的,这被认为在短期内与绘画的总体发展有关,体现了进步。可以说,在阿提卡,彩陶还在改变着——形状和风格甚至是图画主题的改变。这使得精确鉴定任何该类陶器成为可能。尽管技术创新是微不足道的,但艺术创新如同悲剧中的创新一样还在继续。因此,在凯拉米克斯和剧院中一定存在着具有欣赏力的顾客。优秀的鉴赏家无疑是那些境况

舒适的人——富裕到在特殊场合订制花瓶或成套花瓶。这类选择陶工和画家的主顾的观念可能介于普鲁塔克和陶工、画家间的某个观念点上。

与陶工和陶绘画家不同，雅典或至少居住在雅典的雕刻家和大型绘画画家在文学作品中留有印记。因而我们才知道位于市场的弑君者哈莫狄奥斯和阿里斯托吉顿的青铜组像出自雅典人安忒诺尔(Antenor)之手。薛西斯将安忒诺尔的组像移至波斯波利斯(Persepolis)，直到亚历山大占领该地，它才回到雅典。接着它被安置在公元前 477 年树立的出自两个雅典人克里提奥斯(Kritios)和内西奥特斯(Nesiotes)之手的替代组像边上。在复制品的帮助下，我们可以获得一些关于替代 204
作品的想法。它展示了两个泰然自若地用剑出击的人像，但我们无法确定这两个塑像是如何相互关联的。因为与替代组像哈莫狄奥斯相似，一个矗立在卫城博物馆门前的大理石雕像被称为克里提奥斯少年。在一个波斯人拆除它之前，它并没有在那里矗立多长时间。与之前的大多数作品不同，它主要的引人注目之处不是两个对称的名人面对面，而是它被看成一个艺术品。

安忒诺尔、克里提奥斯和内西奥特斯并未尝试我们所谓的肖像画，而尽管古代后期用大理石制成的葬礼纪念碑有时在基座上提供了死者的姓名(如在阿纳菲利托斯[Anaphlystos]发现的有英雄色彩的男性塑像或年轻人克洛伊索斯，或来自马拉松的有英雄色彩的重装步兵亚里斯顿[Ariston]，它们是由亚里斯多克勒斯[Aristokles]雕刻的)，但相比特殊人物，雕刻家对理想人物和普通人物更感兴趣，目的是在合适的材料中认识到理想形式。然而，很有可能用大理石雕刻、印有地米斯托克利名字的罗马人头像是青铜头像原作的副本(古典希腊人并不雕刻没有身体的半身雕塑像)。该头像对头发和头的处理与阿里斯托吉顿的替代品相似。如果这是原作的副本，那么地米斯托克利是我们拥有的第一个雅典人，或事实上是希腊人的肖像。这不是阿谀奉承，而是可信的。

在古典时代早期，青铜开始代替大理石成为雕刻的主要材料。公元前 6 世纪中空铸造技术的发明，使得制造与大理石雕刻的塑像保持同样大小成为可能，同时材料也变得更易处理。

雕刻家米隆(Myron)来自厄留瑟利——一个已被并入雅典、狂热崇拜狄奥尼索斯的比奥提亚边界的村庄。厄留瑟利并不是阿提卡的社区，但米隆或许被当成了雅典人。对于他，我们可以通过他最著名的作品——青铜制的掷铁饼者——的大理石复制品了解一二。该作品刻画了一个绷紧肌肉投掷铁饼的运动员，它的重点落在可辨别的行为模式上，而不是落在反映思想的表情上。

菲狄亚斯似乎比米隆和同时代阿戈斯的波利克里托斯(Polykeitos of Argos)更年轻一些。在帕特农盾牌外部的希腊英雄间,那些人都是双手举着石头的老男人和将矛头举在脸前的人,正如艺术家和伯里克利所说,这很难轻易辨认。

除可能有的一个地米斯托克利青铜头部肖像的大理石复制品外,我们可能还有两个他的政治继承者伯里克利青铜头部肖像的大理石复制品(曾矗立在卫城,现在其中的一个藏于大英博物馆)。来自克里特岛上的吉多尼亚的克雷西勒斯(Kresilas of Kydonia),他似乎主要在雅典工作,浇铸了著名的伯里克利塑像,我们
205 的复制品可能也是复制了它。如果真是这样,克雷西勒斯将撤退的身着科林斯头盔、留着胡须的政治家描绘成了一个将军。正如我们从喜剧中预料到的,他的眼睛是狭窄的,颅骨是高的,嘴唇是饱满的。用大理石和青铜制成肖像庆祝人们的行动并不令我们惊讶,不过我们或许渴望能揭露出苏格拉底以外杰出雅典人的个人细节,但现存艺术并没有提供这些。它重点关注人类的理想形式或神灵,就像帕特农神庙东面檐壁上的那些东西。

只有当风景画为人物塑像提供背景时,希腊画家才对它感兴趣。不幸的是,在雅典追溯特殊背景下的个人绘画要比追溯个人雕塑困难得多:许多青铜原作被熔化了,所有在最大规模绘画上制作的木板都腐烂了。因此我们只能依赖彩陶和文学描述。

修饰陶器的黑陶技术大约发明于公元前720年的科林斯,稍后在凯拉米克斯被采用,它在简单的基线上描绘健壮身形的剪影,或多或少反对空白的背景。细节被刻在剪影上,或许会添加紫色或白色进行润色。自由绘画也是在科林斯或其附近被发明的。在雅典,画家渐渐看到了在陶器上绘画的局限性,因而花瓶画构图传统被很好地确立起来。大约到公元前550年,雅典人在花瓶画构图方面的至高地位事实上在任何地方都没有遭到挑战。25年后,红陶技术出现了,这或许是由所谓的安多基德斯画家发明的,它颠覆了黑陶技术。背景现在被画成了明亮的黑色,塑像仍然位于简单的基线上,被留在橘黄色的黏土中,细节由画线提供。到公元前450年,除了在泛雅典娜节的双耳瓶上的应用外,黑陶事实上已被废弃了。

不久,红陶画家显示出对可辨别行为模式日益增长的兴趣,这导致了对透视技术的兴趣。安多基德斯画家的两个继承者欧弗洛尼奥斯和欧西米德斯对解剖绘图相当娴熟。现存于纽约的搅拌碗的一面,欧弗洛尼奥斯所呈现的是宙斯之子萨耳珀冬(Sarpedon)破碎的肢体,他正被睡眠和死亡所驱使。在一个由三个非常纯粹的饮酒狂欢者构成的图片装饰着的双耳瓶上,欧西米德斯写道:“波丽亚丝之子欧西

米德斯所绘——欧弗洛尼奥斯未曾做过。”(欧西米德斯的父亲也许是个雕刻家,他自己签名为“波丽亚丝”。)尽管解剖绘图是有技巧的,但在空间中却没有塑像感,并很少使用阴影或高光。

雅典人的红陶绘画在古风时代结束时——公元前5世纪开放的十年——达到了极致,那时随着雕刻的松散的古代传统而来的自由绘画开始显露出在陶器上绘画的局限性。这些发展主要是与萨索斯岛波吕格诺托斯和他的圈子有关。我们有 206
理由假设,波吕格诺托斯和他圈子的工作所反映出的巨大创新可以在公元前460年的许多陶器绘画上发现:他们废弃了简单的基线。这些陶器中最著名的是尼俄柏搅拌碗(Niobid mixing-bowl),这么称呼是因为它的一面上描绘着尼俄柏(Niobe)的孩子被阿波罗和阿耳特弥斯杀死。另一面是11个人物——雅典娜和赫拉克勒斯以及其他九个身份不详的人——似乎分散在陡峭的山坡上的神秘图片。画家用一些彩色线条表明他们是在山坡上。

波吕格诺托斯和阿里斯托芬是阿戈拉翁(Aglaophon)的儿子和学生。波吕格诺托斯最著名的绘画作品《占领特洛伊》(*Troy Taken*)和《地府中的奥德修斯》(*Odysseus in Hades*)是在德尔菲完成的。在雅典,他和雅典人潘诺科斯(Panokhos)的儿子米克翁(Mikon)一起工作。他在公元前461年被放逐之前一直作为雅典领袖客蒙的朋友。波吕格诺托斯和米克翁大部分的雅典作品都可以在三座建筑物——提塞翁、阿纳克翁和画廊——中看到,这或多或少与客蒙有关。前面两座建筑位于卫城北面和市场东面某处。提塞翁放置着英雄忒修斯假想的尸骨,它由客蒙大约在公元前475年从斯基罗斯带回。阿纳克翁是阿纳克斯或狄奥斯库罗伊的圣坛——友好英雄卡斯托尔和波吕丢刻斯、宙斯和勒达之子以及海伦的兄弟。画廊位于市场北面,起初刻有客蒙的连襟皮西亚那克斯(Peisianax)的名字,他在某种程度上是负责建造这座拱廊的。这三座建筑都不是神庙。设计神庙的目的是使其令人印象深刻。当绘画为了视觉艺术中的至高地位开始和雕刻激烈竞争时,它往往被安排在建筑中,而非神庙。

依靠旅行家波桑尼阿斯,一个人或许可以把不同的绘画归给不同的建筑。提塞翁展示的是米克翁所绘年轻忒修斯通过潜到海底以证明他是波塞冬之子的画,一幅未归类的绘画是讲述包括忒修斯在内的雅典人攻击亚马逊女人族,一幅未归类的绘画是讲述阿庇泰人(在忒修斯帮助下)攻击半人半马族,或许还有一幅未归类的绘画是讲述忒修斯起死回生的。如果建筑是长方形的,那么在每堵墙上都有一幅绘画。波吕格诺托斯可能绘制了一幅未被归类的作品。阿纳克翁展示着米克翁所绘的阿尔戈的画(无疑包括了狄奥斯库罗伊)以及波吕格诺托斯所绘的狄奥斯库罗伊迎娶留基波斯(Leukippos)女儿婚礼的画。

画廊(这样称呼源于它收藏的绘画)的长墙上展示了米克翁所绘的雅典人(包
207 括忒修斯)攻击亚马逊女人族的绘画、波吕格诺托斯早期的《占领特洛伊》,以及米克翁或菲狄亚斯的兄弟或更可能是侄子的小帕纳诺斯所绘的马拉松战役。在短墙上,波桑尼阿斯看到一幅雅典人在反对斯巴达人战争中所刻画的未归类绘画,这场战争发生在阿戈斯地域内的俄诺伊岛(Oinoe)上。对于这场战争,我们一无所知,这样一幅绘画很难在客蒙的全盛期被张贴出来。米克翁所绘忒修斯的画取悦了将其尸骨带回雅典的人,马拉松战役的绘画取悦了米太亚德的儿子。雅典最著名的绘画属性的不确定性令人感到非常奇怪。首先它表现了雅典人和普拉提亚人与波斯人之间的交战,接着波斯人溃败,最后当波斯人试图登上腓尼基人的军舰时,希腊人消灭了他们。希腊方面可以确认的人像有卡利玛科斯(Kallimakhos,官员)、埃斯库罗斯和他的兄弟齐那吉俄罗斯(Kynaigeiros),以及正驱赶部下向前的米太亚德。波斯方面可以确认的是远征指挥官大提士(Datis)和阿尔塔费尼斯(Artaphernes)。我们被告知米太亚德并不是指定的,这或许暗示其他人也不是被指定的。虽然诗人是指定的,但部分图片或许至少是在公元前456/前455年他死后才得以完成。在雅典人的《占领特洛伊》中,波吕格诺托斯据说为客蒙姐妹和或许是他情人的伊皮尼克(Elpinike)的头使用了劳迪科(Laodike)(据《伊里亚特》记载,她是普里阿摩斯最美的女儿)的头作为模型。普鲁塔克认为波吕格诺托斯并没有为了金钱而美化雅典人,但他赢得了难得的雅典公民权荣誉的奖赏。

我们构建波利歌坦(Polygnotan)的绘画理念主要依赖文学描述。亚里士多德(*Poetics*, 6)告诉我们,波吕格诺托斯知道如何表现人物,同时将人物理想化。比波吕格诺托斯晚五个世纪的作家普林尼(*Natural History*, 35.58)告诉我们,他是第一个发现脸部表情多样性的人,甚至描绘张着嘴巴的人物,他还是第一个描绘身着透明衣服女人的人。波桑尼阿斯详述了德尔菲克尼迪安(Knidians)会所中的两幅巨型图片——《占领特洛伊》和《地府中的奥德修斯》。每幅图包括70个人物,用小组来安排同时只有通过简单画面空间中的出场来统一标准。从波桑尼阿斯的话中,我们可以清楚地认识到,波吕格诺托斯不但努力通过人物面部表情来传达他们的思想,他还在画面空间中安置他们。因为他的绘画变得不再仅是表面的装饰:它达到了另外的程度。《占领特洛伊》中的人物在结构上或高或低,就像他们在尼俄柏画家的图片上一样,不过他们并非从单一角度看。

波吕格诺托斯使用什么颜色呢？1968 年在帕斯敦(Paestum)附近发现的公元前 480 年的坟墓为我们提供了遗留下来的惟一早期的古典壁画。在白色灰泥上，画家使用黑色、蓝色、红色、棕色、栗色、绿色和灰绿色。波吕格诺托斯使用的颜色范围不太可能比这狭小。

彩陶颜色的发展使之比红陶更加接近波吕格诺托斯使用的颜色范围，为了提供白色或乳脂色的背景，它越来越多地使用白边，并在这基础上勾勒出轮廓，然后刷色——起初晦暗，然后明亮些。例如，早期的例子我们采用保存在大英博物馆内皮斯色诺斯(Pistoxenos)画家所绘的杯子，在其内部绘画着阿芙洛狄忒骑在鸟上(或许是鹅)。女神的名字写在头后面。鸟发出金色的光芒。阿芙洛狄忒外袍有紫色的边线，披风完全是紫色的。不幸的是，我们越是对波利歌坦的革新让步，就越难赞美陶器的形状。绘画是陶器形状必不可少的装饰，它无法长期跟上自由绘画发展的步伐。 208

或许因为介质的不稳定性，白底茶杯在古风时代早期(约公元前 480 年到前 450 年)之后不再流行，红陶技术在花瓶画中占据主导地位。此后，白底技术大量限于细长单柄的伴葬瓶(lekythoi)或油瓶，它们在葬礼仪式上被使用(尸体在被洗涤时需要被施以涂油礼)。该类型的花瓶画大师是以阿喀琉斯画家而著称，它来自梵蒂冈的红陶双耳瓶。这个先进的技术包括为衣服刷色的外形图。一个非常普遍的场景显示着与一个或多个神灵在一起的死者是和死亡相关的——哈迪斯的船夫卡戎(Charon)、睡眠和死亡的兄弟(正如在欧弗洛尼奥斯的搅拌碗里)、赫耳墨斯、死亡引导者(Psykhopompos)。其他非常普遍的场景是死者尸横遍野和参观坟墓，这位于死者常坐之地的前面。

我们依据这些葬礼伴葬瓶推断，公元前 5 世纪中期，标准的雅典墓志是修长的石碑或平板。从克里斯提尼时代到大约公元前 430 年，绘有简单人像的墓碑消失了(并不清楚，更可能的是，早期的民主制不喜欢这些)。从大约公元前 430 年开始出现一系列绘有简单人像的更短、更宽的墓碑，通常位于山形墙下。一些墓碑足以完好地表明工匠正在帕特农神庙檐壁工作，当修建完成后，他们以剩余的能力开始雕刻墓葬浮雕。这些墓葬浮雕或许展现了男性或女性简单的立像。另外，简单人像，特别是妇女和老人，或许坐着。用两个或三个人像构成站和坐的组合是有可能的。两个人像通常显示的是在握手。死亡的礼节很少被暗示：重点落在生活中的个人关系上，特别是妇女之间的关系。

大英博物馆里或许有修鞋匠桑西波斯(Xanthippos)的墓碑(姓名以-hippos 结尾

209 的并不必然是工匠,尽管桑西波斯并非穷人)。他坐着在那里握着最后一双鞋,并凝视着它们,两个小女儿依偎着他。如果他的特征并非特别与众不同,更有可能的理由是当时还没有个人肖像的传统(即便有,他的家人也没有照片给雕刻家看),而不是这样一幅画面,和早已经准备好了的最后一双鞋以及两个小女儿在一起的修鞋匠。

凯拉米克斯博物馆矗立着安菲瑞特(Amphārete),她右手持着宠物鸟,左手牵着孩子,看上去非常悲伤。雕刻在楣梁上的对联说明他们都死了:那个孩子是她女儿的孩子,她过去常常沐浴在阳光下,在地府中,她继续沐浴在阳光下。著名的艾吉索(Hegeso)石碑显示了端坐着的情妇,她的脚搁在脚凳上,短发奴隶女孩从盒子里取出珠宝(曾经有,但再也看不见了)递给她。在这三个石碑上,我们可以清楚地看见谁死了,但在某些情况下,尽管不太强烈的悲伤气氛能轻易感受到,但并不清楚哪个人物已经死了。即便有铭文,或许也不能让我们断定作品中如此这般的人物被叫做某某并已经死了。

随着白底伴葬瓶的过时,到公元前5世纪末,一些人像墓碑被赋予了陶器伴葬瓶,如果死者并未结婚,则赋予双耳长颈高水瓶——高大容器通常用于存储取自卡利洛厄(Kallirrhoe)春天的水,这在婚礼上是用于仪式性的洗涤。大多数这些大理石容器的一边用浅浮雕板装饰,描绘一个通常在其他墓碑上能够发现的场景。在米尔林涅(Myrrhine)的大理石伴葬瓶上,赫耳墨斯手牵年轻妇女,带她走向地府的水域。

波吕格诺托斯和他学生为了自己的利益,对探究画面空间并不感兴趣。他们主要关注的是为人群、为透视目的和满足不同层次使用而提供适当的场景。到公元前5世纪末,其他用于创建画面空间的技术被引入了。雅典的阿波罗多洛斯(Apollodoros)是作为阴影画家闻名的,因为他用阴影创作,他的技术被意大利南部赫拉克利亚的宙克西斯(Zeuxis of Herakleia)发展了,他既使用高光,也使用阴影。玫瑰花环厄洛斯的绘画在公元前425年被阿里斯托芬提及(*Akharnians*, 991f.),这或许是他的作品。柏拉图(*Protagoras*, 318b)暗示宙克西斯在大约公元前430年还是年轻人的时候就来到了雅典。普林尼讲述的著名故事(*Natural History*, 35.65)中传递着对画面错觉的新兴趣。在与以弗所的帕尔哈西奥斯的比赛中,宙克西斯所绘的葡萄显然是作为场景布置的一部分,它们是如此栩栩如生,以致鸟被欺骗飞向了它们,但当宙克西斯要求收回覆盖帕尔哈西奥斯绘画的帷幕时,他自己也被欺
210 骗了,因为看上去是帷幕的东西事实上是绘画。柏拉图(*Republic*, 602d)带有敌意

地看待阿波罗多洛斯和宙克西斯的艺术以及艺术现象：这类艺术只能转移对现实知识的探索。亚里士多德(*Poetics*, 6, 25)将宙克西斯和波吕格诺托斯进行了比较，断定宙克西斯为了美而牺牲了特性。据卢西安(Lucian)记载(*Zeuxis*, 3)，宙克西斯被吸引到了不寻常的主题上，正如在《半人半马族的家庭》(*The Centaur's Family*)里所表现的那样。

按照昆体良的说法(12.10.4)，帕尔哈西奥斯"更精细地检查线条"。他的帷幕一定需要使用一些光线和阴影，但或许并不是很多(宙克西斯肯定不希望错视画法的帷幕)，他似乎更喜欢使用等高线来表示容积。据普林尼记载(35.68)，他在板上和羊皮纸上的绘画被后来的艺术家保存了下来并受到了重视。色诺芬(*Recollections*, 3.10.1—5)让苏格拉底拜访帕尔哈西奥斯并向他建议绘画应是表现所见之物，但他继续坚持展现表情和姿态特征是可能和重要的。据普林尼记载(35.69)，多产的帕尔哈西奥斯有一个作品叫《雅典民众》(*Demos* or *The People of Athens*)，在这个作品里，民众不知怎么地被描绘成"暴躁、不公平和无常的，同时又是易抚慰、仁慈和有同情心的；自负……骄傲和谦逊、残酷和恐惧的"。有人或许会将其与阿里斯托芬公元前424年《骑士》中对民众戏剧化的描写进行比较。

画家的地位和自尊都在提升。在阿波罗多洛斯的运动员下铭刻着"批评比复制更简单"。宙克西斯和帕尔哈西奥斯变得很富有，他们无论在着装和言辞上，都不是最谦逊的。

创造画面空间的另一个技术是透视法。根据维特鲁威(Vitruvius)的记载(7, Preface 11)，萨摩斯岛的阿伽萨尔科斯写到了他为埃斯库罗斯绘制场景布置，这鼓励了阿那克萨哥拉和德谟克利特写透视法。埃斯库罗斯的作品一定是死后出版的，即公元前456年之后。根据亚里士多德的记载(*Poetics*, 4)，场景画是索福克勒斯引入的，但他的职业生涯持续了50多年。据推测，阿伽萨尔科斯为了赋予宫殿或神庙的外观这类东西一些深度，使用了透视法。

公元前415年之前的某个时间，阿西比德引诱阿伽萨尔科斯到他房间并将其拘禁于此直至装饰完墙壁，或许在样式方面与场景布置很相似。这是据我们所知雅典最早的国内壁画例子，这个故事或许有助于阐明个人消费的新水平。之后不久，宙克西斯在马其顿国王阿克拉俄斯的宫殿中完成了同样的工作。根据雅典奈乌斯的记载(Athenaios, 534d)，公元前416年他从奥林匹亚胜利回归时，阿西比德在雅典创作了两幅绘画，一幅展现奥林匹亚和皮西厄斯(宁芙[nymph]们将奥林匹亚和 211
德尔菲的泛希腊场所人格化了)为他加冕，另一幅展现他坐在尼米亚(相似的宁芙)

的膝盖上。这些绘画或许是波吕格诺托斯的儿子或侄子阿戈拉翁的作品。

到公元前5世纪末,在栩栩如生地表现画面空间中人物和物体方面已经采用了巨大措施,措施大到足以让柏拉图惊愕。但实现彻底的透视、使用简单的观察点和简单的消失点则属于意大利文艺复兴时期的艺术。

第八章 科学、自然、文化和智者

正如没有一个希腊语单词可以精确对应我们所说的“艺术”，也没有一个希腊 212
语单词可精确对应我们所说的“科学”(“技艺”一词的意义范围涉及英语单词“艺术”和“科学”两者意义的交合之处，“智者”一词亦是如此)。然而，我们在这个时代追寻着雅典科学探索的诸种方式，不过，有时很难说出其范围有多大或伴之以怎样的成功。

正如我们所看到的，入校学习过的雅典儿童可能已具备足够的基本算术知识，可以进行简单的计算。雅典年轻人中很少会有人继续学习高等数学，但有一部分人却还在继续学习。柏拉图(*Parmenides*，127a)告诉我们，形而上学的创立者巴门尼德(Parmenides)和埃利亚的芝诺(Zeno of Elea)在一次泛雅典娜节日期间造访了雅典，在一间私人房间里，芝诺在读巴门尼德的书，该书试图反驳复数的可能性和交换的可能性。芝诺有名的悖论之一是关于飞矢不动的：如果一支假定运动着的飞箭在每一段距离都有确定位置，那么它必定是一直处于静止状态的。

昔兰尼的提奥多鲁斯长期旅居雅典，他研究诸如$\sqrt{2}$这些无理数问题。在柏拉图的《泰阿泰德篇》(*Theaitetos*，143de)中，苏格拉底告诉提奥多鲁斯：

> 我渴望知道年轻人中哪些人可能最终会获得成功。我会尽量去关注这一点，并询问那些年轻人希望与什么人合作。现在你有一批数量可观的追随者，并且可以肯定的是，你有理由赢得这些，特别是因为你在几何学上取得的成就。

接着提奥多鲁斯告诉苏格拉底，他发现了一位有光辉前途的雅典年轻人——苏尼

翁的泰阿泰德,后来他成为了杰出的雅典数学家。他非常出色,在金钱方面也非常
213 慷慨(提奥多鲁斯的课程是否收费呢)。从提奥多鲁斯那里,泰阿泰德学到了他所精通的几何学、天文学、音乐和算术的所有知识("天文学"指的是几何学上天体的明显运动,"音乐"指的是音程的运算)。到公元前 414 年,阿里斯托芬(*Birds*, 1005)以及他众多的观众可能都意识到了求圆的面积是当下的一个数学问题,但在苏格拉底所处的时代,雅典似乎还没有多少数学教师和学者可以达到提奥多鲁斯和泰阿泰德的水平。

真正意义上的数学在很大程度上有赖于芝诺和提奥多鲁斯等一些外邦人的指导,他们旅居在这个帝国城邦里,时间有长有短。且不论伊利斯的希庇亚斯所发现的弧线是不是割圆曲线(很有可能不是),他在某段时期肯定教过提奥多鲁斯所教的四门科目(Plato, *Protagoras*, 318e),并且很可能是在雅典教的。

设计希腊神庙的建筑学家对数学比例特别感兴趣,帕特农神庙的细致精巧——地平线上升起的弧线,向内的弯曲以及柱子的凸肚状——呈现出惊人的数学精确性,但我们也很难说石匠们从建筑家那里得到的指导究竟达到了怎样的数学精确性。

阿里斯托芬的《云》(144—148)中有个片段或许暗示了度量被广泛接受的重要意义。智库的一个学生告诉斯特瑞普西阿德斯,苏格拉底曾问克莱瑞丰,他腿的长度需要跳蚤跳跃多少次才能达到,尽管这有点粗俗,但斯特瑞普西阿德斯立刻回答道:"那么,他如何进行测量呢?"另一方面,阿里斯托芬认为希罗多德宣称(2.127)测量了齐奥普斯(Kheops)和齐弗林(Khephren)的金字塔的举动足以引人注目,在公元前 414 年完全值得借用到戏剧之中(*Birds*, 1130)。通过诸如在院子里使用的水钟之类的设备来度量时间并不精确,但它实现了公正。或许最古老的科学仪器是日晷,在它扁平的底座上有一个垂直的指针。根据它投射的阴影长度,标识出二至点(冬至和夏至)和正午。至于一天中的其他时间,通常可参照人类活动来标识——"当市场充斥着人的时候"(Xenophon, *Recollections*, 1.1.10),或"牛被解除轭套的时间"(*Birds*, 1500),或"点灯时间"。在这种情形下,我们很难拥有严守时间的美德。

在公元前 432 年或可能更早,观测天文学就已经在雅典产生了。雅典人梅顿和攸克特蒙发现了天文季节——从冬至到春分、从春分到冬至——并不等长,这或许会令人惊讶不已。他们也环绕着爱琴海进行气象学观察,通过主要星系的升起和运行来标示日期,不过这会受到不同纬度的影响。因此,这意味着他们接受了毕达

哥拉斯关于地球是球形的学说,并且可以处理纬度的差异性。

起初引导梅顿和攸克特蒙进行天文季节调查的可能是对日期问题的关注。和 214
其他地方一样,雅典的宗教日历是农历,节日也在 12 个阴历月的特定日子里举行。这些月份通常有 29 或 30 天,实际的阴历月长度正好是 29 天半,但是执政官可以设置闰月或省略日子。在《云》中,阿里斯托芬让月亮之神塞勒涅(Selene)控诉雅典人并未让他们的月份与她的月相保持一致,结果导致众神错过了盛宴。显然,所有的月份并非都是以新月的第一次出现为开端的。

遗憾的是,阴历月和阳历年是不能比较的:12 个阴历月总共有 354 天,13 个则有 384 天。已知最早的系统化解决多久设置闰月问题的答案是梅顿周期(Metonic cycle)。19 回归年等于 235 阴历月,设置 7 个闰月,有 6 940 天(110 个月有 29 天,125 个月有 30 天)。将 6 940 除以 19 等于 $365\frac{5}{19}$,这只超过真实值一点点。据提奥弗拉斯图斯(Theophrastos, *Signs*, 4)记载,梅顿的 19 回归年是从一位名叫法伊诺斯(Phaeinos)的外邦人那里获得的灵感,这名外邦人常在位于雅典城市东北方的利卡维多斯山顶(Lykabettos,高 900 英尺)观察二至点。

梅顿周期仅用于科学目的。大约公元前 422 年,我们发现预言家兰朋在公民大会上将一条附加条款加在法令中(ML, 73)。它表明下一个赫卡托巴恩月(一年中的第一个月)的设置由下一个执政官来完成,而不是像往常一样是第二个波塞冬月(一年中的第六个月)。梅顿写有一本手册——《论历法》(*On the Calendar*),但并没有留存下来,不过他和攸克特蒙为通过天体观察测定年代提供了可靠的基石。

出于科学原因,采用毕达哥拉斯派的地球球状理论相比于接受阿那克萨哥拉的地球扁平理论是一个重大进步。梅顿和攸克特蒙在天文学领域所做的工作是观测性和精确化的,它从大量联想性的但又不受完全约束的自然哲学模式中脱离了出来。

尽管大家知道阿那克萨哥拉在雅典度过了大量时间,并且影响到了伯里克利,但他在留存下来的旧喜剧作品中却并不出名(他死于公元前 425 年之前),而阿里斯托芬的《云》中(227ff.)则显然提到了一位与阿那克萨哥拉同时代且比他年轻的阿波罗尼亚的第欧根尼的理论,这表明他可能也在雅典度过了一段时间。亚里士多德保留着对血管系统相似的描述。第欧根尼并未将静脉血管与动脉区分开来,但他的描述肯定是建立在一定的观察之上,或建立在动物之上。如果的确如此,那么普鲁塔克关于阿那克萨哥拉如何将有着一只角的公羊的颅骨割开的故事就是动物解

215 剖的早期例子,这种解剖的可能性在希波克拉底的名著《圣病》(*The Sacred Disease*, 14)中会有所提及。出于宗教原因,公元前5世纪时很少有人或根本没有人对人类尸体进行解剖。

虽然最早的医学归功于科斯岛的希波克拉底的传统说法在公元前5世纪后半期受到质疑,但我们很难言说希波克拉底的医学在深度和广度上对苏格拉底所处时代的雅典人造成了多大影响。据色诺芬(*Recollections*, 4.2.10)记载,苏格拉底告诉欧提得摩,雅典有大量医学论文,据推测,其中大部分都是希波克拉底的。

希波克拉底最后的格言(7.87)归纳了有效治疗的范围:"用药不能治愈的,用刀治疗;用刀不能治愈的,用火治疗;用火不能治愈的,则一定是无药可治的。"私人医生,像阿克门诺斯(Akoumenos)的儿子厄伊西马科斯(Eryximakhos),或者公共医生的工作,很难做到非常精确。

厄伊西马科斯在柏拉图《会饮篇》中的演说并不能表明哲学家高度重视这一位假想中的杰出医生。它只是仿效了希波克拉底《养生》这一冗长的论文。正如我们预想的,厄伊西马科斯的父亲阿克门诺斯让他成为了一名医生(自医学艺术被阿斯克勒庇俄斯发明以来,一般都是子承父业,但柏拉图[*Protagoras*, 311b]让苏格拉底说,任何人只要向希波克拉底支付酬金就可以得到医疗培训)。由于亵渎秘仪受到谴责,阿克门诺斯在公元前145年遭到放逐,这恰好是《会饮篇》问世的第二年。在《斐多篇》(*Phaidros*, 268a—c)中,柏拉图描述了父亲和儿子的医术,其中不仅涉及治疗,还包括诸如体温的上升和下降以及喂食止吐药和清洗,以及用何种方式、何时以及用什么剂量来治疗怎样的病人。前种类型的知识可以通过阅读书本获得,但这尚不足以使一个人成为一名医生。据说"医神"希波克拉底在后面几页秉承了人体知识,包括人体是一个整体的知识。这究竟是简单还是复杂呢?它或它的组成部分是什么,并且是如何运作的?它或它的组成部分会产生何种反应?

据说希波克拉底之后的几个世纪是最早将医学从哲学范畴中抽离出来的。在希波克拉底的论文《古代医学》(*Ancient Medicine*, 20)中,作者论证了普遍性或者哲学问题"人是什么"并非医学的起点。然而,普遍性问题如果得不到医学的帮助,就不能被回答。首先我们回答诸如"人与吃、说、乳酪之间有什么关系"等问题。由于人们对乳酪有不同的反应,我们可以专门探讨这样一个实际问题,即"人们对吃乳酪有怎样的反应"。

像柏拉图一样,希波克拉底使用了伊奥尼亚思想家遗赠的"自然"(physis)这一基本概念。太阳每天都要自然移动,或者看起来移动着,以恒定的速率从东部移到西部，这是太阳本性的一部分。所有人在某种环境下做的任何事情——不会有很多这样的事情——是人性的一部分。人们通常在某种环境下所做的任何事情都是人性的一部分。可以想象，万物的生长是其通过某种方式表现出来的趋势。 216

正如我们将要看到的，修昔底德从心理学意义上对人性概念使用颇多。他并非只在讲述大战的历史，也在展现政治行为。当描述雅典瘟疫时，他并未仅仅关注其对雅典劳动力的影响。在其他事件中，在面对流行疾病时，他为我们充分展示了雅典医学的无能(他并未提到人们是否意识到了过度拥挤会带来生命危险)。公元前430年春天，一场类似伤寒的瘟疫降临到比雷埃夫斯，随后扩散至雅典。修昔底德并未试图解释这一事件，但他非常坚决地详述了它的症状和影响，这样的话，如果下次再次爆发，它就能被辨认出来。他使用的医学术语表明他对希波克拉底的作品非常熟悉。

据修昔底德记载(2.47.4)，“第一次处理它们时，医生在无知中什么也不能做——事实上自他们开始与之不断接触后，他们中的大部分都死了”。后来，他说(2.51.2)：“一些人在疏于照顾中死去，其他人则处于特别照料中。没有一种治疗方式被确定为是有特效的，因为对某人有益的东西或许对其他人则是有害的。”

作为记录在案的独特经历，这种疾病既无法被解释，也无法被治愈，但它具有可见的“自然”。例如，大多数受害者在第七天或第九天死亡。这种疾病会再次爆发吗？熟悉修昔底德描述的人至少在肉体、心灵和社会后果上做好了准备。在没有显微镜的情况下，传染病的起因和治疗将难以捕捉，但医学上对事态进程的预知是与其在政治上一样重要的。一名能够在早期识别病人疾病的医生可以更好地让病人和家人在后面的阶段中坚持下来。他越表现出对疾病的熟悉，病人就越会对其充满信任。在地米斯托克利和伯里克利时代，修昔底德对以上诸方面的敬佩是有先见之明的。

除描述疾病的症状和影响外，它还可能谈到了关于疾病爆发条件的其他一些内容。《论空气、水和处所》(*Airs, Waters and Places*)第一次论述了气候、水的供应和处所对健康的影响，以及气候对性格的影响。在希罗多德《历史》(9.122.3)的结尾处，波斯国王居鲁士就曾这样说道：“一方水土养一方人。”《论空气、水和处所》的作者意识到了文化在改变自然方面的作用：居住在灼热峡谷的居民并非天生就勇敢或坚韧，而是风俗或法律使他们这样的。

将普遍接受的“自然”概念与在某些领域谈论神的介入结合起来是非常有可能的。除了当时谈论神的介入更适合外，“自然”是紧接着发生的。就我们所知，几乎 217

所有希腊人都在继续使用神介入的习语,有时作为一种自然解释的选择,但有些习语则被废弃了。伊奥尼亚的自然哲学家悄然将之废弃。希波克拉底的医生们也悄然废弃了。据《圣病》(*The Sacred Disease*,1)的作者记载,与普遍观点相反的是,癫痫并不特别神圣。修昔底德也放弃了这一习语,或许就这点而言,他在很大程度上就与希罗多德区别开来了。

希罗多德很可能在阿希达穆斯战争(公元前431—前421年)中幸存了下来,而他的《历史》直到大约公元前415年也未在雅典全文出版。如果这样的话,他的创作生命几乎与同时代的修昔底德相差无几,而并非如我们通常所认为的那样。他们的两部伟大作品虽然乍看之下非常不同,但都是许多相同背景的产物。希罗多德的思想与其说是幼稚,还不如说是过时了。

修昔底德从未提及希罗多德的名字,但却显然批评过他没有正确获得某些细节。这种批评假定希罗多德在努力获得准确细节,而不只是转述优美的故事。如果希罗多德对真实性不关心,那他本人对真实性的关注就更难以解释。

在雅典和波斯之间结束敌对状态之后的某个时间,希罗多德追随《寰宇记》(*Tour of the World*)的作者米利都的赫卡塔伊奥斯(Hekataios of Miletos)造访埃及,这一点在其《历史》第二卷中有文字上的体现——对地理、当地居民和该国历史的描述。他对波斯、斯基泰、色雷斯以及其他地方也有类似的描述(重点倒不在于他首创的这种叙述方式,而在于他的大历史观念。正如我们所看到的,他基于亲眼所见、通过向导翻译的亲耳所闻,重现了波斯帝国的壮大以及在他开始调查之前的老一辈波斯人被四分五裂但坚忍顽强、热爱自由的旧腊城邦击溃的场景,这是一次异常成功的尝试)。

即便我们认为希罗多德的《历史》大约直到公元前415年在雅典也没有全文出版,但他仍有可能很早对公众朗读过他的民族志作品。当然对这种信息的需要早就存在。回到古风时代,海洋贸易的复兴和古希腊城市(主要是卡尔西斯和厄立特里亚[Eretria]、科林斯和麦加拉)以及伊奥尼亚城市(主要是米利都和波卡依亚[Phokaia])中大殖民主义的倾向(约公元前750—前550年)都或多或少在那些可靠的旅行家故事中大规模流传着。接着,米利都人阿那克西曼德和赫卡塔伊奥斯发
218 明了制图法和描述性地理(descriptive geography)。雅典人对听闻"名称听起来很奇怪的遥远地方"的欲望从可能读过赫卡塔伊奥斯作品的埃斯库罗斯的《波斯人》和可能由他所创作的《普罗米修斯》中得到了满足。雅典帝国或港口吸引了来自已知世界大部分地区的造访者。例如阿那克萨哥拉就来自曾受吕底亚统治,后来又受

波斯统治的克拉佐蒙尼。一位叫若比鲁斯(Zopyros)的波斯贵族在公元前430年也被流放到了雅典的某个地方(Herodotos, 3.160.2)。有一些使节和探险家去过近东地区,对那里有所了解,但这并不足以满足他们的好奇心。

这种好奇心与对离家很近的地方的疏忽是完全一致的。据修昔底德记载(6.1.1),虽然大多数雅典人对西西里的规模和人口数都并不清楚,但地理学并非是学校的科目(这意味着,如果雅典人对情况很了解,他们或许不会进行西西里远征,并且斯巴达或许也不会赢得伯罗奔尼撒战争)。

随着风俗多样性的众所周知,瞬时效应可能使许多人得出相对主义的结论。相对主义最近的构想以及人们废除"自然"的概念由阿布德拉的普罗泰戈拉在其《论真理》(*On Truth*)一书的开篇中提出:"人是万物的尺度——是存在者存在的尺度,也是不存在者不存在的尺度。"一旦我们知道它与完全不同风俗间的联系产生了让人赞美的"伟大而绝妙的作品"(希罗多德的开篇语)时,深思熟虑的人们一定不会说"我们的风俗是最棒的"。相反,他们或许会说,"我们的风俗是最适合于我们的"或者"所有风俗都是主观的"。后一个观点可能得到那些不再相信世界是由神统治的人们的认可。在公元前5世纪的后半叶,许多深思熟虑的人们都会为文化的地位,由使人类生活高于野兽生活的态度、信仰和实践构成的网络感到困惑。

人类历史在方向上存在一个巨大问题。人类生活是会向好的方向前行还是向坏的方向发展?与赫西俄德关于黄金时代是铁器时代倒退的悲观观念形成鲜明的对比,这里产生了一个新的观念,显然,这一观念在其他诸如埃斯库罗斯、索福克勒斯、欧里庇得斯和普罗泰戈拉这些人中间得到了认可和分享。诸如阿那克西曼德和色诺芬尼等伊奥尼亚思想家在生物学范畴里提出了进化论观点,现在这一相似观点也在文化范畴中被提及。任何最初的特征大概都源于宙斯、普罗米修斯或匿名的神灵,新观念的实质是人们逐渐拥有了创造的才智,这既是技术性的又是社会性的,它来自敌意环境的压力之下。这种对于生活的普遍态度无疑仍然是悲观的,但在欧里庇得斯的《乞援人》(*Suppliant Women*, 196—199)中,忒修斯贸然提出了一个古怪的观点:"人们说男人的不幸多于幸运,但我并不同意:男人的幸运多于不幸。"在索福克勒斯的《安提戈涅》(360—364)中,合唱队宣称(而不是令人惊讶的医 219
药限制观),"他们什么都有办法,对付将要发生的事情无所不能。只是面对死亡他们无能为力,虽然对付疾病他们也有办法"①。

---

① 译文见《古希腊悲剧喜剧全集》第2卷,译林出版社2007年,第267页。

在《普罗泰戈拉》(*Protagoras*, 320c—328d)中,柏拉图让普罗泰戈拉讲述了一个故事,它或许完美地代表了智者在神话体裁中的观点。故事通过讲述普罗米修斯的弟弟艾比米修斯(Epimetheus)的无能,说明男人起初缺少生存的方法。普罗米修斯可以传授其技艺,但宙斯控制着政治智慧,甚至到他派遣赫耳墨斯将他的尊重和公正传播给人类时,人类生存的机会依然是很贫乏的。男人们不能自卫对抗野兽,因为他们缺少包含战争技艺在内的政治技艺。故事寓意是当时只有一部分人拥有这种技能,或所有人(几乎所有人)都在一定程度上分享着尊重与公正。这就是为什么政治生活是可能的——考虑到尊重和公正的固有趋势通过教育被正确地培育了。

据说阿克拉俄斯教过苏格拉底,他对文化的进化描述做了如下总结:"人类与动物分离开来,接着建立起领袖、风俗、技艺、城邦等等。"

深思熟虑的人们无疑倾向于认同技术必须逐步进化,修昔底德(1.71.3)让科林斯人告诉斯巴达人:"就技艺而言,最新的发展通常会变得流行。"但风俗和道德的起源与正当性似乎很成问题。一些人会疑惑,通过去除与动物无异的行为道德模式,是否会确立传统的并因而更随意的道德层面?在期望后代在自己年老时照料自己方面,人类的父母同动物的父母有很大不同(Xenophon, *Oikonomikos*, 7.19)。那种期望或许有理由仅仅被视为传统。但是费迪皮迪兹辩论道(Aristophanes, *Clouds*, 1427ff.),人类的儿子可以报复自己的父亲,因为公鸡和其他动物也报复自己的父亲,这些动物和人类的区别仅仅在于它们不能推动法令,关于这点,斯特瑞普西阿德斯非常鲜明地公开反驳:"那么,如果你像公鸡一样行事,你为什么不吃污垢,为什么不坐在栖木上呢?"这表明不能作为系统研究对象的动物行为,不能提供一个适当的人类自然行为的标准。

一个更具前景的方法是询问是否有一些"不成文"的风俗,这受到了全人类关注。据色诺芬(*Recollections*, 4.4.19ff.)记载,希庇亚斯告诉苏格拉底,他认为有这样的两种风俗:敬奉神灵和尊敬父母。他并不认同为了优美的描述而回避父母和
220 孩子间的乱伦或只呈现出好的方面。由于所有关注那两种风俗的人是不可能相遇的,或在相遇之时也不可能彼此相互理解,费迪皮迪兹暗示(*Clouds*, 1421f.),在这些被普遍关注的法律背后有一位人类立法者(nomothetes),这位立法者曾经告诉古人接受他的法律,他不认为两种风俗必须源于神灵。苏格拉底认为风俗的范围可以继续拓展,但至少要有一个起点。

在希罗多德的一个著名段落中(3.38),他指出,在父亲死后,怎样才算尊敬父亲

取决于文化。希腊人和印度人都很尊敬已逝的父亲,但采用的是不同的方式——前者通过燃烧他们,后者则通过吞噬他们。

其他探寻方法不是为了寻找普遍关注的风俗,而是隐含在风俗多样性中恒久的人类本质,换句话说,是寻找正常的心理。当一个人摆脱了自我克制并将其自身从所有的禁忌中释放出来时,他将如何表现呢?根据阿里斯托芬《云》(1073)中所述的不义行为,他会喜欢男人、妇女、卡塔波斯(kottabos)的派对游戏、美食、饮酒和欢笑;屈服于“自然冲动”的男人们往往会犯通奸罪(1075f.)。

在实践过程中,很少有人可以经常性地完全公然反抗社会,而通过观察人类在社会中如何表现,我们可以推断出人性是什么。修昔底德相信有人性这种东西,并且认为精确的历史是很有帮助的,因为它展示了人类在不同的处境下会如何表现,因而在再遇到相同处境时仍会这么表现(1.22.4)。

在描述克基拉(Kerkyra)和其他地方的国内战争时,修昔底德这样写道(3.82.2):

> 在各城邦中,这种革命常常导致许多可怕的灾殃,正如现在已发生的那样,只要人性不变,这种灾殃将来永远都会发生,尽管依照不同的情况,情况各异,或者采取较为残酷的形式,或者采取较为温和的形式。在和平繁荣的时候,城邦和个人所采取的行动,其动机都比较纯正,因为他们没有为形势所迫而不得不去做那些他们不愿意去做的事。但是战争使他们不易得到日常所需,战争是一个严厉的老师,它使大多数人的心态随着境遇的变化而变化。①

修昔底德接着(3.82.8)将所有这些灾难归于“贪婪和充满野心的权力追逐”。另外(1.75.3, 76.2),正如我们所看到的,在伯罗奔尼撒战争爆发前,他让在斯巴达的雅
典人将帝国的创建和维系归因于恐惧、利润以及野心。这三个动机据说是“最具影 221
响力的”。在对瘟疫受害者照料和拜访情节的描写(2.51.4—6)中,他将相当一部分拜访归咎于对荣誉的热爱,但这也为单纯的同情留下了空间。修昔底德认为所有人的行动并非都源于这三个最具影响力动机中的一个或更多,只不过大部分人在多数时候都受此影响。显然他是正确的。

显然,他对人类行为的描述与希罗多德或者荷马的描述也没有如此巨大的差异。在荷马和希罗多德的作品中,诸神都非常惹人瞩目,而在修昔底德那里却并不显眼,但这并不是说,荷马和希罗多德相信神使人的行为脱离了他自身的性格(尽

① 译文见《伯罗奔尼撒战争史》,徐松岩译,广西师范大学出版社 2004 年,第 178 页。

管所有人都犯着奇怪的错误，一些人甚至被逼疯了)，也不是说修昔底德是一位无神论者。

在《伊里亚特》第九章一个简单的演说中，埃阿斯(Aias)提到了依然生气的阿喀琉斯，在他胸中(629)充满着野蛮的骄傲精神，同时诸神让这种精神在他胸中始终难以平息和极度恶意(636f.)。我们很难怀疑对发生在阿喀琉斯身上的那两种描述是相同的，但它们并非同义。心理模式的运用并不能呈现研究神学的无意义，它只是为了强调代理人的责任感。采用神学是为了讲述一些世界特征——在人类生活中无法预知的错误是一股强大的力量(正如欧里庇得斯认为的，神学模式或许被滥用了，这不仅是为了抵制应得的赞扬[*Medeia*，526—531]，也是为了逃避应得的指责)。

举一个相关的例子，如果"宙斯派遣阿忒(Ate)带走了他的才智"与"他犯了个错误"是相等的，那么显然前者不是幼稚的证据，后者也不是无神论的证据。如果神学不可避免地关注世界的特征和人类在其中所处的方位，那么荷马的神学研究、希罗多德和修昔底德的悲剧并没有呈现出多大差异。像埃斯库罗斯写了《波斯人》一样，希罗多德创作了波斯人的悲剧，他的剧本中也间接提及了雅典的悲剧，这是修昔底德的一个创作主题。希罗多德经常使用神学术语，而修昔底德通常使用自然心理学的语言；尽管希罗多德相信许多修昔底德并不相信的事物，但相似的道德感却能从他们的作品中被提炼出来。希罗多德对影响人们自大或傲慢的思想谈了很多——据梭伦和泰奥格尼斯记载，它本身受到自足的影响。无论重心在于强调凡人的愚蠢还是诸神的不悦，人类脆弱的好运已是明证。薛西斯的叔叔阿尔达班(Artabanos)劝告其认真地反对傲慢(7.16. α 2)，但这却是徒劳的。一个神赐的梦促成了他对希腊的灾难性远征。在修昔底德(3.45.5)的著作中，狄奥多图斯道出了历史学家非常认同的观点：

222 处处都充满希望和欲望，欲望是主导性的，希望则紧随其后，欲望想出计划，希望表明幸运会促成计划实现。正如它们是无形的，它们进行无穷的伤害，战胜显露的危险。运气也发挥作用，给予了许多鼓励。

把"希望"(hope)、"欲望"(desire)和"运气"(fortune)的英文首字母印成大写或小写又有什么区别呢？

修昔底德或多或少关注了常规的心理学；希波克拉底的医术关注精神紊乱，《圣病》(*The Sacred Disease*，17)的作者将之归因于反常的大脑状态。普通人或许将之归因于大脑紊乱或黑胆汁体液过量(Aristophanes, *Clouds*, 1275f., 833),他们将石头扔向受害者(*Wasps*, 1491; *Birds*, 524f.)。一个流行的治疗方法是用藜芦(*Wasps*, 1489)制成的泻剂饮品。悲剧并未忽视神话在精神错乱中所起的重要作用,他们将其当作神赐的。埃斯库罗斯描述了《阿伽门农》中疯狂的预言家卡桑德拉(Kassandra)以及由于欧墨尼得斯或复仇女神而发疯的俄瑞斯忒斯。索福克勒斯在同名剧本中描述了埃阿斯的妄想。欧里庇得斯知道大多数这类事情。在《酒神巴克斯的女伴》中,卡德摩斯通过有技巧的问题和提议将阿高厄(Agave)关于其在疯狂状态下对其儿子彭透斯所做事情的被压抑的记忆恢复了。诗人或许在马其顿王国目睹了对希波克拉底而言非常陌生的治疗过程。据说拉姆诺斯的安提丰在科林斯一度进行了一种精神疗法(Plutarch, *Moralia*, 833c),但也有可能是另一个同名者。

与人类学和心理学发展紧密联系的是雄辩术,它是演说术的理论基础。在某种程度上,这一新学科只是对现存最佳的实践进行了分析和系统化,但在某种程度上,它又开拓了新知识。

常见的希腊单词"我知道"起初意味着"我看到"。知道男管家犯谋杀罪的最佳方法是看见他做,但在法庭和政治演说术中,演说者通常关注的是证人不能确定的事情,或发生了但没有可靠证人的事情(当事人A称一名法庭证人将证实A对事件的描述,他不必面对不友善的盘问),抑或是发生了但尚有疑问的事件。由于可靠证人的缺席,演说者必须诉诸各种可能性,但这必须建立在对正常人类行为的共同理解基础之上。雄辩术不仅关乎表达的优雅,而且关乎推理的合理性,它所涉及的远远超出了有效推理。

一般认为,雄辩术是在实行民主制的叙拉古兴起的,其在雅典的第一位老师可 223
能是于公元前460年造访雅典的普罗泰戈拉。显然,在公元前443年,他被高规格地邀请去起草图里伊的宪法。雄辩术的比赛是索福克勒斯和欧里庇德斯最早留存下来剧本的一个专题,埃斯库罗斯对此并不了解。我们并不知道是普罗泰戈拉或其他任何人教授伯里克利雄辩术,但据普鲁塔克(*Perikles*, 36.3)记载,智者和政治家曾经花费一整天的时间来讨论,从严格意义上说,当运动员意外地用标枪击中其他运动员并导致其死亡时,标枪投掷者或比赛组织者是否应当承担责任。这样的问题与雄辩术是紧密相关的,拉姆诺斯的安提丰可能于公元前430年所写《四联剧》(*Tetralogies*)前三部悲剧的第二部即向我们呈现了一系列演说范式。所涉问题是一位正在体育馆里投掷标枪的年轻人不经意间掷死了跑在靶子前面的男孩。

每一部《四联剧》中都包含两场起诉的演说和两场为杀人案例辩护的演说。通常一名专业的演说辞撰写人都只会在起诉或辩护两者间选择其一而撰写演说稿。这个整体的练习显示了普罗泰戈拉的影响力。他宣称人是万物的尺度,声称可以让没有说服力的争论变得具有说服力。他教授学生赞扬和指责同一场争论,他创作了两卷《悖论》(*Contrary Arguments*),并认为任何一个问题都存在悖论。

在《四联剧》第三部剧的第三场演说中,我们发现了典型地诉诸武力的可能性。一位老者和青年在饮酒。一场争吵突然爆发,按照目击者的说法(4.3),老者袭击了青年。青年用恰当的方式回击了老者,虽然老者后来得到了医治,但还是死了。在第二场演说中,在没有传唤目击者来证明青年是挑衅者的情况下,原告说青年更有可能是挑衅者并且在醉酒状态下袭击了老者(3.2)。辩护合理的回答就是许多年轻人是自我克制的,并且许多老者也犯了醉酒袭击(4.2);至少有目击者在场。

像安提丰和吕西亚斯等专业演说辞撰稿人所写的作品,包括《四联剧》这样公开发表的演说范式与智者之间是紧密相关的,而智者也发表诸如雄辩术手册这样的演说范式。

反对雄辩术这一新学科的案例后来在柏拉图的《斐多篇》中被保留下来。西西里的雄辩术家看到了比真理更能获得他人尊敬的东西(267a)。在陪审团法庭里,没人会对道德投以丝毫的关注,他们只关注辩词的合理性(272de):

224 辩词的合理性就是一个事情发生的可能性,这是任何有技巧的辩护者都会注意的。有时起诉者和辩护者应当保有事实的真相(虽然不大可能是真实的),支持那些可能的事物,一名演说者通常应力求可能性,并与真相说再见。(272de)

而反方会有什么要说的吗?

柏拉图笔下的西西里雄辩术家之一莱昂蒂诺的高尔吉亚,他在公元前427年,大约60岁时来到雅典(并非第一次来),为他的城市案例陈述案情以反对叙拉古,他使用了包括对比法和平行式在内的演说术风格,使公民大会感到非常惊讶。在另一个对话中(*Philebos*, 58ab),柏拉图提到智者不断宣称说服的艺术远远胜过其余所有的艺术,因为它将最高的权力归功于自由选择而不是武力。这或许也强调了对所发生的事物存在着知识上的不了解,并且让人相信最有可能发生的事物后来确实发生是合理的。最后,即便进行散文写作的哲学家也会在写作过程中尽其所能让人信服。

至于修辞的目的，在普罗泰戈拉看来，是让令人不信服的争论变得让人信服，这是非常不科学的。但是，这确实发展了同时期的人类学和心理学。普罗泰戈拉和普罗狄科关注于希腊语法和语义学（阿里斯托芬在《云》[*Clouds*，658—694]中嘲笑学者对语性的研究）。希庇亚斯教授语音和格律。将诸如梅顿、阿那克萨哥拉和苏格拉底这些科学家兼哲学家与诸如普罗泰戈拉、高尔吉亚、普罗狄科和希庇亚斯这些智者明确地区分开来是不大可能的。

智者这一术语早期意指重要领域里的专家，他可能将经验传授给其他人。该词后来具有更特定的含义，并具有了贬义，它通常指的是流动着的和专业的年轻演说者和教师，他们通常精通雄辩术和其他学科。

对于阿布德拉、莱昂蒂诺、基俄斯的尤利斯（Ioulis in Keos）、伊利斯这些最初的智者来说，他们自己的城市毫无价值可言，他们将他们的妻子和孩子留在家里，继而造访了诸如奥林匹亚和德尔菲这些同时也是节庆中心的希腊城市。一般情况下，他们首先是充当当地城市的官方代表前往。重要的是他们被雅典吸引了，希庇亚斯将之描述为“希腊智慧的中心”（Plato，*Protagoras*，337d）。他们的弟子跟随他们从一个城市前往另一个城市。在柏拉图的《普罗泰戈拉》（*Protagoras*，314e—315a）中，描写了苏格拉底有一次与一位青年向年轻人卡里阿斯的房屋支付租金时所作的拜访。“当我们进去时，我们发现普罗泰戈拉正在石柱廊下走动，与他并行行走的，一边是希波尼科斯（Hipponikos）的儿子格劳孔（Glaukon）、他的同父异母兄弟法罗斯（Paralos，伯里克利的儿子）、格老孔的儿子卡米德斯，另一边是伯里克利 225
的另一个儿子桑西波斯、菲罗门罗斯（Philomelos）的儿子菲力彼得斯、蒙德的安提摩罗斯（Antimoiros of Mende），他们都是普罗泰戈拉最杰出的学生，都希望通过专业训练成为智者。”此外还有定居于此的希庇亚斯和普罗狄科。

正如同希腊语老师、音乐老师和教练员所做的那样，医生和雕塑家教授他人也是收费的（Plato，*Protagoras*，311bc）。智者教授年轻人如何讲话（也教导年轻人如何教授其他年轻人讲话）需要收费，而且费用通常十分昂贵。据柏拉图记载（*Menon*，91d），普罗泰戈拉从他教授的技艺中获得了比菲狄亚斯和其他10位雕刻家总和还要多的报酬。很难说智者是否如柏拉图所暗示的那么贪婪，但将智者当成十足的唯利是图者肯定是错误的。如同其他老师一样，他们也希望看到他们的学生取得成功。

智者进行有力的阐述，在这方面他们继承了吟咏者的传统。这种展示或许从书面文本中采用了雄辩术的形式，或是采用了对个人智力信任的形式。到那时为止,很少有人在家中阅读或求教于书籍。当智者在奥林匹克运动会或皮提亚运动会上高声朗诵时,他们都在竞争奖品。通常,他们在体育馆、学校或者私人房间里展示自己。这种展示是与医生的治疗或雕塑家的塑像相对应的,有证据表明他们之间是值得互相借鉴的。

作为手册的作者,智者虽然用散文写作,但他们可能会被认为是学究式诗人的继承者;但作为研讨会的教师,他们填补了一个真空,因为早先没有与我们的六年级或大学相一致的机构。不幸的是,我们对他们的教学方式知之甚少。智者的学生大多数是年轻人,他们可能非常易受他人影响并且离经叛道。但肯定的是,他们都很富有,同时通常也很野心勃勃。他们虽然人数较少,但他们继承了这种影响。

雄辩术虽然不是智者的发明,但这是普罗泰戈拉和他继任者发展的主要领域。这是所有学科中最具"实践性的"或"相关性的"。无论如何,任何为伯里克利教授雄辩术的人在雄辩术发明之前很明显都非常擅长演说,而在雅典,演说术正变得越来越重要。激进民主制的引入意味着对影响社区的决定的采用比以往更加公开。曾经秘密安置在权贵朋友处的事物现在被在几千人的公民大会和数百人的陪审团法庭前公开辩论。通过他们的演说术,少部分人可能会希望控制大部分人。年轻人知道,除非能够进行有效的演说,否则想要获得被社区认可的成功几乎是不可能的,而如果他们能进行有效的演说,他们甚至可以胜过经验丰富的长者。在阿里斯
226 托芬的《阿卡奈人》(679f.)中,合唱队领唱责备社区允许年轻人起诉和嘲笑老年人。

智者开始满足于在高效演说指导方面不断增长的需要,这是一个获得政治成功的方式。在《普罗泰戈拉》(*Protagoras*, 316bc)中,苏格拉底认为由于他年轻的朋友希望向普罗泰戈拉学习,他希望在政治上为自己博个名声,稍后不久(318e—319a)普罗泰戈拉说,如果年轻人遇到他,"他只会意识到他开始学习什么——关于私事和公事的好的判断力:他会学会如何最好地安排家庭和怎样在政治上最有效地演说和行动"。普罗泰戈拉欣然同意苏格拉底所谈到的政治艺术,并且期望让人们变成有道德的公民。

没有更多涉及个人家庭经营的内容。从智者处寻求指导的年轻人目标更加高远,他们不仅仅想成为"有道德的公民"。雅典民主制需要我们更多地参与,但即便如此,人们也可以成为优秀公民而不必向智者支付昂贵的费用。普罗泰戈拉宣称吸引住了(316c)"最杰出的年轻人",他们都雄心勃勃。在《云》中,合唱队主唱坚信如果斯特瑞普西阿德斯将自己托付给"苏格拉底",那么在公民大会上就没有人能比他执行更多的决议。

美诺给出的如何成为一名优秀人物的描写是对普罗泰戈拉简介的补充，美诺是色萨利的贵族和高尔吉亚的学生，柏拉图在以他命名(*Menon*，71e)的对话中写道："当谨慎地意识到对其自身没有伤害时，可以采用一种帮助朋友和伤害敌人的方法参加政治生活。"粗略地讲，这是对德行或非凡才能的一般描述。修昔底德(8.68.1)把拉姆诺斯的安提丰描写成"具有最杰出德行的人"，他在公元前411年策划了反对四百人寡头政治的革命，并且后来加入到反对斯巴达的斗争中。修昔底德承认他的实践性智慧、谱曲的能力、发表的演说、对他朋友的忠诚和当四百人寡头政治被废黜时他没有逃离德克莱亚所显示出的勇气。

总体上，美诺的雅典同仁并没有打算以社区为代价获得成功。一般认为，尽管不是苏格拉底或柏拉图提出的，但在社区中所享的荣誉是与其对社区的贡献成正比的。普罗泰戈拉一定更多关注自身而不是雄辩术技巧。他一定考虑到了个人的道德规范、社会心理和政治理论。如果他被邀请起草图里伊的"泛希腊"殖民地宪法，这是对其作为政治思想家身份的巨大褒奖。如果其他演说者在整体上思考惩罚和职责而你却没有，则很难有效地说如何对付反叛同盟。智者不单单传播传统 227 技术，他们还鼓励学生去提问和辩论。

在雅典出售服务并未被高度重视，不过这并不是说这种行径被普遍鄙视。智者出售他们的服务并被诸如安尼都、苏格拉底和柏拉图这些人所鄙视。理由仅仅是他们所出售的服务只是教育。色诺芬笔下的苏格拉底(*Recollections*，1.2.6，6.5)认为，收费限制了教师对学生和科目的选择。柏拉图笔下的苏格拉底(*Theaitetos* 151a)被神符诱导，他拒绝了先前的某些学生，但像普罗泰戈拉和希庇亚斯这样杰出的智者却可以挑选他们的学生和科目(*Protagoras*，310de，318de)。他们教授什么一定是个问题。他们所有人教授的同一门科目就是雄辩术，但正如我们看到的，这门学科所涉及的远不止对逻辑—语言学技巧和修辞格的研究。在教授词语的广义修辞时，他们也教授政治进程，因为政治是最令人仰慕的活动，他们可以宣称教授他们在生活和德行中获得成功，况且高尔吉亚确实这样宣称过。柏拉图(*Protagoras*，349a)让苏格拉底告诉普罗泰戈拉："你向整个希腊公然宣告自身被授予了智者的称号，宣称自己是有文化和德行的教师，而作为回报，你是第一个要求报酬的人。"

这种教授德行的宣称将智者置于来自不同方面的进攻。对传统的雅典人来说，上层阶级没有接受这种教育的必要，而要那些聪明的、持怀疑主义的外邦人来教育雅典人中最有才华的年轻人如何生活则会令人感到厌恶：这项工作通常是由父亲、叔叔以及其他"勇敢且有教养"的人来完成的。可以想象这对于离经叛道的年轻人以及有着保守观念的亲属的影响,这两方面都会涉及这一问题。令人无法容忍的是,外邦人的正规教育取代了责任意识和尊重市民的非正规教育。无疑,新的教导方式将更为有效,但同时,社区对个体索取的关注更为稀少,这点让人忧心忡忡。智者对那些有才华的个体从他的社区和家庭中分离出来肯定发挥了作用。

对不重视传统、非正式指导的苏格拉底来说,出售德行(或智慧)方面的指导是令人厌恶的。有人反驳称,教师也必须生活,这个观点并不恰当。如果德行被人当成生活中的成功或合适的生活方式来理解,售卖教育的确有些让人厌恶——当然,费用非常昂贵。我们可以将之与当下大量的新宗教崇拜进行对比。普罗泰戈拉意识到,一部分反对势力源于柏拉图对他的建议(*Protagoras*, 328bc):"当任何一个人
228 跟随我完成了课程后,如果他愿意,他可以付给我报酬;如果不愿意,他可以去神庙以发誓的形式声明他认为这课程价值多少,然后支付这笔金额。"问题是:普罗泰戈拉越意识到要让他的学生成为有道德的人,他越不必担心收取报酬,因为所有人都认为对好的事物给予充足的补偿是优秀人物的特征。

柏拉图笔下的苏格拉底更进一步反对称,尽管智者宣称是为了让人变得更加优秀因而教授德行,但事实上并非如此。生活中的成功并不能用公民大会决议的执行数量或者在陪审团法庭内支持判决的数量来衡量。

兼及德行的雄辩术科目是除高尔吉亚之外所有智者声称的惟一科目,但在他们之间有大量诸如语法和语义学等与雄辩术紧密相关的科目,还有其他一些诸如数学和天文学等看上去似乎没有太大联系的科目——尽管柏拉图让苏格拉底宣称,伯里克利与阿那克萨哥拉在一起之后成为了一名更优秀的演说家(*Phaidros*, 270a)。尽管他们中的一些人对知识或思想做出了突出贡献,但智者一定不是经常深入研究这些科目,除非这能让他们进行振振有词的谈论。希庇亚斯渴望百科全书式的知识,然而这在那时是难以达到的成就。

智者熟悉自然哲学家的书籍,并且或许被当成他们的继承者,至少在一定程度上,他们接受了崇拜"自然"的观念,并且通常不使用诸神介入的语言,但他们起先对宇宙哲学的问题却并不感兴趣。如果他们意识到可以忽略这些问题,这部分是因为自然哲学家给出的答案对于常识而言是如此多样化和充满矛盾。高尔吉亚在《海伦颂》(*Praise of Helen*, 13)中说道:"当信仰加入到演说中时,她可以如她所愿将精神留下深刻印象:第一次见证自然哲学家通过消除一种观点并移入其他观点,在心灵中呈现不可思议和无形的事物。"在相同情感下,非常愿意凭借一些证据对希腊早期历史进行谨慎猜测的修昔底德,拒绝去猜测瘟疫的可能起源及其造成巨

变的原因(2.48.3)。

所有智者都在一定程度上对自然和法律进行了比照,这或许最初是由阿克拉俄斯引入的。这是"自然"发生的,没有个人的选择和决定,或许有时与人们选择误导性的途径对之进行描述形成对照。尽管是误导性的,但这种选择或许使强大的"法律"变得确定。据《普罗泰戈拉》(*Protagoras*, 337c)中希庇亚斯的记载,所有人(或者至少所有希腊人)就其本质而言都是同族的,但他们的亲属关系由于传统而变得模糊起来。传统的希腊人被分成了雅典人、科林斯人等等,但所有希腊人在本 229 质上或实际上都是同族的。对立面大都贬低法律,并通常对利己主义感兴趣,正如《云》中的不义行为,但它能被用来质疑奴隶制。虽然早期智者比之后的继承者更少破坏性地使用它,但对其的任何使用都暗指对道德易变性的承认。

智者并未形成一个学派,但他们有着许多共同的信仰和怀疑论。他们的影响——在表达和思想的类型上——显然体现在欧里庇得斯、安提丰和修昔底德的作品中,而我们也有理由去讲述智者运动,它创造了欧洲的第一次启蒙。苏格拉底和柏拉图的哲学是对那一运动的回应,特别是对相对主义的回应。阿里斯托芬或许在雅典公元前 5 世纪后期不只是赞美旧时代者,但我们不能把智者最强盛的那个时期当作衰落期,非常遗憾的是,鲜有智者(阿布德拉的德谟克利特)的著作留存下来。造成这一情形的原因有以下几点:第一,就像希罗多德而不似修昔底德,他们的所述所写影响了同时代人。第二,不断被之后的课本替代是课本的归宿。第三,对柏拉图怀有敌意的成功和更多对亚里士多德的同情将智者耗时最多的著作遗忘了。因此,例如普罗泰戈拉的例子,我们的资料极大地依赖柏拉图的对话(特别是《普罗泰戈拉》和《泰阿泰德篇》),尽管我们可以相信柏拉图的描述是真实可靠的,但这一点很难得到证实。

智者在文学上的影响力是毋庸置疑的,这不仅体现在戏剧上,也体现在书籍出版上,因此,它也影响了雅典的教育思想和表达力。人们认为它影响了从伯里克利之死到苏格拉底之死的三十年间的公共生活。

柏拉图、色诺芬和阿里斯托芬(除了《云》[876]中对海柏波拉斯的一次取笑外)都未表示过任何一位民主政治家曾从智者处吸取经验。由于阿里斯托芬不断攻击民主政治家和智者,他无法更加系统化地利用他们之间的任何联系,这表明没有联系可供利用。没有证据表明克里昂从智者处吸取了经验,他被证实有说服修昔底德的能力,这点与尼西阿斯完全不同。在柏拉图的《美诺篇》(92b)中,安尼都被描绘成对智者几乎一无所知。相比之下,公元前 411 年安提丰最杰出的助手之一、哈格农的儿子塞拉门尼斯(Theramenes)曾在普罗狄科那里学习过(Athenaios, 220b)。

伯里克利或克里昂等专职的天才政治家从智者处学到的很少,尽管他们看了文本或者记录了他们学生在公民大会上挑选出的具有修辞效果的新奇事物。大部
230 分学生很有可能是年轻的贵族,他们意识到由他们的父辈、叔叔和祖父辈传给他们的政治知识并不能满足让他们在民主制下与诸如克里昂这样的人竞争,或推翻宪法——简言之,没有光明的事业前景(Thucydides, 8.68.4)。

在《理想国》(492ff.)中,柏拉图指出,与公民大会、陪审团法庭、剧院或营地等大型聚集活动的民主制本身对个体施加的并可能通过剥夺公民权的制裁、澄清或执行而强化的压力相比,众多个体智者对许多年轻人的影响可以忽略不计。被智者自我吹嘘的技艺只不过是组合起来的大部分人的观点。

甚至即便人们并不认可柏拉图对民主制低层次的评价,他们也会结合其他证据认可他在这里关于智者的说法。雅典民主制的产生先于智者,并且为他们提供了活动范围。智者起初并不全是思想家。他们没有任何教授人们雄辩术的能力,也不具备伯里克利和克里昂那样的政治敏感。他们直接的政治影响似乎更大地局限在上层阶级,要不就是寡头政治那个圈子。

另一方面,他们清晰地表达出了时间的观念。而且,当他们教授的学生和撰写的课本开始影响其他演说者和专业的演说稿撰写人时,演说和评判的标准就应运而生了,正如总有一些优秀的演说者因为能言会道而被人们欣赏一样。但现在在公民大会和剧院中的表现和回应开始更为类似。关于公民大会对演说中雄辩效果的认可,我们可以求助于修昔底德(3.37f.)给出的一场演说,即克里昂在第二场争论中关于如何镇压反叛城市米提林的演说:

> 最使人胆战心惊的是随意改变政策法令——我们就面临着这样的危险。我们应当知道,一个城邦有坏的法律而固定不变,比一个城邦有好的法律而经常改变要好些;无知的忠顺比之迅捷的反抗更为有用;普通人管理国家事务通常优于那些天才人物。因为天才人物总是想表示自己的智慧超过法律,因而他们要推翻人们所提出的每一个建议,否则他们觉得他们不能在更重大的问题上展示自己的才智,因这种行为而导致国家毁灭的例证举不胜举;而那些对于自己的智慧没有那么自信,承认法律比自己更聪明些,承认自己无法批判一个精妙的演说,这些人才是毫无偏见的裁判者,而不是有利害关系的竞争者,他们一般地说是可以成功处理公共事务的。我们应当仿效这些人,而不要因

展示自己能言善辩、智慧超群而误入歧途，从而劝说你们的人民去反对我们的真实的想法。

……在这种竞赛中，城邦把报酬给了别人，而它本身却承受着各种危险。231
这是你们的过失，因为你愚笨地把这类竞赛制度化了。你们常常是演说词的欣赏者，你们是根据道听途说来确认事实的；你们判断一项计划的可行性是以鼓吹者的花言巧语为依据的。至于过去的事情的真相，你们宁愿相信你们所听到的对这些事实的聪明的责难，而不相信你们亲眼所见的事实；你们宁愿成为新奇意见的受害者，也不愿服从已被广泛接受的结论。凡是司空见惯的东西，你们都不屑一顾，遇着似是而非的新说法，你们就会变成它的俘虏。你们每个人的愿望首先是自己能够演说；其次是用下面的方法与那些能够演说的人竞赛：在别人还没有提出他们的看法之前，你们就喝彩，以表明你们非常赞同他们的看法；你们很快就会知道一个论点的来龙去脉，但是很迟慢才能预见它的最终结果。我要说，你们总是时时刻刻在寻找普通经验以外的东西。但是就是你们眼前的生活事实，你们也不能直接地考虑；你们就是悦耳言辞的俘虏；你们更像是雄辩家的听众，而不像是一个城邦的议事会。①

公民大会非常惊讶地聆听年迈的高尔吉亚的讲话时正值夏末时节。由于他们熟悉雄辩的成果，他的详细阐述中有一些新的内容。高尔吉亚是他的家乡莱昂蒂诺和其盟国的使臣。他们想保卫叙拉古的多利安人。使臣申述了古代同盟和伊奥尼亚与雅典之间的联系。通过与伊奥尼亚间联系的申诉，公民大会投票决定派遣一支舰队，很显然这种决定摇摆不定，但事实上，据修昔底德所说(3.86.4)，他们想停止将西西里岛的玉米输出到伯罗奔尼撒，并且考察是否征服西西里岛。对演说术的使用并不会与政治现实主义相冲突。

① 译文见《伯罗奔尼撒战争史》，徐松岩译，广西师范大学出版社 2004 年，第 154—155 页。

第九章　哲学——从阿那克萨哥拉到苏格拉底

232 到公元前 6 世纪中期，雅典人可能是古希腊第二强大的力量了，但除陶器之外，它在艺术和智慧方面的领先优势直到公元前 5 世纪中期才显现出来。当公元前 477 年，同盟国组建成帝国时，来自希腊之外的思想和思想家都被吸引到帝国的中心。据柏拉图(*Parmenides*，127a—c)描述，大约在公元前 450 年，当时正值泛雅典娜节，第一位提出持续演绎论的哲学家、埃利亚的巴门尼德和他的学生芝诺第一次造访了雅典。如果年轻的苏格拉底在那时听闻过芝诺，他一定会体验到归谬法——通过表明包含一个业已承认的谬论，从而提出荒谬的主题——这一新兴逻辑武器的力量。

位于伊奥尼亚北部的克拉佐蒙尼的阿那克萨哥拉凭借对伊奥尼亚自然哲学修正而在雅典为众人所知。他的生卒年代不详，可能生活在公元前 500 年到前 428 年这段时间内。他在雅典居住了一段时间，或许是从宗教排外的地方被驱赶了出来。他是伯里克利的朋友，而他之所以遭受苦难部分也源于此。这位受人尊崇的人死于波卡依亚，其位于赫勒斯滂海峡的一个殖民地兰普萨库斯(Lampsakos)。他可能只创作了一篇简短的散文作品，其中只有大约 1 000 字被保留了下来。这可能是在雅典最早出现的散文作品。

似乎阿那克萨哥拉主要关注的问题是如何在没有违背埃利亚人“真正的存在既没有开始也没有停止存在”之原则的情况下去解释变化。有一种变化形式特别吸引他，即同化。我们所吃的面包是如何转变成肉和骨头的？难道就像表象所呈现的？阿那克萨哥拉的回答是，面包一定包含或分享着肉和骨头的一部分(事实上，每一种其他自然物质和质量也是如此)。这些部分和分享物被身体同化了，就像吸引一样，而其余部分则被消减。当人们将面包切开时，没有人看到过肉和骨头，但是这些部分的存在是推断得出而非观察到的。就像阿那克萨哥拉所说，“显现是未观察到的惊鸿一瞥”。

如同他的前辈一样，阿那克萨哥拉提出了一套宇宙进化论。宇宙开始时是一 233
个几乎没有特征的、静止的、由无数小物质和质量构成的混合体，它早晚会出现。惟一显现出的基本命令是极小的“种子”或结块的占主导地位的物质。稠密的、湿润的、寒冷的以及黑暗的种子构成了薄雾(aër[大气])，稀有的、干燥的、热的以及明亮的种子构成了以太。大气和以太在面积上都是无限的，它们起初是混合在一起的。

除了这点在很大程度上使质量没有分化外，只剩下心灵。虽然心灵也是物质的，但它比质量更加完美，同时比质量及其组成更为纯净。它也是无所不知和极为强大的。心灵起初为质量旋转设置了几个部分。阿那克萨哥拉因而是名唯物主义者、二元论者，也是名自然神论者：一旦旋转开始，纯粹的物理原则开始运作。当影响的区域随着旋转而扩大时，质量之间的差异就增加了，大气和以太开始分离。就像吸引一样，重的种子向心运动形成地球，轻的则向外运动。随着种子旋转速度加快，大多数岩石会脱离地球。通过被以太加热到炽热就变成了太阳、月亮和星星。坠落在埃哥斯波塔米(Aigospotamoi)的陨石或许给了阿那克萨哥拉关于天体组合物的概念，这以某种方式击败了离心力趋势，代之以符合早期重物向中心移动的趋势。

阿那克萨哥拉认为地球是平的，在大气中漂浮。他知道月亮的光辉来自太阳光的反射，也知道引起日全食和月全食的原因。他将尼罗河的泛滥归咎于南方积雪的融化，埃斯库罗斯(*Suppliant Women*，559)的一个观点也是从他那里获得的。可能最有趣的是他的生物观，即人类之所以比动物聪明，是因为他们拥有双手。

正如在他之前克罗顿的阿尔克迈翁(Alkmaion of Kroton)和之后阿波罗尼亚的第欧根尼以及《圣病》的作者一样，阿那克萨哥拉指出意识存在于人脑中(长期以来传统观念认为意识存在于心、肝或者腹部)。他似乎认为人类和动物的精神是意识的碎片，但我们并不清楚他如何解释这种盛行的错误。可以理解的是，鉴于他为意识设置的新奇而崇高的角色，他对人们为何选择出生而不是不出生这一问题的答案是：思索天空和宇宙的秩序。

阿那克萨哥拉物理理论的核心是这样一个晦涩难懂的概念：每一个可见事物(比如金子或者木头)都有看不见的部分或含有一定比例的其他事物。意识是纯净

234 的,但可视的一切尽管微小,却不纯净。阿那克萨哥拉的体系是前卫和宽泛的,大部分是字面的、明白易懂的。很难想象目不识丁的雅典农民从不进行深远的思考。阿那克萨哥拉与兰朋相冲突的故事也并未让人们感到惊讶:在哲学家的体系中,个体神灵并未给预兆提供空间。

所有人都说阿那克萨哥拉可能在雅典居住了30年之久。除了他死后留下的一本小书记载的思考和观察外,这位杰出的外邦人是如何度日,如何维持生计的呢?据柏拉图(*Greater Hippias*, 283a)记载,他继承了巨额财富但又失去了它们。他不大可能靠售卖书籍而获得大量财富,并且还有可能是免费教学。难道他部分是依靠伯里克利的资助(Plutarch, *Perikles*, 16.7)? 毫无疑问,他的许多时间都花费在普鲁塔克所记载的那类发生在伯里克利和普罗泰戈拉之间的讨论上,我们知道至少一位叫阿克拉俄斯的雅典人是他的信徒。他似乎从未见过苏格拉底。

阿克拉俄斯是第一位雅典当地的哲学家,据说他曾是苏格拉底的老师之一。他对物理理论的修正并没有突破他老师所教导的内容,但他可能是第一个提出在自然和法律间存在对立面的人。他还促成了一场非常成功的论战。据说他曾说过正确和错误的存在是由习俗而不是自然决定的,但在没有背景的情况下,我们不可能非常精确地确定他的意思。

阿波罗尼亚的第欧根尼(阿波罗尼亚可能是米利都在黑海的殖民地)是与阿那克萨哥拉同时代的年轻人。我们并不能肯定他曾经在雅典居住,但他的观点与欧里庇得斯和阿里斯托芬非常相似。在《云》(如227ff.)中,第欧根尼也认为阿里斯托芬师承苏格拉底,不过这种说法有些断章取义(这并不是说他的听众所认识到的只是典型的博学者对话)。他撰写了一本《论自然》(*On Nature*)的书,或许还有其他一些书籍。他从米利都的阿那克西美尼、以弗所的赫拉克利特、阿那克萨哥拉以及出生地不详的原子论者留基波斯等人那里借鉴了各种观点(虽然他们并不与雅典直接紧密接触,但留基波斯、萨摩斯岛的梅里索斯[Melissos of Samos]、阿布德拉的德谟克利特都是与第欧根尼和苏格拉底同时代的人,他们在公元前430年非常活跃)。与阿那克萨哥拉不同,第欧根尼是一名一元论者,他提出的基本物质与阿那克西美尼提出的相同,都是空气。他没有看见不同物质能相互影响从而创造出新的物质,例如,生长。越是温暖和干燥的空气越是智慧和神圣。人类智慧是比大气更温暖的空气,但要比离太阳近的空气寒冷很多。神的智慧无所不在并且无所不知,它要求所有都达到最佳。正如我们所看到的,第欧根尼对解剖和生理学特别感兴趣。他详尽描述了血管,并思考了感知生理学。

术语“前苏格拉底”(Presokratics)并不像我们所想的那样总是指苏格拉底之前 235
盛行的希腊哲学家。它有时排除了那些提出哲学观点的智者，有时包含同时代的人，甚至苏格拉底的继承者们。一般认为，“前苏格拉底”以第欧根尼和德谟克利特为终结，他们都是苏格拉底的同时代人。德谟克利特是思想最宽广的古代思想家之一，但他可能被人们忽视。因为尽管他来到了雅典，但雅典对他的部分吸引力可能源于那里没人认识他。柏拉图从未提及他的名字，这是非常不同寻常和遗憾的，而合理的解释可能是苏格拉底从未见过他或提到过他。

苏格拉底与他的老师阿克拉俄斯一样也是雅典人——对我们来说或许比任何其他雅典人或者事实上其他任何古希腊人更知名。他是索福罗尼斯科斯(Sophroniskos)的儿子，大约出生于公元前469年。他是城市东南阿洛佩加(Alopeke)的三一区的一员。至于他的父亲，晚期作家认为他是一名雕刻家或瓦工，并可能在社区中有一定威望。苏格拉底曾在军中服役，担任重装步兵，而不是桨手。按照上层阶级的标准，他算不上英俊——厚嘴唇、塌鼻梁、眼睛凸出。他的生活方式接近于苦行者。他在波特迪安(Poteidaian)的冬天赤脚行走，但在社交场合会穿上凉鞋。更不可思议的是，他宣称(*Apology*，31d；参考柏拉图命名的作品《申辩篇》或《宴飨篇》，除非作品特别指明，所提到其他著作的作者是色诺芬)，甚至在他还是孩子时他就听到了内心的声音，他的“神兆”，同时他能够在长时间的连续思索中迷失自己。

苏格拉底没有留下哲学性的著作或其他作品，因此我们对其思想发展过程的认识依赖于其他人的证据——主要是阿里斯托芬、柏拉图、色诺芬和亚里士多德。在这些证据之间以及柏拉图的证据内部的不一致是涉及苏格拉底的一个重要问题，而关于这一点，我们随后会阐述。

柏拉图的《斐多篇》(96a—99c)是我们重建大约公元前450年时的雅典知识界以及重建苏格拉底智力进程的重要材料(但这里与《申辩篇》[*Apology*，19d]存在一些不一致的情况，在《申辩篇》中，苏格拉底确信在许多听他讲话的陪审员中，没有一个人听他谈论涉及天文学的内容)。苏格拉底描述了他在自然哲学中年轻的激情。他渴望知道事物为何存在和消失，以及它们拥护什么。他想知道第一批动物是否以冷热交替作用产生的黏土为生(这是阿克拉俄斯的教学内容，不过阿克拉俄斯并不出名)。人类是依靠血液、空气或火来思考吗(这是阿克拉加斯的恩培多 236
克勒、阿那克西美尼的第欧根尼以及赫拉克利特的悖论)？大脑是感知、记忆、观念和知识的中心吗(这是克罗顿的阿尔克迈翁的教学内容，后又被阿那克萨哥拉和第欧根尼延续下去)？阿那克萨哥拉的营养观正确吗？地球是平的还是球形的？它是宇宙的中心吗？一个是如何通过在此之上加上一个变成两个，以及如何将两个进行划分(这些不确定的算术运算或许可以通过拜访雅典的巴门尼德和芝诺获得答案)？因此柏拉图给我们展现了那个世纪中期雅典智力发酵的场景——动物学、心理学、天文学和算术都被热烈地探讨。这次智力发酵使年轻的苏格拉底深感困惑，并感到自己一无所知。

之后，他听到某人(可能是阿克拉俄斯)大声朗读阿那克萨哥拉的著作，其中提到意识是主宰和万物的起源。这个观点符合苏格拉底自己的预设，而他也据此进一步认为一切都是最好的。因此真正的科学天文学分阶段前进：首先呈现出来，例如，地球是平的或球形的，然后为什么对其而言或者对其他所有东西而言这是最佳的，它应当这样。苏格拉底自己阅读得非常兴奋，但他的崇高期望破灭了。意识的作用被限制在第一次旋转时予以最初的动力；在这之后，机械原因占主导地位。一个人(比如苏格拉底)或许会用简单的解剖学和生理学解释人类行为。骨骼和肌肉是身体活动表现的必要不充分条件；换句话说，没有骨骼和肌肉，你就没有身体活动，但你却可以在没有身体活动的情况下拥有骨骼和肌肉。

在这一点上，苏格拉底对自然哲学失去了兴趣，他把自己局限于伦理学和语言，这对西方思想产生了重大影响。

对成年苏格拉底的描述与色诺芬和亚里士多德的证据非常契合，但这与阿里斯托芬创作于公元前423年的《云》第一次上演(共三次上演)的证据相冲突。我们现在拥有的是经部分修订的第二次上演版本，用于课堂阅读学习，而不是用于剧院表演，但似乎苏格拉底的形象并未被重新塑造。苏格拉底被描绘成一个没有信仰的自然哲学家和懂雄辩术的老师。很难想象苏格拉底直到45岁时才开始关注伦理学，而如果这种说法可信的话，我们应该留有这位懂雄辩术的老师的画面，这与其他所有我们所知的苏格拉底对金钱和雄辩术的态度是有差异的。事实上我们被迫
237 得出这样的结论：除间接提及苏格拉底的步态(*Clouds*, 362; *Symposion*, 221b)、生活的简朴以及对语法可能的兴趣外，阿里斯托芬对苏格拉底的生动描写与公元前423年的真实苏格拉底之间很少有相似之处。

这就产生了两个问题：(1)阿里斯托芬是否相信他的描写是非常真实的，是否容许了戏剧化地夸张？(2)如果没有，他的动机是什么？

第一个问题的答案是他不相信，至于理由，我们在第七章已经给出。他对苏格拉底在体育馆、竞技场、拱廊和《宴飨篇》中冗长的对话一定有所了解，并且知道这

与智库中的对话有很大差别。到公元前 423 年，苏格拉底这位与流动的智者不同，几乎从未离开雅典的知识分子成为了这座城市最优秀的智者，他有许多追随者。阿里斯托芬的喜剧诗所表达的观点是：所有知识分子（如果不是单指苏格拉底个人的话）不论是学习天文学还是语法学，不论是收取高昂费用还是生活俭朴，都是既荒唐可笑又充满危险的。造成荒唐可笑的原因是他们与普通体面人工作、休闲之间的疏远。造成危险的原因是他们询问关于城市传统实践、信仰、态度（包括对诗人的尊重）这些尴尬的问题，更糟糕的是，他们还鼓励年轻人做同样的事（在 20 世纪 60 年代，如果有比叛逆学生更让人格高尚的人讨厌的事，那就是年轻或已不那么年轻的学者教育学生从不为自己考虑，除非老到不得不为自己考虑的时候）。

如果阿里斯托芬想创作一部嘲弄当时年轻教师、关注他采用何种东西对他们的行动产生负面效应的剧本，他会需要一位雅典受害者在场（阿里斯托芬的戏剧起初是对雅典人——个体或集体——持批判立场的），并且这位人物对他的观众而言是足够知名的。他几乎是必然性地会选择苏格拉底。如果他还想进一步使苏格拉底比其真实呈现的更加荒唐可笑，并引入其他对象和方法有所差异但效果类似的教学方式，他很可能归咎于苏格拉底复杂的特征和所作的实践。他专注于创作有趣的、部分严肃的戏剧而不是公正地展现苏格拉底。

不幸的是，我们对苏格拉底生活的时间框架了解不多，并不清楚他何时对自然哲学失望，或克莱瑞丰何时在德尔菲进行了引人注目的询问（*Apology*，20e—21a）。238
克莱瑞丰早年成为了苏格拉底的一位同伴，时间是伯罗奔尼撒战争之前的某段时间，并且在某个时刻（大约公元前 431 年前或在公元前 422 年后），由于特有的冲动，他前往德尔菲询问是否有比苏格拉底更智慧的人。阿波罗的女先知亲切地回应说没有人。色诺芬（*Apology*，14）记载的说法是，她说没有人更加自由、公正或有先见之明。

苏格拉底同他的同伴或他的追随者柏拉图一样似乎已完全接受了德尔菲神谕机制，而且他冥思苦想着克莱瑞丰带回的答案的意义。他认为道德真相只能通过智慧才能获得，并已做好去探寻道德真相的准备。他感到自己很无知，同时他还不能怀疑神谕的真实性——后荷马时代的阿波罗（“神”）不允许撒谎。在发现隐藏意义的希望中，他感到有责任反驳神谕明显的含义，他不情愿用困难的方法来这么做，即询问所有在雅典受到尊敬的智者——政治家、诗人、艺术家和手工艺者。政治家经证实是无理由地自我满足，越知名则越没有理由。诗人（可能包括索福克勒斯）都不善辞令，他们的诗歌不是艺术的产物而是自然或灵感的产物，与占卜者和神谕吟唱者的陈述无异,并且他们对这种技术十分着迷,因为这使得他们能在其他事务中发出自己的声音。

单从对知识的谦逊上说,苏格拉底认为他比两个阶级都更加优秀。在此背景中,德尔菲铭文"认识你自己"可以被解释成"认识到你知道的很少"。艺术家和手工艺者知道许多值得知道的事情,但就像诗人一样,他们热衷的是,他们的艺术和技艺使他们在其他更重大的事务上也有发言权(苏格拉底似乎在未掌握他们的方式所需的先备知识情况下也达到了目的;因此索福尼斯科斯或许不是一名石匠)。可以理解,对苏格拉底成为雅典领袖野心的曝光并未使他们喜欢他,但他年轻的学生生活得很愉快并且努力效仿着他的技艺(*Apology*, 23c)。

神谕隐藏的意义被揭示了出来:人类的智慧无足轻重。克莱瑞丰带回神的回应似乎标志着苏格拉底"使命"的开始。他感到不仅有责任要求自身,还有责任要求包括公民和外邦人(*Apology*, 23b)在内的雅典所有人对智慧满怀敬意。得到"神的标志"和阿波罗神谕的支持,他有力量忽略雅典人生活中最强大的势力——公共舆论。伴随着这种可能,他会调查这些能够找到的隐藏价值的声誉。在瘟疫
239 来袭之前,雅典至少有4万名公民,其中肯定有成百上千的人因为某种智慧受到尊敬。据柏拉图(*Apology*, 41c)证实,苏格拉底并没有大男子主义,他可能对阿斯帕西娅和狄奥提玛(Diotima)的智慧给予了充分尊重(如果确有其人的话)。但他可以在任何地方(Plato, *Theaitetos*, 150b)将谈话者描述成作为女性对立面的男人,因为在雅典,除了阿斯帕西娅外,没有一个女性有充满智慧的名声,他也没有接近其他公民妻子的办法。这种与赫拉克勒斯相配的劳动为他参加传统的政治或家庭事务留下了很少的时间(至于苏格拉底如何满足其家庭和自身的基本需求,我们并不清楚)。由于我们既不清楚苏格拉底放弃自然哲学的时间,也不知道克莱瑞丰从德尔菲回到雅典的时间,因此我们无法讲清两个事件之间的关系。

我们可以推定许多不太重要事件(例如苏格拉底参与的军事运动)的日期。他与阿克拉俄斯很可能参与于公元前440年围攻萨摩斯岛的军事行动(Diogenes Laertios, 2.23)。如果确实如此,他可能与梅里索斯指挥的一支军队交战过。可以肯定的是,他参加过公元前432年围攻波特达亚的战役,并挽救了阿西比德的性命,公元前424年则在戴里昂(Delion, *Symposion*, 219e, 221ab)。他也曾在安菲波利斯服役,或许"泛希腊"殖民地在公元前437/前436年就在那里建立了。他的军事记录是值得称颂的,而奇怪的是,在戴里昂之后的那年,他在剧院里似乎被阿里斯托芬和阿米普西阿(Ameipsias,在以苏格拉底的音乐老师命名的《克诺斯》中

[*Euthydemos*，272c])嘲笑。不幸的是，我们对苏格拉底关于这些战役的看法一无所知，但他并未质询国家号召人们服兵役的权利(*Kriton*，51b)。柏拉图的证据表明，他将对城市和法律的普遍忠诚与对采用武力方式——军舰、船坞、城墙——的偏见批判地结合了起来。这些战役几乎只发生在他离开雅典的时候。在《克里同》(*Kriton*，52b)里，柏拉图将雅典的风俗和法律告知苏格拉底：

> 你待在家里的时间永远不会超过其他雅典人，你在那里不会获得特别的快乐。除了对伊斯摩斯的一次拜访外，你从不离开城市去看其他风光。除了军事战役外，你从未去过其他地方。

重新构建苏格拉底的成熟哲学并不容易。撇开阿里斯托芬不说，我们必须考虑柏拉图、色诺芬和亚里士多德的证据。尽管亚里士多德的证据在数量上微不足道，但非常有价值：他的证据几乎可以让我们很好地、真实客观地了解到苏格拉底，但显然还不够。他本人既是一名哲学家，同时在一定程度上也是历史学家。尽管出生于苏格拉底死后，但他认识其同伴核心圈内的成员。如果他说苏格拉底在找寻道德术语的定义，那么我们应当相信他。至于色诺芬说他是杰出的战士、在不同 240
写作体裁上都很有天赋的作家、真诚的道德家等证据，则不宜用来修正柏拉图所论及的哲学问题。柏拉图的证据存在很大的问题。可以肯定的是，他在不同对话录中告诉我们的所有事情并不都是值得相信的，因为其中一些是相悖的。而根据风格和哲学内容的发展，在作品中安排相似顺序的对话是可能的，并且假设早期的对话更加苏格拉底化也是合理的。这个原则表明《申辩篇》(严格意义上这并不是对话)和《克里同》中的证据达到了特殊的分量。《申辩篇》创作于公元前399年后不久，它不但是柏拉图所听到演讲的重构，也是成百上千陪审员和许多公众成员所听到演讲的重构。因此很难相信柏拉图没有最低程度地坚持"如实道出公众意图"(Thucydides，1.22.1，在后期的对话中，柏拉图在苏格拉底原则的创立上并不存在欺诈行为，这个原则他从未提出过。相反，他对自己老师提出的原则给予了常见的恭维，这些原则他本人也达到了——从苏格拉底的起点出发)。

当我们考虑柏拉图笔下的苏格拉底不断声明的无知时，最初的困难产生了。他声称的无知或对知识的否认是一个道德问题。这种绝无错误的知识是神圣的，但事实上，他在道德领域内对人类知识很少认可。例如在《申辩篇》(29b)中，他说："我知道不管是诸神还是人类，伤害和违背上级都是糟糕和可耻的。"他或许强调自己的无知部分是为了鼓励与他谈话的人自我反省。他们也需要自我拯救。

乍看之下,苏格拉底似乎特别关注伦理,其次则是政治,这两个主题事实上是很难区分的,因为公民社区更像一个家庭而不是现代民族国家(祖国和父母间通常有一种相似性),但伦理和政治背后存在着强大的宗教信念。

早期柏拉图的对话中最具神学特征的是《欧悌甫戎》。在该书中(5a),苏格拉底告诉欧悌甫戎:“在过去,我认为深刻了解宗教是非常重要的。”我们很难想象他并未经常提及它。他相信诸神的善良和力量,或许对色诺芬在《回忆录》中两度将设计争论的原型归咎于他抱有同情。他的谈话者大部分关注伦理问题,但在背景中,
241 那些道德谈话者以仁慈的神为先决条件。在本质上不公正的世界中寻求剔出和识别公正似乎毫无意义。他认为代理人在任何条件下都能发现有一个正确的行动可以采用。以他自己为例,他认为“诸神”要求他从事哲学生活,检验自己和他人(*Apology*, 28e)。他希望那种对生活的检验最终会产生善与恶的知识,没有这些,将无法产生美德和快乐。

我们并不清楚苏格拉底如何将先进的神学理论与传统虔诚统一起来。在《欧提得摩》(*Euthydemos*, 302c)中,他宣称拥有其他雅典人拥有的包括祭坛、神殿、国内的和先祖的所有宗教资源。在《斐多篇》(229c—e)中,当有人询问他是否相信北风之神玻雷阿斯(Boreas)从伊利索斯边带走了俄瑞提亚(Oreithyia)的故事,他给出了许多初步见解。首先,可能存在一种合理的解释。其次,故事版本不止一个。最后,给神话中已知的所有奇怪生物提供合理的解释是一件非常冗长和艰巨的事情。但在任何情况下,由于他秉承德尔菲铭文“认识你自己”,苏格拉底没有时间进行这样的询问,他满足于接受这些生物的传统观念。这并不意味着他满足于接受诸神的传统观念。当欧悌甫戎将自己的行为与宙斯和克洛诺斯故事中的不孝行为联系起来时,苏格拉底嘲讽地说:“欧悌甫戎,当有些人讲述这些诸神故事时,这能成为我被起诉的原因吗?我不能接受它们。”(6a)色诺芬和品达也不能接受,但结果他们也没受到伤害。

如果道德的实质可以在雅典街道上被发现的话,那么在奥林匹斯山也一样。正如可能由苏格拉底首先意识到的(*Euthyphron*, 10a),正确的行动有可能不正确,而这只是因为这是诸神所要求的。有道德的人不再是后来关注荣誉的荷马笔下的英雄,而是关注(苏格拉底所理解的)灵魂的人,也就是说,是一名保持和正确使用理性——一个人自身最好、最庄严的部分——的人。在《克里同》(46b)中,苏格拉底解释了他的理性:“我是这样一个人:除非在我看来最好的提议,否则任何东西都说服不了我。”这样的人不会伤害其他人。对他人作恶并不是正义之人所做的事

(*Kriton*, 49c)。如果这不是正义之人所做的事,那它也不是诸神所做的事。总之,苏格拉底所理解的诸神要比人崇高,他们知道如何行为处事,因此阿芙洛狄忒为惩罚希波吕托斯的不敬而毁灭菲德拉(暂且不论菲德拉是否完全无辜)的故事或赫拉迫害他继子赫拉克勒斯,最终迫使他杀妻灭子的故事一定有一些错误。

如果有道德的人不做伤天害理的事,他们也不会遭到类似的惩罚。"对于有道 242
德的人,不论死活,任何伤害都不会降临到他的头上,而神灵也不会忽略他的幸运。"(*Apology*, 41cd;对照 Matthew, 10.28)不论"伤害"是否应被理解为"严重的伤害",对于宗教人士来说,这种观念已深入人心。像耶稣一样,苏格拉底也建议他的朋友和学生用大多数同时代人认为反常和令人困扰的方式来行事,因为这样的行为事实上与宇宙本质是一致的。人类的权利对人类而言一定是好的,既然对人类好,那么它对人类一定是有利的,并能为他带来快乐(这至少是个传统观念)。一旦我们在完全意义上知道我们在事物进程中所扮演的角色或发挥的功能,我们不应该退缩,因为没人会故意伤害自己:知识(功能的)是生活中的美德或成功(充要条件)。

在体育、政治或任何其他领域,没有一种成功可以不劳而获。矛盾的是,生活中的成功是努力发现生活中的成功包含着什么,换句话说,努力发现我们的功能。发现功能的方法是件费力的事情,它寻找着美德的定义和组成。它的组成部分包括五点:智慧(或善与恶的知识)、公正、虔诚、自我控制、勇气,这五个组成部分相互融合。

苏格拉底曾对陪审员有过这样的评价:"对人类而言,最好的事情是每天探讨美德以及我所争辩的、自我反省的、考验他人的事情。"(*Apology*, 38a)他做了一个似是而非的假设,即无论诸如"公正"或"正义"、"勇气"或"勇敢"等一般单词什么时候被正确使用时,它必定有一个因素与所有事物或现象相同。正确的测试既不是思考人们能否这样或那样使用它,而是反映在苏格拉底和他的谈话者是否乐意去使用它。系统界定的内容之一便是指出共性——例如,指出是什么让人们认为是公正的事(所有公正的事,而且只有这些事是公正的)确实是公正的。如果这种定义被成功界定,那么道德的不确定性就不复存在。

许多柏拉图的早期对话显示,苏格拉底起初从他的谈话者处界定所需的形式,然后尝试去推翻它。这种推翻的过程被称为"证伪"。它通常采用这样的形式:假设定义 D 一定会被拒绝,因为它或以它推论的某个陈述与以另一个陈述 P 推论的某个陈述 Q 不一致,那么陈述 Q 要比 D 更确定。

也许因为柏拉图认为,即使尽了最大努力,苏格拉底的方法也不会引发他所寻
243 找的道德革命,所以他可能会通过不显示证伪被用于界定正确定义的方式来夸大它的负面特征。无论如何,在伦理学上发现可接受的一般单词的分析性定义非常困难,而这种困难显然源于对话叙述中不断涌现的错误,也可能源于苏格拉底这样的一个兴趣,即在著名人士死后考验其在阴间的智慧(*Apology*, 41b)。这表明在没有揭示人类任何好处的情况下,这种探寻或许是长期的,但将一生奉献给不成功的探寻会让人花费一生的时间,因为“未经检验的生活对人类而言没有意义”(*Apology*, 38a)。然而,据推测,苏格拉底并未排除成功获得探寻结论的可能性。这种探寻是获得最理想结论的方法,而不是结论本身。抵达甚至要比旅行更好。

诸神是好的,因此即便我们必须以之为出发点的道德概念或许令人困惑,但它们并非完全错误。在某种情况下,A 和 B 在可能是合适的行动过程中被区分开来,也可能都是错误的;但正确的是,他们相信某些行动过程确定是最合适的(普罗泰戈拉的相对主义是不可信的,它排除了做错和争论的可能性)。因为我们被这些当成荣誉、利润和快乐的谬误分散了注意力,我们允许对道德概念保持不清,因此我们的行为出现了失误,我们的快乐也被破坏了。

但考虑到法律规则(*Apology*, 31e),伦理和政治互动为被告提供了自由演说(*Gorgias*, 461e)和自我辩护的权利,以证明其行为的正当性(*Kriton*, 51bc),而鉴于这为公民有道德的生活提供了可能性,个体公民有质量的生活就是关注道德。苏格拉底通过与个人无数次地接触努力促使同胞们关注美德。他的神性不允许其改变公民大会;如果他努力这么做就会折寿(*Apology*, 31c—e)。与柏拉图和阿里斯托芬不同,苏格拉底似乎并不认为在年轻人中灌输对美德的关注是国家的事情。虽然他把自己描述成诸神送给雅典人独一无二的礼物,并实际上询问过陪审员什么时候会出现如他一样的人,但他又警告称,当他被处决后,相比他所激起意识的那些人(*Apology*, 39cd),会有更多、更麻烦的人(因为更年轻)去鼓动他们的道德心。他似乎并不认可柏拉图对城市道德和政治前景的悲观看法。

考虑到苏格拉底的生活,我们必须将作为老师的苏格拉底和作为学者的苏格拉底区别开来。我们看到,尽管苏格拉底可能为了了解他的谈话者而假装无知,但
244 事实上他自己有一些非常积极的学说。他是如何达成的呢?在大部分早期对话中,柏拉图描述了他与低级别智者的争论。相比其他平常青年谈话者,普罗泰戈拉是一根难啃的骨头,极难对付。在这种交流中,问与答的方法非常合适,但我们很难相信苏格拉底从回答中收获到了多少。他积极的哲学观部分通过与平等智者间

的交流获得，部分通过阅读（Xenophon，*Recollections*，1.6.14）获得，还有一部分通过柏拉图在《宴飨篇》（*Symposion*，174d—175c；220cd）中两度提及的那种个体思考获得。

虽然苏格拉底开始他的任务其实是期望通过质问他那个时代杰出雅典人而获得启发，但当他意识到在雅典只有少数人可以教授他伦理知识时，那个时代肯定已经来临了。据推测，当他意识到这一点时，他决定开始教授其他人。当然，他用一种非常特别的方式进行教学。他并不乐意将自己的观点和意愿强加给他们并与他们一起讨论。他并未将教育看作学科的指导而是当成朋友之间的交谈。他的谈话者必须遵守两个主要原则：他们的回答必须与其观点一致，同时必须避免自我矛盾。苏格拉底的工作是通过举例和类比的方法引出他们的观点，然后验证他们的含义。

在《申辩篇》（33a）中，柏拉图让苏格拉底宣称从未成为某人的教师，无疑，这部分是因为他急于表明他从未成为阿西比德或三十僭主政变时期极端分子领袖、在公元前 404 年通过斯巴达上位的寡头克里底亚（Kritias）的老师。只有当“didaskalos”被用以表示“有偿的教师”时，这个宣称才是真实的，事实上苏格拉底强调他教书并不索取费用（*Apology*，19de）。据色诺芬记载（*Recollections*，1.2.60），他普遍的同情心让所有相似的人都分享了他的智慧（比较柏拉图的《申辩篇》，33ab），但他认为贩卖智慧比卖淫还要糟糕（*Recollections*，1.6.13）。此外，智慧的推销员必须把这些学生当作在自我展现，然而这是毫无希望的，这是对独立的践踏（*Recollections*，1.6.5）。

即使苏格拉底没有收取免费学生，但他肯定有许多同伴或追随者，有些人与他关系很近，有些人则关系稍远。这些追随者往往是有钱人的儿子，部分原因是在家里他们不需要劳动（*Apology*，23c）。除色诺芬所说苏格拉底的普遍同情外，这种趋势也不会让他不开心，而这并非因为他是个自命不凡者。政治生活的实情是社会的领导者——尤其是将军——都来自上层阶级，而如果苏格拉底想在其他方面影响雅典人的生活，除在公民大会上进行演说外，他最好的选择是当这些未来社区领 245
导者尚处于可锻造之时影响他们。在《卡米德斯》中，我们发现苏格拉底刚好从波特达亚回来，正前往托瑞阿斯（Taureas）的竞技场。在给出了他这边的信息之后，他询问了当前讨论的哲学问题以及年轻人的情况（153d；对照 *Theaitetos*，143d）。

在《高尔吉亚篇》（*Gorgias*，521d）中，柏拉图让苏格拉底宣称在雅典他是惟一的政治理论家，并且也是惟一一个将理论运用到实践的人，因为他所说的不是为了赢得魅力,而是告诉人们什么才是他们真正的利益,并根据他所认为的什么是真正对灵魂有益的东西,努力改善其他人的灵魂。

年轻人追寻苏格拉底似乎是正常的。尽管苏格拉底也在寻找那些他感兴趣的长者;但是相反的过程发生了。就年轻人而言,苏格拉底的质问毫无益处,而就长者而言则会招致怨恨。证伪的使用导致了无助的产生,这在《美诺篇》中有精彩的阐述。在文中,年轻的色萨利贵族和他们的奴隶纠正了对知识的野心,但接着却又无法继续进行下去。

在《智者篇》(*Sophist*, 230d)中,证伪是对不认同苏格拉底宗教设想、持完全怀疑主义态度(对照 Matthew, 12.45)的"最有效净化"。在《美诺篇》中,苏格拉底的三个原告中最有影响力的安尼都警告他不要过分贬低雅典民主制的英雄(安尼都可能把他自己也算在了英雄之列)。

与现在的一些哲学家不同,苏格拉底并不害怕道德评判,这些评判中有一些是非常新奇的,例如,我们不能以怨报怨(*Kriton*, 49c)。卡里克利斯非常正确地告诉苏格拉底(*Gorgias*, 481c):"如果你很真诚,并且所说的的确是真实的,人类的生活会被颠倒。我们似乎做了不应该做的事情。"在《宴飨篇》(215e—216b)中,柏拉图让阿西比德描述苏格拉底的个人言语是如何影响他的,而其保护者伯里克利的公共言语却从未对他产生过影响,这让他对自己的奴役状态感到愤怒。作为单独的个体,苏格拉底让他对自身的疏忽感到惭愧;只有当他从苏格拉底在场的地方逃离时,他才屈服于大众的诱惑。

虽然苏格拉底或许并不具有吸引人的特征(一个具有讽刺意味的弱点),但我们很难怀疑他是一个不同寻常的优秀人物。此外,雅典市民以能够畅所欲言而自豪,他们认为说出自己的想法是他们的权利。

说真话有一个公共层面(平等的发言权或在公民大会上发言的平等权利)和私
246 人层面(在大部分场景中有权利说出你所想的东西)。但是在喜剧舞台上,没有人被允许嘲弄某些神灵、仪式,或攻击普遍宗教和民主。诸如老寡头的小册子等反民主的著作以及在家中的反民主谈话不会引起公众不满。苏格拉底主要在公共场所半公开地与小团体交谈。谈话的大部分内容是关于道德问题的:其中很多并不直接与政治和宗教相关。但苏格拉底是一个有使命感的人。他在这方面孜孜以求。在许多方面,他都以宣传令人不安的理念(*Euthyphron*, 3cd)的面目出现。此外,他的一些"学生"变坏了。就我们所知,虽然他与克里底亚(Xenophon, *Recollections*, 1.2.29f.)断交了,但苏格拉底继续保持着与阿西比德的友好关系,直至公元前 415

年他前往西西里。

苏格拉底因不敬神而在由巴赛勒斯主持的陪审法庭上被起诉(关于最初的预审听证阶段所发生的事情,我们并不知情,但梅里多斯[Meletos]一定使巴赛勒斯相信有一个案件需要审理)。对苏格拉底的指控似乎非常清晰。他被指控没有承认城市诸神,而是引入奇怪的诸神并且腐化年轻人。

关于梅里多斯和他的支持者在三小时左右(通过水钟计时)时间里所说的内容,我们只能推断。我们并不知道是什么原因让这三个人起诉苏格拉底,但柏拉图的《申辩篇》可以帮助我们理解为何陪审团首先将其定罪,接着宣判其死刑。

正如我们所看到的,雅典陪审法庭对被告是否因有罪而受到指控这一问题的兴趣还比不上证明他是人们的好朋友这个问题,但我们不禁要问他是否被指控有罪。

就像许多其他的罪行,“不敬神”并未被法令严格限定:大部分陪审团认为它是什么,那么它就是什么。

回答第一个指控时,苏格拉底可以轻易地说“我用合乎规定的方法祭祀常见的诸神”,事实上他的确这么做了,但据柏拉图记载,他并没有这么说,在《欧悌甫戎》(*Euthyphron*, 15a)中,他对诸神是否能从人们献祭给他们的物品中获利表示了怀疑。我们可以相信,苏格拉底并不是一个无神论者,他也并未让自己远离传统宗教。他相信德尔菲的诸神通过神谕和梦境(*Apology*, 33c)告知他一切。他的异端似乎具有双重性。在天堂,他设想诸神普遍要比最智慧、最有道德的人类更加智慧并拥有更高尚的品德。在俗世,诸神惟一要求人类所做的事便是尽可能地变得有智慧、有道德,并帮助他人这么做(对陪审团而言,这种对神的服务听起来似乎非常奇怪)。现在,如果一个智慧和道德高尚的人不寻求伤害其他人,那么诸神更不必说也必须如此。因此,哪些地方留下了城市守护神、军事女神雅典娜对抗巨人族的恩刻拉多斯(*Euthyphron*, 6c)或者雅典的敌人? 在公元前399年,深思熟虑的雅典 247
人必须依旧自问公元前431年如此富有、强大的雅典为何会在伯罗奔尼撒战争中落败。苏格拉底的道德要求或许被那些理解他的人认为是切除了城市内脏。的确,他似乎对许多颠覆传统宗教态度和实践的人产生了影响。

对引入“奇怪神灵”的指控必须提及神的标志,不过事实上这对传统诸神不构成竞争,而且这对公民大会既定的宗教权力和雅典人民也不构成危险。梅里多斯似乎不能从苏格拉底知名的宣言中提及听到被阿里斯托芬的苏格拉底在《云》(424)中所崇拜的古怪诸神——混沌之神、云之神以及舌神——受约束的声音。据柏拉图记载(*Apology*, 18b—d; 19bc),苏格拉底宣称创作于公元前423年的《云》在将近1/4个世纪后依然让人们对他有偏见。对其作为自然哲学家和智者的错误展现,使人们认为他是位无神论者而不是古怪诸神的信仰者。

巴赛勒斯可以通过《申辩篇》(26b)中苏格拉底使用自己的异端邪说腐化了年轻人的假设来认定第三种指控。通常认为控告的圈套位于末尾部分。如果苏格拉底持有异端观点,但主要是自己享有,那么这是没有关系的;但是如果他不断在上层阶级的年轻人中宣传异端观点,并且其中一些人最终变成了危险的、不良市民的话,那么就完全不同了。

民主人士和寡头间的协议是在公元前403年由一名斯巴达国王推行的,它宣布对除涉嫌三十人政变的人以及其他二三十人之外所有过去的政治犯实行大赦(*Constitution*, 39.6),因此苏格拉底不能被指控为政治犯,但不幸的同伴可能会被顺便提及。

我们有理由假设苏格拉底使年轻人腐化了,或至少为他们在宗教、道德或政治上树立了一个坏榜样。其中一些理由即便没有被原告提及,或许也会被一些陪审员想起。

1. 苏格拉底表示年轻人继承的许多宗教和道德概念是不连贯的,不过他本人依然相信宗教,他们中的一些人肯定开始怀疑了。

2. 就像智者派一样,苏格拉底篡夺了父亲和叔叔传统的教育角色,因此削弱了家庭的权威。

248 3. 非但不维持家业,反而将之挥霍一空。

4. 苏格拉底将那个时代的领袖——政治家、诗人、手工艺者——的野心曝光了,让他们被嘲笑。这种习惯被他的学生沿袭,他们无疑更关注破坏而不是建设。

5. 苏格拉底批评米太亚德、地米斯托克利、阿里斯提德、客蒙、伯里克利、修昔底德等雅典民主制英雄或有错误的政治目标,或妄为人父,或两者兼而有之。

6. 苏格拉底批评公民大会越来越不依法行事(*Apology*, 31de,公元前406年当他在公民大会上主持会议时,这种令人不快的事情已经发生了[*Apology*, 32b],在那次会议上,他冒着生命危险寻找合法性的起因)。

7. 苏格拉底似乎赞同对民主制度进行批判——向公共服务支付报酬(*Gorgias*, 515e)。

8. 通过神的标志的强化，苏格拉底忽略了民意，就像他忽略了缺席的杰出人物的观点一样。当克里同担心他的朋友过于卑鄙而不会从监狱中将其营救出来时，苏格拉底问(*Kriton*, 44c)："对我们而言，什么是民意？"当欧悌甫戎告诉他当他在公民大会上谈论宗教问题时被嘲笑了，苏格拉底表示(*Euthyphron*, 3c)公民大会的嘲笑是无足轻重的事情。

9. 苏格拉底至少是浅薄的、对政治不感兴趣的人。除在公元前406/前405年为公民大会服务过外(不幸的是，我们不知道他为何会被提名)，他没有任何政治职务(*Apology*, 32a)。在葬礼演说中，伯里克利宣称雅典人非常独特地将不参与政治生活的人当成废人(Thucydides, 2.40.2)。但要是一些社区中最有前途的年轻人处于他的同伴之中，那又会怎样呢？考虑到他鼓励那些年轻人几乎忽略公民大会关注的一切，取而代之以关心自己的灵魂，社区会有怎样的看法呢？在《宴飨篇》(*Symposion*, 216a)中，阿西比德描述了苏格拉底是如何"迫使我承认，虽然我在许多方面仍有不足，但我忽略了我是支持城市商业活动的"。

10. 在三十僭主政权期间，苏格拉底仍留在雅典，他对这一政权的抵触在拒绝加入拘捕萨拉米斯的勒翁(Leon of Salamis)的四人队伍之后就没有再继续了(*Apology*, 32c)。他所关注的只是避免自己做错事。

11. 阿西比德、克里底亚、卡米德斯等一些苏格拉底以前的同伴表明自己是民主制的死敌。这一点在法庭上是不允许特赦的，但公元前4世纪的演说家埃斯基因斯在对雅典陪审团发表演说时说道(1.173)："你们让智者苏格拉底死去，很明显是因为他教育了克里底亚，而后者在三十僭主政权期间镇压了民主 249
制。"尽管苏格拉底有免责声明，但一般的想法是苏格拉底作为一名教师不是在独立思考，而是在传授信息和观点，因此也要对他学生的观点承担责任。苏格拉底的另一位同伴克莱瑞丰在三十僭主政权统治期间被逐出雅典，且随着民主制的确立而得以返回(*Apology*, 21a)，但这一事实很少受到重视。

至于是什么让梅里多斯、安尼都和赖肯(Lykon)在公元前399年聚在了一起，我们只能通过猜测。安尼都作为公元前403年民主制复兴的奠基人之一，在历史上非常有名，他一定是最有影响力的原告(*Apology*, 18b)，但在巴赛勒斯面前提出控告的人是梅里多斯。不幸的是，"梅里多斯"在那时是一个普通的姓名，我们无法确认为了诗人利益(*Apology*, 23e)和传统宗教利益(*Euthyphron*, 3b)而控告苏格拉底的梅里多斯是否与为了出席当时被法律禁止的秘仪而参加公元前400/前399年对安多基德斯进行的不成功指控的梅里多斯是同一个人。如果他是指控安多基德斯的梅里多斯,他或许在反对安多基德斯的同时发表了原始宗教思想的演说(Lysias, 6),而这又感觉像是出自欧摩尔皮德(Eumolpid)(Lysias, 6.54)以及控告苏格拉底不敬神的原告之口。赖肯是第三名原告,据说(*Apology*, 23e)代表着演讲者或政治家,除此之外,我们对他一无所知。

500 张票中有 60 票认为苏格拉底有罪(*Apology*, 36a)。在雅典,宗教犯罪并没有明确地与政治犯罪区别开。苏格拉底的宗教信仰和实践提供了起诉的借口,而这些在我们看来可能会觉得是出于政治目的。我们认为原告不能证明任何公开案件的细节。即使附文中的指控有一定的可信度,但在本质上还是错误的:阿西比德和克里底亚的反民主倾向并不是由苏格拉底灌输或培植的。我们或许认为 70 岁的哲学家对民主制的复兴构成不了严重威胁,并且对民主制某些方面的批判并不足以产生寡头。事实上,相比其他,苏格拉底更喜欢雅典法律——或者说是它的民主章程(*Kriton*, 52c),尤其是因为这些法律容许无与伦比的言论自由(*Gorgias*, 461e)。但以上所列原因累积的量是相当大的,而经历过西西里灾难、公元前 411 年革命、向斯巴达以及三十僭主暴政屈服的陪审员们或许会在获得警告之后获得原
250 谅。我们可能还会有这样一种感觉,即《申辩篇》不像是道歉,更像是挑衅。由于苏格拉底相信他是一位伟大的造福公众的人,并且没有任何犯罪行为,他感到没有必要向陪审团道歉。

安尼都和他的同党似乎不会想比沉默的苏格拉底做得更多。他们在乎的不是伤害他,而是结束在他们看来即使不会对公众带来危险也会令公众讨厌的东西——苏格拉底口头表述的观点。他们会满足于将其放逐的决定或者接受保持沉默。在《美诺篇》(92b)中,柏拉图让安尼都指责苏格拉底认可智者或没有驱逐他们(不论是外邦人还是公民)。在《申辩篇》(29c—30c)中,苏格拉底认为放弃或反对哲学是与神赋予他的使命不一致的。如果现在的指控被宣告无罪,他会继续他的使命,同时面临新的起诉。至于被放逐,在苏格拉底的审判来临之前,他并未被迫这么做,在定罪后,他也没有打算将由梅里多斯提出的放逐作为代替死亡惩罚的另外的选择(*Apology*, 37cd),正如我们在本书第三章结尾处所看到的,他在被宣判死刑后也没兴趣从监狱中逃脱。恺撒在临死前曾说:"我活得够久了。"色诺芬将苏格拉底拒绝逃离监狱归因于相似的态度。或许这是他思想的基本原则,就像他所承认的,对他而言没有什么地方可以让他被放逐(*Kriton*, 53b—e),但更重要的是,事实上他肯定坚信死亡带来的最坏结果是被遗忘,而且他还认为伤害别人是错误的。

他有权认为如果他破坏了雅典法律，这会伤害他的同胞。难道我们不认同“苏格拉底和大多数人有一定的差异”吗（*Apology*，34e—35a）？涉及的差异是他决意合乎道德并因而公正地生活——只要他明白什么是美德和正义。

我们充分了解普通雅典人的生活价值和方式，能够更整体地说苏格拉底是多么与众不同。构成希腊生活核心的是农业、婚礼和祭祀。每一个有自尊心的雅典人都旨在（抑或强化）使自己的家庭不朽并有益于所在的社区：只有达到目标才会赢得荣誉、奖赏，并证明自己的德行。

苏格拉底是最典型的久居城市的人，而雅典是最大的希腊城市，许多雅典人——手工艺者和士兵——对农业的了解就像苏格拉底在这方面所知的一样少，哪怕它最初是雅典人送给世界的礼物。他无疑是传统婚姻的孩子（订婚，将嫁妆交给新娘，然后同居）。他本人既是丈夫又是父亲，他扮演这些角色可能并不逊于其他大多数雅典人。如果按照柏拉图早期对话的指引，我们应当怀疑苏格拉底在向 251
诸神献祭时是否认识到了其中的意义，并因而疑惑他是否真的献祭了。他似乎没有对此事做出评论，就像对相信灵魂轮回说的毕达哥拉斯学派所做的事情进行评论一样。至于他涉及祭祀习俗的观点有多么不同，我们无法确定。

苏格拉底似乎很晚才结婚，他有三个儿子，但为了用一种新方法使社区获益，他忽略了本应由儿子们继承的财产。然而，社区并不承认这种忽略，因为它的繁荣或多或少依赖于家庭的维系。

尽管苏格拉底非常遵守作为风俗对立面的法律，但他对社区的政治服务却让人印象不深；直到被柏拉图强调，他的军事服务才更加让人印象深刻，但他只是一个士兵而不是军官。他没有资格进行礼拜仪式。然而，他毫不谦虚地宣称自己是雅典最伟大的捐助者（虽然通常并不赞同自夸，但在临终时还是被人接受了）。

我们或许将捐赠当成道德哲学的发明。传统想法已经被公共辩论的可解释性、有说服力和批判性技巧以及城市中公民大会和政务会、法庭和剧院等不同场所的多样性实践完善起来。公共辩论被散文写作的技巧完善起来。到目前为止，在指导个人生活中，个人所面对的道德问题都被生动的神话标志阐明了。现在，苏格拉底尝试用远远超出演说术或戏剧的精确语言来解决。在这个过程中，他寻找到的所有帮助是有能力的人给他提供诚实意见。

他进步的宗教信仰——在没有道德污点的神的力量下——保证他可以找到难以寻找到的东西：在任何条件下，正确行动的过程可以推导出对道德术语一系列清晰定义，进而产生一系列没有矛盾和完整的道德准则。经过这样的推导，这些准则就被接受了。人们决意发现正确的事情就会去做,此时本身就使人迷惑的民意就毫无帮助了。苏格拉底拒绝将人们的尊敬当作成功生活的标尺,他给“有道德的市民”和“有道德的人”提供了新的内涵。

苏格拉底的事业具有非常高的独创性,它与教会、《圣经》或大师的声明不发生冲突。神话尽管依然非常生动地为诗人和雕塑家提供灵感,但并没有为苏格拉底提出的这些普遍问题提供答案,没有一个正统的宗教观念感受到他活动的威胁(宗教权威最急于做的事情是召开公民大会和召集雅典人民,他们没有保护雅典人的生活方式——这与保存他们的生活方式不被改变是不同的)。然而,它如何打动或
252 被用来打动早在公元前423年的普通人,关于这一点,我们或许可以在《云》中看到。一个如此具有天赋和出于好意的人最后与这么多他努力使其受益的人起纠纷,这起初是令人惊讶的,但事实上这并非无法解释或独一无二。

认为苏格拉底或索福克勒斯、菲狄亚斯、修昔底德的著作与那个时代的雅典人及其后代有关联是十分合适的。无论我们是否感受到苏格拉底事业的可行性,我们不得不承认自柏拉图时起它的意图或影响。他将理性和非理性结合起来,并向几个世纪以来不同的人和团体呼吁。

他是不是古代雅典最杰出的儿子或许还值得商榷,但他在许多方面都是极其重要的。他在某段时间和大部分雅典领袖人物(没有提及阿斯帕西娅)交谈(尽管不是全部),和拜访雅典的大部分外邦人交谈(尽管也不是全部);他和大部分有前途的年轻人交谈;他检验着这座城市大部分的道德、政治和宗教标准;他关注知识和艺术创新的发展。他最后被由几百个同胞组成的陪审团定罪并宣判死刑,他提出了关于雅典民主制核心特征的问题。

在苏格拉底的一生中,雅典达到了权力顶点,它开始变得自不量力并遭受了失败的痛苦。悲剧伴随着欧里庇得斯和索福克勒斯的死亡而消亡,苏格拉底谈话的符咒或许加快了它的灭亡,但其他艺术和科学——在他有生之年被引入了雅典或在那里被创造——在公元前4世纪的民主制复兴过程中继续发展。许多已经消失,但仍有许多依旧保持着活力。

附　录

雅典货币

6 奥伯尔＝1 德拉克马

100 德拉克马＝1 敏纳(mna)

60 敏纳＝1 塔兰特

敏纳和塔兰特不是铸币,而是白银的重量。有小于德拉马克的铸币和几德拉马克的铸币,一直到 10 德拉克马的铸币。最普遍的铸币是 2 德拉克马或 4 德拉马克的铸币。考虑到雅典公共开支,最适用的等式是:6 000 德拉克马＝1 塔兰特。由于生活条件改变了很多,有人可能认为无法建立起与现代货币相转换的等式。然而,将一个德拉克马粗略地等同于现代一般熟练工人一天的薪酬,可能有助于我们理解雅典货币。

大事年表

（一些年代为大约的年代。）

公元前 594 年	梭伦执政。
公元前 546 年	庇西特拉图第三次僭主时期。居鲁士击败吕底亚的克洛伊索斯。
公元前 527 年	庇西特拉图之死。希庇亚斯继位。
公元前 514 年	暗杀喜帕库斯。
公元前 510 年	斯巴达国王克里奥门尼入侵。驱逐希庇亚斯。
公元前 508 年	克里斯提尼的立法。
公元前 490 年	马拉松战役。
公元前 480 年	萨拉米斯战役。
公元前 479 年	普拉提亚战役。
公元前 478 年	占领塞斯托斯。
公元前 477 年	雅典同盟建立。
公元前 476 年	占领斯特里蒙河上的埃翁。
公元前 472 年	埃斯库罗斯《波斯人》。
公元前 469 年	苏格拉底诞生。
公元前 468 年	阿戈斯毁灭迈锡尼。
公元前 467 年	坠落于埃哥斯波塔米的陨石。
公元前 462 年	厄菲阿尔特立法。
公元前 461 年	放逐客蒙。暗杀厄菲阿尔特。
公元前 458 年	允许轭牛等级担任执政官。

公元前457年	斯巴达军队在比奥提亚。
公元前456年	埃斯库罗斯去世。
公元前454年	埃及灾难。
公元前451年	伯里克利的公民权法。
公元前449年	与波斯停战。
公元前447年	帕特农神庙开始兴建。
公元前446年	攸卑亚起义。与伯罗奔尼撒签订《三十年和约》。
公元前443年	建立图里伊。
公元前440年	萨摩斯起义。
公元前438年	向帕特农神庙献祭。
公元前437年	建立安菲波里斯。
公元前433年	和克基拉结成防御同盟。
公元前432年	波特达亚起义,围攻波特达亚。
公元前431年	伯罗奔尼撒战争的爆发。阿希达穆斯入侵阿提卡。
公元前430年	瘟疫爆发。
公元前429年	伯里克利去世。
公元前428年	米提林起义。
公元前427年	克基拉内战。高尔吉亚在雅典。
公元前426年	净化提洛岛。
公元前425年	阿里斯托芬《阿卡奈人》。占领派洛斯和捕获斯法克特里亚的斯巴达人。贡金增加。
公元前424年	《武士》。戴里昂战役。安菲波里斯沦陷。修昔底德被流放。
公元前423年	《云》。
公元前422年	《黄蜂》。布拉西达斯和克里昂被杀。
公元前421年	尼西阿斯和平。
公元前420年	引入阿斯克勒庇俄斯崇拜。
公元前416年	围攻米洛斯。阿西比德在奥林匹亚获胜。
公元前415年	毁坏赫耳墨斯石像。西西里远征。阿西比德的召回和逃跑。
公元前414年	《鸟》。
公元前413年	斯巴达占领德克莱亚。西西里远征的失败。
公元前411年	寡头政变。四百人统治。

公元前410年　恢复民主制。

公元前407年　阿西比德返回雅典。

公元前406年　罢黜阿西比德。阿基诺赛战役。

公元前405年　《蛙》。埃哥斯波塔米战役。

公元前404年　雅典陷落。三十僭主统治。

公元前403年　三十僭主垮台。大赦。

进一步阅读书目

(这份书目是现代书籍的选目。其中一些是导论性的书籍,书目上有 * 标志的是有关这一主题比较容易得到的入门著作;其他一些则是比较深入的研究著作。一些书籍主要关注的是古典时代的雅典;其他一些书籍所涵盖的范围则比较宽泛。一些书籍已经绝版,但在图书馆中仍旧可以找到。)

乡村与农业

Burford(1993). *Land and Labor in the Greek World*, Johns Hopkins University Press, Baltimore, MD.

S.Isager and J.E.Skydsgaard(1992). *Ancient Greek Agriculture: an Introduction*, Routledge, London.

R.G.Osborne(1987). *Classical Landscape with Figures: the Ancient Greek City and its Countryside*, G.Philip, London.

城市与比雷埃夫斯

* J.M.Camp(1986). *The Athenian Agora: Excavations in the Heart of Classical Athens*, Thames & Hudson, London.

R.Garland(1987). *The Piraeus*, Duckworth, London.

R.E.Wycherley(1978). *The Stones of Athens*, Princeton University Press, Princeton, NJ.

人　民

V.Ehrenberg(1951). *The People of Aristophanes: a Sociology of Old Attic Comedy*, Schocken, New York.

* N.R.E. Fisher(1993). *Slavery in Classical Greece*, Bristol Classical Press/Duckworth, London.

Y.Garlan(1988). *Slavery in Ancient Greece*, Cornell University Press, Ithaca and London.

R.Just(1989). *Women in Athenian Law and Life*, Routledge, London.

W.K.Lacey(1968). *The Family in Classical Greece*, Thames & Hudson, London. Reprinted 1984 by Cornell University Press, Ithaca and London.

D.Whitehead(1977). *The Ideology of the Athenian Metic*, Proceedings of the Cambridge Philological Society, Cambridge.

经　济

M.M. Austin and P. Vidal-Naquet(1977). *Economic and Social History of Ancient Greece: an Introduction*, University of California Press, Berkeley and Los Angeles.

L.Kallet-Marx(1993). *Money, Expense and Naval Power in Thucydides' History* 1—5.24, University of California Press, Berkeley and Los Angeles.

P.C. Millett(1991). *Lending and Borrowing in Ancient Athens*, Cambridge University Press, Cambridge.

政治与法律

D.J.Cohen(1995). *Law, Violence and Community in Classical Athens*, Cambridge University Press, Cambridge.

W.R.Connor(1992). *The New Politicians of Fifth-Century Athens*, Hackett Publishing Company, Indianapolis, IN.

* M.I.Finley(1985). *Democracy Ancient and Modern*, Hogarth Press, London;

Rutgers University Press, New Brunswick, NJ.

D.M. MacDowell(1978). *The Law in Classical Athens*, Thames & Hudson, London. Reprinted 1986 by Cornell University Press, Ithaca and London.

R.K.Sinclair(1988). *Democracy and Participation in Athens*, Cambridge University Press, Cambridge.

S.C. Todd(1993). *The Shape of Athenian Law*, Oxford University Press, Oxford.

帝　国

R.Meiggs(1972). *The Athenian Empire*, Oxford University Press, Oxford.

教育与书籍

W. V. Harris (1989). *Ancient Literacy*, Harvard University Press, Cambridge, MA.

H.I. Marrou(1956). *A History of Education in Antiquity*, Sheed & Ward, London.

R.Thomas(1992). *Literacy and Orality in Ancient Greece*, Cambridge University Press, Cambridge.

宗　教

L.Bruit Zaidman and P.Schmitt Pantel(1992). *Religion in the Ancient Greek City*, Cambridge University Press, Cambridge.

E.R. Dodds(1951). *The Greeks and the Irrational*, University of California Press, Berkeley and Los Angeles. Reprinted 1986 by Peter Smith Publishers, Magnolia, MA.

* P.E.Easterling and J.V.Muir(eds.)(1985). *Greek Religion and Society*, Cambridge University Press, Cambridge.

H.Lloyd-Jones(1983). *The justice of Zeus*, University of California Press,

Berkeley and Los Angeles.

J.D. Mikalson(1983). *Athenian Popular Religion*, North Carolina University Press, Chapel Hill, NC.

R.C.T.Parker(1996). *Athenian Religion: a History*, Oxford University Press, Oxford.

道德与价值

A.W. H. Adkins(1972). *Moral Values and Political Behaviour in Ancient Greece*, Chatto & Windus, London.

D.J.Cohen(1991). *Law, Sexuality and Society: the Enforcement of Morals in Classical Athens*, Cambridge University Press, Cambridge.

K.J.Dover(1974). *Greek Popular Morality in the Time of Plato and Aristotle*, Hackett, Indianapolis, IN.

N.R.E.Fisher(1976). *Social Values in Classical Athens*, JM Dent, London.

戏　剧

* M.Baldock(1989). *Greek Tragedy: an Introduction*, Bristol Classical Press/Duckworth, London.

* P.A.Cartledge(1990). *Aristophanes and His Theatre of the Absurd*, Bristol Classical Press/Duckworth, London.

K. J. Dover(1972). *Aristophanic Comedy*, University of California Press, Berkeley and Los Angeles.

P.E. Easterling(ed.)(1997). *The Cambridge Companion to Greek Tragedy*, Cambridge University Press, Cambridge.

S.D. Goldhill(1986). *Reading Greek Tragedy*, Cambridge University Press, Cambridge.

E. Hall(1989). *Inventing the Barbarian: Greek Self-Definition Through Tragedy*, Oxford University Press, Oxford.

D.M. MacDowell(1995). *Aristophanes and Athens*, Oxford University Press,

Oxford.

C.Pelling(ed.)(1997). *Greek Tragedy and the Historian*, Oxford University Press, Oxford.

O.P.Taplin(1978). *Greek Tragedy in Action*, Routledge & Kegan Paul, London.

J.J.Winkler and F.I.Zeitlin(eds.)(1990). *Nothing to Do With Dionysos? Athenian Drama in its Social Context*, Princeton University Press, Princeton, NJ.

视觉艺术

J. Boardman (1985). *Greek Sculpture: the Classical Period*, Thames & Hudson, London.

J.Boardman(1989). *Athenian Red Figure Vases: the Classical Period*, Thames & Hudson, London.

F.Brommer(1979). *The Sculptures of the Parthenon: Metopes, Frieze, Pediments, Cult Statue*, Thames & Hudson, London.

J.J.Coulton(1977). *Ancient Greek Architects at Work: Problems of Structure and Design*, Oxbow, Oxford.

J. J. Pollitt (1972). *Art and Experience in Classical Greece*, Cambridge University Press, Cambridge.

T.Rasmussen and N.Spivey(eds.)(1991). *Looking at Greek Vases*, Cambridge University Press, Cambridge.

* R.Rhodes(1995). *Architecture and Meaning on the Athenian Acropolis*, Cambridge University Press, Cambridge.

B.A.Sparkes(1991). *Greek Pottery: an Introduction*, Manchester University Press, Manchester.

* S.Woodford(1986). *An Introduction to Greek Art*, Duckworth, London.

思　想

W.R.Connor(1984). *Thucydides*, Princeton University Press, Princeton, NJ.

L.A.Dean-Jones(1994). *Women's Bodies in Classical Greek Science*, Oxford

University Press, Oxford.

W.K.C. Guthrie(1969). *A History of Greek Philosophy*, vol. 3, Cambridge University Press, Cambridge.

S. Hornblower(1987). *Thucydides*, Duckworth, London.

G.B. Kerferd(1981). *The Sophistic Movement*, Cambridge University Press, Cambridge.

G.E.R. Lloyd(1970). *Early Greek Science: Thales to Aristotle*, Chatto & Windus, London. Republished 1974 by WW Norton, New York.

G. Vlastos(1991). *Socrates: Ironist and Moral Philosopher*, Cambridge University Press, Cambridge.

索　引*

（大多数翻译过来的希腊名词和形容词都采用了主格单数和复数的形式。在长元音上则标有长音符号。）

* 本索引的页码为原书的页码，即本书的边码。——译者注

译后记

《苏格拉底之城》属于古代希腊史中的断代史，不同于一般的古代希腊通史著作。作者探讨了公元前5世纪后半期雅典社会生活的重要特点；研究了黄金时代雅典给人类所带来的文化遗产，涉及悲剧、喜剧、民主政治、道德哲学、教育、科学、建筑、艺术等方面。作者笔法简洁流畅，叙述生动，很多细节熠熠生辉，再现了许多历史场景，值得希腊爱好者阅读。作者不仅利用传统的文献进行论述，而且使用了大量考古文献，这使得很多观点迥异于常见的说法。全书以审判苏格拉底而结束，自有作者的寄托所在。

作者罗伯兹是英国伊顿公学古典学教授、古典系系主任，是古典学教师联合协会(JACT)的奠基人之一，也是伦敦古典学教师协会原始文献译丛(LACTOR)所主办的希腊罗马史文献翻译系列丛书主编。

本书为上海市地方本科院校“十二五”内涵建设项目的成果，是上海高校一流学科世界史(B类)建设规划成果，也是教育部人文社科重点研究基地上海师范大学都市文化研究中心的成果。要特别感谢格致出版社的顾悦编辑，她提出了不少建设性的修改意见。

最后要交代翻译的相关事情。本书文内所提到的页码都是原书的页码，即本书的边码，索引中的页码也是指本书的边码。该书是由李月、任荣和我共同翻译的，具体分工如下：任荣初译了第1、3、4、6、7、8、9章，然后由李月校对，我再校对；其余部分由我翻译，并最后负责通校全部译文；焦汉丰通读了清样，并提出了一些修改建议。虽前后校对几次，但难免会存在一些问题，我们恳请读者不吝赐教，并在再版时作进一步修订。

陈　恒

2014年9月

图书在版编目(CIP)数据

苏格拉底之城:古典时代的雅典:第2版/(英)罗伯兹(Roberts, J.W.)著;陈恒,任荣,李月译.—上海:格致出版社:上海人民出版社,2014
(格致人文读本)
ISBN 978-7-5432-2444-5

Ⅰ.①苏… Ⅱ.①罗… ②陈… ③任… ④李… Ⅲ.①雅典(古国)-历史-研究 Ⅳ.①K125

中国版本图书馆CIP数据核字(2014)第216148号

责任编辑 顾 悦
装帧设计 路 静

格致人文读本

苏格拉底之城——古典时代的雅典(第二版)

[英] J.W.罗伯兹 著
陈 恒 任 荣 李 月 译

出 版 世纪出版股份有限公司 格致出版社 世纪出版集团 上海人民出版社 (200001 上海福建中路193号 www.ewen.co) 编辑部热线 021-63914988 市场部热线 021-63914081 www.hibooks.cn	**印 刷** 苏州望电印刷有限公司 **开 本** 787×1092 1/16 **印 张** 18 **插 页** 2 **字 数** 302,000 **版 次** 2014年11月第1版 **印 次** 2014年11月第1次印刷
发 行 上海世纪出版股份有限公司发行中心	

ISBN 978-7-5432-2444-5/K·192 定价:45.00元

City of Sokrates: An Introduction to Classical Athens, second edition, by J. W. Roberts, ISBN: 978-0-415-16778-7

上海市版权局著作权合同登记号:图字 09-2009-703

·格致人文读本·

《苏格拉底之城——古典时代的雅典(第二版)》
[英]J.W.罗伯兹/著 陈恒 任荣 李月/译

《希腊人:历史、文化和社会(第二版)》
[美]伊恩·莫里斯 巴里·鲍威尔/著 陈恒 屈伯文 贾斐 苗倩/译

《罗马》
[美]M.罗斯托夫采夫/著 邹芝/译

《西方世界:碰撞与转型》
[美]布赖恩·莱瓦克 爱德华·缪尔 迈克尔·马斯 梅雷迪斯·威尔德曼/著
陈恒 等/译

《全球文明史——人类自古至今的历程》
[美]坎迪斯·古切尔 琳达·沃尔顿/著 陈恒 等/译

《世界妇女史》(上卷)
[美]凯瑟琳·克莱 钱德里卡·保罗 克里斯蒂娜·塞内卡尔/著 裔昭印
张凯/译

《世界妇女史》(下卷)
[美]帕梅拉·麦克维/著 洪庆明 康凯/译

《中世纪文明(400—1500年)》
[法]雅克·勒高夫/著 徐家玲/译

《三种文化:21世纪的自然科学、社会科学和人文学科》
[美]杰罗姆·凯根/著 王加丰 宋严萍/译

《希腊共和国:公元前5世纪雅典的政治和经济》
[英]阿尔弗雷德·E.齐默恩/著 龚萍 傅洁莹 阚怀未/译